语用学学人文库

何自然 主编

语用学探索

Pragmatics

（增订本）

何自然 著

暨南大学出版社
JINAN UNIVERSITY PRESS

中国·广州

图书在版编目（CIP）数据

语用学探索（增订本）/何自然著. —广州：暨南大学出版社，2012.9
（语用学学人文库）
ISBN 978-7-5668-0067-1

Ⅰ.①语…　Ⅱ.①何…　Ⅲ.①语用学—研究　Ⅳ.①H0

中国版本图书馆CIP数据核字（2011）第253579号

……………………………………………………………………………………

语用学探索（增订本）
著　　者　何自然

出 版 人　徐义雄
策 划 人　杜小陆
责任编辑　杜小陆　廖　原
责任校对　卜　颖
出版发行　暨南大学出版社（广州暨南大学　邮编：510630）
网　　址　http：//www.jnupress.com　http：//press.jnu.edu.cn
电　　话　总编室（8620）85221601
　　　　　营销部（8620）85225284　85228291　85228292（邮购）
排　　版　弓设计
印　　刷　佛山市浩文彩色印刷有限公司
开　　本　787mm×960mm　1/16
印　　张　26.25
字　　数　483千
版　　次　2012年9月第1版
印　　次　2012年9月第1次
定　　价　56.00元

出版寄语

语用学是语言学的一门新兴学科，近二十年，语用学的发展更是日新月异，其学术视角触及语言学的各个领域，出现了各类与语用学相结合的新兴学科与边缘学科，语用学已成为当代语言学科中的显学，我国有越来越多的学者从事语用学研究。

广州暨南大学出版社与中国语用学研究会共同筹划编辑出版《中国语用学学者文库》（以下简称《文库》）系列丛书，旨在反映我国语用学学者们的学术动态。我们相信，通过《文库》的出版将会极大地促进我国语用学的教学与研究，使汉、外语言在我国社会中的使用质量不断提高，为国际友人普及汉语言的应用，以及为国内同胞提高汉、外语言素养做出贡献。现在我们选择出版中国语用学研究会创会会长何自然教授的《语用学探索》（增订本）作为《文库》的第一部著述。该书虽是一部文集，但它一定程度上反映了我国从事语用学教学与研究学者走过的历程。《文库》随后的选题将以该文集扩展开来的课题为主，涉及面会更广泛、更深入，研究角度也会更多样，研究成果更具创建性。我们期待有更多语用学者参与本《文库》的撰写工作，将自己语用学领域的研究成果贡献出来，为我国语用学学科的繁荣和发展出力。

总　序

语用学（pragmatics）作为一门学科，近二十多年的发展日新月异。语用学的学术视角从最早的语言哲学扩展到语言学，逐渐触及语言学的各个领域，出现了各类与语用学相结合的新兴学科与边缘学科，对翻译学、外语教学、词典编撰、跨文化交际、人工智能、文学批评、心理学等许多相关学科产生了深远的影响。语用学现已成为当代语言学中的显学，吸引了越来越多的学者从事语用学的学习、教学和研究。

20 世纪 60 至 70 年代，与语用学有关的课题在西方语言哲学的日常语言学派中十分盛行，但它直到 70 年代末至 80 年代初才成为语言学的一个分支学科。1977 年，《语用学学刊》（*Journal of Pragmatics*）在荷兰发行，标志着语用学作为一个学科得到正式确认。同一时期，pragmatics 引入日本，被翻译为“語用論”，日本学者毛利可信于 1978 年就曾以“意义的不确定性——从语义学到语用学”为题发表过文章；1980 年，毛利可信出版了亚洲第一部语用学专著《英語の語用論》（《英语语用学》）。在我国，语言学界前辈许国璋先生于 1979 年在社会科学院语言所主持出版的《语言学译丛》中就曾连续译介过与日常语言哲学有关的奥斯汀的《论言有所为》等文献。《语言学译丛》改版后的《国外语言学》季刊在 1980 年就刊登了胡壮麟先生介绍国外语用学的文章。到了 1983 年，西方正式出版了列文森的《语用学》（*Pragmatics*）和里奇的《语用学原理》（*Principles of Pragmatics*）。这些国外语用学经典著述，经我国学者不懈引进，使语用学在我国开始扎根、发芽。随后，经过 30 多年的努力，我国语用学研究得到不断发展，研究队伍不断壮大，与国外同行学者之间的学术交往日益增多，并不断产出具有国际视野的研究成果，体现出中国学者的学术见解和创新。

当然，我国语用学研究的全面创新及语用学学科的深度发展还有很长的路要走；作为我们自己的学术团体，中国语用学研究会也有很多工作要做。2011 年，第 12 届全国语用学研讨会暨第 6 届中国语用学研究会年会在山西大学外语学院召开之际，研究会常务理事会决定组织出版《中国语用学学者文库》（以下简称《文库》），并成立了编委会，约请暨南大学出版社自2012年起出版语用学方面的有关论著。中国语用学研究会认为，在这个时候筹划出版《文库》系列丛书是有其积极意义的，可以极大地促进我国语用学教学与研究的繁荣，使汉语、外语学习和实际运用得到应有的重视，使汉语在我国社会经济生活中的使用质量得到不断提高，并为在国际上普及汉语和宣传中华文化而给力。

我们计划《文库》系列每年出版2至3部专著。这些著述着重反映以下三个方面的内容：第一，评介当前国外语用学学科的前沿课题；第二，结合和借鉴国外语用学的理论和实践，指导和提高我国汉语和外语的教学与研究；第三，介绍我国学者在语用与社会、语用与文化、语用与翻译、语用与心理、语用与认知等方面的创新成果。

我们曾征询过国内外有关专家、教授、学者的意见，草拟了一份《文库》选题建议，发布在“中国语用学研究会网”（www. cpra. com. cn）上，供大家撰稿时参考。我们盼望我国从事语用学教学与研究的同仁能够积极支持这个《文库》的出版计划，踊跃撰稿，为进一步繁荣我国语用学的学术研究作出贡献。

《中国语用学学者文库》编委会

2012年5月

自 序

20世纪末，在教育部人文社科重点研究基地、广东外语外贸大学外国语言学及应用语言学研究中心成立之际，校科研处组织我校外国语言学及应用语言学专业五位博士生导师各自选编了一本自己的文集，于2000年由广东世界图书出版公司正式出版。作为其中一本自选文集的编著者，我请我的博士生（现在是暨南大学华文学院教授）宗世海老师协助选文，将自选集取名为“语用学探索”。该书出版后，虽是公开发行，但因印数较少，并没有在坊间公开出售，而是放在文科基地，以赠送方式在同行学者与学术机构中间交流。因文集只在较小的范围内与读者见面，故总有热心的同行不时来信来电求寄、求赠，这一来，我这里所剩存书也就不多了。

就这样10年过去了，在一个偶然的机会我同暨南大学出版社编辑杜小陆先生谈及此文集。我向他表示，希望增订这本已出版的文集，将最近10多年新撰写的论文细加选择，连同原集部分文稿整理出一个《语用学探索》增订本。令我高兴的是，过了不久杜编辑就给我电话，说暨南大学出版社可以为我出版这本文集。欣喜之余，我又邀请了当时仍在我门下撰写博士论文的贺文丽老师协助，将我这些年来发表的和未发表的论文、讲座、专著收集起来，并从读者的角度为我初选出文集增订本的内容。一年多来，我们反复讨论选编原则，并多次变换候选论文，终于将文集的内容确定下来。

《语用学探索》（增订本）是在原自选集的基础上增订的，除了保留原集二分之一左右的论文外，另添选了2000年以来发表的论文和讲演稿。全书选文共40篇，内容分四大部分：第一部分——语法和语言用法；第二部分——语用学理论与实践；第三部分——语用学与语言教学；第四部分——语用学学术讲座。

在我的学术生涯中，自己付出努力最多的是语用学的普及和研究。此前，有一段时间我从事英语语法教学，那时我的研究兴趣是语言用法，属语用语言学的范畴，或者称之为语用语法。本文集第一部分收集的正是我在这方面的读书心得和研究成果。文集的第二部分是我从事语用学理论研究与实证分析工作的收获，里面选有有关语用学新论——关联论、顺应论和模因论的评介和研究成果，也有我和我的博士生共同探讨的有关语用策略、语用含意推导以及语用翻译方面的课题。文集的第三部分集中讨论语用学和外语教学，这部分讲“教”也讲“学”，所选文章都是从语用学的角度谈论外语应如何教和如何学的问题。所选的内容有个人的心得体会，也有国内外学者的经验和总结，还包括用语用学理论探讨对外汉语教学的论文。本文集的最后一部分选自我多年来的讲演文稿，其中有一些是以论文形式在刊物上发表过的，但大多是对学生的讲演。因这部分主要选自讲座，里面不会有很深入的理论探讨，它们均是一些根据理论阐发的例证分析和现象归纳。每篇讲稿开头都附上讲座提纲，便于读者了解该讲座内容，从而可以从本文集其他部分的著述中找到相应的参考。

我在《语用学探索》初版里曾写过一个前言，回顾自己走过的学术道路。这次的增订本里没有保留，因为读者可以在文集现选的文章和讲座中找到关于我治学的曲折历程，了解到我如何走上研习语用学的道路以及为何要普及语用学。正如书名所示，这部文集是我近30年从事语用学探索过程中的心得和总结。付梓之际，我要感谢贺文丽博士在文集编选过程中给予我的帮助；我还要感谢同我合作写出论文的年轻学者，他们是我过去的学生，现在的同行、朋友和同事。在共事过程中他们的学术体会和认识往往给我很大的感悟和启发。语用学当今已成为语言学诸相中的“显学”，我期待着有更多的年轻学者加入到语用学的教学与研究行列中来，让中国的语用学有一个新的发展。这部文集反映的只是我在语用学探索过程中的一点收获，必然存在不尽妥善甚至谬误之处，还望同行读者和专家多多指正。

何自然谨识
2011年4月于白云山

目　录

总　序　／1

自　序　／1

语法和语言用法　／1

英语从属时　／2

谓语的语义—语用类型与特征　／9

语言形式的语用分析　／23

信息理论与英语结构　／35

模糊限制语与言语交际　／45

英语被动结构的修辞特征　／52

句型转换与“同义”句型辨异　／69

限制性 WHEN 从句特点初探　／76

精微之处见功夫　／83

言语交际中的语用移情　／94

跨文化交际中的语言“离格”现象　／100

语用学理论与实践　／110

认知语用学——关联理论　／111

非真实性话语的语用研究　／120

刻意曲解的语用研究　／130

模因论与社会语用　／142

语言中的模因　／157

语用学对修辞研究的启示　／172

语言模因及其修辞效应　／181

语境新论　／191

语境和转喻词语的识别　／202

语用含意推理　／209

语用推理的照应　／219

翻译要译什么？ / 231
文化差异与语用翻译 / 238

语用学与语言教学 / 251
什么是语际语用学 / 252
中国学生在英语交际中的语用失误 / 260
论述中国英语教学的 LANGUISTICS / 269
外语教学中的语用路向探索 / 273
论外语教学的逆向思维 / 282
语用学对学语言的启示 / 289
汉语教学的模因论探讨 / 301
外语是学会的 / 309

语用学学术讲座 / 317
有趣的语言现象 / 318
“另类”翻译的困惑 / 328
中国高等院校英文校名问题刍议 / 337
翻译还是重命名 / 344
什么是语言顺应论？ / 352
话语标记语与语用照应 / 361
模因论与修辞 / 370
语用学方法论 / 379

参考文献 / 385

作者简介 / 409

语法和语言用法

英语从属时

从属时（the subordinate tenses），或“时”的从属现象（tense - subordination）是近年来的一些英语语法著作中出现的新课题。它从句法结构的角度去探讨句子谓语动词的时体使用规律，无论在理论上还是在实践中都值得我们加以注意。

一、英语句子谓语动词的时态

英语句子的谓语动词使用什么时（tense），一般要看它表示的行为（包括动作和状态）到底发生在什么时间（time）。比如，说话时刻前的某一特定时刻发生的行为，用一般过去时表达：He *saw* a film last night. 但是同一个行为，往往会因为说话人所依据的时间参考点（time - reference）不同，而在表达时用不同的时的形式。试比较下面两个句子：

a. I ate my lunch after my brother *had come back* from school.

b. I ate my lunch after my brother *came back* from school.

a 句的 ate 以说话时刻（now）作为参考点，表示一个在现在以前某一特定时刻发生的行为，had come back 则以过去行为 ate 的发生时刻（then）作为参考点，表示一个当时之前（before then）发生的行为。a 句的图解如下：

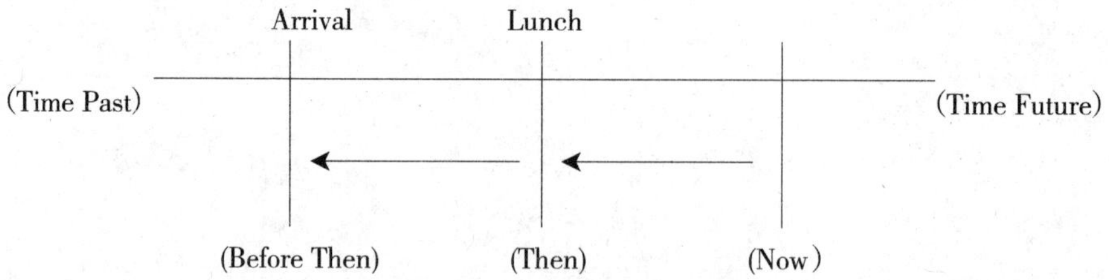

b 句的 ate 和 came back 都是以说话时刻（now）作为参考点，表示现在以前发生的行为。这两个行为发生的先后是通过 after 的词汇意义表达的。b 句的图解如下：

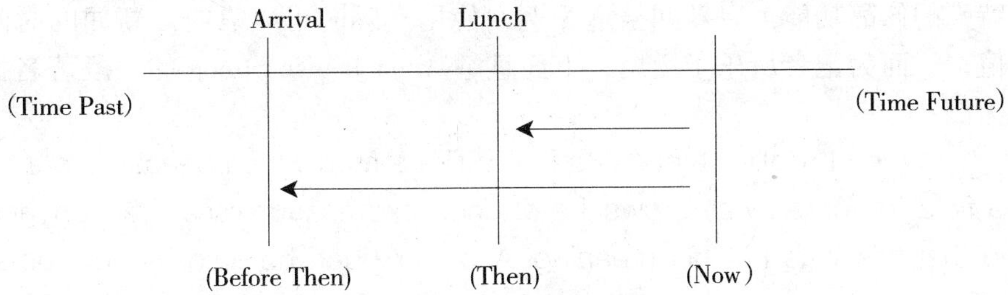

谓语动词的时，如以说话时刻（now）作为参考点则称为实际时，如以句内或语段内的另一行为发生的时间作为参考点则称为从属时。

二、复合句谓语动词的从属时

一般说来，英语句子，无论简单句还是复合句，其谓语动词大多采用实际时，即以说话时刻为依据，现在发生的行为用现在时，现在的时间以前发生的行为用过去时。但是在复合句中谓语动词使用从属时的现象比较多。当复合句的主句使用了实际时，从句就往往以主句的实际时作参考点，使用从属时。下面是一些例子：

（1）I ate my lunch after my brother *had come back* from school.

（2）He said he *would be* here tomorrow.

（3）If I *have* time, I'll call for you tonight.

（4）We'll stay here until the rain *lets up* a bit.

从属时有时也可以出现在复合句的主句中：

（5）We *had* just *come in* when you called.

（6）The game *had* already *started* before we reached the football ground.

（7）She *would bring* us some news each time she came.

当然，复合句中也有完全不用从属时的：

（8）He said Mary *will come*. （cf. He said Mary *would come*.）

（9）He told me John *is* a teacher. （cf. He told me John *was* a teacher.）

例（8）和例（9）的从句使用了实际时，这个实际时表明说话人不但客观报道了某一件事，而且在报道过程中还交代了这件事在报道当时的情况。比如例（8），我们知道说话当时 Mary 还没有来，例（9）表明了 John 在说话当时仍是一位教师。如果这两个句子用了括号内的从属时，说话人报道这些事情的时间就和报道内容没有关系了。

句子中该用从属时的地方用了实际时的复合句往往带有语体特征，具有特殊的修辞功能。以新闻报道为例，使用实际时可以表明该新闻的时间价值，因而为记者所乐于运用，下面且举 Anna Louise Strong 的一段著名报道为例：

... When I replied that it *is* a figure like a man which peasants *put up* in a field to scare away crows, he at once expressed dissatisfaction, and said that this was not his meaning. A paper tiger, he said, *is* not something dead to scare crows with. It *scares* children. It *looks* like a terrible tiger but actually, being made of pressed paper, it *softens* when damp and *is* washed away in a heavy rain.

可见，复合句中该用从属时而不用，已成为新闻文体的特征之一。

从属时有时也会出现在有特定的上下文的简单句里：

（10）Thank you for your letter. I *had* already *heard* of it.

这里的 had heard 显然是一个从属时。这时，特定的上下文大致是："接到"信是过去时间（哪怕是几分钟以前）的行为，"听到"那件事是以"接到"信的时间作为参考点，表明"听到"这个行为早在"接到"这个行为发生以前已经发生。

如果复合句的主句使用了表示现在时间的实际时，那么在从句中以它作为参考点的从属时实际上就是一个实际时了。例如：

（11）She knows you *arrived* yesterday.

（12）He thinks Victor *will* be late.

（13）Is that the address you *sent* the telegram to?

因此，只有当复合句中主句使用了表示过去时间或将来时间的实际时，从句中才可能出现真正的从属时。

三、从属时的分类

从属时可以分为两大类：过去从属（past - subordination）和将来从属（future subordination）。下面先谈过去从属时。

1. 过去从属时

当复合句的主句使用了表示"过去时间"的实际时，在从句中以这个过去时间的实际时作为参考点，表示一个当时以前或当时以后的行为，就是过去从属时。

第一，表示"当时以前"（before then）发生的行为：

（14）He believed（that）his friend *had forgotten* him.

（15）He left after he *had finished* the experiment.

（16）—Why did they make her secretary to the minister?

—Well, they wanted somebody who *had studied* a foreign language.

第二，表示“当时以后”（after then）发生的行为：

（17）He said（that）he *would come* to visit us again.

（18）The doctor was sure that she *would recover*.

（19）He tried to think of a plan by which he *would tide over* his difficulties.

第三，复合句中主句和从句的时态相同，就意味着两个行为是同时的。但是，我们仍然可以分辨出从句的谓语动词从属于主句的谓语动词：

（20）He told me there *was* a pavilion in the park.

（21）I asked her whether she *knew* John's address.

（22）Jame got the prize because she *was* the best student in the class.

值得注意的是复合句中主句和从句的时式相同，也意味着从句行为先于主句行为。这时，从句行为的时式可以看做另一个实际时，两个行为发生的先后顺序，则通过词汇手段表示，如：

（23）He said he *was born* in 1937.（cf. . . . *had been born*. . . ）

（24）Mary told me that you *spent* the weekend with her.（cf. . . . *had spent*. . . ）

第四，复合句中主句用了 think、know 等动词，从句往往要用从属时。比如 John 没有告诉 Mary 就拿走了她的词典，Mary 估计是 John 拿走的，所以当 John 还给她词典时，她就会对 John 说：

（25）I thought you *had taken* it.

再如 John 开门迎进一位他事前就料到的客人，在他开口的当儿，就可以说：

（26）I knew it *was* you.

如果用 it is you 就不合适了，因为 John 这句话是指他自己在开门前的思维活动，与当时说话时刻无关。

再如此时 John 考试及格了，Mary 原来就说他会及格的，所以，当她见到 John 高兴的样子时，说：

（27）So you've passed? I said you *would*.

2. 将来从属时

当复合句的主句使用了表示“现在时刻以后”的实际时，从句以这个将来时间的实际时作为参考点，表示一个与它同时、稍早或以后发生的行为，这就是将来从属时。

第一，在时间从句或条件从句中，动词谓语往往用现在时的形式充当将来从属时，如：

（28）When the spring *comes*, the swallows will return.

（29）After you *take* this medicine, you will feel better.

（30）If you *see* her, give her our love.

上述各例从句中的现在时并不表示说话时刻的行为，而是一个与主句将来行为同时发生、稍早发生，或直接导致主句行为发生的行为。

第二，宾语从句中的将来从属时有时会产生歧义，如：

（31）I'll tell John *I'm using* his pen.

如果没有清楚的上下文，上述句子既可以理解为："我将要告诉John，那时我在用他的笔"；也可以理解为："我将要告诉John，我现时正在用他的笔。"再如：

（32）I'll tell John I'll *ask* Jane to come.

这个句子既可以表示"告诉"John以后，再去"请"Jane；也可以表示将要把准备"请"Jane这件事"告诉"John。再如：

（33）I'll tell Henry I *lost* the key.

这个句子既可以理解为："告诉"Henry以前（before the time of the telling）曾有过丢钥匙这件事；也可以理解为：说话时刻以前（earlier than now）丢了钥匙这件事，将要"告诉"Henry。

歧义之所以产生，是因为宾语从句的时式既可以是一个从属时，也可以是一个以说话时刻作为参考点的实际时。

第三，宾语从句中的将来从属时并不是都会引起歧义的。有时，使用从属时和使用实际时，句意有明显的不同，如：

（34）Go and tell John next week that Jane *will be* back. （cf. Go and tell John next week that Jane *is* back.）

很明显，用will be back只能说明Jane将于下星期以后才回来，因而是将来从属时；但是，如果用is back，那就会有两个理解：Jane在说话时刻已回来，或者下星期告诉John的时候Jane已在家，这时从属时和实际时混淆不清，歧义就出现了。同样情况如：

（35）People will be wondering what you *will do*. （cf. People will be wondering what you *do*.）

用了will do是将来从属时，表示该行为在主句行为之后发生，相当于People will be wondering what you intend to do. 但如果用do，那可以是实际时，表示一个说话时刻的行为；也可以是将来从属时，表示一个与主句行为同时的行为，相当于When you do something, people will be wondering what you do.

第四，条件从句的谓语动词可以使用不带情态意义的 shall/will（'ll），表示将来行为。这时它也是将来从属时，以主句的实际时作参考点，表示主句行为发生之后的行为，如：

（36）I'll come down to your office after one o'clock if it *will suit* you.

（37）—And you'll go to Freeman Founders to dine with him, won't you?

—Yes, it *will please* you.

（38）I should like to try farming, dad, if it *won't cost* too much.

根据 H. Poutsma 的解释，上述各句子里，if 从句用了 will 是由于 if 从句内省去了另一个 if 从句［如例（36）的 if 从句应该是 if it will suit you if I come down］。可是这种解释颇令人费解：为什么 if 从句表示将来意义时一定要用现在时的形式去表达？为什么遇到 if 从句用了不带情态意义的 will 就意味着 if 从句内省去了另一个 if 从句？其实，我们要是用从属时的理论去解释这种现象，应该会清楚一些：

①如果 if 从句的谓语动词用现在时表示将来意义，则是一个将来从属时，它以主句的将来实际时作为参考点，表示一个与主句行为同时发生、稍早发生，或直接导致主句行为发生的行为。②if 从句的谓语动词也可以用不带情态意义的 shall/will（'ll）结构表示将来意义，这时的时式也是一个将来从属时，它同样以主句的将来实际时作为参考点，但表示一个迟于主句行为的行为。就第二种情况我们再举数例：

（39）If what he proposes *will benefit* the people, we will act upon it.

（40）I'll come, if it *will help*.

（41）If it'*ll make* you feel any better, I'll take it back.

上述各句中从句行为可以说是“将来的将来”。例（39）中，“有好处”（will benefit）这个结果，是“照办”（act upon）以后才会出现的，所以，“照办”既属将来，“有好处”也就是“将来的将来”了。其他两例的情况也是如此。

第五，本文第（二）点提到：在复合句的主句中有时也可以出现从属时。上述那种从句谓语动词使用不带情态意义的 shall/will（'ll）结构的条件句，其主句有时也会出现将来从属时，这样，通常看做从属时的从句谓语动词却充当了以说话时刻为参考点的将来实际时，如：

（42）If the dress will be ready tomorrow, I'*ll be able* to wear it tomorrow night.

（43）If he won't arrive before ten, we'*re not going* to order dinner for him.

（44）Now if all the dresses will be finished by about next Monday, why *don't* you *bring* them yourself?（J. B. Priestley）

以上3个例句中主句谓语动词表示的行为明显地从属于if从句的行为。例（42）中，衣服在明天“做好”（will be ready）以后，才“能够”（will be able）在明天晚上穿起来。至于例（43）和（44），其中从句的行为是否会发生，决定了主句行为是否要实行。所以上述各句的主句谓语动词是一个将来从属时，而从句谓语动词是以说话时刻为参考点的将来实际时。

第六，这样一来，条件从句中谓语动词使用不带情态意义的shall/will（'ll）结构，既可以看做从属时，也可以看做实际时。下面的句子因而会产生歧义：

（45）If he'll be left unhappy, I'll change my plan.

这个句子可以解释为：我改变计划之前他将是闷闷不乐的（He will be left unhappy until I change my plan），暗示说话人不愿意看到“他”心里不高兴而准备作出让步；但是这个句子也可以解释为：我改变计划的结果将使“他”闷闷不乐（He will be left unhappy as a result of changing my plan），即说话人有意让“他”不高兴而改变计划。

歧义之所以产生，是因为这个句子的if从句谓语动词既可以是实际时，也可以是从属时。如果是实际时，就意味着从句行为先于主句行为，符合第一种解释；如果if从句是从属时，从句的行为就后于主句行为，是主句行为的结果，符合第二种解释。

第七，条件从句的谓语动词如果是一个不带情态意义的shall/will（'ll）结构，则不管它是一个实际时还是从属时，都可以替换为If it is the case that...，如上面的例（45）：

If it is the case that he will be left unhappy, I'll change my plan.

这时的if it is the case that…既可解释为if the present situation is that…，也可解释为if the result of change is that…总之，应按不同的上下文去确定句子的含义。

英语的从属时是英语语法研究中的一个新课题。在理论上，它从句法结构的角度丰富了英语时体范畴的理论，改革了时体形式系统，有助于我们更好地分析、研究时体范畴中形式和意义之间的关系。在实践中，英语从属时和实际时的区分和使用，有助于我们更好地掌握英语结构的时体规律，从而使我们更准确、熟练地理解和运用这门语言。

（原题为“英语从属时初探”，载《现代英语研究》1981年第1期。）

谓语的语义—语用类型与特征

人们在言语交际中表达意思的最重要部分是命题，而命题中最重要的部分是谓语（predicate），它主要指语句的表述部分，有人称之为述谓（predication），包括谓语动词及各种各样表示补足、添加意义的补语（complements）。为避免与相应的语法概念相混淆，又有人将这些具有补足、添加作用的意义成分称为谓元（arguments）。本文沿用谓语和补语这两个较为习惯的说法，主要从语义—语用的角度来分析英语谓语的不同类型与特征。

不同类型的谓语后接的补语不尽相同。谓语中的语用—语义特征在传统语法中一般都有涉及，只是讨论得不够彻底。目前，这方面的研究正不断地得到完善。

补语的语义由谓语的语义—语用类型和补语标示词（complementizers）来决定。例如 report 作为谓语可以后接不同的补语标示词，引导出不同的补语，表达不同的语用意义，如：

（1） a. The News Agency reported *that* the enemy had suffered a decisive defeat.

b. The News Agency reported the enemy *to* have suffered a decisive defeat.

c. The News Agency reported the enemy's hav*ing* suffered a decisive defeat.

语用上，说话人在（1）a 中用了补语标示词 that 引导的补语（以下称 that－分句），表示他只是转述新闻通讯社的消息报道，未就该消息是否真实作明确的表态。（1）a 可以包括（1）b 或（1）c 两种意思：（1）b 中的补语标示词 to 引导的不定式补语（以下称不定式补语分句）表明说话人认为新闻通讯社的报道未尽符合客观实际情况，而（1）c 中的补语标示词－ing 引导的动名词补语（以下称动名词补语分句）则表明说话人证实报道的是客观事实。

当然，大多数的谓语不会同时具有三种不同类型的补语分句。因此我们说，谓语的语义—语用类型决定了应选择带什么样的补语标示词的补语。从英语的补语语义体系的角度，我们区分出五种具有不同语义—语用特征的谓语类型：意愿谓语（volitive predicate）、含蓄谓语（implicative predicate）、叙实谓语（factive predicate）、认知谓语（cognitive predicate）、施为谓语（performative predicate）。

一、意愿谓语

意愿谓语表示愿望、意志、希望、允诺、命令、请求和建议等心理意愿和言语行为。谓语的补足成分（补语）表示将来发生或虚拟的状态或事件。

可以用标记［+emotive］来描述这类意愿谓语的语义特征。这是说，这类谓语从说话人的角度表达一定程度的情感，这种情感的表达又由礼貌原则作出语用限制。当谓语表达说话人的情感越强烈，听话人感到的礼貌程度就越小，因为这时听话人能给自己作出判断的机会或按自己的意愿行事的自由受到了限制。下面是与意愿相联系的情感和礼貌程度的关系：

（2）a. I *would like* you to pay your debts now.

b. I *want* you to pay your debts now.

c. I *desire* you to pay your debts now.

d. I *request* you to pay your debts now.

e. I *demand* you to pay your debts now.

f. I *warn* you to pay your debts now.

在意愿谓语后面最常用的补语标示词是 to，从而引出 to－不定式补语分句。限定式谓语后面的补语分句大多是带补语标示词 that 的 that－分句，而动名词补语分句用得很少。

1. *表示愿望、意志、希望*

大多数表示心理意愿的谓语后接不定式补语分句。此外，也有一些谓语后接 that－分句。

当谓语后接带补语标示词 to 的 to－不定式分句时，谓语动词有 want，would like，would love，would dislike 等。例如：

（3）I want（you）*to* shut up.

如谓语后接带补语标示词 for－to 的不定式分句，则谓语动词通常是 long for，aim for，strive for，yearn for，would hate for，would prefer for 等。例如：

（4）I longed（*for* her）*to* die.

要注意的是，for－to 结构在英式英语中很少使用，而在美式英语中用得极为普遍。

如表示意愿的 like，hate 和 prefer 等谓语动词在使用时不再表示意愿，则其后接的就不是 to－不定式补语分句，而是动名词补语分句。例如：

（5） a. John would like *to* read in bed.

b. John likes read*ing* in bed.

语用上，大多数说话人在表达意愿时，都让谓语后接不定式结构，如（5）a；但当他们要表达自己的某种习惯时，谓语后接的往往是动名词结构，如（5）b。可以这样说，使用不定式有表示想象、虚拟的用意，而使用动名词则往往表示一种实实在在的描述。

有一些表示情感的谓语仅有表示描述的语用意义，不能用于表达意愿。因此，其后接的就只能是动名词，组成一个带补语标示词－ing 的动名词补语分句。属于这一类的谓语动词有 enjoy，favour，detest，abhor，cannot stand 和 cannot bear 等。

当意愿谓语后接带补语标示词 to 的不定式补语分句或 that－分句时，谓语动词可以是 wish，desire，plan，hope 等。例如：

（6） a. I hope *to* be back in time.

b. I hope *that* I will be back in time.

谓语动词 wish 和 want 都是意愿谓语，但两者有区别：wish 表示想象和虚拟，如 I wish I were on the moon now。在（6）a 和（6）b 中的 hope to 和 hope that 之间的差异则如前述：不定式结构表示意愿意义，而 that－分句表示描述意义。

谓语动词 intend 后接不同的补语标示词也能分别表示出语义—语用上的细微差异：

（7） a. I intend *to* stay at home all day.

b. I don't intend stay*ing* at home all day.

（7）a 的谓语动词 intend 后接不定式补语分句应理解为意愿，而（7）b 中的动名词补语分句则表示一种经常不变的状态，即 not staying at home all day（注意：这里的否定词 not 在语义上否定整个补语分句，表示不打算整天待在家里的“意图”）。

2. 表示允诺、命令、请求

表示允诺、命令和请求的意愿谓语可以后接带补语标示词 to 的不定式补语分句或 that－分句。这类谓语动词有 promise，remind，command，warn，require（of），request，entreat，urge，ask，tell 等。例如：

（8） a. I warned him *to* get out of my bed.

b. I warned him *that* he should get out of my bed.

谓语动词 demand 也应归入这一类，虽然它只允许后接 that－分句作为补语。

3. 表示建议

表示建议的意愿谓语动词可以分别后接带补语标示词 to 的不定式补语分句、that－分句和带－ing 的动名词补语分句，这类谓语动词有 propose，suggest，advise，recommend，advocate 等。例如：

（9） a. I propose *to* go to the movies.

b. I propose *that* we go to the movies.

c. I propose（our） go*ing* to the movies.

二、含蓄谓语

说话人通过含蓄谓语表明自己对命题的态度。含蓄谓语后接 to－不定式补语分句，但这个不定式结构并不表示将来的或虚拟的行为，而是暗示它所表达的是一个肯定或否定的命题。例如：

（10） a. John managed to kiss Mary.

b. John did not manage to kiss Mary.

肯定句（10）a 表示 John 实际上已吻过 Mary，而否定句（10）b 则表示他没有吻过 Mary。（10）a 中肯定形式的谓语动词 manage 通过它后接补语分句的陈述暗示了命题为真；而（10）b 中否定形式的谓语动词 manage 则表示了命题为假。

构成含蓄谓语的 manage 与构成意愿谓语的 want 之间的区别在于后者不是含蓄动词，因而没有揭示命题真假的功能：

（11） a. John wanted to kiss Mary.

b. John did not want to kiss Mary.

不管这里的谓语动词 want 用了肯定形式（11）a，还是否定形式（11）b，它后接补语分句的命题并无表明真假。不过，两个句子在语义上都表明可能没有发生过 John 吻 Mary 这件事。同样，下面句（12）的谓语动词 fail 虽有含蓄意义，但它并不同于前面的含蓄谓语动词 manage 所带有的含蓄意义：

（12） a. John failed to kiss Mary.

b. John did not fail to kiss Mary.

就含蓄意义而言，肯定句（12）a 和前面的否定句（10）b 中的补语分句都表明 John 没有吻过 Mary（否定含蓄意义）；但否定句（12）b 和前面的肯定句（10）a 的语义却都表明了 John 吻过 Mary（肯定含蓄意义）。谓语动词 fail 的语义相当于 do not，它算是一个含蓄动词，但它的含蓄意义是否定的。

在复杂句中，母句含蓄谓语的肯定或否定意义决定了补语分句中相应的含蓄意义，例如（10）a 的 manage 和（12）b 的 not fail 决定了它们后接的补语分句表示肯定含蓄意义（即 John kissed Mary）；而（10）b 的 manage 和（12）a 的 fail 决定了它们后接的补语分句表示否定含蓄意义。这样一来，整个命题的含蓄意义在谓语动词（母句）和补语（分句）之间就确立了一种蕴涵关系，根据这种关系，母句中谓语动词的陈述为真，其后接的补语分句中的陈述也真（具有肯定含蓄意义）；同样，母句中谓语动词的陈述为假，则其后接的补语分句中的陈述也为假（具有否定含蓄意义）。

1. 可转换的含蓄谓语

所谓可转换的含蓄谓语是指母句中有一个肯定形式的含蓄动词谓语，其补语分句中的陈述既可以是真（含蓄动词有肯定含义），也可以是假（含蓄动词有否定含义）。这里的"可转换"特征是：具有"肯定形式肯定含义"和具有"否定形式否定含义"的含蓄谓语动词，或者具有"肯定形式否定含义"和具有"否定形式肯定含义"的含蓄谓语动词，两者在语义上可以相互转换（如 manage 可与 not fail 互换，fail 可与 not manage 互换）。可转换含蓄谓语按不同的含蓄意义分成两组：肯定含义含蓄谓语（positive implicative predicate）与否定含义含蓄谓语（negative implicative predicate）。这两组谓语后接不同类型的补语分句：to－不定式分句，that－分句或－ing 动名词分句。下面是两组分别具有肯定和否定含义的含蓄动词：

（13） a. 肯定含义含蓄谓语动词

begin（*to/－ing*），start（*to/－ing*），continue（*to/－ing*），proceed（*to*），keep（*－ing*），go on（*－ing*），manage（*to*），volunteer（*to*），condescend（*to*），care（*to*），hasten（*to*），choose（*to*），get（*to*），come（*to*），happen（*to/that*），chance（*to/ that*），bother（*to/－ing*），risk（*－ing*）

b. 否定含义含蓄谓语动词

stop（*－ing*），quit（*－ing*），finish（*－ing*），give up（*－ing*），cease（to/ *－ing*），avoid（*－ing*），shun（*－ing*），evade（*－ing*），escape（*－ing*），postpone（*－ing*），delay（*－ing*），miss（*－ing*），refrain from（*－ing*），decline（*to/－ing*），neglect（*to*），refuse（*to*），fail（*to*）

像 begin 这样的含蓄谓语还具有一定的体的意义，也就是说，它表示某一行为过程的开始、持续和结束。相反，像 manage 那样的谓语则只表示成功地做到某件事情。

必须注意，具有肯定含义的含蓄谓语，其后接的主要是不定式补语分句，而具有否定含义的含蓄谓语，则除了几个特例外，后接的都是动名词补语分句。谓语动词的语义不一定能普遍解释后接的是什么样的补语类型，但也不是完全不能解释的。例如像 keep 和 go on 以及大多数有否定含义的含蓄谓语动词，其补语都是动名词分句，因为这些谓语所表示的过程已经开始，并作为结果而存在。再如，谓语动词 proceed 及大多数具有肯定含义的含蓄谓语，其补语是不定式分句，因为这时谓语表示的行为过程还没有开始。不过，像 neglect，refuse 和 fail 等谓语动词，尽管具有否定含义，但都要后接不定式补语分句，因为这些谓语后接的是一个未预料到的或尚未发生的行为。

2. 不可转换的含蓄谓语

所谓不可转换的含蓄谓语，是指 force 一类使役动词充当的谓语。它们只部分地被看做含蓄谓语，因为尽管这类谓语动词的肯定形式有肯定意义（如 force）或否定意义（如 prevent），但它们的否定形式却不带含蓄意义，故只能看做不可转换的含蓄谓语。例如：

（14） a. Sue's parents forced John to marry their daughter.（含蓄意义为 John married Sue）

a'. Sue's parents did not force John to marry their daughter.（不带含蓄意义）

b. Sue's parents prevented John from marrying their daughter.（含蓄意义为 John did not marry Sue）

b'. Sue's parents did not prevent John from marrying their daughter.（不带含蓄意义）

例（14）a' 和（14）b' 所谓不带含蓄意义，就是说它们要分别补充类似…and therefore，he did not marry her 和…so he did（marry her）等说法，才能把话说清楚。

同含蓄谓语一样，肯定意义的使役谓语大多后接不定式补语分句，而否定意义的使役谓语则后接动名词补语分句。但要注意的是，这里的动名词补语分句要按使役谓语在句法—语义方面的要求而与介词连用，是一个介词 + 动名词结构。

（15） a. 肯定意义使役谓语动词：force sb. *to*; cause sb. *to*; compel sb. *to*; help sb. *to*; convince sb. *to/that – cl.*; persuade sb. *to/ that – cl.*

b. 否定意义使役谓语动词：prevent sb. *from – ing*; hinder sb. *from – ing*; keep sb. *from – ing*; restrain sb. *from – ing*; deter sb. *from – ing*; dissuade sb. *from – ing*

含蓄和使役两个范畴在这里互相交叉、重叠。同含蓄谓语动词具有肯定含义与否定含义的区别相似，使役谓语动词也有使役意义和非使役意义之分，但具有使役意义和非使役意义的谓语动词都没有含蓄意义：

(16) a. 使役意义谓语动词：encourage sb. *to*; allow sb. *to*; permit sb. *to*; entitle sb. *to*

b. 非使役意义谓语动词：discourage sb. *from – ing*; prohibit sb. *to/ from – ing*; forbid sb. *to*

带含蓄意义的使役谓语属于含蓄谓语，无论这个使役谓语带的是肯定含义还是否定含义，其后接的补语分句都不用 to – 不定式结构，而要用介词 + 动名词结构：

(17) a. 带肯定含义的使役谓语：The CIA talked the President *into* dismissing his Secretary of State.

b. 带否定含义的使役谓语：The Secret Service talked the President *out of* appear*ing* in the open.

下面是一些带肯定含义或带否定含义的使役谓语动词：

(18) a. 带肯定含义的使役谓语动词：talk sb. *into – ing*; cajole sb. *into – ing*; scare sb. *into – ing*; fool sb. *into – ing*; trick sb. *into – ing*; drive sb. *to/into – ing*; provoke sb. *to/into – ing*; coax sb. *to/into – ing*

b. 带否定含义的使役谓语动词：talk sb. *out of – ing*; cajole sb. *out of – ing*; scare sb. *out of – ing*; save sb. *from – ing*; cure sb. *of – ing*

注意句（15）和（18）中的使役谓语动词是一些不可转换的含蓄谓语动词。这些谓语的特点是：只有在肯定形式中才具有肯定或否定的含义。

另外还有一组不可转换的含蓄谓语，其动词只有在否定形式中才具有否定含义。属于这一组的谓语动词有：dare，venture，try，attempt，can，be able，be possible，be in the position，have the time/ the opportunity/ the patience/ the courage/ the guts 等。因此，句（19）a 的动词是否定形式，其含义也就是否定的（19）b：

(19) a. John didn't dare to answer me back.

b. John did not answer me back.

具有典型否定内涵的不可转换含蓄谓语动词，如 hesitate，wait，pause，can help，have trouble/ qualms/ scruples 等，其否定形式（20）a 的含义则是肯定的（20）b：

(20) a. John didn't hesitate to answer me back.

b. John answered me back.

这类谓语表示：当否定了自己的意愿或放弃了某种行为，就会导致补语分句动作的最终发生。

三、叙实谓语

叙实谓语以补语分句中的命题作为陈述事实的前提（presupposition）。母句的谓语不论是肯定、否定还是疑问形式，如果补语分句的前提保持不变，则这个谓语就是叙实谓语。下面是叙实谓语的例子，我们可以觉察到补语分句中前提的作用：

（21） a. John regrets that he told you that lie.

b. John doesn't regret that he told you that lie.

c. Does John regret that he told you that lie?

这里不论母句形式上是肯定句、否定句还是疑问句，其谓语都是以“John 对你撒谎”这个事实为前提的。因此，母句的 regret 是一个叙实谓语动词，表示说话人在谈论，说 John 对所做的事（向听话人说谎）表示遗憾［（21）a］或不遗憾［（21）b］；或表示说话人在向听话人打听，问 John 对其所作所为（向听话人说谎）是否感到遗憾［（21）c］。

前提，或称预设，是说话人表达意见的设定，它表明命题和命题、陈述与陈述之间的关系。（21）各句的前提预设了有 John 这样的一个人，此人对某人说了谎，这个“某人”正是听话人（you）。说话人使用叙实谓语，这种谓语连接的补语分句正好是这个谓语陈述事实的一个预设。叙实谓语同含蓄谓语相反，不管叙实谓语是肯定还是否定，其补语分句表达的前提不受影响。在叙实谓语组成的句子中，其补语分句前可以加上名词词组 the fact，这正好表明“叙实”这个特点。在某些叙实谓语中，补语分句前加上名词词组 the fact 甚至是必须的。叙实谓语往往连接 that－分句或动名词补语分句，但不能使用不定式。下面我们分别讨论一下叙实谓语的语用特征：

第一，带任意成分 the fact 的叙实谓语动词：

①连接宾语分句的叙实谓语动词：regret，deplore，criticize，question，accept，tolerate，understand，forgive，not mind，overlook，acknowledge，forget，admire，appreciate 等。

②连接主语分句的叙实谓语动词：amuse，surprise，suffice，bother，hurt，trouble，worry，make sense，be odd，be strange，be interesting，be funny，be significant，be relevant，be exciting，be a surprise，be an insult 等。

（22） a. I regret（the fact）that Mary told the story.

a'. I regret（the fact of）Mary's having told the story.

b.（The fact）that our teacher slipped on a banana peel amused us.

b'.（The fact of）our teacher's slipping on a banana peel amused us.

第二，必须加上 the fact 再后接补语分句的叙实谓语动词有：excuse，resent，welcome，justify，account for。例如：

（23） a. I'll never excuse the fact that you told him that lie.

b. * I'll never excuse that you told him that lie.

第三，叙实谓语形容词 significant 除了可以连接 that – 分句和动名词分句外，还允许有 for – to 不定式补语分句，但与其他补语分句有语义—语用方面的不同：

（24） a. It is significant *that* John smokes pot（吸食大麻）.

b. It is significant *for* John to smoke pot.

在（24）a 中，说话人假定 John 平常就习惯吸毒（大麻）；而在（24）b 中则假定 John 至少有过一次吸毒的经验，并且今后还可能继续吸毒。说话人通过 for – to 不定式结构与叙实谓语形容词连用表达他对某种行为形成习惯的关注。

第四，叙实谓语同其他谓语一样，说话人可以使用各种词语（动词、形容词、副词、名词等）讲出他认定的事实或事实的假设。要注意的是，像 amazingly，amusingly，（un）fortunately 等一类副词，它们可以作为句子结构的外围成分而组成句子的外加状语（disjunct），具有另外的语用功能。我们试将它们与相应的叙实形容词作一比较：

（25） a. It's unfortunate that I won't be here tomorrow.

b. Unfortunately，I won't be here tomorrow.

叙实形容词 unfortunate 在（25）a 中表明说话人作出一个断言。这是在补语分句假设的前提下作出的评论。但在使用（25）b 时，说话人是在断言一个假设要发生的事件（前提）：I won't be here tomorrow，他同时通过外加状语 unfortunately 表明自己对该事件的态度。这两句的信息结构用相应的（25）a'、（25）b' 分别表示如下：

（25） a'. 断言［评论（It's unfortunate）that 前提（I won't be here tomorrow.）］

b'. 评论［Unfortunately,］断言（前提）［I won't be here tomorrow.］

所有叙实谓语都有双重的交际功能：说话人用它对事件的真实情况作出假设，同时在感情上对该事件作出评论或表明态度。如果这两种交际功能不是在一个叙实谓语中同时体现，那它就不能看做一个完全的叙实谓语。下面两节我们将要讨论的认知谓语和施为谓语表明，存在着“半叙实”的谓语，它们只在一定程度上含有叙实性。

四、认知谓语

认知谓语在广义上说是一种精神活动，这类谓语的谓语动词，可以是非叙实性的，也可以在某种程度上含有叙实性。下面分别举例说明两种类型的认知谓语：非叙实谓语（non-factive predicate）［(26)a］和半叙实谓语（semi-factive predicate）［(26)b］：

(26) a. They thought that Dr. Lee was an industrial spy.

b. They discovered that Dr. Lee was an industrial spy.

在（26)a 中，说话人只是怀疑 Dr. Lee 是间谍；而在（26)b 中描述的则是一个已成事实的事件。同叙实谓语一样，说话人用 discover，认定其后的补语分句中的命题是一个肯定的前提。但是，discover 本身不是一个真正的叙实动词，因为在否定句或疑问句中，它后接的补语分句中的前提可以发生变化。例如：

(27) a. They discovered that Dr. Lee was an industrial spy.

b. They did not discover that Dr. Lee was an industrial spy.

c. Did they discover that Dr. Lee was an industrial spy?

这里的（27)a 发现（discovered）的是一个事实，即补语分句中的命题是肯定的。而（27)b 和（27)c 就存在着两种可能的情况：说话人可以认为 Dr. Lee 实际上可能是间谍，他这句话是在否认这个事实或询问是否有人知道这个事实；此外，说话人也可以不加以假设，只是作客观的陈述，说人们还没有发现 Dr. Lee 是个间谍，或者想打听是否存在 Dr. Lee 是间谍这个事件。总之，使用这个谓语，其补语分句的命题内容就不可能在肯定、否定和疑问句式下都是前提。

动词 think 是非叙实谓语，因为它没有一个事实性的前提；而 discover 则要在一定的环境下才包含事实性的前提，因而可以说它是半叙实谓语。半叙实谓语和叙实谓语可以在同一句子中并用，但叙实谓语、半叙实谓语同非叙实谓语则不能并用。

(28) a. They discovered［半叙实谓语］and regretted［叙实谓语］that he was a spy.

b. They thought［非叙实谓语］and expected［非叙实谓语］

that he would go on spying.

c. *They discovered [半叙实谓语] and thought [非叙实谓语] that he was a spy/ would go on spying.

d. *They regretted [叙实谓语] and expected [非叙实谓语] that he was a spy/ would go on spying.

1. 非叙实谓语

作为认知谓语之一的非叙实谓语动词有 consider, expect, believe, think, guess, suppose, presume, assume, reckon, judge, find, feel, fancy, imagine 等。这些谓语动词连接的补语分句是 to－不定式分句和 that－分句：

(29) a. I believe him (to be) a braggart (吹牛皮的人).

b. I believe (that) he is a braggart.

这两种结构类型在语义上是不等价的。当使用 to－不定式补语分句时，believe 不受事实约束而只有表达信念的意义；当以带 that－分句作为补语分句时，believe 则兼有信念和受事实约束的意义。这两种意义反映了说话人在陈述信念的同时要受事实的约束。在 (29)a 中，说话人用的 I believe 只是他的信念，无事实约束的意义；但在 (29)b 中，I believe 既指信念，又受事实的约束。这些语义—语用上的差异在句法结构上也有反映。

许多有事实约束意义的认知谓语动词往往可以使用直接宾语 it 的形式；而无事实约束意义的认知谓语动词则不用这种形式。我们仍以 believe 为例作以下比较（该谓语动词的黑体部分表示重读）：

(30) a. I believe him to be a braggart. — I believe *so*, too. (无事实约束意义，不用 **I believe it*, too)

b. I be**lieve** that all men are created equal. —I believe *it*, too. (有事实约束意义，不用 *I believe *so*, too)

c. I believe that he is ill. —I believe *so*, too. (无事实约束意义) /I believe *it*, too. (有事实约束意义)

无事实约束意义的认知谓语才可以后接疑问附加套语 (question tag)，组成附加疑问句。如果认知谓语具有事实约束意义（如在句中有 really），就不能使用附加疑问句：

(31) a. I believe he hasn't been there, has he? (无事实约束意义)

b. *I really be**lieve** that he hasn't been there, has he? (有事实约束意义)

只有在无事实约束意义的情况下才可以插入一个插入语：

(32) a. John, I believe, has never been abroad. (无事实约束意义)

a'. John has never been abroad, I believe. （无事实约束意义）

b. *John, I really be**lieve**, has never been abroad. （有事实约束意义）

b'. *John has never been abroad, I really be**lieve**. （有事实约束意义）

2. 半叙实谓语

半叙实谓语也是认知谓语之一，它连接的补语是 that-分句和动名词分句，不能连接 to-不定式分句。不过要注意，有一些认知谓语，如 remember，forget，regret 等，不仅有叙实意义，而且可以有半叙实意义和非叙实意义。它们可以与 to-不定式连用：

（33） a. I remember talk*ing*/ hav*ing* talked to my son.

b. I remember *that* I（have） talked to my son.

c. I'll remember *to* talk to my son.

这里的（33）a 和（33）b 说的是谈话已经发生，补语用了表示完成和过去的时体形式。这两个句子可以用 know 来改写：I still know that I talked to my son.（33）c 中的 remember 指的是将来，因此并无事实的前提，这个句子可以用 I won't forget to…来释义。

属于半叙实谓语的认知谓语可以分为三类：

一是使用与记忆有关的认知谓语动词 remember，recollect，recall 等。它们连接的补语分句是 that-分句或-ing 动名词分句：

（34） a. He remembered *that* he had proposed to her.

b. He remembered（his） hav*ing* proposed to her.

这些谓语的补语分句前可以插入 the fact，但它们只属于半叙实谓语，因为在否定句和疑问句中表示事实的前提可能发生相应的变化而导致歧义（ambiguity）。

二是使用与知识、认识有关的认知谓语动词 know，learn，apprehend，realize，not doubt，recognize，discover，gather，sense，conclude，perceive，see，hear，feel 等（最后的四个谓语动词应理解为精神活动的意义）。它们连接的补语分句只能是 that-分句，而不能是动名词分句，也不能插入 the fact：

（35） I know（that） ice-cream is fattening.

三是使用与感知、觉察有关的认知谓语动词 see，perceive，behold，observe，notice，hear，overhear，feel，smell 等。它们连接的补语分句有 that-分句、不带 to 的纯不定式分句和分词结构。此外，一些属于此类的谓语动词，如 find，catch 等，其补语分句往往是分词结构。例如：

（36） a. I saw *that* Dennis（had）munched a chicken.

b. I saw Dennis *munch* a chicken.

c. I saw Dennis munch*ing* a chicken.

尽管这三种形式都只表达极小程度的叙实意义，但它们之间在语义—语用上仍有差异。(36)a 与（36)b 和（36)c 的不同之处在于感知、觉察的过程：(36)a 中补语分句的 had munched 表明行为的先时性，即觉察到发生过“吃鸡”的行为；（36)b 的纯不定式 munch 指观察到该行为的结果，而（36)c 的分词 munching 则表明正处于观察该行为的过程中。

不定式在下面的结构中只能带 to，仍然表示结果；分词结构的过程意义也在下面的例子中看得很清楚：

（37） a. Dannis was seen/ heard to munch a chicken.

a'. Dennis was seen/ heard *munch a chicken.

b. Dennis was seen/ heard munching a chicken.

五、施为谓语

施为谓语表示在语言交际过程中实施某种言语行为。如果需要通过施为谓语明白地实施某一言语行为，在语用学上就表现为一些显性施为句：

（38） a. I hereby state/ certify that you are qualified.

b. I hereby admit/ deny having poisoned the cat.

组成施为谓语的动词是一些言语行为动词（speech act verbs），包括像 order，request，implore 那样具有施为意义的动词。在结构上，施为谓语与认知谓语类似，是一些表示“说”和“想”的动词。施为谓语也可以有认知谓语中非叙实谓语的代用式（proform） so。言语行为动词，特别是 say，state，declare 和 indicate 等并不都是用作施为动词。如在“That was a big lie，he said”中的 said 就不是施为动词，它在语义—语用上只起注释的作用。

施为谓语与认知谓语的区别在于语义结构：认知谓语带有与格和宾格的语义功能。相反，施为谓语有作为施事者的行为主体格、宾格和与格，不过施为谓语要求的与格在表层结构中常常可以省略。

同认知谓语的情况一样，施为谓语也分为半叙实与非叙实两类，只是两者的差异并没有像认知谓语那样清楚地在句法上表现出来。所有施为谓语无疑都可以有 that 和 whether 这两个补语标示词，只是在少数的半叙实谓语中用动名词作为补语分句，也只是在少数的非叙实谓语中，其补语分句才是不定式。

与承认、否认、提及有关的施为谓语动词有：admit，confess，profess，

deny，mention 等。它们连接的补语分句是 that－分句或－ing 动名词分句：

（39） a. I admit *that* I have failed in the exam.

b. I admit *having* failed in the exam.

这些谓语允许在补语分句前插入 the fact，从而说明它们具有叙实的特征；但下面另一组施为谓语则明显地只有程度极低的叙实性。

与论述、说明、解释有关的施为谓语，其连接的补语分句只用 that－分句。这些谓语中属于半叙实谓语的言语行为动词有 concede，explain，point out，demonstrate，inform，indicate，attest 等。例如：

（40） I concede *that* I am wrong.

这些谓语中属于非叙实谓语的言语行为动词有 say，state，affirm，assure，assert，agree，consent，maintain，protest，remark，reply，answer，argue，contend，guarantee，predict，prophesy，postulate，hypothesize，bet，swear，vow 等。例如：

（41） I assure *that* you're wrong.

公务活动使用的言语行为动词有：certify，notify，declare 等。它们连接的补语分句是 that－分句和 to－不定式分句：

（42） a. I declare *that* the meeting is over.

b. I declare the meeting *to* be over.

这种施为谓语的施为方式也可以不用第一人称（说话人）作主语，而改用无人称的说法，如 This is to certify…等。

以上施为谓语都包含某种论断，因而在句法上都用 that－分句来作为补语分句。如果要通过施为谓语提出"询问"一类言语行为，则如下面例（43）所述，将补语标示词改为 whether：

要求提供信息的施为谓语动词有 ask，inquire，tell；其他具有征询意义的施为谓语动词则有 not know，not say，wonder，doubt，have forgotten，not remember 等。它们的补语分句一律要用 whether …（or not）这个补语标示词：

（43） a. I ask you whether you consider me stupid or not.

b. I wonder whether you consider me stupid or not.

c. Tell me whether you consider me stupid or not.

（原载董燕萍、王初明主编：《中国的语言学研究与应用》，上海教育出版社 2001 年版；另见何自然、陈新仁编著：《英语语用语法》第 2 章，外语教学与研究出版社 2004 年版。收入本文集时作了适当修改和删节。）

语言形式的语用分析

语用学应用于语言教学的研究大体上有两个方面：语用—语言学（pragma – linguistics）和社交—语用学（socio-pragmatics）。语用—语言学探讨语用学与语言学各核心学科之间的关系，特别是语用学与语法形式之间的关系。语用—语言学的研究又分两个方面：一是探讨各种语言形式的语用功能，即从语用上对语言形式进行分析，解决语言形式的语用含义和语用差异；二是结合语境，研究人们如何做到恰当地使用语言，准确地表达用意。本文只涉及语用—语言学中第一个方面的问题，即对英语的几种重要的语法形式（时体形式、情态范畴、条件句和否定句）的语用功能作一些初步的分析。

一、英语时体形式的语用分析

英语时体范畴的语用功能比较复杂，这里我们只从中选取数项作一些例释。

第一，瞬间现在时（instantaneous present）的“报道”、“解说”功能。使用瞬间现在时时，语用意图特别明显。一般的动作动词的瞬间现在时可用于实况报道、表演或操作解说。例如：

（1）He *jumps*; he *gets* his head to the ball and—Oh！What a goal！What a beautiful goal！

（2）This tape recorder is easy to work. Watch what I *do*. I *switch* it on, *press* this button and it *starts*.

例（1）是足球比赛的实况报道；例（2）是介绍商品时的现场操作解说。

第二，施为动词（performative verbs）现在时的以言行事功能。所谓施为动词，指那些“saying is doing”的动词（如 bet，advice，apologize，challenge，dare，warn，promise，nominate 等），它们构成显性施为句（explicit performatives）[①]，表达各种言语行为。例如：

（3） I challenge you to a match.

（4） I dare you to step over this line.

（5） I nominate John Brown for chairman of the committee.

例（3）提出一种要求；例（4）是一种威胁；例（5）宣布一个任命。在说话的同时，这些行为就付诸实施。

第三，态度过去时（attitudinal past）的试探性功能。这种动词的过去时与其说和时间有关，不如说和说话人的态度有关。一些表达意愿和心情的动词过去时可以使说话人做到有礼貌地以言行事。试比较下面两组句子：

（6） a. Do you want to see me now?

b. *Did* you *want* to see me now?

（7） a. I wonder if you could help me.

b. I *wondered* if you could help me. （Quirk et al.，1972，1985）

例（6）b，（7）b 在字面上似乎向听话人证实和询问过去发生的行为，但实际上同（6）a，（7）a 一样，是说话人想了解听话人是否现在想见他和想了解向说话人本人请求帮助这件事是否可以实现；不过（6）b，（7）b 显得更客气、更得体，因为这里的过去时具有试探性的功能。如果要询问对方是否请求会见自己，说话人用了现在时（6）a，有可能直接威胁对方的面子；改用了过去时（6）b，其试探性功能就能减弱对方面子所遭受到的潜在伤害。如果要询问对方是否能帮助自己，说话人使用（7）a 的句式，应该说已经相当得体了；改用了（7）b，过去时 wondered 的试探性功能更能帮助说话人保留自己的面子，同时也使对方在拒绝时不会伤害到双方的面子。

第四，进行体的解释功能。进行体可用于对上文提及的行为，即前述行为，作出解释。毛利可信（1980）指出：英语中如将行为 A 换言为行为 B，从而对行为 A 的含义作出解释，则行为 B 就使用进行体。例如：

（8） A：Crump，I'll have to report you to Mrs. Importuna for this.

B：Then you'*ll be persecuting* an innocent man.

例（8）中，A 是一个以言行事，“言外之力”（illocutionary force）是一种警告，B 的应答实际上是说，“In reporting me to Mrs. Importuna，you'll

---

① 显性施为句的特点是：①主语是说话人；②说话过程意味着实施一个非语言的行为（如警告、威胁、建议、命名等）；③句子在形式上都是肯定的陈述句；④语法上用第一人称单数一般现在时。

be persecuting an innocent man”，这就把 reporting 换言为 persecuting，进行体“'ll be persecuting”就是 B 对 A 的“reporting”的含义作出解释。

（9）If you can put me in touch with Harold，you'*ll be doing me a favour*.

例（9）的行为 A 是“put me in touch with Harold”，行为 B 是“doing me a favour”，后者对前者的含义作出了解释。整句话是一个以言行事，“言外之力”是对听话人提出“请求”。

（10）A：How do you know, Stanly?

B（=Stanly）：Jessie told me. I *wasn't planning* to pass that on to you. But maybe I'*ll be doing* a favour.

例（10）的 B 曾给 A 透露了某事。当 A 问 B 如何得知此事时，B 使用进行体对“给 A 透露了某事”这个前述行为的用意作出解释。

（11）If I could, I wouldn't！It *would be abusing* my public position.

例（11）的 abusing 可看做动名词，整个句子的意思是“If I could, I wouldn't do that！[should I do that,] I'd be abusing my public position”（abusing 是分词）。这说明，如将 -ing 式看做动名词，句子主语用 it 或 that，代表上文提及的行为 A，如将 -ing 式看做分词，构成进行体，则句子主语是上文提及的行为 A 的发出者。我们试以过去时的形式列出上述两种格式：

a. S did A. That was abusing S's position.

b. S did A. S was abusing S's position.

a 句的 abusing 是动名词，b 句的 abusing 是分词，构成进行体；两个句式的功能大体相同，都是对行为 A 的含义作出解释。

根据上面的分析，可以认为在“[In doing A,] S was doing B”的话语中，行为 B 的进行体不表示“S 正在进行 B”，而是说话人 S 用这种时体形式来对前述行为 A 的含义作出解释。为了更清楚地理解进行体的这种语用功能，我们再看下面一组例子：

（12）a. I promise to come to the party this evening.

b. I am promising to do it.

（12）a 的 promise 是施为动词，构成显性施为句，表达“允诺”这样的“言外之力”。（12）b 的 promising 是一个动词，但是那是进行体，并不构成施为句。可以设想，说（12）b 之前有这样的一句话：

（13）I'll be there this evening.

例（13）是一个隐性施为句（implicit performatives）[①]，听话人可能由于某种原因而不能确定说话人的例（13）是否表达“允诺”，这时说话人就要补充说出（12）b，其句子用意是：In saying “I'll be there this evening”, I am promising to do it。可见，（12）b 中的进行体 be promising 的语用功能仍然是对前述行为（13）作出解释，这与（12）a 的显性施为句明确表达“允诺”的语用功能是不同的。

二、情态助动词的语用分析

语言形式的语用分析任务之一是辨认同义结构的不同使用场合及其表达的不同含义。英语情态范畴（modality）中同义结构的区分十分复杂，它涉及纯句法结构，也涉及逻辑—语义结构，但更重要的是它还涉及语境，特别是说话双方对前述话语的共知程度、双方的背景、双方要给对方留下什么印象等语用问题。下面我们根据 Robin Lakoff（1972）的观点讨论几组表示推测的情态助动词在语境条件支配下的不同语用功能问题。

第一，can 和 may 表示 possible 的推测功能。让我们先看例句：

（14） a. Young people *may* be disco maniacs.

b. Young people *can* be disco maniacs.

c. It is *possible* for young people to be disco maniacs.

例（14）a 和（14）b 都可以释义为（14）c，但（14）a 和（14）b 不能算是同义的（synonymous），因为在特定的语境下，（14）a 可能是真，但（14）b 可能是假，而且可以肯定，在某些语境下两者只有一种适用，另一种却不适用。（14）a 可能用于下面两种场合：

一是说话人的确不知道“年轻人是迪斯科迷”这个断言是真。

二是说话人听说过这个断言，也听说过这个断言的理由，但由于缺乏证据，因而对断言既不肯定是真，也不肯定是假，采取了中立的立场。以后，哪怕证实没有哪一个年轻人称得上是迪斯科迷，（14）a 也不会因此而假，因为（14）a 中有 may，它的推测功能使句子的真假区分失去意义。

（14）b 的情况有所不同。它必须用于说话人在自己的见闻、经历中知道年轻人中起码有一个人是迪斯科迷。当然，如只见过一个这样的例子就说（14）b 这样的话，未免有夸大之嫌，但用 can 作推测，那还是无可非议的。can 的推测功能是以事实为依据的，因此，当以后的事实证明没有哪一个年轻人称得上是迪斯科迷的时候，（14）b 就可能是假。可见，事实可

① 隐性施为句指依靠语境，无需施为动词就可以表达各种非语言行为（如警告、允诺、请示、建议等）的“有所为之言”。

以否定（14）b，但不能否定（14）a，故 may 和 can 并不同义。

所谓 may 和 can 不同义，其实是语用功能不同，因为两者的意义都表示可能，它们的句法结构也一样。（14）a 和（14）b 的不同不在表面分析上，而在语境条件中。（14）a 的用意比较简单，它可以直接用（14）c 释义；（14）b 实际上具有三重歧义：

一是年轻人有时是、有时不是迪斯科迷；二是年轻人中有一些是、有一些不是迪斯科迷；三是年轻人中有一些有时是、有时不是迪斯科迷，另一些则一直不是迪斯科迷。

第二，must 和 should 表示 possible 或 likely 的推测功能。先看下面的例句：

（15） a. John *must* be easy to talk to.

b. John *should* be easy to talk to.

（16） John is *probably* easy to talk to.

（15）a 和（15）b 都可以用（16）释义，但同样，（15）a 和（15）b 也不是完全同义的，在某些环境下只有用其中的一种才合适，尽管（15）a 的 must 和（15）b 的 should 都具有 probable 这样的推测功能。例如下面四句中只有 a 和 c 是通的，而 b 和 d 就是不通的：

（17） a. You *must* be crazy!

b. * You *should* be crazy!

c. This *should* be done by later this afternoon.

d. * This *must* be done by later this afternoon.

[注意：（17）d 的星号（ * ）只表示 must 在这里不具备推测功能。当 must 表示“强制的要求”时，（17）d 这个句子是通的。]

为了区分 must 和 should 的语用功能，我们先看例（15）。假设说话双方都站在 John 的办公室外面，听话人应约同 John 谈话，正在等候见面。他想到这次与 John 的会见，心理有一点紧张，这时说话人无论说出（15）的 a 还是 b，都可以给听话人以精神上的支持。现在的问题是：说话人到底在什么情况下该用（15）a，在什么情况下该用（15）b 呢？这要根据说话人对 John 的评价如何来推断了。现假设说话人当时十分靠近 John 的办公室，听到里面的人在谈话时不断发出欢快的笑声，这说明 John 和应约者相处融洽，在这种情况下，说话人对听话人说的就会是（15）a，因为（15）a 中的 must 指以当时实证为依据而作出推测。现再假设说话人当时无法听到 John 的办公室里发生的情况，但他却了解 John 平时待人接物的态度，他知道 John 为人热情、随和、没有架子，因此，凭他过去对 John 的了解，他会对听话人说（15）b。这说明，（15）b 中的 should 指凭过去的经验来作出推测。

根据上面的分析，（17）a 是合适的，因为那是说话人按当时的实际而立即经听话人下的推断，但（17）b 的 should 并没有据事实对现时情况作出推测的功能，句子也就不通了；（17）c 又是合适的，因为那是说话人凭过去的经验来估计今天下午晚些时候事情可以办妥，但（17）d 的 must 没有对未来作出推测的功能，因而又不通了。

总之，must 具有现时可证实的推测功能，而 should 则具有未来可以检验的推测功能。

如果从时间上考虑，上面讨论的四个情态助动词的推测功能有指现在的，有指未来的，也有指现在或未来的。现用例句加以说明：

（18） a. John *can* be obnoxious.
b. John *may* be obnoxious.
c. John *should* be obnoxious.
d. John *must* be obnoxious.
e. John *will* be obnoxious.

（18）a 的 can 推测 John 一向以来都令人讨厌，包括现在，但不是推测他未来令人讨厌；（18）b 是歧义的，may 可以是对 John 现在的行为作出推测，表示“I don't know whether or not he is obnoxious”，也可以是对 John 未来的行为作一个不肯定的推测，意为：“It may turn out later that John is obnoxious”；（18）c 是对 John 未来的行为作出推测；（18）d 是对 John 现时的行为作出推测；至于（18）e，一般指对将来行为的推测，而且肯定性较大，可以认为它是 should 的加强式。

第三，从情态助动词的语用功能出发，我们还可以发现下面几组句子的语用差异：

（19） a. John *may* have a cookie.
b. John *is allowed* to have a cookie.

（19）a 是说话人本人发出的允许，表示了本人的同意；（19）b 只是报道了允许 John 吃一块曲奇饼，但不涉及说话人的态度，他本人可能是反对给 John 吃曲奇饼的。

（20） a. John *will* take out the garbage.
b. John *is to* take out the garbage.

（20）a 是说话人发出的命令；（20）b 则仅是说话人报道了别人的命令。

（21） a. You *must* go to the bathroom.
b. You *have to* go to the bathroom.

（21）a 是说话人出于关心或同情而提出的要求。要听话人做某事，并不等于“I hereby say that you are obliged…”即听话人不一定必须要做这件事。(21)b多用于诸如母亲对孩子说话的场合，否则是无礼貌的，因为(21)b等于是说“You yourself have a need to go to the bathroom”，说话人并没有对此表现出主动的关心或同情。

(22) a. John says you *must* apologize.

b. John says you *have to* apologize.

(22)a指说话人同意John的意见，要求听话人道歉；(22)b仅是说话人报道John的要求，他本人不一定同意。

(23) a. We all *should* vote for Agnew.

b. We all are *supposed to* vote for Agnew.

(23)a是说话人本人认为投票给Agnew是好主意，因而提出此“建议”；(23)b仅是说话人“报道”别人提出的这个建议，他自己可能赞同，也可能不赞同。

(24) a. Joan *can* hear voices telling her to save France.

b. Joan hears voices telling her to save France.

(24)a带情态助动词can，表示说话人本人听到呼救声，并肯定Joan能听到呼救声，从而证实呼救声是真的；但(24)b不带can，表明呼救声可能不是真的，也许只是Joan的幻觉。这说明，语法上所谓can表示“能力”(able)或表示“可能”(possible)，对理解(24)a那样的句子并无帮助。根据语境，can在(24)a中的语用功能是以事实为依据作出的说明。

(25) a. John *will* leave for New York on Thursday.

b. John leaves for New York on Thursday.

(25)a的will宜理解为情态助动词，用以表示较为肯定的推测，但will终究是一种推测，它并非百分之百的肯定；(25)b就不同了，这种不带will的将来行为是预设的(presupposed)，因而是最为肯定的、必将发生的。

综上所述，情态助动词的应用和理解主要依靠语境和它们各自的语用功能，只给情态助动词定出几条句法和语义规则，还不能做到正确和合适地使用情态助动词。

三、条件句的语用分析

条件句“If P, then Q”的逻辑—语义功能与语用功能是不同的，人们使用条件句或理解条件句时，往往会超出逻辑—语义的范畴，进而考虑这个条件句的用意，即考虑条件句的“言外之力”。下面我们根据毛利可信(1980)的有关论述，谈谈条件句的某些语用功能。

第一，条件句表达“警告”或“威胁”。例如：

（26）If you tease the dog, you will get bitten.

说话人要表达“警告”这个言语行为，可以使用下述条件式：如果P，就会Q（Q表示坏事），即如果逗弄狗，就会被狗咬。这时，听话人通过推论而作的决断如下：如不喜欢Q，就须要非P，因而中止P。这个条件式也适用于表达“威胁”，但表达“威胁”时，P是由说话人本人引起的。例如：

（27）If you move, I'll shoot.

（27）产生的“威胁”使听话人不敢去实现P，因为听话人实现P，说话人就会实现Q，即听话人只要动弹一下，说话人就会开枪。上面的例（26）如作为“威胁”，则意味着说话人要导致Q，即说话人会让狗去咬听话人，而（26）作为“警告”，只是说听话人会被狗咬。

第二，条件句表达“劝告”。例如：

（28）If you don't cover the ace, then you won't win.

（29）If you cover the ace, you will win.

（28）是一种“强行劝告”，条件式是：“如果非P，则非Q”（Q表示好事）。听话人的推断是：如果希望Q，则需要P，因而实现P。（29）是“一般劝告”，说话人只是建议听话人不妨打出一张比“ace”大的牌来赢牌，但除了这样做之外，还可能有别的赢牌方法。“一般劝告”的条件式是：“如果P，则Q”。听话人的推断是：如果希望Q，可以通过实现P，或采取其他办法。

第三，条件句收“言后之果”，使对方放心（reassure）。例如：

（30）Only if you do not tease the dog, you will not get bitten.

说话人指出：“只要非P，就会非Q”，从而使听话人放心。听话人的推断是：如果原来就不希望Q发生，即根本不想伸手给狗，那么听话人只要不伸手逗弄狗，就肯定不会被狗咬。

第四，条件句表达“命令”或“禁止”。例如：

（31）If you don't want to get bitten, then you must not tease the dog.

说话人的条件式是“如不喜欢Q，必须非P”，即如果不想被狗咬，就严禁去逗弄它。听话人无需作什么推断，他要么执行说话人的命令，不去逗弄狗，要么违抗命令，冒着被狗咬的危险去逗弄它。这类型的条件句其实是表达“警告”、“威胁”等言语行为的又一种方式。

第五，条件句表达“建议”或“请求”。例如：

（32）If a dog bites you（或 threatens to bite you）, you must keep an eye on it.

这类条件句有两层意义："如果P，则Q；如果不喜欢Q，请实现R。"这两层意思并起来就是："如果P（且不喜欢Q），请实现R。"听话人听到这类条件句也无需作出什么推断，他可接受说话人的建议或请求［例（32）是"提防"狗咬］，或予以拒绝。

四、否定句的语用分析

从语用的角度看否定句，可以总结出否定句的三种功能：否定命题、否定前提和否定含义。

第一，否定命题。如果对方话语的内容为P，说话人要表示"It is not the case that P"，就会将对方的话语内容予以否定，这就是否定命题。例如，话语内容P为She made a fuss，则：

（33） She didn't make a fuss. （ = It is not the case that she made a fuss. ）

使用never会加强对命题的否定，这是一个"否定断言"（negative assertion）。例如：

（34） She never made fusses.

否定命题并不是都属全体否定，有一些语法学上被看做部分否定的句子，语用上仍是命题的否定。例如：

（35） A：It might be just a coincidence.

B：No, no, everything cannot be a coincidence.

（35）中的B是说：I say ［it can't be the case （that everything is a coincidence）］。同样：

（36） I can't know everything.

（37） All that glitters is not gold.

这两句应分别解释为：I say ［it is not the case （I can know everything）］和I say ［it is not the case ［all that glitters is gold）］。

如果命题本身是否定的，即话语内容是非P，否定这种命题实际上就是"确认"（confirmation）。例如：

（38） A：She is not at all happy working here.

B：*No, she isn't.*

（38）中的B是确认She is not at all happy working here。其他例子如：

（39） A：She would not have believed it possible.

B：*No, no, of course not.*

（40） A：He would hardly be a friend of her.

B：*No, he wouldn't.*

（41）A：You are sure that I can't come with you.

B：（She shook her head.）

（41）中的 B 没有用言语应答，但"摇头"这个身势语（body language）与"No"具有相同的意义，即确认 I can't come with you 这个命题。

汉语要"确认"一个非 P 命题，往往直接用肯定方式表达。例如：

（42）A：这一带没有加油站。

B：是的，没有。

如果要否定或否认一个本身是否定的命题非 P，英语要用非（非 P）。这时两个否定相抵消，等于要用肯定方式表达相应的肯定命题 P。例如：

（43）A：You've not changed much, John.

B：*Yes, I have.* I've changed enormously.

反之，汉语要否定或否认一个非 P 命题，往往直接否定。

总之，从语用的角度，当要确认一个否定的命题时，英语用否定方式，而汉语用肯定方式；相反，当否认一个否定的命题，即对这个否定的命题表示异议时，英语要用肯定方式，汉语要用否定方式。

否定话语命题的否定句型还包括下面一类否定句：

（44）I *don't* believe that he will come tomorrow.

（44）应解释为：I believe [it is not the case（that he will come tomorrow）]。可见，例（44）否定的是 he will come tomorrow。其他同类型的否定句如：

（45）I *don't* think it's right to make such a hasty decision.

（46）I *don't* suppose you've paid for it yet.

构成这类否定句型的动词只限于 believe，think，fancy，expect，imagine，reckon 等动词。这种否定命题的功能，语法上通常称为转移否定（transferred negation）。

第二，否定前提。要否定话语的内容，可以通过否定命题，也可以通过否定前提。前提被否定，话语的内容自然也被否定了。让我们先看一个例子：A 在大楼第二层见到 B，问道：

（47）A：请问洗手间在哪儿？

B：二楼没有洗手间。

于是 A 很自然地会上三楼或下一楼去找洗手间。当 A 发现三楼、一楼都没有洗手间时，他一定会责怪 B，认为 B 戏弄了他。其实，这座大楼根本没有设洗手间。当 A 问洗手间在哪儿时，他设想了"大楼必有洗手间"这个前提，既然 B 对他说二楼没有洗手间，他以为三楼或一楼总会有的。

这里的关键是B没有明确否定前提。

可见，否定前提必须在话语中明确地说出来，否则就达不到否定的目的，反而引起误解，甚至被对方认为说话人在说谎。毛利可信（1980）曾指出没有明确否定前提会招致不必要的误会。

当然，否定前提有时未必一定就否定话语内容。下面的例子说明：前提是假，话语的内容仍真。

（48）A：How did you manage to stop the machine?

B：*I didn't even try to stop it*;it stopped automatically.

（48）中A话语的前提是"试图停机"，B的应答否定了这个前提，但话语的内容（机器停转）仍然是真。又如：

（49）A：You'll tell me why he sent for you?

B：*He didn't send for me*. It was I who requested him to give me an appointment.

（49）中的A话语的前提是"他曾派人叫B来"，此前提在B的应答中被否定了，但话语内容（B赴约了）并没有被否定。

第三，否定含义。这也是为了避免误解而使用的否定方式。当说话人发出话语S后，为防止听话人误解为S'，于是明确地先否认S'，这就是否定含义。其表现方式是"S. Not that S'"。例如，探长A要求向C了解一些情况，但C不是出事地点的雇员。请注意助手B的应答：

（50）A：C's not on my list of people employed here.

B：Oh,well, you can see him tomorrow. *Not that* he can tell you anything,I don't suppose.

当（50）中的B断言A可以在明天见到C时，为防止A因误解而指望C能提供许多情况，故用否定含义的方式先行否定可能的误解。这类例子还有：

（51）I can't do it! *Not that* I dislike the task;I am unequal to it.

（52）A nasty bite,he had given her. She had had to have a stitch put in it. *Not that* there was much to show now—just the tiniest little.

(A. Christie)

例（51）的I can't do it可能会让人误以为有I dislike it的含义，为避免误解，说话人否定了这个含义。例（52）说的是当时曾不得不为被咬的伤口做缝合术，但说话人随即指出缝合的痕迹现在已不太明显，只剩下小小的一点了。这个补充陈述，实际上是为了先行排除听话人可能因看不到伤疤而产生的疑惑。

关于语言形式的语用功能分析问题，目前还未见到有完整、系统的论述。本文所谈的四个方面，只涉及语法形式的语用功能中很小的一部分，且远远没有讨论清楚，必然挂一漏万，故只作为引玉之砖。

（原载《外国语》1988 年第 1 期。）

信息理论与英语结构

语言学上的信息理论是第二次世界大战前由欧洲布拉格学派的学者最早提出来的。他们把信息理论称作“交际动态论”（communicative dynamism），放在句子功能范畴中加以研究（Vachek，1966；Firbas，1974）。在西方学者中对布拉格学派的语言信息理论继续作深入探讨的人，首推M. A. K. Halliday（1967，1970）。他结合自己对话语和篇章结构的研究，先后撰文著书，谈论信息结构，采纳了布拉格学派把信息分为两种范畴，即已知信息和新信息的观点。

Halliday对信息结构的贡献主要在语调和词序方面，他结合重音、音段和句子成分排列先后来分析话语的信息传递规律。之后，David Brazil（1975）等人又在此基础上发展了Halliday的学说，使话语中用语调传递新信息和已知信息的问题得到更深入的研究。但信息理论在语言学上的运用并不局限于语音这个平面，Wallace Chafe（1970）曾以专文论述了新、旧信息，将信息理论用于句子结构研究。对理论与句子结构的关系问题有贡献的语言学家还有Dwight Bolinger（1975，1977），他对信息传递影响英语句子结构问题有很多精辟的论述。信息结构与语言问题不但在语言学方面，而且在心理学方面也有学者进行探索。如心理语言学家Herbert H. Clark和Eve V. Clark（1977）在谈到句子的使用时就介绍了信息理论，将书籍信息与话语的前提结合起来研究。此外，Sanford和Garrod还提出与信息理论关系密切的场景（scenarios）理论（1981），揭示了语言信息与语境的关系，从而使人们了解了特定的语言结构表示特定的语言信息。可是，信息理论到底在多大程度上支配着语言的运用，其中有没有规律可循，这个问题至今仍未解决，在众说纷纭的理论描述中人们还找不出很系统的东西。因此，G. Brown和G. Yule（1983）在以专文综述了信息结构在语言学与心理学的研究情况之后，得出悲观的结论，认为信息传递不仅是一个语言形式安排的问题，它更多地取决于说话人和话语环境，其表现堪称错综复杂。因此，人们只能对某些信息结构作一些解释，但无法建立一种自成系统的、独立的语言信息理论。

为什么我们还要对这种不成系统的语言信息理论进行讨论和研究呢？这是因为语言信息理论的某些方面能给我们提供一些语言教学的原则和方

法，有利于我们改进教学，提高教学效果。本文就信息理论与英语结构问题作一些分析，希望通过对信息结构的探讨，揭示某些英语结构的使用方法，以期能够有助于改进教学。

一、言语行为与信息传递

“言语行为实际上是一种信息传递。每一句话都是一个信息片段。在每一个信息片段的内部或在多个信息片段之间，都可以分出已知和未知两种信息……谈话双方的言语行为不外就是一系列的已知信息和未知信息交替传递的过程。”（何自然，1981）当然，将话语简单地分成已知和未知信息是有助于我们理解和运用语言的，但是这种划分过于概括，不容易辨认和描写，更难以与特定的结构挂钩，难以找出表达不同信息的不同结构。William J. Baker（1976）认为要从多种角度去辨认和描写信息结构，如从话语的内层和外层关系区分出四种不同的信息：指称信息（denotational information）、关系信息（relational information）、句子信息（sentential information）和语境信息（contextual information）。

指称信息表现在语言上，指所谈论或指示的事物。简单的一个名词或动词提供的都是指称信息。在上下文中的代词也是一个指称信息，而修饰语 + 名词一类较为复杂的语言形式也是一个指称信息。例如：

John died.（其中 John 和 died 都分别是指称信息）

The old man with a hat standing by the woman is my grandfather.（斜体部分也是一个指称信息）

关系信息在语言上的传递手段是词序，即语法成分的关系。关系信息受语义制约，人们了解这些关系信息主要靠语义逻辑。例如：

	John	broke	the window
语法成分：	主语	动词	宾语
语义逻辑：	施事	行为	受事

	The stone	broke	the window
语法成分：	主语	动词	宾语
语义逻辑：	工具	行为	受事

句子信息指语句的表现形式给人们提供的信息，是功能性的。例如：

John broke the window.（陈述）

Did John break the window?（疑问）

Can you pass the salt?（请求）

在口语中句子信息还靠语调、面部表情、手势身段等表达。

语境信息指话语交际前已经确立的环境或上文中已交代的语言形式。

人们要正确了解交际的内容和意图，必须依靠语境信息。例如：

John died. *He* had been seriously ill.

这里的 Jonn died 提供了语境信息，依靠它才可正确了解 He 这个指称信息。

又如，依靠语境信息我们可以确定指称信息 The lawyer 只能填在下面例 a 的空格内：

a. Title：In court

Fred was being questioned. He had been accused of murder. ____ was trying to prove his innocence.

b. Title：Telling a lie

Fred was being questioned. He couldn't tell the truth. ____ was trying to prove his innocence.

将语言信息结构作上述的区分对深刻理解语言是有帮助的。如听话人已知道发生的事件（比如在谈论一件持械行窃未遂的案子），下面的话语就不会因句子本身的歧义而引起误解：

John hit the man with a hammer（the man with a hammar 作为一个信息）。

从外语教学的角度看，上述四种信息都可能是已知的或新的信息。如果我们在上述分类的基础上结合已知信息和新信息分析一下英语句子结构表达信息的特点，探讨一下信息与句子结构的关系，那么这无疑是很有意义的，下面我们就谈谈这些问题。

二、信息与语言结构

（一）指称信息与语言结构

指称信息是最普通的语言信息，只要发话，就会发生指称信息，它与句法形式结合紧密。下面是一些例子：

（1） a. Yesterday I saw a little girl get bitten by **a dog**.

b. I tried to catch *the dog*, but it ran away.

（2） a. Mary got **some beer** out of the car.

b. *The beer* was warm. （Brown & Yule，1983）

a 句中标黑体的指称信息是第一次提出的新信息；而 b 句中标斜体的指称信息是上文已提及的词汇单位，属已知信息。

（3） a. Mary got **some picnic supplies** out of the car.

b. *The beer* was warm.

（4） a. Yesterday, Beth sold **her Chevy.**

b. Today, Glen bought *the car*.

（5） a. I bought **a painting** last week.

b. I really like *paintings*.

（6） a. Robert found **an old car.**

b. The *steering* wheel had broken off.

a 句中标黑体的指称信息是第一次提出的新信息；而 b 句中标斜体的指称信息是与上文照应的词汇单位；有一些 b 句的上文（即 a 句）标黑体的指换信息实际上是一个语境信息。这时 b 句中标斜体的指称信息是该语境信息范围内不言而喻的词汇单位，其中有的揭示该语境信息的内涵［(3)b，(6)b］，有的表示该语境信息的外延［(5)b］。无论哪种情况，b 句标斜体部分都是一个已知的指称信息。

（7） a. What happened to *the jewels*?

b. *They* were stolen by a customer.

（8） a. I saw **two young people** there.

b. *He* kissed *her*.

(7)a 中标斜体的指称信息是上文提及的已知信息；(8)a 中标黑体的指称信息是第一次提出的新信息。(7)b 和 (8)b 中标斜体的指称信息有指代意义：它们是与上文照应的代名词性词汇单位，是已知信息。

（9） a. He wants **to get up early.**

b. But he never *does it*.

（10） a. William **works in Manchester.**

b. So *do* I.

a 中标黑体的指称信息引出话题，是新信息；b 中标斜体的指称信息是一些代动词，属已知信息。

指称信息作为已知信息主要是一些代名词性词汇单位和一些第二次提及的定指事物（definite expressions）。但要注意这两种类型的已知信息不能随便互换使用。如 (7)b 的 They 改用 The jewels 作为已知信息就会显得生硬。下面的 a 句远比 b 句好，b 句太啰嗦了：

a. A man came to the office today carrying a huge suitcase. *It* contained an encyclopedia.

b. A man came to the office today carrying a huge suitcase. *The huge suitcase carried by the man who came to the office today* contained an encyclopedia.

上文中的指称信息在下文中可看做一个语境信息。如上面（1）~（10）句的 a，除 (7)a 外，标黑体的指称信息在下文 b 中均可理解为语境信息。

（二）关系信息与语言结构

前面谈过，关系信息受语义制约。传递的是新信息还是已知信息往往以说话人的意图为转移。这是信息在语言结构中表现得最活跃、最灵活的部分。当然，语言结构本身适用于表达什么样的关系信息是说话人改用语言结构或词序的依据。下面举一些例子：

第一，分裂句或关系分句中的关系信息。

It is **the boy** who is *petting the cat*. （sb. is petting the cat——已知信息；sb. = **the boy**——新信息）

It is **the cat** which *the boy is petting*. （the boy is petting sth. ——已知信息；sth. = **the cat**——新信息）

The one who is *petting the cat* is **the boy**. （sb. is petting the cat——已知信息；sb. = **the boy**——新信息）

What *the boy is petting* is **the cat**. （the boy is petting sth. ——已知信息；sth. = **the cat**——新信息）

在正常情况下，the boy is petting the cat 中 the boy is petting 是已知信息，the cat 是新信息。但是，如要与上文的信息作对比，也可以靠重音转移（不改变词序），说成 **the boy** is petting the cat（即 not the girl is petting…）。这样，the boy is petting 传递的便是新信息。

第二，被动句的关系信息。

据 M. A. K. Halliday（1973）的观点，句首主位（theme）传递已知信息，被动句的受事位于句首，属已知信息。可见，使用被动句的特点是变换信息结构：

The poem was written **by Keats**.

这时，表施事的 by - 短语处于述位（rheme），作为新信息而加以强调。

其实，大多数被动句是不表明施事的，也就是不使用 by - 短语。这种被动句的信息结构与使用 by - 短语时相同，新信息仍在述位的中心词项上：

The school **was set up here.**

The letter **was written** but *the meal* **remained untouched.**

后一句标斜体的主位因有对比含义，得到对比强调；但那是已知信息，句子着重表现的仍是表达新信息的述位中心词项。

在带 by - 短语表施事的被动句中，by - 短语本身有时也会有对比含义，这时的 by - 短语就成了兼具新信息（从位置上看）和对比强调（从语义上）双重作用的词项：

Laughter is preferred to tears **by most people**（即 not by everyone）.

从信息结构看被动句，我们会发现：

a. 当受事成了话题的中心，它就是一个已知信息，适宜用被动结构表达。

b. 被动句可以变换主动句的信息结构，利用 by－短语将施事作为新信息放在述位加以强调。

c. 被动句用以表达与受事（话题中心）有关的各种新信息，因此，当它不是谈论施事的时候，by－短语是不会作为新信息而出现在述位上的。例如：A man was killed.

一般的教科书常常机械地要求学生将主动句变为被动句，学生便轻而易举地将 He killed a man 变为 A man was killed by him，可是他们不一定知道，这里的 by him 在被动句中是一个别扭的成分，除非我们是出自对比强调的需要，如为了说明“by him，not by you”。J. Millington－Ward（1957）曾经指出：

“People usually prefer laughter to tears” 这样的主动句改作被动句时一般不应伴有 by－短语：Laughter is usually preferred to tears；如果我们加上 by－短语，Laughter is usually preferred to tears by people 就会变得可笑——因为伴有 by－短语之后，就形成了对比，句子的含义也随即成为：Laughter is usually preferred to tears by people, but not by dogs, horses, cats, etc.（J. Millington－Ward，1957）

另外，by－短语作为新信息在否定句中出现时，一般都同时带有对比强调的含义。例如：

The door was not opened by the man.

这个句子好像还未完，似乎还要补充“but by his wife”一类词语，才会使其关系信息完整，表达对比含义，即“the man didn't open the door, but his wife did”。按否定范围，上面这个句子并不是表示“门没有开”，而是表示“门开了，但不是那男子开的（而是他的妻子开的）”。

第三，其他强调句式中的关系信息。

我们知道，英语基本句结构的主位表达已知信息。如果基本句结构的词序颠倒（但不是构成像分裂句、被动句等特殊强调结构），则移至句首位置的成分可以单独构成一个语调群（语段），传递新信息。例如：

Joe/his name is.（试比较：His name is Joe.）

Excellent food/they serve.（试比较：They serve excellent food.）

其他如：

Willingly/he'll never do it.

Rich/I may be, but that doesn't mean I'm happy.

但基本句结构的强调倒置成分不一定都传递新信息，有时只是为了集中强调述位的新信息而移前。例如：

This subject we **have already examined.**

这时，前移了的词汇单位“this subject”后面不作停顿，整句作为一个语调群，新信息仍在句末的成分上。

利用词序、语义来交代关系信息的研究颇多，这里只是举出几个较典型的类例加以分析罢了。

三、句子信息——语言结构本身的功能信息

第一，陈述句述位表达新信息。信息中心在句末的实义词项上。例如：

We all feel **happy** about it.

That was **terrific**.

That's the road he **went down**.

That's the book he **put down.**

一个语调群（不一定是整个陈述句）最后的实义词项都有信息中心，但在话语中要配合语调来表达信息：用降调时传递一个新信息，用升调或降升调时传递一个已知信息。例如：

(What are you doing today?) I'm going to the **cinema**.

When I've finished\\′homework //I shall \\play. (试比较：When I've finished \\homework //I shall ˌplay.)

词序变换后，语调的信息功能不受影响：

I shall \\play // when I've finished\\′homework.

I shall\\′play // when I've finished \\homework.

第二，疑问句表示疑问，可对已知信息提问（称验证性提问，如 Yes/No 问句），用升调；也可对新信息提问（称求知性提问，如 Wh－问句），用降调。如：

Are you a ˌ*student*?

What are you?

因此，在传统教学中认为 Wh－问句必须用降调的说法是有道理的，但并非绝对如此。因为 Wh－问句也可能是验证性的。试比较：

Where do you come from?

\\′Where do you come from? (或 Where do you \\come ˌfrom?)

后一句指问者已听说了对方从哪里来，但可能由于记不清楚而再向对方打听这个“已知信息”，这时就用升调（或降升调）。

这使我们不得不回过头来补充一句关于陈述句中述位的信息结构变异问题：陈述句述位也可表达已知信息，这时在话语中可通过升调或降升调体现。试比较：

It's **raining again**.

It's **raining a‚gain.**

后一句可能表示以前曾谈过下雨太多，现在再提及此事，表达的是已知信息。

第三，应答句的信息结构。请先看例句：

A1：**What** happened to the crops?

B1：The rain destroyed them.

B2：They were destroyed **by the rain.**

B1 的应答是不正常的，因为 Wh－问句是对新信息提问，B1 没有把这个信息准确地传递出来。只有用 B2 来应答，突出 by the rain 这个新信息，才能满足 A 的求知性提问。

再如，下面两个应答应如何提 Wh－问句呢？

C1：____________________________?

D1：I've offered Oliver a tie.

C2：____________________________?

D2：I've offered the tie to Oliver.

Cl 的问句应是“What have you offered to Oliver”，因为 D1 的应答中 a tie 是述位的新信息；C2 的问句应是“Who did you offer the tie”，因为 D2 的应答中 to Oliver 是述位的新信息。

同样，前句 A1 如改作 A2：“What did the rain do?”则用 B1，或更恰当地说成：“It destroyed the crops”，这时如使用 B2 就不合适了。

四、语境信息与句子结构

掌握语境信息有助于确定话语的信息结构，并正确选择句子的表达形式。

第一，存在于话语中的语境信息是比较容易掌握的。如果上文的指称信息作为语境信息，则下文谈及此信息时，就会是一个已知信息了。我们在讨论指称信息时引用的 10 个例子中，除（7）a 外，其余各例的 a 都可看做提供语境的信息。

在一般的情况下，语境信息提供了前提；有了共知的前提作为语境，在话语中再次提及时就要作为已知信息来理解。例如：

I saw **a man with a long beard** pass by… *The man with the long beard* departed, and returned a week after…

第一句（上文）标黑体部分是新信息，提供了语境；第二句（下文）以第一句的语境信息作为前提，于是出现表示已知信息的标斜体部分（注意上下文中使用了不同的冠词）。

语境信息本身如在话语中出现，则它必然是一个新信息，带 there 引导词的句子是介绍语境的典型信息结构：

Long long ago, **there lived in Greece a king whose name was Midas.**

第二，语境可以不出现在话语的上下文中，这时称为场景（scenarios）信息或背景信息，是共知的事物。在这背景下，话语中第一次出现的指称信息实际上是一些已知事物，在用句子表达时要使用带 the 的名词短语。如在烹调书中开列各种用料（ingredients），提供了背景知识，到讲述做法时，对第一次提出的事物要作为已知信息结构处理（带冠词 the）：

Ingredients: 1/2 1b butter
1 medium – sized onion
Salt to taste…

Method: Slice **the onion** finely, brown ø **in the butter** and then place ø in a small dish...

这里值得注意的是，制法说明中作为已知信息处理的 the onion 被再次提及时，甚至可以不使用代词而直接省去。严格地说，如在省略处（ø）使用代词 it，它所代替的就不仅是 the onion 了，第一处省略指的是 the sliced onion，第二处省略指的又是 the sliced onion browned in the butter，这时的代词 it，可以称之为“惰性代词”（pronouns of laziness）中的一种，是据语境信息而使用的话语指示语。（何自然，1984）

表示场景的信息不管在上下文中是否出现，在话语中只要涉及场景范围的事物都可以作为已知信息，使用带 the 的名词短语，但这个已知信息在话语中可能是第一次出现的指称信息。这就解释了为什么下面各句标斜体部分都在第一次出现时就使用 the：

He entered the classroom. *The desks* were all new.

What happened to *the jewels*?

Fred was being questioned, He had been accused of murder. *The lawyer* was trying to prove his innocence.

Mary got some picnic supplies out of the car. *The beer* was warm.

可见，信息结构的确定往往靠语境。已知信息和新信息的传递以及为此而选用什么句法结构在很大程度上取决于语境信息。

信息理论对英语教学有一定的实用价值。如学生在语言测试中，为对付完形测试题（cloze test），就可以运用信息理论，以取得较好的结果。此外，对同义结构的选择，也可以运用信息理论：据新信息和已知信息的不同分布，采用恰当的句子结构来恰当地表达主题。例如，要表达“John hit Bill”这个命题，就可以使用下面几个句法结构：

John hit **Bill**.

It was **Bill** John hit.

What John did was **hit Bill.**

以上将 Bill 作为新信息，也可以据不同语境以 John 作为新信息，这时的句法结构是：

Bill was hit **by John**.

It was **John** who hit Bill.

信息的确定，不但与句子结构有关，而且与说话人意图有关，还取决于前提、语境，因此十分不稳定。目前我们还无法对语言信息结构作系统的描述。本文只是提出一些揭示信息结构的方法，以求引起读者的兴趣和注意罢了。我们希望有志者在这方面多加探索，看能否找出路子，将信息理论系统地应用到语言教学与语言学习的领域来。

（原载《现代外语》1987 年第 1 期。）

模糊限制语与言语交际

模糊就是不清楚，但不清楚不一定就不好。在言语交际中，有一些场合人们要把事情讲得清清楚楚，不能含糊，但也有一些场合，由于主观上或客观上的原因，人们会有意无意地含糊其辞。让我们先读一读下面这段医生同病人的对话：

（1） P：I'm still taking the liquid medicine.

D：The Maalox or the Mylanta?

P：I *guess* that's what it's called. It's *kinda* pinkish.

D：Pinkish huh? Let's see what they call it here on the chart... It's not Dilatol, is it?

P：I don't know. It's *kinda* it's *kinda* pinkish.

D：Pinkish.

P：You know, *kinda* pink.

D：Well, let's see what they gave you. Pinkish color··· the one that you take with your water pill every day?

P：Orange juice.

D：Right, right, okay.

病人和医生谈了半天，只因病人含糊其辞，医生始终无法打听出病人服用了什么药物，于是谈话也就无法继续下去了。医生达不到交际上的满足，只好不耐烦地说声“okay”，便把话打住，草草收场。上面这段对话说明模糊的话语在言语交际中并不是什么绝对的好东西。可是，是不是模糊的话语都不好呢？不一定。本文要讨论的正是模糊话语在言语交际中的一些应用。

一、模糊限制语

在上述对话中病人的话语之所以含含糊糊，是因为他反复使用了 guess、kinda 之类的模糊限制语（hedges）。

什么是模糊限制语呢？G. Lakoff（1972）对此下的定义是：模糊限制语是一些“把事物弄得模模糊糊的词语”。按照这个定义，一些令听话者得不到确切信息的词语，如 kinda（ = kind of）、sort of 等是模糊限制语，而一些表达推测或不确定含义的词语，如 I guess、I think 等，也算是模糊限制语。下面我们试分析一组例子：

（2）John's feet were blue.

（3）John's feet were *sort of* blue.

（4）I *think* John's feet were blue.

句（2）表明说话者确切知道 John 的双脚积瘀（即 the speaker knows that John's feet were blue）。句（3）表示说话者知道 John 的双脚虽然不能确切地说是青一块，紫一块，但在某种程度上接近于积瘀（即 John's feet were non-prototypically blue）。这就是说，sort of 的模糊性影响话题本身，修正了话题所说的典型情况（blue）。说话者使用 sort of 一类词语，可以模糊地反映实际情况在某种程度上接近于，但不等于话题所说的典型。这种按实际情况变动话题内容的模糊限制语与认知心理学的"原型界说论"（prototypes）有关，即心理上对事物的典型原貌以及客观上不同程度地接近原貌的认识。G. Lakoff（1972）讨论的主要是这类变动型的模糊限制语。这一点我们将在下面再作讨论。现在再看句（4），同句（3）相反，句（4）的模糊限制语 I think 并不影响话题本身，它主要显示了说话者与话题的关系，即表明说话者对话题作出主观的猜测，或对它作有保留的承认或支持（即 For all the speaker knows, John's feet were blue）。如果说句（2）是说话者对话题作出了明确的肯定，那么句（2）加上了 I think 一类模糊限制语［即句（4）］后，话题的肯定语气就给缓和下来了。这类语气缓和型的模糊限制语包括 G. Lakoff 讲的诸如动词 guess，表推测的语气助词 must，may，can，以及附加疑问等词语。

近十年来，根据 H. P. Grice（1975）而划分的"真实情况表语义、非真实情况表语用"的含意理论（Kempson，1975），变动型的模糊限制语按照实际情况改变对话题的认识，应属语义范畴，而缓和型的模糊限制语并不改变话题内容，只是传达了说话者对话题所持的猜疑或保留态度，应属语用范畴。在言语交际中，区分出两种作用不同的模糊限制语，对理解和运用语言都具有实际的意义。

二、变动型模糊限制语

现在我们回头来讨论一下变动型模糊限制语［见例（3）］。这类模糊限制语又可分为两类：

第一类是限制变动程度的模糊词语，可称为程度变动语。它使听话者从说话者口里听到与原话题有关，但又不同于原话题的新概念。从语义角度看，它能变动原话题的真实条件。我们先看看 G. Lakoff（1972）提供的典型例子：

（5） A robin is a bird.（对）

A robin is *sort of* a bird.（错）

In a manner of speaking, a robin is a bird.（错）

（6） A chicken is a bird.（接近于对）

A chicken is *sort of* a bird.（对）

（7） A bat is a bird.（接近于错）

In a manner of speaking, a bat is a bird.（错）

（8） A cow is a bird.（错）

A cow is *sort of* a bird.（错）

In a manner of speaking, a cow is a bird.（错）

G. Lakoff 详细讨论的是模糊限制语揭示语义上的程度差别问题①，我们运用这些例子只想说明：有一些话题加上了模糊限制语后可以构成真实程度不尽相同的新话题。这里值得注意的是例（6）和例（7）：这些原来只接近对或可能是错的话题加上模糊限制语之后，变得更符合事实。这正是这种类型的模糊限制语在言语交际中的重要功能。

表示程度变动的模糊限制语实际上是把一些接近正确但不敢肯定完全正确的话题说得得体些，与实际情况更接近些，避免过于武断。因此，在言语交际中有着特殊的作用。我们仍以医学英语为例，下面是医生之间讲述症状的例子：

（9） —What about his ears? Is he still draining fluid?

—It's just *sort of* crusted…not really draining.

（10） She noticed that he was *a little bit* on the blue side.

这里的模糊限制语 sort of 和 a little bit 用于与症状有关的词语（crusted，blue）前面，对病人的病况作一大致的分类，从而帮助确诊。如果医生（说话者）不用模糊限制语，他的话就显得过于肯定了。例（9）就会确认是耳朵结痂，不再流脓；例（10）则会变成是腰上明显的一片青紫。

在言语交际中，当实际情况与原话题不符时，人们可用下面几种方式处理：

a. 使用与原话题无关的词语。如例（9）可用 set（指液体凝结）来描述 just sort of crusted；例（10）用 mauve（紫红色）来描述 a little bit on the blue side。但这种办法实际上是很少用到的，因为谈话都有目的，如果目

① 《国外语言学》（北京）曾介绍过 G. Lakoff 在这方面的文章，见该刊 1982 年第 2 期刊载的《模糊限制词和语义标准》（廖东平译）。

的是要说明病人的症状，用一些与此话题无关的词语显然不恰当。

b. 使用自创的词语。这也是不理想的办法，因为自创新词语不会让听话者产生积极的反应，无助于说明话题，人们还是习惯于常用的说法。

c. 使用某些近似词语。这可以使听话者明白话题大致的意思。这种办法虽然行得通，但那些近似词语会影响到对某事物的正确认识，故遇到要作出判断的话题（如判断症状），使用近似词语还是不适宜的。

d. 使用模糊限制语。模糊限制语实际上是描述话题大致（即非精确）情况的词语。它加在原来话题里组成一个新的话题，使与原来话题情况在程度上有差别但又不至于引起误解。

可见，当我们遇到实际情况与原话题不符时，上述第四种方式是最理想的。

这类限制变动程度的模糊语除了 sort of，a little bit 之外，还有 almost，（not）really，quite，（not）entirely 等词语。下面再举几个例子：

（11） The car hit him on his left side, and he sort of grazed off the car and fell to the ground.
He didn't…he was*n't really* thrown. （差点被抛出车外）

（12） He came in with a tube from other place that was *almost* falling out. （几乎掉下来）

至于第二类变动型模糊限制语，它是一些限制变动范围的模糊词语，可称为范围变动语。这类变动型模糊限制语是测量事物时经常使用的词语。这时不必讲究实际情况与话题的接近程度，因为在话题中往往提供了具体数字。在医学上，这类话题指谈论病人体重、液体输入和抽取、血压等。下面是一些例子：

（13） His weight was *approximately* three point two kilograms, which is *essentially* what his birth weight.

（14） The baby's blood pressure was also *about uh something between* forty and fifty palpable.

使用范围变动语的原因是说话者不想把数字说得太死，以免与事实有距离，如例（13），或者是因为无法一下子说出一个准确的数字，如例（14）。在言语交际中使用这类模糊限制语可给听话者讲出话题的范围，使他能在这个范围内理解事物。

上述两类变动型模糊限制语都是变动原话，或者根据实际情况对原话作某种程度的修正，或者给原话定出一个变动范围。在言语交际中这两类变动型模糊限制语可以避免说话武断，使话语更具客观性，更能为听话者所接受。但它们既是一些模糊限制语，在某种场合下，这些词语也会因带来不清晰感（就像本文开头的那段对话）而令人得不到准确、明白的信息。

三、缓和型模糊限制语

我们在第二点里谈到例（4）中的模糊限制语 think，指出它与例（3）的 sort of 不同，因它并不改变话题的情况。如果在句（5）、（6）、（7）、（8）之前冠以 I guess 或 It seems that 等模糊限制语，句子的真实条件不会改变，不同的地方仅是增加了一个说明，即指出那是说话者或第三者的看法，从而使原来话题的肯定语气趋向缓和。因此，我们可以称这类模糊限制语为缓和型模糊限制语。

缓和型模糊限制语大体上可分成两类。第一类是直接缓和语，它是说话者对话题的直接猜测，或者表示说话者本人的犹疑态度。下面是几个例子：

（15）And *I think we can probably* just finish the work before evening…
As far as I can tell you right now, we can start at once.

（16）—Can you explain this to me?
—Well. *I think you might explain that* it's just…this really was… a trick.

（17）—Why do you think that he had such a pain in his stomach?
—Well, *I had to believe* he has stomach trouble. He seemed to suffer from it regularly…and *I was wondering* whether there was gastric ulcer, but…basically *hard to say*.

我们从言语交际的角度把表示推测的语气助词（如 may，might 等）和某些表示犹疑的词语（如 probably，as far as l can tell，hard to say，I was wondering 等）看做缓和型模糊限制语的第一类，表示说话者本人的直接推测或犹疑。这类模糊限制语常用于说话者对话题的真实程度信心不足，没有把握或不敢予以肯定，就是说在不改变原话题的原则下加上“就我所知而言”、“可能”、“很可能”等词语，适当缓和原话题的肯定口气。在言语交际中这类缓和型模糊限制语可对事物作出一种不十分肯定的估计［例（16）］；医生对病人疾病作初步的诊断或提出初步的看法［例（17）］，也见于计划、尝试［例（15）］等场合。

至于第二类缓和型模糊限制语，它不指说话者本人的推测或犹疑，而是引用第三者的看法，从而间接地表达说话者的态度，故可称作间接缓和语。下面举几个例子：

（18）*According to her estimates*, she got the baby's high heart rate back within…two to three or so.

（19）There was *presumably* no acute decrease in heart rate.

（20）—Why was he losing weight so badly? Can you put that together in any way?

—Well, *mother says* that he's… he has… he's a… in a way, a very finicky eater.

上述各例的间接缓和语的言语交际功能与直接缓和语的交际功能不尽相同。直接缓和语来自说话者主观的估计，以推测来缓和话题，但间接缓和语则通过一些有根据、有来源的说法来缓和话题，如根据某人所说，依照某种信念，或者凭借书本知识等。这些依据有时会明确地讲出来［例（18）、（20）］，有时则不加具体说明［例（19）］，但不管怎样，那都不是说话者本人的估计。比如有这样一个话题：

（21）There was a dramatic response after medication.

我们就不能加用直接缓和型的模糊限制语：

（22）*According to me*, there was a dramatic response after medication.

但如果加用间接缓和型的模糊限制语就合适了：

（23）*According to Dr. Smith*, there was a dramatic response after medication.

说话者使用间接缓和语作话题的依据时，应该说他是不同程度地同意这个依据的。只是他对此依据究竟有多大程度的赞同，在话语中看不出来罢了。如果要知道说话者对该依据的赞同程度，则需从依据本身作一判断。以话题（21）为例，句（23）的依据来自医生方面，说话者对此的赞同程度就会高些；如依据来自护士，赞同程度就会低些；来自不同的医生，赞同程度也可能不同。可见，使用间接缓和语时，说话者本人的看法只能从旁作出推断。

总之，在话题里面加上间接缓和型模糊限制语，作为话题的依据或来源，使话题更具客观性。在言语交际中，这是报道时常见的词语。

综上所述，关于模糊限制语大致可以作如下的结论和说明：

A. 变动型

a. 程度变动语（如：sort of, somewhat, really, almost, quite, entirely, a little bit, some）

b. 范围变动语（如：approximately, essentially, about, something between X and Y）

B. 缓和型

a. 直接缓和语（如：I think, probably, as far as I can tell, seem, wonder, hard to say）

b. 间接缓和语（如：according to her estimates, presumably, sb. says that …）

第一，变动型模糊限制语——说话者通过模糊限制语就话题的真实程度和涉及范围对话题内容作出修正，属语义范畴。

第二，缓和型模糊限制语——说话者通过模糊限制语就话题内容直接作主观的测度，或提出客观的依据，对话题作间接的评估，属语用范畴，不影响话题的内容。

第三，在话语中出现模糊限制语的同时，说话者往往会因思考而出现一些短暂的停顿，接着可能出现一些经思考后作出的改正或补充［例(9)、(11)、(15)、(16)、(17)、(18)、(20)等］。但是这种现象在使用范围变动语时是不常出现的，因为范围变动并不表示说话者对话语内容感到没有把握，只是在无法说出或不想说出准确数字时用它来作为一种权宜之计。

第四，模糊限制语同言语交际中说话者本人的习惯用语（口头禅之类）是有区别的：后者是说话者的习惯，可有可无，而前者却能反映说话者对话题内容的态度，是言语交际中必不可少的手段。

第五，国外学者把模糊限制语的研究作为语义学、语用学、社会语言学的一个具体研究内容。一些学者认为，模糊限制语的使用与人们的职业有密切关系。如医生、律师、科学工作者经常会遇到一些不易解释清楚的场合，这时，模糊限制语就十分有用了。从语用学的角度看，这些人员之间在涉及学科领域的谈话时，他们往往不是像人们希望的那样把问题讲得十分肯定，相反，出于探求的态度，或基于自己的推断，他们往往大量使用各种模糊限制语。因此，从一个角度看，模糊限制语在从事这些职业的人员口中，往往又成为他们展示业务或学识水平的重要手段。但从另一个角度看，这些人在遇到不确定，或者因遭受过挫折而对话题感到把握不大，再加上碍于身份而不得不发表见解时，为了体面，往往设法应付过去，模糊限制语正是他们最得力的言语手段。

（原载《外国语》1985 年第 5 期。）

英语被动结构的修辞特征

语言教学的目的，不但包括使学生认识并掌握语言规律，而且包括使学生学会在不同的场合、对不同的对象、用不同的形式表达自己的思想。为达到这个目的，教会学生恰当地选择和使用各种不同的语言结构，就成了语言教学的一个十分重要的内容。

传统的英语语法教学只注重介绍语法形式，而忽略这些语法形式在口语、书面语中是否运用得当，即不注意语言表达的情境和效果，那是很不适宜现代教育的。

在语言教学中，不仅要培养和提高学生对英语的分析能力和理解能力，使之记住语法规则，更重要的是学会正确表达，同时还要了解其修辞特征。

实践证明，成功的语法教学不能不涉及有关语法项目的修辞特征的研究。笔者通过对英语被动结构的修辞特征的研究与分析作为尝试，以求教于前辈和专家。

一、英语被动结构的修辞特征

英语被动结构的修辞特征可以从两方面来谈：被动结构内动词的各种形式的选择和使用；制约使用被动结构的语言环境。

（一）被动结构内动词的各种形式的选择和使用

（1）被动结构内的动词一般不用完成进行式这种动词形式。下面的句子有待改进：

The patient *has been being examined* all morning by the doctors.

改进的办法是改用完成式：

The patient *has been examined* all morning by the doctors.

或者保留完成进行式这种动词形式，把被动结构改为主动结构：

The doctors have been examining the patient all morning.

（2）被动结构内的动词在同语气助词（包括表示将来的时间助词）连用时，一般很少使用进行式，例如：

This problem *will/may be being discussed* on Friday.

改进的办法是把进行式改为非进行式：

This problem *will/may be discussed* on Friday.

或者保留进行式，把被动结构改为主动结构，明确行为的发出者：

We *will/may be discussing* this problem on Friday.

（3）但是上述两种不常见的被动结构偶尔也会在书籍中见到或者在交谈中听到。例如：

John *had been being scolded* by Mary for a long time when the neighbours came in.（Hill,1958：220）

The roll *will be being called.*

R. A. Close 教授说，他亲耳听过一些受过教育的、以英语为母语的人说过：

He*'ll be being interviewed* on Friday.（Close,1974：100）

（二）Get + －ed 被动结构的修辞作用

（1）被动结构一般都指行为，除了由 be + －ed 分词构成外，它还可以由 get + －ed 分词构成，例如：

One of his finers *got squeezed* in the door.

The children *got punished* by his parents.

The key *got lost.*

Get + －ed 这种结构的修辞特征是：在表示主语（人或物）是行为的承受者的同时，强调主语经历了某种变化，最终产生了某种结果。尽管 get + －ed 所表示的结果是一种状态，但它与 become + －ed 分词不同，后者是一个状态被动结构。例如：

He *was killed* in an accident.

He *got killed* in an accident.

*He *became killed* in an accdent.

The window *was broken* last night.

The window *got broken* last night.

*The window *became broken* last night.

显然，这里使用 become + －ed 结构之所以不妥，是因为句子并不单纯表示状态，而是表示行为及其导致的结果。

（2）get + －ed 也不能完全代替表行为的 be + －ed。当被动结构不强调主语经历了某种变化，最终产生了某种结构时，使用 get + －ed 就不一定合适了。例如：

This book *was/* got read* by all the students.

The article *was/* got written* by my friend.

我们当然不会说“书或文章”经历了什么“读”和“写”的变化，

产生了什么“读”和“写”的结果。这里只能用 be + -ed 结构。

（3）get + -ed 常用在非正式语体中。在正式语体里 get + -ed 结构一般是不用的，如果使用这种结构，则往往表示一种自我施加（self-inflicted）行为：

You'*ll get hanged* some day.

The fox *got caught* in the end.

You'*ll get hurt*.（Schibsbye, 1970：52）

（三）be + -ed 被动结构的修辞作用

be + -ed 被动结构的修辞作用范围较广，它不一定指行为，有时还可以指状态。比较：

They *were married* last year.

They *were married* when I saw them.

这两个句子的 were married 显然不同。第一句是一个表示行为的被动结构；第二句则可看做一个“联系动词 + 表语”结构，我们从意义的角度称之为“状态被动”结构（Curme, 1931：445）。状态被动结构强调主语的特征或状态，跟行为被动结构强调主语是行为的承受者不同。从使用的角度看，这种同形异义结构有下面几点值得注意：

（1）表示状态的被动结构里，be 的现在时可以直接同 already 连用，无须使用完成式。例如：

The door *is already locked*.

My bags *are already packed*.

（2）表示状态的被动结构里，-ed 分词可以同形容词一起组成并列成分。例如：

They *were married and happy* when I saw them.

The text-book *is rich* in content, and beautifully *illustrated*.

（3）表示状态的被动结构里，除了使用 be 外，常常可以按句意的要求而使用其他组成状态意义的联系动词，如 appear，become，feel，lie，look，remain，seem，stay 等。例如：

They *became acquanted* in Boston.

He *lies buried* at Croydon.

The door *remained shut*.

John *felt* rather *disappointed*.

My bags *will stay packed*.

Become + -ed 通常都被看做一种“状态被动”结构，但它有时可以表示主语逐渐产生的变化，或整个事态不断演变的过程。例如：

Under proper conditions any substance *may become charged* to some extent when it is rubbed against a dissimilar substance.

My hometown *is becoming* highly *industrialized* and *mechanized*.

(四) 被动结构和被动意义

英语有一些动词既是及物动词，也是不及物动词。它们用作及物动词时的被动结构和用作不及物动词时的主动结构有时都可以表示被动意义，这样在使用时就有一个选择问题。

(1) break，increase，open，ring 等动词的被动结构和它们用作不及物动词时的主动结构都有被动意义。例如：

The window *broke/was broken*.

Their production *increased/was increased*.

The door *opened/was opened*.

The bell *rang/was rung*.

这些句子虽然都有被动意义，但使用时还需要加以选择：主动结构强调发生某行为这个客观事实。虽然主语这时不是行为的主动发生者，但它还是同行为有关的人或物。被动结构强调某行为的发生是某种外力、外因所引起的，虽然这时句子不一定有带 by 的介词短语去交代是什么外力或外因，但结构本身表明主语是行为的承受者这一点是清楚的。

(2) 某些动词（大多是表示行为的动词）的主动结构也表示被动意义，但是这种被动意义的主动结构往往要同某些状语一起使用，实际上是表示主语的特性、能力或质量。这样，它同强调主语是行为承受者的被动结构相比较，无论在意义上或词语搭配上都有明显的区别。例如：

The shirts *wash* well.

The shirts *are washed* thoroughly/by his sister.

The meat *cuts* easily.

The meat is *cut* to pieces/for sale.

又如：

Goods of that quality will never *sell*.

Only articles of the first quality *were sold*.

It *felt* cold.

It *was felt* to be a mistake.

The exhibition *runs* at a profit.

Extra trains *are run* during holidays.

(3) 表示被动意义的主动结构有时在句意上允许它的动词使用进行式。这样，主动结构就不再表示主语的特征、能力或质量，而明显地表示一种行为，主语是同该行为有关的事物，于是主动结构和被动结构又会被认为是同义的。例如：

Mutton *is cooking* for dinner.

Mutton *is being cooked* for dinner.

These oranges *are selling* like hot cakes.

These oranges *are being sold* like hot cakes.

选择和使用这些同义结构的原则仍然是：当我们只想反映某一客观事实时，用主动结构；当我们强调主语是行为者时，用被动结构。

（五）被动结构中带 by 的介词短语的使用

（1）使用被动结构本身就是为了强调行为的承受者。因此，一般说来，在语言实践中很少在被动结构里再使用带 by 的介词短语去指明行为的主动发出者。有时如果说出了行为发出者，反而觉得句子累赘，修辞上不可取。例如：

Jack fought Micheal last night and Jack *was beaten*（*by Micheal*）.

括号里的 by Micheal 是不言而喻的，用上去反而画蛇添足。再如：

In the creche children *are well looked after*（*by the nurses*）.

托儿所的孩子由托儿所的阿姨照料，这是一般情况，人们都会知道行为的发出者正是她们，因此不必啰嗦地加上 by the nurses。但是，如果行为发出者有些特殊，人们可能预料不到，那么用带 by 的介词短语来指明倒是很恰当的。例如：

In the commune - run creche children *are well looked after by old grandmas.*

（2）表示状态的被动结构无疑是不用带 by 的介词短语的。"状态被动"结构不表示行为，也就无行为发出者和承受者可言。因此，我们只能说：

She *is very reserved.*

Jane *was* both *educated* and *accomplished.*

The village *was* quite *deserted.*

I am glad those letters *are written* at last.

至于同"状态被动"结构连用的其他介词短语，我们不能把它们看做行为的发出者。例如：

They were faced *with some difficulties.*

English is spoken *in Great Britain.*

Paper is made *from rags.*

Two children were born *to them.*

其他如：be based on，be concerned with，be derived from，be divided into，be engaged in，be packed with 等“状态被动”结构的介词短语也不是行为的发出者。

（3）某些被动结构使用带 by 的介词短语是必要的。如果不使用带 by 的介词短语，也需添上其他一些状语，句子才显得自然。例如：

He was brought up *by his aunt*. （或改加 properly in China 等状语）

The part of the mother was played *by Nancy*. （或改加 well 等状语）

This picture was painted by a *five-year-old boy*. （或改加 beautifully 等状语）

Most of the talking was done *by the visitor*. （或改加 after lunch 等状语）

二、各种类型的被动结构的选择和使用

主动结构中带宾语的句型在形式上一般都可以转换为相应的表行为的被动结构，但是在转换时却随时会受到意义和形式两方面的制约（如句意的制约、词义的制约、主动结构中宾语的表现形式的制约等），同类型的主动结构也就不一定都有相应的表行为的被动结构。下面我们谈谈这些制约。

（一）句意的制约

句意的制约就是逻辑的制约。被动意义的表达一定要符合逻辑，否则这个被动结构就不能被听话者接受。下面是一些不能使用被动结构的典型例子：

（1）主动结构宾语带有指代主语的物主代词时，不能随意转换为相应的被动结构，否则逻辑上不通：

Jane *washed* her face.

Her face *was washed* by Jane.

第一句是 Jane 洗（自己的）脸；第二句则只能表示别人的脸由 Jane 去洗。

（2）主动结构的宾语在充当相应的被动结构的主语时，如果失去作为行为承受者的作用，整个表行为的被动结构就不能成立。我们可以说下面两组句子可以主被动形式共存：

George *turned* the pages. —The pages *were turned* by George.

The stranger *approached* me. —I *was approached* by the stranger.

但不能说下面两组也可以：

George *turned* the corner. —* The corner *was turned* by George.

The train *approached* me. —* I *was approached* by the train.

很明显，corner 在这里不是行为的承受者；train 和 I 之间的关系也仅是距离上的靠近罢了，谈不上行为的主动发出者和承受者的问题。

（3）主动结构的主语在相应的被动结构中以带 by 的介词短语出现时，这个短语必须真正能够充当行为的发出者，否则，该被动结构不成立。我们可以说：

The peasants *deserted* the village. —* The village *was deserted* by the peasants.

这里指农民离乡背井，田园荒芜，合乎情理。但是：

Liu's family *deserted* the village. —* The village *was deserted* by Liu's family.

这里的主动结构是对的，但被动结构就不合道理。怎样设想刘家一家人出走却使全村空无一人？可见，带 by 的介词短语在这里不能充当使全村空无一人这个行为的发出者。

（二）词义的制约

（1）有一些状态动词如 lack，resemble 等，习惯上不使用或极少使用其相应的被动结构：

John *lacks* support. —* Support *is lacked* by John.

Jane *resembles* her mother. —* Her mother *is resembled* by Jane.

（2）有一些动词如 hold，possess 等，既可以表示状态，也可以表示行为。这时，如果要表示行为，可能有相应的被动结构；但如果要表示状态，就不会有相应的被动结构。例如，可以使用这些动词的被动结构表示行为：

The thief *was held*（=was caught）by the police.

The city *was soon possessed*（=was occupied）by the enemy.

但是只能使用这些动词的主动结构表示状态：

The classroom *holds* twenty students. —* Twenty students *are held* by the classroom.

The king *possessed* great wealth. —* Great wealth *was possessed* by the king.

（3）动词 have 表示“具有”含义时是状态动词，一般都认为没有相应的被动结构。例如：

They *had* a nice house—* A nice house *was had* by them.

当 have 用作“经历”解时，也是一个表状态意义的动词，一般也没有相应的被动结构：

He *had* a fever. —* A fever *was had* by him.

We *had* a good holiday. —* A good holiday *was had* by us.

但是现在常常可以听到 A good time *was had* by all；There is much pleasure *to be had* there 等说法。

当 have 用于表示“取得”、“获得”含义时并不表示状态，当然可以有相应的被动结构，但这时常和语气助词连用，或者出现在“there is/are”句型中。例如：

Breakfast *can be had* at eight.

There was no obvious advantage *to be had*.

（4）还有某些动词如 equal，marry 等，它们常见的表示行为的被动结构是：

John and Mary *were married* by the priest.

He *is equalled* in strength by no one.

有时，marry 的被动结构后面可用“to sb.”：

John was married *to Mary*.

Mary was married *to John*.

同这些动词的主动结构相应的表示行为的被动结构是不同的。例如：

Mary *married* John. —* John *was married* by Mary.

John *married* Mary. —* Mary *was married* by John.

Four times five *equals* twenty. —* Twenty *is equalled* by four times five.

（5）某些表示计量的动词如 grow，weigh 等可以同时用作及物和不及物动词。下面的两个例子是这些动词的不及物用法：

The book *weighs* a pound.

The boy *grew* six inches.

这里的 a pound 和 six inches 不是宾语，因而不会出现被动结构。但是，当这些动词用作及物动词时，相应的被动结构是常见的。例如：

The greengrocer *weighed* the apples. —The apples *were weighed* by the greengrocer.

The gardener *grew* the tomatoes. —The tomatoes *were grown* by the gardener.

（6）同上述计量动词类似的动词，如 fly，run，walk 等的使用也值得注意。例如：

That businessman *flies* great distances every month. —* Great distances *are flown* by that businessman every month.

这里的 fly 是不及物动词，distances 不是宾语，没有相应的被动结构。

但是：

This airline *flew* five thousand passengers to Paris during Easter week-end. —Five thousand passengers *were flown* to Paris by this airline during Easter week-end.

这里的 fly 是及物动词，passengers 是宾语，故有相应的被动结构。类似的句子还有：

John *ran* a mile to meet his father.（run 是不及物动词）—* A mile *was run* by John to meet his father.

（run 指“赛跑”，是及物动词）—A mile *was* first *run* in four minutes by John.

但是，动词词义的制约是十分复杂的，这类动词有时在用作及物动词时，由于宾语在意义上并不是行为的承受者，也就没有相应的被动结构。例如：

I always *fly* British Airways. —* British Airways *are* always *flown* by me.

He *walked* the children across the road. —* The children *were walked* across the road by him.

第一句的意思是 travel by British Airways；第二句的意思是 walked with the children，可见宾语实际上起着状语作用，因而没有相应的被动结构。

（7）语气助词（包括表将来的时间助词）同动词相结合时，有时会导致主动结构和被动结构之间在意义上的悬殊。这种现象往往是由于语气助词的习惯搭配和它的多义性引起的。例如：

Young children *can play* this game.

This game *can be played* by young children.

第一句指孩子们的能力（ability），第二句指做这种游戏的可能（possibility）。又如：

We *shall reward* John if he is patient.

John *shall be rewarded* if he is patient.

第一句的 shall 同第一人称主语连用只表示主语“we”将要奖赏 John，而第二句的 shall 同第三人称主语连用，就不单纯表示主语 John 将要得到奖赏（这时要用 will），而是表示说话人愿意或答应将要给 John 以奖赏。这种被动结构强调说话人的意愿，对行为承受者（主语）不是很客气，所以常常只用于对熟人或对小孩讲话的场合。

可见，语气助词同动词相结合的主动结构有时根本就不可能有相应的被动结构。例如，当 may 或 can 表示“允许”时：

John *may/can meet* Mary. —Mary *may/can be met* by John.

允许 John 去会晤 Mary 并不意味着允许 Mary 去赴会。再如，当 will 表示“意愿”时：

John *won't meet* Mary. —Mary *won't be met* by John.

同样，John 不愿见 Mary 和 Mary 不愿意被 John 见完全是两码事。

（8）许多带介词的动词（prepositional verbs）在使用时相当于一个及物动词，因而也就有相应的被动结构：

A doctor *must be sent* for at once.

He is a man who *is* always *listened to*.

His word *cannot be relied upon*.

The children *were* well *looked after*.

但是像 come to，arrive at，go into，took into 等带介词的动词，意义上有本义和转义之分；只有在用于转义时才相当于及物动词，因而也只有在这个时候才可能有被动结构：

No conclusion *was come to*.

The expected result *was arrived at*.

Their proposals *were gone into* very carefully.

如果不是用于转义，这类带介词的动词只看做“不及物动词 + 状语”结构，没有相应的被动结构。例如：

They *arrived* at the station. —* The station *was arrived at* by them.

She *went into* the room. —* The room *was gone into* by her.

带介词的动词是否用于被动结构，更主要的要看两个方面：一是习惯用法，二是使用被动结构时主语是否作为行为的承受者，实际受到行为的影响。我们可以说：

The thief *broke into* the shop. —The shop *was broken into*.

但是：

John *broke into* a run. —* A run *was broken into*.

这里的 break into a run 意为“突然奔跑起来”，a run 不是 break into 的承受者。又如下面两句很明显是“不及物动词 + 状语”结构，却可以有相应的被动结构：

The child *slept* in the bed. —The bed *was slept in*.

John *sat on* the chair. —The chair *was sat on*.

至于下面两句，它们却表明不管是“及物的”带介词的动词还是“不及物动词带状语”，习惯上都不用被动结构：

He *ran into* the house. —* The house *was run into*.

He *ran into* an old friend. —* An old friend *was run into*.

（三）主动结构中宾语形式的制约

（1）主动结构的宾语如果是一个不定式或 - ing，一般没有相应的被动结构。例如：

I *offered* to help. —* To help *was offered* (by me).

* It *was offered* (by me) to help.

I *like* swimming. —* Swimming *is liked* (by me).

* It *is liked* (by me) swimming.

但是，It is agreed/ decided/ desired/ felt 等后接不定式是常见的，一般不后接 - ing。例如：

It *was decided* (by our class) *to go* for an outing during the spring holidays.

It *is agreed* (by us) *to pay* half the sum.

（2）主动结构的宾语后接一个表将来行为的不定式时，如果该宾语同时又是不定式的逻辑主语，那么这种结构可以有相应的被动结构：

I persuaded *the doctor to examine* the boy. —The doctor *was persuaded* to examine the boy.

She asked *me to fetch* some water. —I *was asked* to fetch some water.

但是，如果宾语同后接的不定式在意义上不能分割，整个看做宾语，这种主动结构一般就没有相应的被动结构。例如：

I wanted *the doctor to examine the boy*. —* The doctor *was wanted* to examine the boy.

I would love *her to come*. —* She *would be loved to come*.

很明显，I wanted the doctor 和 I wanted the doctor to (examine the boy), I would love her 和 I would love her to (come) 在意义上是完全不同的。这正是这种结构没有相应的被动结构的原因。属于这种情况的动词并不多，常见的有 cause, get, (would) like/love, (would) hate, want, wish 等。

（3）主动结构的宾语后接 - ing 的动词很多，这种结构通常可以有相应的被动结构。例如：

I saw *the children playing* in the garden. —The children *were seen playing* in the garden.

He left *them standing* in the street. —They *were left standing* in the street.

使役动词（causative verd）have 也可以使用这种“宾语 + - ing”结

构，但是不能使用相应的被动结构。例如：

He *had them* all singing. —* They *were* all *had singing* by him.

The doctor will soon *have you walking* again. —* You *will* soon *be had walking* again by the doctor.

（4）有一些动词如 prevent，spend，stop 等过去常用“宾语 + 介词 + -ing”结构，现在也可以省去介词直接使用“宾语 + -ing”结构。这类结构如使用相应的被动结构时往往要保留原来的介词。例如：

He *prevented* John（*from*）leaving. —John *was prevented from* leaving.

We *stopped* him（*from*）making that noise. —He *was stopped from* making that noise.

John *spent* quite a fair amount of time（*in*）studying this phenomenon. —Quite a fair amount of time *was spent in* studying this phenomenon.

（5）有一些动词用 -ing 作宾语，但 -ing 前面往往带有一个名词词组（NP）作它的逻辑主语，这种结构形式上同上述的“宾语 + -ing”相同，但不能使用相应的被动结构：

I'll *never forget Mary singing* that song. —* Mary *will never be forgotten singing that song.*

John *remembers his mother saying* so. —* His mother *is remembered saying* so.

I *can't contemplate John coming* tomorrow. —* John *can't be contemplated coming* tomorrow.

I *don't advocate you going* there tomorrow. —* You *are not advocated going* there tomorrow.

上面各句里充当 -ing 的逻辑主语的 NP 还可以是所有格 NP's（即 Mary—Mary's，his mother—his mother's，John—John's，前者为一般语体，后者为正式语体），用了所有格的形式就更谈不上被动结构了。

（6）主动结构的宾语后面也可以接一个不带 to 不定式，宾语本身是该不定式的逻辑主语，但在使用相应的被动结构时，不定式 to 要补上。例如：

He *made the boy finish* the work in one hour. —The boy *was made to finish* the work in one hour.

They *saw the car stop*. —The car *was seen to stop*.

He *helped them*（*to*）*build* the house. —They *were helped to build* the house.

I *have never known him lose* his temper before. —He *has never been known to lose* his temper before.

注意动词 let 的修辞特征：如果 let 的宾语后面的不带 to 不定式是一个单音节不带其他成分的单一动词，则相应的被动结构可以不加 to：

They *let the prisoners go*. —The prisoners *were let go*.

如果 let 的宾语后面是一个较长的不定式短语，则最好不要使用相应的被动结构。如果一定要使用，据 Close（1974：229）的意见，宜把 let 改为 allow 或 permit，这样，被动结构的不定式当然带 to：

*They *were not let*（*to*）*take* any photographs.

They *were not allowed/permitted to take* any photographs.

*They *were let*（*to*）*stay* a while.

They *were allowed to stay* a while.

（四）同义被动结构的选择

除了注意被动结构可能受到上述各方面制约之外，还需注意同一类型的主动结构可能有多个同义的被动结构。我们在这里就谈谈这些同义被动结构的选择和使用。

（1）一些常用于报道的动词，如 believe，claim，consider，feel，find，know，report，say，think，understand 等，其主动结构常是"主—动—宾"（SVO）型，其中宾语是一个从句。这时，相应的被动结构有两个：

They *say* that he is an honest, hard-working man.

a. *It is said that* he is an honest, hard-working man.

b. *He is said* to be an honest, hard-working man.

People *consider* that this surgeon is a brilliant practitioner.

a. *It is considered that* this surgeon is a brilliant practitioner.

b. *This surgeon is considered* to be a brilliant practitioner.

第二句的第二个被动结构可以理解为来自该动词的"主—动—宾—补"（SVOC）型主动结构，因此，它可以转换为：

People *consider this surgeon to be a brilliant practitioner*.

但是第一句的动词 say 习惯上不使用 SVOC 型主动结构，我们不能说：

*They *say him to be an honest, hard-working man*.

动词 believe，know，suspect，understand 等可以有 SVOC 主动结构，但主语常限于使用第三人称以报道别人的看法：

Everyone *believed the man to be innocent*.

They *believe him to be insane*.

这些SVOC型主动结构的主语用第一人称表示说话人自己的看法时，该结构表达的内容同该动词本身的基本含义不应有所抵触，否则这个结构的可接受性就会受到怀疑（Close,1974：125－129）。比如说：

I believe John to be innocent.（I believe John 和 John is innocent 意义上没有矛盾。）

一般不说：

I believe John to be insane.（I believe John 和 John is insane 意义上相抵触）。

可以设想，如果John是“疯子”，我们还能“相信”他吗？但是，下面的说法却是完全可以接受的：

I *believe that* John is insane.

It is believed John is insane.

John *is believed* to be insane.

这些句子表达的都不是说话人自己的看法：第一句是说话人相信别人的说话，而第二、第三句当然也是客观报道。

（2）来自“主—动—间宾—直宾”（SVOO）型主动结构的被动结构也有两个：

John *showed* her the picture.

a. She *was shown* the picture（by John）.

b. The picture *was shown* her（by John）.

He *told* everybody the news.

a. Everybody *was told* the news（by him）.

b. The news *was told* everybody（by him）.

这两种被动结构的第一种（以间接宾语作被动结构的主语）较常用，特别是当直接宾语是一个泛指的事物，或者虽然不是泛指，但整个直接宾语较长时，更应使用第一种被动结构（Schibsbye,1970：55）。例如：

He *had been brought* a small red tomato and a hard,rocky wedge of bacon.

They *were given* ample warning.

He looked as if he *had been handed* the key of paradise.

如果要使用第二种（以直接宾语作被动结构的主语），我们常按句意在保留宾语（retained object）前加介词for或to，例如：

The picture *was shown* to her.

The news *was told to* everybody.

A book *was bought for* John.

An armchair *was fetched for* her.

这些被动结构当然可以认为是来自下面的主动结构：

John *showed* the picture *to* her.

He *told* the news *to* everybody.

He *bought* a book *for* John.

They *fetched* an armchair *for* her.

此外，第二种被动结构常用于表示状况，下面的句子不宜使用第一种被动结构：

The serenity of spiritual satisfaction *was denied* him.

He *was denied* the serenity of spiritual satisfaction.

第一种被动结构是强调行为的。因此下面两句的侧重点有所不同：

They *are denied* democracy and freedom.

Democracy and freedom *are denied* (to) them.

前句指他们得不到民主和自由；后句指他们处于失去民主、自由的境况中。

三、使用被动结构的语言环境

在使用被动结构时，不但要注意结构内的一系列问题，而且要注意在什么样的语言环境里使用被动结构才合适。

(1) 当不明确或不必明确行为的主动发出者时，使用被动结构就很得体。因为这时句子表达的重点往往放在行为的承受者，即行为的对象上。例如：

Two of my books *have been taken away*.

The world *is made up of* different substances.

The audience *are requested* to keep silent.

(2) 当行为发出者泛指一般的人或物，或指说话双方都明确的人或物，也会把注意力集中到行为的承受者，即行为的对象上，因而使用被动结构也是比较恰当的。例如：

What *should be done* in such cases? (试比较：What *should* one *do* in such cases?)

Was it *never made* clear how the machine was operated? (试比较：*Did* no one *ever make* it clear how one operated the machine?)

All orders *will be* promptly *executed*. (试比较：We *will execute* all orders promptly.)

(3) 为了礼貌，为了避免语言生硬，或避免因直接说出行为发出者而可能带来的尴尬局面，使用被动结构是妥当的。试比较：

You *must tidy up* this room.

This room *must be tidied up*.

这里使用主动结构意味着在发号施令，但使用被动结构则强调行为对象。尽管要求实施某行为的外力依然存在，但却避开了命令的语气。又如：

The new methods we *have introduced* will result in increasing our production.

The new methods that *are to be introduced* may result in some redundancies.

第一句讲的是成绩，说话人当然乐意分享，因而突出了行为的发出者，用了主动结构；第二句讲的是说话人的担心，他用被动结构，以客观报道的方式避开了将来可能要负的责任。其他的例子还有：

You *are expected* to do it at once.

You *are not supposed* to talk like that.

Criticism *will be* heartily *appreciated*.

Orders *should be obeyed*.

以上都是一些为了避免直接说出行为的发出者或避免使对方尴尬而使用被动结构的语句。

（4）在一些报道性场合，往往采取 it 作形式主语的被动结构来表达。这可能是为了强调报道的客观性。例如：

It is said that the man has left.

It was recorded that this early sea-going compass was in use on Chinese ships up to the seventeenth century.

It was told that he had been a child-labourer in this factory before liberation.

It should be noted that if this part of the spinal cord is destroyed, the diaphragm ceases to contract.

这种被动结构用于书面语，特别常见于新闻报道和科技文献。类似的结构还有：It has been found that…，It is reported that…，It will be seen that…。

（5）被动结构的使用有时出自行文的修辞需要。例如：

The Prime Minister arrived back in London last night, and was immediately *besieged by reporters*.

为了突出语句的中心，句子第二部分使用被动结构，保持全句只有一个主语，一气呵成。如果这部分使用主动结构，句子就会出现两个中心，行文就不紧凑了。又如：

To trace the general circulation, let us begin with the venous blood which *is returned* to the right atrium *by the superior and inferior venae cavae.*

这里的定语从句如果使用主动结构，主语势必过长，从句中作宾语的关系代词就会同动词相隔太远，整个句子就显得松弛。句内行文是这样，句与句之间的行文也是这样。例如：

Mr Biswas becomes obsessed by the need for a home of his own. And at last he manages to get it. It is not much of a home——*it is sold to him by a swindler* and *it is mortgaged* up to the hilt, but to Mr Biswas none of these things matter. It is his own house.

（Bernard Krikler：*A Home for Mr Biswas*）

整段文字集中讲房子问题。如果把第三句破折号后面的两个被动结构改为主动结构，就会破坏行文的连贯性。

（原载《外语教学》1983 年第 1 期。）

句型转换与“同义”句型辨异

一

在外语教学中，我们常常引导学生使用不同的语法结构来表达“相同”的意义，这就是句型转换，或称结构的同义互换。张道真同志编著的《实用英语语法》就专辟了一章来讨论句型转换问题。该书认为，“It is right for you to do so”，“It is right of you to do so”和“You are right to do so”等不同语法结构的句子“可以互相转换，意思上不发生过大的差异”。尽管该书指出“两个句子的意思绝对相同的时候很少”，也指出如果我们知道“一个意思有几种表达方法”，就能“选择使用最合适的结构”。但感到不足的是该书仅偏重于罗列句型转换的现象，而不提句型转换后意义的不同。试问，这又怎能达到该书所说的使用语言时“会更精确一些”呢？句型转换了，往往意味着句意的不同，因而必须做一些“同义”句型的辨异工作。在讨论结构的同义互换时，只强调互换的“同”，忽视互换的“异”，那无疑是不够的。本文仅以上面提到的那几个句型的转换作为例子，通过分析它们之间在结构上和意义上的特点，证明句型转换后句意也可能随之变化（这里暂且不谈语体上的差异），从而说明：要准确表达思想，不但要掌握一个意思的多种表达形式，而且要懂得不同的表达形式会具有不同的含义，不能随便互换。

二

我们在本文里要进行辨异的三个“同义”句型是：

句型 I：It is right for you to do so.

句型 II：It is right of you to do so.

句型 III：You are right to do so.

对于这三个句型，张道真先生的《实用英语语法》（2004 年版）仍然认为它们表达了同一个意思，可以互换。但是，只要我们仔细研究一下形容词 right 在这几个句型中不同的修饰关系，我们就会发现，它们三者在意义上的差别是很明显的。

先看句型 I：It is right for you to do so.

这里的 right 修饰 it，亦即修饰 for you to do so 这个不定式短语，强调对行为作出评价，说明“做这件事是正确的”。

再看句型 III：You are right to do so.

这里的主语 you 同时是不定式短语的主体，但形容词 right 主要修饰 you，强调主语的特性，即“你是正确的”。

最后，回头看句型 II：It is right of you to do so.

这里的 right 有双重的修饰作用：它既修饰不定式短语，对该行为作出评价，表明 it is right；也强调人的特性：right of you。这就是说，句型 II 应理解为“你是正确的，而做这件事也是正确的”。

下面我们按三个不同句型，再举几组例子供比较：

It was foolish for John to meet her again.
It was foolish of John to meet her again.
John was foolish to meet her again.

It was clever for him to go there.
It was clever of him to go there.
He was clever to go there.

It is cruel for her to beat the child like that.
It is cruel of her to beat the child like that.
She is cruel to beat the child like that.

可以同时使用这三种结构的形容词，常见的还有 brave，generous，good（= kind 或 well-behaved），kind，rude，reasonable，selfish，sensible，silly，stupid，wicked，wise 等。从列举的这些形容词中我们发现，它们大多是一些可作动态描写的形容词。它们既可以表示人或物的特性，也可以对行为作出评价。以 foolish 为例，它既可以说明某人“愚蠢”（foolish），也可以表示某行为“愚蠢”（act foolishly）。

三

下面我们进一步论证一下上述三种句型的特点。为了方便说明问题，我们把这几个句型交错地放在一起作一些比较和分析。

（1）句型 I “It is right for you to do so” 可以不用 it 引导而直接以带主体 for you 的不定式短语放在句首作主语：For you to do so is right.

这样一来，形容词在句型 I 里用于对行为作出评价的性质和作用就得到证实。其他的例子如：

For John to meet her again was foolish.

For him to go there was clever.

For her to beat the child like that is cruel.

（2）有一些形容词，如 important，advisable，desirable，essential，(un)necessary，(im)possible，imperative，questionable，hard，easy，convenient 等，通常只适用于对行为作评价，当然可以使用句型 I：

It is essential for you to do so.

It was imperative for John to meet her again.

It is impossible for her to beat the child like that.

但是，它们一般不用于句型 II，因为它们不适用于描绘人或物的特性。我们不说：

*You are essential to do so.

*John was imperative to meet her again.

*She is impossible to beat the child like that.

（3）下面这四句比较特殊，值得注意：

He is difficult to convince.

John is easy to teach.

She is convenient to send.

He is impossible to deal with.

上述句型 III 四个句子，其主语并不同时是不定式短语的主体，而是不定式短语中的宾语。很明显，这里使用句型 III 是出于另一种修辞的需要：突出不定式行为的对象，把它放到主语的位置。这样的句型 III 自然不能按通常的方式与句型 I 互换，因为主语转换为 for 短语，就成了不定式短语的主体。这时不是句子不通就是句意走样：

*It is difficult for him to convince.

*It is easy for John to teach.

*It is convenient for her to send.

*It is impossible for him to deal with.

这样的句型要转换为句型 I，就得把主语转换为不定式短语中的宾语，如要明确不定式短语的主体，可另添加 for 短语：

{He is difficult to convince.
It is difficult (for us) to convince him.

{John is easy to teach.
It is easy (for us) to teach John.

{She is convenient to send.
It is convenient (for them) to send her.

He is impossible to deal with.
It is impossible (for you) to deal with him.

（4）除了上述的特殊情况之外，句型 III 的形容词着重描绘作为主语的人或物的特性。再举些例子：

He was wise to tear it up.

He was brave to go there alone.

Bob was clever to speak first.

由于这个句型的主语同时是不定式短语的主体，而形容词又都是一些可以作动态描写的形容词，所以，从整个句意看，多少能让人感到仍与行为有关。以第一句为例，虽然在"He was wise to tear it up"中，不定式短语表示的行为无所谓"wise"还是"unwise"，但在整个句意上形容词 wise 似乎仍有修饰行为的作用，它甚至可以与其同义的副词作下面的转换：

He wisely tore it up.

He bravely went there alone.

Bob cleverly spoke first.

这些副词往往位于动词甚至主语的前面，是一些所谓主语附加语（subject adjuncts）。S. Greenbaum 在他的 *Studies in English Adverbial Usage*（1969）一书中指出，"He wisely tore it up"的 wisely 既修饰主语，也修饰动词，即表示"他"和"他的行为"都曾经是"明智的"。

不过，上述这种带主语附加语的结构，笔者倒认为是句型 II，而不是句型 III，在意义上与它接近。如果说句型 III 多少也感到有"his action（to tear it up）was wise"的意味，那只是因为按一般人的推断：既然"他是明智"的，那么"他的行为"自然也是"明智"的了。实际上，句型 III 的形容词主要还是描绘人或物的特性。

（5）用于句型 III 的形容词还有一类可以与词义的副词作另一种句型转换。带副词的结构表示行为的方式，里面的副词常位于动词短语之后，称作方式附加语（manner adjuncts）。试比较：

He was slow to react.
He reacted slowly.

John is quick to take offence.
John takes offence quickly.

严格地说，这种带方式附加语的结构与句型 III 在意义上是不完全相同的，不宜随便互换。句型 III 的形容词在这里表示的是主语的一种习惯特性，而带方式附加语结构表示的却明显地是一种具体的行为方式。

（6）根据上面的种种观察，句型 III 的形容词常用于修饰主语，描绘充当主语的人或物的特性，这一点应该得到肯定。在这里不妨再作一些证明。假如我们不使用形容词，而改用一个描绘人的特征的名词，句型 III 仍是一个合适的结构：

John was a fool to meet her again.

Mary was an angel to say that.

但是我们不能把这些描绘人的特征的名词用于描绘行为的句型 I：

* It was a fool for John to meet her.

* It was an angel for Mary to say that.

句型 I 描绘行为，强调对行为作出评价。因此，如果使用的名词适用于描绘行为，用句型 I 当然是正常的：

It was a pity for him to do so.

It was a mistake for her to beat the child like that.

由于这类名词并不描绘人或物的特征，因此，把它们用于句型 III，又变得不合适了：

* He was a pity to do so.

* She was a mistake to beat the child like that.

可见，句型的转换受到意义的制约。在这里句型 I 无疑是一种着重描绘行为的所谓非人称结构（impersonal construction)，而句型 III 则无疑是一种着重描绘人或物的特征、修饰主语的所谓人称结构（personal construction)，两者不宜随便作句型转换。

(7) 下面再看看句型 II。适用于句型 II 的形容词仍是一些可作动态描写的形容词，例如：

It was generous of John to share the house.

It was nice of them to help us.

It was unkind of you to do that.

这些可作动态描写的形容词用于句型 II 就具有兼顾描绘人和行为的双重修饰作用。如果要强调行为或对行为作出评价，它可以与句型 I 互换；如果要强调主语的特性，描绘人或物，则可以与句型 III 互换。

(8) 从修饰的角度看，句型 III 从下面提出某人如何如何，有过于直率之嫌。因此，在表达说话人的情感方面，句型 II 就比句型 III 来得客气、委婉、含蓄一些。试看：

{ It was wrong of you to do that.
{ You were wrong to do that.

{ It is wonderful of you to stay with me a bit longer.
{ You are wonderful to stay with me a bit longer.

(9）句型 II 的双重修饰作用看来是有倾向性的。假如使用一些描绘行为和描绘人或物时其含义互不相同的形容词，这种倾向性则表现得特别明显：

It was handsome for John to share the house.（句型 I）

* John was handsome to share the house.（句型 III）

It was handsome of John to share the house.（句型 II）

上面的句型 I 是正确的，但句型 III 就不通，因为这些形容词在描绘行为与描绘人时的意义和用法不同。比如第一个例子的形容词 handsome，它用于句型 I，描绘行为，意为 generous；但用于句型 III，描绘人，意义只能是 good - looking，无怪句意不通了。至于上面的各例的句型 II，都是一些正常的句子。这表明：这类形容词在句型 II 保留了描绘行为时的含义，而失去了描绘人的意义。所以说，具有双重修饰作用的句型 II 似乎偏重于描绘行为，对行为作出评价这一面，它与句型 I 有着更多的相同之处。

(10）有更多的相同之处并不意味完全相同。一些通常只适用于对行为作评价的形容词都可以使用句型 I，但并非都可以使用句型 II。下面的属于句型 I 的句子就不宜转换为句型 II：

It was essential for you to do so.

It was essential of you to do so.

这样的形容词当然也不宜转换为描绘人或物、表现主语特性的句型 III [参见本文三之（2）]。总之，句型 II 仍有别于句型 I，它不能单纯用于描绘行为，而总是兼顾描写人或物的特性。

(11）句型 I 和句型 II 的不同，还可以通过下面的分析进一步得到证实：句型 I 的 for 短语是句型中不定式行为的主体，但句型 II 的 of 短语则不但是句型中不定式行为的主体，而且是该句型中形容词所修饰的人或物。例如：

It was nice of them to come.

It was kind of you to write her that letter.

第一句的 of them 表明 they came，也表明 nice of them；第二句的 of you 表明 you wrote her that letter，也表明 kind of you。

如果句型 II 的 of 短语不能同时具有这两种作用，则这个句型 I 就不能成立。试比较：

It was confusing of the student to mix up the answers.

* It was confusing of the paper to mix up the answers.

第一句的 of the student 既表明 the student mixed up the answers，也表明 confusing of the student；但如果将第二句的 of the paper 说成是 to mix up 的

主体（the paper mixed up the answers），似乎倒讲得通，但它绝不会是 confusing 修饰的事物（* confusing of the paper），因此，这个句子是不能成立的。

四

句型的转换是一个很实用的语法项目。一些非英语国家流行的“学校语法”教科书，如 P. C. Wren 的 *High School English Grammar*（1961，Bombay）也有专章讲述句型转换的；而在美国的一些高等学校的应用语言学课程里，讲授“现代英语语法引论”时也讨论句型转换（见 Jean Malmstrom 的 *An Introduction to Modern English Grammar*，1968，New York）。但是，句型转换后可能产生的在意义上的差异问题却似乎是一个新课题。N. Chomsky 的“转换热”过后，语义问题越来越受到重视，美国语言学家 D. Bolinger 就句型转换所引起的意义差异问题写过不少专著（他在 1977 年还出版了 *Meaning and Form* 一书，把过去已发表的部分有关论文连同未发表的著述一起汇集成册，认证了“一个意义，一个形式”，“没有意义上的差异，就没有形式上的不同”）。笔者在此重申本文开头所说的观点：只罗列句型转换的现象，不研究“同义”句型在使用上与含义上的差别，那是不够的。如果我们在这方面能够付出一些努力，解决一些问题，应当说，那是一项十分有益的工作。

（原载《外国语》1981 年第 3 期，收入本文集时作了适当修改。）

限制性 WHEN 从句特点初探

一、前　言

限制性 when 从句（restrictive when - clauses）这个比较陌生的术语，很容易被误解为以 when 引起的限制性定语从句（如 I thought of the days when I studied at the institute）。其实，这里说的限制性 when 从句指的是下面一类句子中的从句：

（1）Children are pleased *when they are in the sun.*

（2）Cats are lovely *when they have green eyes.*

（3）These games are popular *when they are rare.*

（4）Bob is grouchy *when he is hungry.*

（5）Children are happy *when the sun shines.*

（6）Small fish are widespread *when big fish are rare.*

为什么把这类 when 从句看做限制性的呢？我们知道，所谓限制性和非限制性是对修饰语而言的。上述 when 从句实际上是充当了修饰语，只是其修饰的不是主句的某一个词语，而是整个主句。此外，把这种充当修饰语的 when 从句看做限制性的，其原因是它把主句描述的情况限制在 when 从句所描述的特定条件之中。比如，例（1）所说的 children are pleased 在 they are in the sun 这种条件之下才会出现；例（2）所说的 cats are lovely 也只是在 they have green eyes 时才是这样。其他各例均属类似情形。

这种限制性 when 从句有别于普通的、充当句子时间状语的 when 从句。比如下面两句中的 when 从句，它不是主句情况出现的条件，而只是一般地表明主句行为发生的时间：

（7）*When I entered the classroom*，Mary was reading.

（8）Mary left *when John come back.*

二、限制性 when 从句的一些特点

下面我们试分析一下限制性 when 从句的一些特点。

第一，由于限制性 when 从句被看做主句情况出现的条件，故将 when

从句改为 if 从句[1]，句意不应有太多的改变。例如：

(9) Children are pleased *if they are in the sun.*

(10) Cats are lovely *if they have green eyes.*

(11) These games are popular *if they are rare.*

(12) Bob is grouchy *if he is hungry.*

(13) Children are happy *if the sun shines.*

(14) Small fish are widespread *if big fish are rare.*

普通的 when 从句只表示时间，如果改为 if 从句，就会表示条件，时间—条件不能兼容。下面我们不妨将例（8）作为 a 句，与 b 句作一比较：if 从句与 when 从句意义不同，不能互换：

(15) a. Mary left *when John came back.*

b. Mary left *if John came back.*

可见，英语中存在一类 when/if 兼容的从句，我们在这里称之为限制性 when 从句。

第二，如果我们把这种限制性 when 从句同普通的 when 从句作进一步的比较，我们就会发现：在限制性 when 从句里不能添加特定的时间状语，否则，句子的意思无法理解：

(16) *When they were in the sun *yesterday at five*, children were pleased.

(17) *When cats had blue eyes *yesterday at five*, they were lovely.

(18) *When these games were rare *yesterday at five*, they were popular.

(19) *When Bob was hungry *yesterday at five*, he was grouchy.

(20) *When the sun shone *yesterday at five*, children were happy.

(21) *When big fish were rare *yesterday at five*, small fish were widespread.

当限制性 when 从句改为 if 从句时，如果再加上特定时间状语，则该 if 从句就可能成了一般的想象性分句，句意与原来的差别很大。下面试改数例以供比较：

(22) If they were in the sun *yesterday at five*, children were pleased.

(23) If Bob was hungry *yesterday at five*, he was grouchy.

(24) If big fish were rare *yesterday at five*, small fish were widespread.

---

① 据 R. A. Close（1977：58 – 59）（见参考文献），这里的 if 从句属中性型（the Neutral Type）条件从句。

有趣的是，当我们把特定时间状语加在普通的 when 从句里，整个句子除增加了这个时间信息之外，并不会导致句意无法理解。例如：

（25） When I entered the classroom *yesterday at five*, Mary was reading.

（26） When John came back *yesterday at five*, Mary left.

第三，带限制性 when 从句的主句往往表示类指（generic）意义，即表示某类人或事物的一般情况。因此，在主句中可以加上 generally 一类数量副词（adverbs of quantification），整个句子的意思不会受到太大的影响。例如：

（27） Children are *generally* pleased when they are in the sun.

（28） Cats are *generally* lovely when they have green eyes.

（29） These games are *generally* popular when they are rare.

（30） Bob is *generally* grouchy when he is hungry.

（31） Children are *generally* happy when the sun shines.

（32） Small fish are *generally* widespread when big fish are rare.

从语义的观点看，上述各句正好分别表示了例（1）—（6）的底层类指意义；而从句法的观点看，例（1）—（6）是省去了数量副词 generally 的表层结构。普通的 when 从句就不具备这样的特点。

第四，带限制性 when 从句的句子，其主、从两个分句可改用 and 连接，变为并列句，这时，整个句子的意思会有不同。试将例（1）—（6）与下列各句的意义作比较［参见本文三之第一］：

（33） Children are pleased, *and* they are in the sun.

（34） Cats are lovely, *and* they have green eyes.

（35） These games are popular, *and* they are rare.

（36） Bob is grouchy, *and* he is hungry.

（37） Children are happy, *and* the sun shines.

（38） Small fish are widespread, *and* big fish are rare.

带普通的 when 从句的句子，如主、从两个分句也改用 and 连接，变为并列句时，整个句子意思的变化就较小。例如：

（39） a. When I entered the classroom, Mary was reading.

b. I entered the classroom, *and* Mary was reading.

（40） a. When John came back, Mary left.

b. John came back, *and* Mary left.

第五，限制性 when 从句在某些条件下可改为一般的限制性定语从句，如例（1）—（3）可改为下面这个样子，意思大体相同：

(41) Children *who are in the sun* are pleased.

(42) Cats *that have green eyes* are lovely.

(43) These games *which are rare* are popular.

限制性 when 从句之所以能改为限制性定语从句，很重要的一个条件是这种 when 从句所表示的情况是主句中一类人或事物的特征，因此，它可以改用定语从句，作为主句的一种较为固定的特征，修饰主句，上面的例（42）的定语从句正好表现出主句的特征；至于例（41）和例（43）的定语从句，它们虽有暂时意义成分，但因主、从句讲的是同一类人或事物，故基本上仍然表示该类人或事物的特性，或其相对固定的特征。

普通的 when 从句［例（7）、（8）］不具备上述条件，故无法改为一般的限制性定语从句。有些限制性 when 从句［例（5）、（6）］也会因不具备上述条件而不能改为限制性定语从句。下面我们将专节讨论这个问题。

三、限制性 when 从句和限制性定语从句的互换问题

第一，让我们先仔细比较一下例（2）和例（34）。正如前述，这两个句子虽然可以互换，但意义上是有差异的。试比较：

(44) a. Cats are lovely when they have green eyes.

b. Cats are lovely, and they have green eyes.

这里的 a 句［即例（2）］讲的是 cats 这一类指范围，而 b 句［即例（34）］讲的是 green – eyed cats，类指范围变了。所以 a 句和 b 句里的互参代词（coreferential pronouns）they 的指示含义是不同的：只有 a 句的 they 才指一般的 cats，b 句的 they 则指 cats that have green eyes。

因此，只要比较下面两个句子，我们就会发现这两个句式的类指范围的差异竟然会影响到句意逻辑的正确性：

(45) *Cats* are lovely when they have green eyes, and *they* are unlovely when they have brown eyes.

(46) * *Cats* that have green eyes are lovely, and *they* are unlovely when their eyes are brown.

很明显，除非例（46）讲的是有一只绿眼睛的猫，它的眼睛有时会变成棕色，否则这个句子是荒谬的。

Carlson（1979）曾指出下面两个句子的意义不同，这正好证明了我们上面分析的正确性：

(47) One kind of dog is expensive when it cannot bark.

（48）One kind of dog that cannot bark is expensive. ①

例（47）的 one kind of dog 指狗的这个类属中的某类（subkind）是不会吠叫的；例（48）则直截了当地指不会吠叫的那类狗。

第二，我们还可以通过对 Carlson（1979）的另外两个句子与上面引用过的句子［例（47）、（48）］进行比较，进一步看清限制性 when 从句和限制性定语从句之间的差异：

（49）Everybody believes that bears are intelligent when they have blue eyes.

（50）Everybody believes that bears that have blue eyes are intelligent. ②

例（49）的 when 从句的修饰范围因有两种可能性而产生歧义：

a. 如果熊有一双蓝眼睛，大家会认为它是聪明的（这时的 when 从句修饰 Everybody believes that...）；

b. 大家认为熊有蓝眼睛就是聪明的（这时的 when 从句只修饰 bears are intelligent）。例（50）就不至于产生歧义了，因为限制性定语从句与修饰词 bears 组成了一个完整的语义单位，故只理解为：大家认为有蓝眼睛的熊是聪明的。

第三，我们曾经提到，不是所有的限制性 when 从句都能够改为限制性定语从句的。这里有几个条件必须注意：

条件一：如果由限制性 when 从句修饰的句子有类属含义［例（1）—（3）］，该从句本身又是主句中一类人或事物的特征、所处状况，则这个限制性 when 从句就可以换成限制性定语从句，意义大体相同。如果这类带限制性 when 从句的句子没有类属含义［例（4）—（6）］，该从句只指客观情况或条件，则这个限制性 when 从句就不能换成限制性定语从句。如例（4）讲的是 John 这个特定人物，当然没有类属含义，故其中的限制性 when 从句就不能与相应的限制性定语从句互换：

（51）a. Bob is grouchy *when he is hungry*.

b. Bob *who is hungry* is grouchy.

条件二：下列句子的限制性 when 从句如换成限制性定语从句，句意则有所不同：

（52）A friend of mine is grouchy *when he is hungry*.

（53）A friend of mine *that is hungry* is grouchy.

---

① G. N. Carlson（1979），见该书例 85a、85b。

② G. N. Garlson（1979），见该书例 62、63。

例（52）讲的是某一个人，不是类属，把例（52）改成例（53）时，句子往往变为描述某人的短暂行为或状态，失去描述特性或固定特征的作用。

条件三：限制性 when 从句可以改作限制性定语从句的一个重要条件是 when 从句的主语要与主句的主语相照应，即 when 从句的主语与主句的主语是同一类人或事物（这时，从句的主语往往是指代主句主语的互参代词）。因此，例（5）和例（6）［即（54）a 和（55）a］的限制性 when 从句就不能换成限制性定语从句：

（54）a. Children are happy *when the sun shines.*

b. *Children *that the sun shines* are happy.

（55）a. Small fish are widespread *when big fish are rare.*

b. *Small fish *that big fish are rare* are widespread.

条件四：上述各点是相互关联的。有一些限制性 when 从句，它们虽然表示暂时的行为或状态，但如果不失掉表示某类属的特性或相对固定的特征，则这样的限制性 when 从句仍可与限制性定语从句互换。我们重复引用例（1）和例（41）［即（56）a 和（56）b］，在这里作一比较：

（56）a. Children are pleased *when they are in the sun.*

b. Children *who are in the sun* are pleased.

但是，有一些限制性 when 从句只表示暂时的行为或状态，根本不可能表示某类属的特性或相对固定特征，这时，限制性 when 从句就不能与限制性定语从句互换。试比较：

（57）Lizards are widespread *when they are in the sun.*

（58）*Lizards *that are in the sun* are widespread.

四、结 论

综上所述，我们对限制性 when 从句可作初步归纳如下：

第一，存在有一种限制性 when 从句，它在句法上是一个状语从句，但在语义上是一个关系从句（Carlson，1979）；这种限制性 when 从句修饰整个主句，表示主句情况出现的特定条件。

第二，限制性 when 从句既然表示主句情况出现的特定条件，故它可与一种所谓中性型的 if 从句互换，其句意不会有很大的改变。

第三，限制性 when 从句因语义上是一个关系从句，故常可与限制性定语从句互换，但这时必须注意两者的异同及其互换的条件。

a. 这两种可作同义互换的从句实际上有不同的类指范围：限制性 when 从句所修饰的是某一大类中的一个类属（subkind），而限制性定语从句却直接指某一类属。

b. 限制性 when 从句只有在句子表示类属含义的前提下，用于表示该类属的人或事物的特征时，才能与限制性定语从句互换。

c. 限制性 when 从句的主语如与主句中的主语相照应，则可用限制性定语从句取代限制性 when 从句，因为这样的 when 从句多半是表示某类属的人或事物的特性或相对固定特征的。

（原载《英美语文教学》1985 年第 3 期。）

精微之处见功夫

——D. Bolinger 的《意义与形式》一书内容评介

美国哈佛大学荣誉教授 Dwight Bolinger 的专著《意义与形式》(*Meaning and Form*, 1977)并不是一本索然无味的理论书，而是一本颇有兴味的“散”文集。该书由 Randolph Quirk 作序。他指出，“本书的主题是要说明：没有意义上的差异就没有形式上的不同”。Bolinger 自己也说，该书力图重申一条古老的原则：语言本身可以做到“一种形式表达一个意义，一个意义使用一种形式”(1977：preface)。

我们发现，本书是针对转换语法学派的论点做文章的。转换语法学者们说，不同表层结构的句子，其深层结构可以一样；Bolinger 却证明：形式不同的句子总有意义上的差异。转换语法学者们说，形式类似的表层结构可以来自不同的深层结构；Bolinger 却证明：表面上相类似的句法形式，意义上总会有某些相同的地方。转换语法学者们说，句子转换时可以嵌入一些并不表达语义的词汇单位；Bolinger 却证明：句子里的每一个词汇单位都会影响句意。

《意义与形式》一书是围绕上述三个针锋相对的论点展开讨论的。全书分为九章，除第一章绪论外，其余各章基本上是一章一个问题，例证丰富，分析入微。本文现逐一按章作简要介绍。

一

在第一章绪论中 Bolinger 讲了写这本书的目的，同时介绍了过去在转换的意义与形式关系研究方面取得的一些成果，从而为以后各章的论述起了穿针引线的作用。下面我们简略介绍一下这些成果。

(1) 主动和被动的深层结构有时并不相同，主动式转换为被动式之后，句子可能不通：

George turned the corner.

* The corner was turned by George.

(2) 从属分句的 that 并非一个“不表达语义”的词汇单位，它在分句中的去留会影响句意。保留的 that 会起类似指示代词 that 的功能，表示分句的内容事前曾有提及。人们回答“What's the weather for tomorrow”时，如果说“The forecast says it's going to rain”，不用 that，那是给问者提供一个新信息；如果说“The forecast says *that* it's going to rain”，用了 that，则表明所提供的信息是事前听到过或已有所提及的。

（3）不定式与动名词的互换并不自由：不定式常带有想象性的附加含义，因此可以说“To wait would have been a mistake”，不能说“To wait has been a mistake”；但是无论“Waiting would have been a mistake”，还是“Waiting has been a mistake”都是好句子。

（4）-one 和-body 的互换也不自由：-one 往往表示包括空间和心理在内的“接近”（nearness），同时有一种“确定”（definiteness）的含义，而-body 则表示“疏远”（distance），并带有“不定”（indefinite reference）的含义。比如在下面 a、b 两个情景里，a 用 someone，b 则用 somebody：

a. “Who's the present for?” I asked.

He gave me an intimate look. “*Someone* very special, very dear to me”, he said. Of course it had to be me, but I concealed my blushes.

b. “Who's the present for?” I asked.

“Oh, *somebody*,” he said, as if meaning it was none of my business. “You don't know him, Her, Them.”

（5）关于 remind 两个义项的差异问题。下面两句的 remind，形式一致，意义不同：

He reminded me of my brother.

He reminded me of my appointment.

第一句的意思是“He struck me as being like my brother”，但第二句的意思却绝不是“He struck me as being like my appointment”，两个 remind 实际上是两个不同意义的词。可是从另一角度看，如果把 remind 理解为“A causes Z to think of B, where B has some connection to A”，上面两个句子中的这个词的意义就不再是互无关系了。这时的差异就仅仅是 A 和 B 的密切程度不同。

（6）主动态和假拟被动态（pseudo - passive）问题。形式不同，意义上显然有区别：

He accidentally *drowned* in the river.

He *was* accidentally *drowned* in the river.

第一句说的是溺水者本人不小心，而第二句则暗示事故的发生应归咎于客观条件。这两个例子还说明：假拟被动态既然与真正的被动态具有同样的形式，那么在意义上也就与真正被动态相似。

（7）“动词 + 虚助词 + 名词短语”和“动词 + 名词短语 + 虚助词”并非都来自同一深层结构，意义无差别。比如：

a. She *threw away* the key.

b. She *threw* the key *away*.

Bolinger 指出，这两个句子中，实际上只有 a 句的 away 才单纯地起着副词的作用，b 句的 away 却具有形容词的功能，修饰 key，表明 key 的位置。此外，在下面两个句子里又可以看到形容词具有副词的功能：

c. They *cut open* the melon.

d. They *cut* the melon *open*.

这两个句子的细微差别在于：c 句表示 opened the melon by cutting，d 句却是 cut it so that it was open.

（8）“形容词 + 名词”和“名词 + be + 形容词”并不像转换语法所说那样可以作自然转换的。有时，意义上不允许这种转换：

a. The dog is *loose*.

b. A *loose* dog is apt to be a danger to the neighborhood.

c. Where is the dog that's *loose*?

d. *Where is the *loose* dog?

定语形容词着重描写特征，带长久性；表语形容词着重描写一种暂时状态，因此，上述 d 句是不能接受的。

二

Bolinger 在第二章论述了 any 和 some 的问题。他的观点是：句法规则不能完满解释 any 和 some 在句中的使用规律。他认为 any 和 some 是两个独立的词汇单位，在句子中使用 some 还是 any，取决于它们的意义：some 表示某种特殊性，是想象中的某一事物，这事物在客观现实里往往是存在的；至于 any，他采用了 Jespersen 的说法，“表示一个或多个事物，不管是什么样的事物”（*Essentials of English Grammar*，1933）。从意义出发去观察 any 和 some 的用法，必然会打破 any 用于疑问句、否定句，some 用于肯定句这种单从形式出发的条条框框，从而对 any 可以出现于肯定句，some 可以出现于否定句和疑问句的现象作出合理的解释。通读这一章，我们觉得 Bolinger 的精辟见解在于：

a. 在“Did you hear that *something/anything* happened last night?”中用 something 或 anything 都可以，hear 表示一种不肯定的推测，但在“Did you know that *something/*（?）*anything* happened last night?”中，anything 与表事实的 did you know 连用就有困难。只有当 did you know 换成了 do you know，表示 so far as you know 时，才又成为一种不肯定的推测，用 anything 才又成为正常。

b. 在"Don't do *anything* I wouldn't do"中，用 anything 比用 something 会稍合理一些。但在"Don't go and do *something* I wouldn't do"中，多否定一个 go，就会使 do 的否定力度受到削弱，所以采用了 something。

c. some 和 any 的使用取决于意义，不取决于形式："He accepts *some*"但"He refuses *any*"；"He doesn't have *any*"但"He doesn't lack *some*"。有时，在一个句子里可以出现这样的情形：用 some 于否定形式的结构，用 any 于肯定形式的结构，例如：I don't mind *some* wine, but I do mind *any* hard liquor.

三

Bolinger 在第三章讨论 not... any 和 no/none 的同义互换问题。William Labov 把这种互换称为否定词的右转移（rightshifting），意义不变（Negative attraction and negative concord in English grammar, *Language* 48. 1972: 773 - 818）。最简单的例子如：

People are starving because there aren't *any* job.

People are starving because there are *no* jobs.

尽管 Labov 指出这种右转移的互换受到某些限制（如复合句中主句的 not...（any）向右转移至形容词或名词从句时，句意会有不同：I'm *not* going to sign a petition that *any* half baked Stalinist wrote ≠ I'm going to sign a petition that *no* half baked Stalinist wrote; I *didn't* say that John painted *any* of these ≠ I said that John painted *none* of these），Bolinger 还是认为 Labov 对 not... any 和 no/none 之间的关系远未解释清楚。因此本章详细分析了它们的不同使用场合，指出两者分别表达说话人不同的用意和不同的态度，不应混淆。下面我们从作者为此而列举的丰富例证中选取数则加以介绍。

例一，一位妻子埋怨丈夫星期天下午无所事事，如果说话语气表示反对，用 not... any；如果表示姑息，用 no，给人以无可奈何的感觉：

He just *doesn't* do anything. Sits there all afternoon watching football.

He just *does nothing*. Sits there all afternoon watching football.

例二，not... any 用于祈使句，语气比 no 缓和，表劝说、告诫或请求不做某事，但 no 用于祈使句就显得不客气，有下禁令之嫌，口头交际场合一般不宜使用：

You feel how unsteady the earth is? - *don't* build *any* house here!

* You feel how unsteady the earth is? - build *no* house here!

对一些表示警告或严禁意味的揭示语，使用 no 却是正常的：

No smoking.

Accept *no* substitutes.

No trespassing.

Post *no* bills.

例三，否定词 no 把人们预想的结果加以否定，而 not... any 则只是给人们提供一个新信息，即非预料的否定的结果：

I'm eating, and getting *no* nourishment.

(?) I'm eating, and getting *no* toothache.

I'm eating, and *not* getting *any* toothache.

按一般的设想，食物是有营养的，因此第一句用 no，对这个预想加以否定，用得恰当。第三句把“没有牙痛”作为一个新信息提出来，用了 not... any，也很合适。至于第二句，在没有上下文的情况下，牙痛并非吃东西时可以预想到的结果，用 no 否定显然不妥。

用以否定某种预想结果的 no 可以作为一种修辞手段而加以利用：说话人用 no 否定一个纯是自己想象出来的事物，从而衬托出他要肯定的事物，两者对比鲜明，使人印象深刻：

This is *no* honest man standing up for his rights. This is *no* folk here, *no* champion of the underdog, *no* knight in shining armor, but the meanest of the mean, the lowest of the low, of self-serving politicians.

四

本书第四章讨论了在“I hate it that Joe is here”，“It's tomorrow that Joe leaves”，“It's hot down here”及其他一些类型的句子中 it 的功能。Bolinger 认为，上述各句型中的 it 都属同一个有意义的词项，它像其他普通的代词一样，有自己的指代功能。因此，it 的弃留，带 it 与不带 it 句型的互换，往往会影响句意。Bolinger 对 it 的分析颇有意思，且其见解新颖。他指出：一般说来，在带 it 的句型里，it 表示一件已经提过或业已发生的事情。如果要提出新事物，传递新信息，则不宜使用带 it 结构。下面我们摘引分析两个例子。

(1)“... it that...”结构，常用来表达已发生的某一事实：

Why don't you bring *it* out *that* you were the one responsible?

* Why don't you bring out that you were the one responsible?

如果这个事实是第一次提出来的，那就不用 it：

He brought out that he was the one responsible.

（2）It 带有分裂句（cleft sentence）的外位成分（extraposition），最能表明它指代一件已经提到过或发生了的事情：

Where will she go? —* It is to Canada that she will go.

Where did she go? —It was to Canada that she went.

从上面的例子我们清楚地看到 it 的性质和指代功能。但是，从第一句那里产生了一个小小的疑问：当事实作为新信息被第一次提出来时，为什么只指出要省去 it？根据本书第一章有关从属分句中 that 的功能的论述，似乎 that 也应该省掉的。可见，有关从属分句的 that 和带 it 结构中 it 的指代功能问题，还有待进一步深入研究。

Bolinger 在本章还谈到环境代词 it（ambient *it*）的问题。Wallace L. Chafe 在《意义与语言结构》（*Meaning and the Structure of Language*, 1970）一书中对"It's hot"，"It's late"和"It's Tuesday"一类带 it 的结构提出两点看法：其一，这类句子具有"全局状态"（all-encompassing states）的特征，指"整个环境，而不是环境内的某一事物"（ibid：101）。Bolinger 说 Chafe 对了一半："It's hot"指"全局"是对的，但"It's hot in here"就仅仅指"in here"这个局部。其二，这类句子的 it"在语义结构中并不反映任何东西"。Bolinger 认为 Chafe 的看法不对。Chafe 把"Tom is hot"解释为"It's hot with respect to the experience of Tom"（ibid：174），Bolinger 说这个解释中的 it 在语义上是有所指的（这里说的是 weather），是一个环境代词。人们绝不会在解释"Tom is hot and thirsty"时对 it 的语义作用视而不见，而去学 Chafe 把其中的"Tom is thirsty"解释为"It's thirsty with respect to the experience of Tom"。

关于环境代词 it，Bolinger 还有其他一些独到的见解，这里不妨作点介绍。

（1）环境代词 it 不限于指天气、时间，它还可以表示事件：

She has to stay in Cambridge because *it's* her graduation.

（2）环境代词 it 的语义价值还在于它可以用 things 一类词语代替，只是 it 更笼统一些，指代范围更广泛一些罢了：

It's tough when you have to work all day.

Things are tough when you have to work all day.

（3）环境代词 it 带有时间状语（tomorrow，today，next week 等），在模式上可以像带外位成分的 it 那样作类似下面的转换：

It's her graduation tomorrow.

Tomorrow's her graduation.

但环境代词 it 与带外位成分的 it 并非一回事：

How is *it* in your room? —*It's* hard *to study*.

*To study is hard.

It's hard *studying there*.

*Studying there is hard.

这里的 it 是环境代词，并非明确指代外位成分（to study 或 studying there）的 it。

此外，带时间状语的环境代词 it 可以使用下面的模式，这也是带外位成分 it 所无法仿效的：

Tomorrow *it's* her graduation.

五

本书第五章谈 there。生成语法和传统语法都认为下面这样的句子中不带重音的 there “无意义”（meaningless）：

There was nobody around.

There comes a time when you've got to take a stand.

长期以来，人们只从句法结构，而不从意义方面去谈论这种 there，甚至 Quirk 等人所著的《当代英语语法》也把 there 看做句子的 “dummy element”，认为它在下面的句子里可有可无（1980：960－961）：

In front of the carriage（there）rode two men in magnificent uniforms.

但是 Bolinger 以大量的例证说明这种 there 是一个具有充分功能的词，它的存在与否会影响句子的结构和意义。下面是几个有趣的例子：

（1）带 there 的结构用于提出新事物或提供新信息，不带 there 的结构把已提过或已知的事物作进一步阐述：

What's for supper tonight? —*There's* bread and beans.

Who's in the next room? —John and Mary are.

第一句是在不知道晚饭吃什么的情况下提问，回答用了带 there 结构；第二句是在知道有人在隔壁的情况下提问的，回答用不带 there 结构。

（2）带 there 结构具有提供新信息的功能。这点还可以从人们讲故事时开头使用的套语（如 Once upon a time there was...）得到证明。Bolinger 说，我们不会用下面的句子作为故事的开头：

*In Xanadu lived a prince of the blood.

这里要用 there。但用 there 开了头之后，下面的叙述就不必再用它了：

In Xanadu *there* lived a prince of the blood. Near him lived a beautiful princess whose name was Divinapreciosa.

（3）带 there 结构用于事物的第一次出现，表事物的不定指（indefiniteness），而不带 there 结构用于事物的再出现，表事物的定指（definiteness）：

In a house on a hill *there* lived a ghost.

（?） In a house on a hill lived a ghost.

In the house on the hill lived the ghost.

（?） In the house on the hill *there* lived the ghost.

最后 Bolinger 指出，there 结构在意义上的主线是它的场所意义——一种包括空间、时间在内的广义的场所意义。从最直接的场所句到用于形象比喻和抽象意义的存在句，there 结构总保持有“在那里”（out there）这样一个场所概念。

可是，there 结构的 there 和表示场所的副词 there 是不是同一个词的问题，Bolinger 却没有作出明确的结论。

六

本书第六章指出“I believe John to be a man of integrity”和“I believe that John is a man of integrity”在意义上是不同的，不应把它们看做来自同一深层结构。据 Bolinger 的看法，第一句的 believe 和 John 之间的动宾关系具有区别语义的作用。他发现下面句子的可接受性是不同的：

I believe the report to be true.

（?） I believe the lights to be on.

Bolinger 的解释是：当“believe + 名词短语”整个作为句子的一个构成成分时，其意义与整个句意不能互相抵触，至少不能互不相干，否则句子的可接受性就要受到影响。比如上面第一句的 I believe the report 和 the report is true 没有抵触；但第二句的 I believe the lights 和 the lights are on 意义上没有多大关系，所以，其可接受性就受到怀疑。再如：I believe John to be telling the truth 是正常的，但 I believe John to be telling a lie 就不一定行了。因为 I believe John 和整个句意 John is telling a lie 是互相抵触的。

当然，Bolinger 的这个提法是有一定创见的。但是这个规律的局限性很大。只有当“believe + 名词短语”能够作一个单个句子的构成成分时，才具有这种鉴别句子可接受性的能力。要是遇上像“I believe it to be raining”，“I believe there to be something to his views”等句子时，由于不存在一个“believe + 名词短语”的完整的句子构成成分，它们的可接受性就难以鉴别了。

七

在第七章 Bolinger 令人信服地指出下面各句并非同出一源的转换：

It was foolish for Mary to go there.

It was foolish of Mary to go there.

Mary was foolish to go there.

第一句的 foolish 说明 it，也就是说“for Mary to go there was foolish”；第三句的 foolish 说明 Mary，强调“Mary was foolish”；至于第二句的 foolish，它不但说明“foolish to go there”，而且说明“foolish of Mary”，整句是一个兼有第一、三句含义的结构。

八

本书第八章讨论祈使句。问题都是针对 J. Katz 和 P. Postal 在 1964 年提出的观点（*Integrated Theory of Linguistic Descriptions*）。下面我们介绍其中一些有趣的争论：

（1）Katz 和 Postal 两人认为，反身代词中只有 yourself 才与祈使句连用，可以说“wash yourself”，不说“wash himself”；Bolinger 说可以用 himself，比如舞会开始时主人会说：

Whoever wants to dance get *himself* a partner and let's begin.

祈使句与 myself 连用也不足为奇：

Take *myself*, as an example.

（2）Katz 和 Postal 两人认为，祈使句带附加疑问时都用“will you”（Eat the meat, *will you*?），不用其他（will she, can he 等）；但 Bolinger 说可以：

Let me help you, *may I*?

Have them come by a little later, *could they*?

（3）Katz 和 Postal 两人认为，一些使用不带 to 不定式的条件句（如 Spare the rod and spoil the child; Break that vase and I'll break your neck）不属于祈使式，祈使式应把条件意义排除。Bolinger 认为，这类条件句不能完全排除祈使意义。形式相似（两者都是不带 to 不定式），意义必有相通之处。下面是例证：

Here, take this pill and you'll feel better.

Write some letters and I'll mail them for you.

条件与祈使意义可以并存，其关键在于有一个表达想象性行为的不定式。这个不定式行为愈富于想象，条件意义就愈强，相反，这个不定式行为愈现实，祈使分量就愈重。此外，如果这类句子不是用 and，而是用 or，不定式分句是一个否定条件，祈使意义就更明显了。试比较：

Wear something heavier, *or* you'll catch cold.

Wear something lighter, *and* you'll catch cold.

九

第九章仍然讨论祈使句。这一章针对 P. Schreiber 在“Style disjuncts and the performative analysis”（*Linguistic Inquiry*, 1972）提出的论点：祈使句应区分出命令、建议、请求等不同类型（如 Leave, please leave; Leave, why don't you leave），因为它们的运用模式并不一样。Bolinger 主张把祈使句看做一种句式，不同意在祈使句中通过“成分分析”（performative analysis）再区分出不同的祈使句型。在这一章里，Bolinger 还辟了专节讨论带 do 的祈使句。内容还是针对 Schreiber 的观点：do 后接祈使句是一个纯粹表示“命令”的句式，不能表示“建议”：

Be glad that we are leaving.

*Do be glad that we are leaving.

Bolinger 说，do 后接祈使句既可以表示命令，也可以表示建议。只要具备强调肯定的语言环境，就都可以用 do：

All right, *do* be glad about it! It suits your character.

It's all right if you hate each other fundamentally, but *do* reach an agreement.

Bolinger 最后总结说，祈使句无论加上 do，还是加上 now, just, please，都是依据祈使句要达到什么目的而定的。这些词语的添加并非形式问题，而是意义问题。

精微之处见功夫——这是我们读完《意义与形式》一书后总的印象。这部著作给我们一些什么教益呢?

（1）Bolinger 说，他这本书是向那些“无意义”论调挑战的。这说明，当前在语言的理论和实践方面，已从结构的研究转到语义的研究。Chomsky 的转换—生成语法学派兴起之后，研究语言的意义与形式关系的流派与学者纷纷出现。Bolinger 的这本书使我们打开了眼界，看到了一些有关这方面争论的内容。

（2）《意义与形式》一书给我们这些以英语作为外语进行教学与研究的人员一种启示：语言的教学与研究不但要注意形式，也要注意意义，要研究“同义”结构中的不同含义与不同使用场合。过去，我们的英语教学往往只满足于句型的转换，只要求语言表达的多样化，不太注意研究各句型的语义和语体特征，也不注意“同义”结构的辨异工作，这不能不说是一种缺陷。

（3）在本书里，Bolinger 以特别敏锐的语感和大量的例证，给我们很多的启发，提供了不少有价值的语言资料。从这些丰富的例证里，我们深深感到无论在英语的教还是学方面都要善于观察英语的语言现象，不应过于简单化，过早作结论。

由于《意义与形式》一书是对转换—生成语法学派的形形色色的论点提出挑战的，分析细致入微，颇有见地。只是有时感到过于细腻，似无必要。某些论证也似乎感到勉强，说服力还不够强，有时甚至有前后论述出现矛盾的情形，这就难以驳倒转换—生成语法学者们提出的观点。但是该书仍不失为一本有其独到之处的好书，值得英语教学与研究工作者一读。

（原载《现代英语研究》1982 年第 1 期。）

言语交际中的语用移情

移情（empathy）在语用学上指言语交际双方情感相通，能设想和理解对方用意。它既有语用—语言的问题，也有社会—语用问题，涉及说话人如何刻意对听话人吐露心声、表达用意，听话人如何设身处地来理解说话人言谈的心态和意图。

从语用—语言方面看，作为言语表达手段的语句，同数学和逻辑的表达手段相似，但后者没有“移情”问题，不掺杂说话人的任何主观成分。如说 $A = B$，则 $B = A$；$A > B$，则 $B < A$。即使是 $A \parallel B$（A 与 B 相邻），逻辑上也认为（$A \parallel B$）≡（$B \parallel A$）。言语交际中的语句同数学、逻辑的语句就大不一样了。要说“如果我是你”，就不宜说“如果你是我”；要说“John is older than Mary”，就不宜改说“Mary is younger than John”，这里有一个说话人着眼点不同的问题。说话人的话语应该着眼于什么地方，取决于他对听话人的认知和当时的语境。看对象和环境说话——这是语用移情现象之一。除了说话人之外，听话人的移情也是正确理解对方言谈的关键。当说话人说了一句“Today was a disaster”，听话人就要设身处地地想想对方说话时的心态。如果看到说话人的沮丧神情，了解说话人刚做了一个特别的讲座，听话人从说话人的角度来思考这句话，他就明白说话人显然是对自己的讲课效果不满意。这样一来，这句话就不难领会了。

社会—语用方面的语用移情现象在跨文化的言语交际中十分普遍。操汉语的本族人对操英语的本族人说英语，往往要注意尊重对方的语用习惯，见面打招呼时，他们不用“Where are you going”或“Have you had your meal”，而用“It’s a nice day，isn’t it”寒暄。特别当说话人身处对方国土时，这种摆脱自身文化习惯的语用移情，实际上是“入乡随俗”的一种普遍现象。反过来说，当操英语的本族人身处中国这块异地，听到中国人用英语冒出一句带中国味儿的寒暄话：“Have you had your meal?”他也不会反感，也许还会感到异国情浓而欣然接受。如果这样，这显然是语用移情的认知心理在起作用的缘故。

本文提出语用移情问题，并分别从语用—语言、社会—语用两方面对言语交际双方的移情现象作一些探讨。

一、语用—语言方面的移情

语用—语言方面的移情指说话人运用语言刻意地对听话人表达心态的意图，以及听话人从说话人的角度准确领悟话语的用意。例如 A 和 B 两位客人赴宴，被安排在同席的相邻座位，A 出于礼貌，会从 B 的角度说一句十分得体的话：

（1）What a bit of luck that I'm placed next to you.

这是 A 的移情说法，表示他被安排在 B 旁是一种荣幸，有抬举 B 之意。如果 A 不用移情手段，把话说成："What a bit of luck that you're placed next to me"，就会使 B 觉得 A 说话趾高气扬，俨然以长者自居，似乎在说："你能坐在我的身边，你应感到荣幸。"同样一个命题，语用效果大不一样。

再看另一个例子：朋友相邀便宴，如表示乐意赴约前往，只能从对方的角度说话，在 come 和 go 之间选用 come：

（2）I'll be delighted to come.

如果不用移情说法，而以自己一方为基点来说话，对相邀者使用 go 作答："I'll be delighted to go."这时，即使便宴不在主人家里举行，这句话也是不合适的。

再如对第三者发表评论，说话人应对被谈论的人表现出尊重。尽管那是说话人自己的看法，也应运用移情于当事人的句式：

（3）John is sure to succeed.

如果改用"I'm sure John will succeed"，这会明显地表现出说话人的主观和不留余地。

在电话交谈中，说话人作自我介绍时都用移情：

（4）Hello，this is John Smith.

操英语的本族人在这种场合不会使用面对面时作自我介绍的方式："I'm John Smith."

汉语语用—语言方面的移情充分表现在指示语的应用上。John Lyons（1977：677）称这些指示信息为移情指示（empathetic deixis）。下面是几个典型例子：

（5）你要记住，<u>我们</u>是学生，<u>我们</u>的主要任务是学习。

说话人将自己也摆到听话人一边了，句中的"我们"实际上指对方——"你"。这种移情的话语听起来倍感亲切。

（6）这个人性格内向，不善言表，<u>你</u>问他十句，他才答<u>你</u>一句。

这里的"你"不指听话人，而是指说话人自己，完全可以改用"我"

来表达。这又是说话人的另一种移情说法，既尊重对方，又加强了话语的说服力。

（7）谁欺负宝宝了，叔叔找他说理去。

说话人站在幼儿一边，用幼儿的口吻说话。“宝宝”代替了“你”，实指幼儿本人，“叔叔”代替了“我”，实指说话人自己。

语用移情的微妙之处是说话人或听话人总从对方的角度进行语言的编码和解码。如果谈话双方都知道 John 和 Mary 是夫妇，谈论的话题是 John，则可以说“John is older than Mary”；如果谈论的话题是 Mary，则改说“Mary is younger than John”。但当听话人只认识 John，或只认识 Mary，同样的一个意思，要分别改说为“John is older than *his wife*”或“Mary is younger than *her husband*”才算恰当。因此，下面两组句子就有不同的语用移情预设：

（8）a. John hit Mary.（听话人认识 John 和 Mary）

b. John hit his wife.（听话人只认识 John）

（9）a. Mary's husband hit her.（听话人只认识 Mary）

b. John's wife was hit by him.（听话人只认识 John）

听话人要从说话人的角度来领悟话语。当 B 听到 A 说：

（10）The cat is on the mat.

B 要明白，这不但说了一个客观事实，而且包含了 A 的观点。但当 A 明确使用 I believe 来表达自己的观点时：

（11）I believe that the cat is on the mat.

尽管事实的确是 the cat is on the mat，但 B 从 A 的角度看，这句话并不一定等于 the cat is on the mat 这个客观事实。下面的例子更清楚地表明，A 的观点和客观事实不是一回事：

（12）I believe that it isn't raining in Chicago now，but it may be raining there now.

B 从 A 的心态出发，不难理解整句话的意思。但这个句子的叙述事实部分却不可理解：it isn't raining in Chicage now，but it may be raining there now 是不通的，不可能是客观事实。

Russell（1940）曾认为，断言（assertion）包含两个方面，主观的和客观的。主观方面表达说话人的信念（belief），客观方面指客观事实。有一些断言［如例（10）］，说话人的信念和客观事实是一致的，但 Russell 强调，两者并非一回事。上述的例（11）带上了“I believe”，尽管说话人可能认为他的信念和客观事实一致，但听话人从说话人的心态来分析，信念和事实应是两回事：I believe that $p \neq p$。

表达第三者信念的判断句，仍然包含了说话人的信念。如：

(13) John believes that Mary is taller than she is.

说话人实际上是说："I believe John believes that Mary is taller than she is."可见，听话人要正确理解话语，不能忽视说话人的心态，这就是听话人的移情。

听话人对下面的话语要用移情才能正确领悟，那是说话人的一种有礼貌的请求，或者是说话人主观意志之外的一道庄严的命令：

(14) You are requested to stand up.

(15) You are dismissed.

二、社会—语用方面的移情

社会—语用问题涉及言语交际双方的社会——文化背景和人际关系，当然也涉及语境。社会—语用方面的移情主要指言语交际双方都设身处地地尊重对方的思想感情和看法，从而在言语交往过程中相互默契，达到预期效果。下面的对话之所以幽默，显然是B没有着意语用移情，有意无意地歪曲了对方的用意，于是答非所问，其效果足以令人捧腹：

(16) A：My grandfather lived to be nearly ninety and never used glasses.

B：Well, lots of people prefer to drink from a bottle.

社会—语用方面的移情对跨文化交际具有特殊的意义。跨文化交际中的语用失误，近年来已越来越受到我国外语界的重视。我们的学生学习英语时，已被告知不要随便向操英语的外国朋友谈论诸如经济收入、年龄、宗教和政治信仰、婚姻状况等所谓"非自由话题"。这是我国外语教材改革成就之一，是值得肯定的。这说明我们已注意到跨文化交际中的语用移情问题。但是，"非自由话题"的内容，不同的国度、不同的社会和不同的文化，往往有不同的判别尺度，这要进一步进行国别文化方面的教育。移情问题要求言语交际双方设身处地地尊重对方话语的用意。我们中国人操起作为外国语的英语时，或多或少会按中国文化的特点来遣词造句，在交谈中难免会不自觉地触及操英语的外国朋友可能忌讳的"非自由话题"，或者说出来的英语带有典型的中国文化色彩，使外国朋友觉得十分陌生。外国朋友们听到我们说这样的英语时，他们的感受如何呢？恼火？不快？还是予以理解和原谅？我们主张，在和操英语的本族人用英语交谈时，我们应尽可能合乎英语的语用原则和对方的民族文化习惯，特别是当我们身在英语国家时更应如此，以便于沟通。这就是我们要给予重视的语用移情。但是，我们在本国用英语同外国朋友谈论我们的事情时，就不能要求百分之百地合乎英语的语用原则和文化习惯。在我们的国土上生活和工作的操英语的外国朋友，他们在同我们打交道时，也会发现我们说的英语无论用词或构句有时会同他们所习惯的有点不同，多少带点异国特色。作为听话人，如果他们意识到身在异国，注意到跨文化交际的语用移情，他们不会介意因文化差异而偶尔混杂在我们英语中的异国特色，也不会因听到我们的英语而产生不愉快的民族情绪。汪榕培教授（1991）指出，要用英语表达《沙家浜》的阿庆嫂，只能是 Sister Ah Qing，中国小学生上课起立向老师说的“老师早”，用英语说出来就是“Good morning，teacher!”这些英语尽管“离格”，但在中国的环境里都应该是可容忍的。至于中国特有的事物的英语表达法，在西方可能会遇到交际上的障碍，但在中国本土，我们的外国朋友听到后，开始时也许感到不习惯，但“入乡随俗”，他们一旦作出语用移情，只要明其要义，这些特有事物的英语表达是可以接受的。笔者曾特意与目前在广州外国语学院工作的外国英语文教专家及其家属就移情作用进行过有趣的讨论。上述情况正是他们的基本观点。

笔者在最近的一篇论述语用学与翻译的文稿（“Pragmatics and Chinese-English/ English-Chinese Translation” in *An Encyclopaedic Dictionary of Translation*, edited by Chan Sin-wai, The Chinese University Press, H. K.）中，提到“巧妇难为无米之炊”一语的翻译。《红楼梦》一书中的这个句子有两种译文：杨宪益夫妇译为“Even the cleaverest housewife can't cook a meal without rice”，而 D. Hawkes 则译为“Even the cleverest housewife can't make bread without flour”。我们无意谈论两种译文孰优孰劣，如果从语用移情看，杨译对在中国的英语读者似易于接受，尽管我们中国人（甚至在江南一带的中国人）的 meal 不一定非要 rice 不可。而 Hawkes 的译文，也许译者注意到语用移情，考虑到译本对象是操英语的西方读者，使用了 bread 和 flour。但作为西方读者，他们也会出于移情的心理，对译文产生困惑：难道中国人也像我们西方人一样都是吃面包的吗？

一些形象的地道的汉语（特别是成语）要用英语表达时，尽管语言结构无可厚非，但对操英语的外国人来说，总会感到有一点“怪”。不过，移情的心理作用会使他们懂得说话人的用意。如“跑得了和尚跑不了庙”，直接说成“The monk may run away，but the temple can't run with him”，形象固然新奇，但意思准确明白。至于说话人要用英语表达汉语中利用谐音而形成的歇后语，或者表达以中国历史人物寓意的形象说法，例如“外甥打灯笼——照舅”，“说曹操，曹操就到”等，恐怕必须强调语用移情，力求所说的英语能让对方明白：或直陈用意，或变换形象，说成“back in the old rut”和“talk of the devil and he will appear”，务必使听话人在理解上少费踌躇。

一些与我国国情有关的用语往往带有典型的“中国味儿”，用英语表达时，只要能传译出用语的内容和意义，说话人不妨留住这点“中国味儿”：

待业青年——youth waiting for jobs；

小康水平——fairly comfortable standard of living；

廉政建设——construct clean politics；

以权谋私——seek self interests by misusing power；abuse one's power for private gains/ to see personal gains；

铁饭碗——iron rice bowl；permanent job once assigned。

以上例子不应看做不地道的英语而藐视或加以排斥。由于我国实行改革开放，对外交往频繁，学英语、用英语的人日渐增多，操英语的本族人接触那些多少带点“中国味儿”的英语变体的情况也必然日益增多，只要排除民族、文化差异的偏见，在交往中乐于语用移情，他们是会逐步接受这种英语变体的。而随着时间的推移，变体中的某些模式或许会丰富英语本身，成为这种语言共核的一部分。

跨文化交际中的语用移情不是交际双方都必须接受的，因为说话人和听话人各有不同的文化、社会背景，在认知心理上存在着一个是否乐意接受对方文化进入自己母语的问题。所以语用移情会因人而异，因语境而异。这恰好说明：跨文化言语交际要取得成功与和谐，有赖于交际双方都重视语用移情。移情的心理作用有助于我们改善那些在语言和文化上与自己不同的个人或群体的看法，也有助于人们在学习另一种语言时取得更大的成功。

（原载《外语教学与研究》1991年第4期。）

跨文化交际中的语言“离格”现象

1987 年，比利时语用学家、国际语用学会（IPrA）秘书长 J. Verschueren 在语用研究方面提出了语言顺应理论。他认为，人们进行语言交际时，必然涉及语言各个层面，牵涉到社会和现实的环境，以及谈话双方的社会关系和背景。因此，人们为了顺应复杂的局面，运用语言时就会因移情作用而千差万别，理解和反应也会随之不同。要使交际得以成功，双方必须求得认知心理平衡，让自己的语言顺应环境，并根据环境来顺应语言。在跨文化交际中，这种语言顺应策略尤其重要，人们的语用移情有时甚至可以容忍相互间的唐突与失言。本文拟就语用认知和语言顺应问题谈谈跨文化交际中出现的唐突失言一类语言“离格”现象。

一、语用认知与语言顺应

语言顺应来自心理的移情，是一种认知过程。在交际中，特别是在跨文化交际中，语言顺应是一种策略。例如，一个懂英语的汉族人遇到一个操英语的外族人总是用英语来同对方交谈；同样，一个略懂汉语的外族人遇到汉族人的时候，也是千方百计地用他那不甚高明的汉语来交际。有趣的是，懂英语的汉族人，他讲的英语常会“离格”，显得唐突，甚至失言，但作为本族人的一方一般都无所谓，照样交谈下去。当一个懂英语的汉族人同一个母语是英语但懂汉语的外族人在一起时，他们谈得更欢畅，常常用双语，而且不断地作语码转换：汉语中来一点英语，英语中也来一点汉语。所有这些都是语言顺应现象，是交际双方心理上移情的认知结果。

言语交际中的认知过程是很复杂的，在这里无法详述。但可以认为，为了达到交际的目的，我们必须根据谈话对象和环境来选择语言，同时必须根据对象和环境来理解话语。换句话说，认知心理建造、操纵、储存语言符号，并把语言符号和客观世界联系起来。要把语言符号和客观世界相联系，那就是语用。可见，认知与语用有着密切的关系。这种关系的体现就是语用中的语言顺应，在跨文化交际中这种顺应尤其重要。

语言顺应包括谈话双方都能适应的，表现在语言系统各个层面——语音、词汇、结构等的语用问题。我们将这类问题归入语用语言学的研究范畴。此外，语言顺应还包括谈话双方在复杂的社会文化客观因素作用下的语用，这就要在社交语用学方面加以探讨。在跨文化交际中，这两方面都值得研究，因为它们都与如何对待文化差异有直接的关系。笔者过去与国内同行们在研究语用差异和分析语用失误的时候，往往强调要服从英语的语用原则，强调要克服违反英语习惯的语用失误。这无疑是对的，是有益于我国的外语教学的。近年来跨文化交际中的语用差异与语用失误问题已越来越受到我国外语界的重视，但是这远远不够。我们只强调了问题的一方面，但忽视了问题的另一方面：在跨文化交际中我们这些懂英语的外族人操英语时是不是非得要说“地道”英语不可？我们操英语时，为把意思表达清楚而说了些不怎么“地道”的、有点“离格”的英语是不是都算语用失误，算唐突失言，非得加以克服不可？最近看到了一篇文章（孙少豪，1992），说中国学生的英语表达得“不地道”，认为学生的英语“即使改正了语法、句型错误，仍使人觉得欠英语味”。文章通过正误对比，分析了作者认为学生不地道的一些说法，并得出结论，认为那是学生“拿汉语句式去套英语的结果，是英语汉化的错误”。文章的观点无可非议，写得也很实在，对一些英语还没有学到家的学生来说，这种情况是相当普遍的。不过，笔者要补充一点：我们应当让学生注意英汉表达的差异，但不能把这种差异对立起来，好像只准学习绝对“地道”的英语，而对那些带有汉语文化痕迹的中国英语一概加以排斥。在现实的跨文化交际中，那些因受汉文化影响而显得“不地道”的英语会不可避免地大量存在。因此，这里有一个如何对待“应当”和“现实”这对矛盾的问题。其实，英语的“地道”与“不地道”只是相对而言的。有时，不地道的“离格”英语，本族人会欣然接受，那为什么我们作为外族人却把它视为洪水猛兽？笔者曾在一篇论述语用移情的文章（何自然，1991）中提到这样的一个观点：在跨文化交际中，谈话双方之间的移情心理可能使操母语的一方容忍操第二语言的另一方出现语言“离格”现象，而且他还可能顺应甚至仿效对方那些所谓“离格”现象，以达到交际上的成功。这正是语用移情导致的语言顺应策略。

跨文化交际中的语言顺应策略，以英语交际为例，主要指以英语为外语的一方如何来和母语是英语的另一方交谈，以及母语是英语的一方能否容忍以英语为外语的一方所表达的话语。从语用移情出发，如果英语交际的环境在英语国家，作为一个外族人，为求认知心理平衡，他当然要服从“入乡随俗”的社会制约，处处以当地文化为准绳，行为和言谈都尽量做到得体，少出现甚至不出现英语语用方面的失误。这是一种语言顺应。至于母语为英语的本族人，如果在这种环境下发现对方在语言表达上“离格”，他在心理上会出现认知失调，从而感到心理不适。这时，语用移情又会作为一种动力去消除认知失调感，从而达到认知平衡。在一般情况下，本族人如果不带太强烈的民族偏见，移情作用都会使他们能够在不同程度上消除自己在听觉上和内心上留存的不快和困惑，容忍了对方的“离格”语言。这又是一种语言顺应。这里要补充的是，当英语交际的环境在非英语国家，例如在中国，我们作为外族人同母语为英语的本族人交谈时，我们心理上的移情作用同样有效：我们会尽自己所能把我们要表达的思想用正确的英语表达出来。但是，我们既然是外族人，我们的英语总不会做到百分之百“地道”，再加上我们谈论的题目如果与自己的国情、文化关系密切，就更难说出所谓“地道”的英语。这时，成功的交际就要有赖于以英语作为母语的本族人心理上的移情作用。他们身在中国，同样受到“入乡随俗”的制约。由于尊重异国的国情和文化，他们对当地的中国人操英语时所出现的“离格”现象，比在自己国土听到的外族人所操的“离格”英语更能容忍。换句话说，他们对前者的容忍程度要高一些。不管这种“离格”的英语所导致的语用失误程度如何严重，他们这些身在异国的操英语的本族人都能容忍。可见，跨文化交际中的语言顺应策略是常见的，母语为英语的本族人一方对操英语的外族人一方所说的“不地道”的，或所谓“离格”的英语的容忍度是有差别的。除了上述诸如交际环境不同、是否带有强烈民族情绪等因素之外，这种容忍度的差别主要取决于外族人一方所操的英语的“离格”程度。这里面包括外族人因英语语用水平不高而导致的“离格”，以及外族人因母语文化和英语文化之间存在差异而导致的“离格”。不久前，笔者与笔者的研究生曾通过美国夏威夷大学 G. Kasper 教授指导下的语用学研究小组，向不谙中国文化的美国人就如何看待“离格”英语问题作过一次问卷调查。下面我们来介绍和分析一下调查的结果。

二、“离格”英语及其出现的原因分析

我们这份问卷调查中把“离格”的英语按 J. Thomas（1983：92）的意义框架分成两类：第一层面的“离格”和第二层面的“离格”。前者指说话人用英语表达主题或传递信息时不准确或怪异，后者指听话人对说话人的以言行事（illocutionary act）意义产生误解。例如：

（1）A：Do you have a cigarette?

B：Yes，I do.

这里 B 的回答显然是没有弄懂 A 的用意，把 A 的“请求”误作“询问”。A 当然感到失望。

下面让我们先看看问卷调查中提到的第一层面的“离格”英语：

(2) During the Cultural Revolution, my father was a capitalist - roader and held in the cowshed.

(3) I worked hard in order to keep my iron rice bowl from breaking up.

(4) My hometown is a beautiful city, known as "the pearl under the swan's neck".

(5) The old teacher is happy to see his "peaches and plums" are all over the country.

在操英语的本族人的心目中，（2）和（3）中的 capitalist - roader, cowshed 和 iron rice bowl 是一些“怪诞”的组合，他们无法在自己的母语中找到这样的表达法或者概念。(4) 和 (5) 中的 the pearl under the swan's neck, peaches and plums 等是典型的汉语隐喻，操英语的本族人会觉得“离奇”，无法在母语中找到相同的比喻。

(6) They do not dare to touch a tiger's back side.

(7) The monk may run away, but the temple can't run with him.

我们设想，操英语的本族人很明白（6）、(7) 所表达的意思，但他们在自己的话语里却不会这样说。

(8) Your backyard is very large.

(9) You work effectively.

(10) Your children are very clever.

这几句话直接用汉语说出来可以表示一种赞赏。英语也有用直陈语句表示赞赏的，但这里的（8）、(9)、(10) 是带汉文化心理的英语语句，并不符合英语的语用习惯，操英语的本族人未必能接受。N. Wolfson (1988: 122) 的研究曾表明，英语只有下面的直陈句型才具有“赞赏”功能：

a. NP is/looks (really) Adj.

b. I (really) like/love NP

c. PRO is (really) (a) Adj. NP

她还指出，在用词上，句型中的形容词（Adj.）常用的只有 nice, pretty, good, beautiful 和 great；而且代词（PRO）只局限于用 I，如：I love your house; I like your haircut。至于汉语，据左焕琪（1988）的统计，汉语中表示赞赏的直陈句型（用英语表示出来）是：“You/Your NP + V + Adv.”。上面例（8）、(9)、(10) 印证了这一点。

现在介绍一下问卷调查中的第二层面的“离格”英语：

(11) You arrived here yesterday.

（12）Have you got used to our food?

（13）Because of certain reasons, it may not be possible.

（14）I'm sure you understand our problems.

（15）I'm sorry to have bothered you so long.

（16）You have to take a rest now.

这里的（11）、（12）是操英语的汉族人见面时用来打招呼的。操英语的本族人绝不会用这两句话来代替“How are you?”。如汉族人的一方突然冒出（11）、（12），本族人必然会感到唐突，如果他们稍懂中国文化，也许会理解其中含义。同样，当本族人听到（13）和（14）时，语境和汉文化修养也许可以帮助他们明白这些句子是有礼貌的拒绝，但他们在相同的场合绝不会使用这类句子。至于（15）和（16），那是中国式的告别用语。操英语的本族人相互告别时，总是客人找一些话讲自己，不会讲主人。外族人在这时候说了类似（15）、（16）那样的话，本族人也许能领会、顺应，也许会莫名其妙，甚至感到不快。

上面的英语没有什么结构上的错误，但本族人听了总觉得“离格”。为什么汉族人在操英语时会出现这些“离格”现象？我们可以作如下的分析：

A. 话题。话题决定信息。当话题与中国国情有关，自然会出现一些外国没有的事物，如“四个现代化”、“小康水平”、“精神污染”等。要将这些词语用英语表达出来，只好说成“Four Modernizations”，“fairly comfortable standard of living”，“spiritual pollution”。我们的英语报刊《北京周报》、《中国日报》出现很多这类词语。以前，甚至现在，还有很多母语是英语的本族人认为那是“离格”的英语。可是，不“离格”能把这些有中国特色的事物用英语准确地表达出来吗？

B. 文化背景。谈话双方的文化背景（年龄、性别、民族、社会地位和相互关系等）会影响到话语的表达。他们尽管操着同一语言（英语）交际，带汉文化背景一方的英语往往夹杂有“汉化”词语。比如，用下面句子来表达恭维：

（17）You haven't changed much.

（18）You have recently put on weight.

这样的英语当然“离格”，不过，交谈的另一方如果不带太明显的民族、文化偏见，在交际中会尊重这些唐突语句的文化价值。

C. 交际环境。语言交际是要受“入乡随俗”制约的。汉族人在英语国家讲英语当然要力求自己的语言得体，得到本族人的认同。但是，一旦汉族人需要在自己的国土上用英语交际，要他的英语也能百分之百“地道”，那未免有点苛刻。一位美国朋友曾告诉笔者，中国友谊商店里的售货员对他说一句“What do you want, please?”他觉得很正常，尽管在他自己国家的商店里听到这样的话时会感到对方唐突、粗鲁。

D. 交际意图。语言准确才能把意图表达清楚。英语中选用“How do you do?”“How are you?”“Good morning!”或“Hi!”来打招呼，都要看是对熟人还是初交。在国外，一些中国餐厅的菜牌，一些讲中国烹饪的书籍，无不在英语的行文中加上一点当地人感到陌生的汉语言文化的特征。那些英语应该算作“离格”，但那是绝对合情合理的“离格”。至于中国出口的商品，其商标、广告大都保留本土的语言文化色彩，可是正因为不注意出口对象国的文化习俗，出现语言“离格”的现象。这类“离格”却会带来严重的后果，不能等闲视之。

E. 民族性格。几千年的文明史使我们汉民族形成了一些我们独有的民族性格。在跨文化的交往中，汉族人的语言应对，甚至他们的非语言行为和举止，都会情不自禁地流露出自身的民族特征。尽管他们操起英语，而且交际的对象又是以英语为母语的外族人，但汉民族性格依然故我。这一来，他们的英语“离格”是不奇怪的，不带明显民族偏见的英语本族人是会体谅的。

三、操英语的本族人对“离格”英语的容忍及顺应

夏威夷的问卷调查结果表明，他们对汉民族所操的英语抱有强烈的移情心理和很高的容忍度。也许他们意识到那都是没有到过英语国家的中国学生所说的话。具体说来，他们对第一层面的“离格”英语的容忍度要比第二层面的高。原因是第一层面的“离格”十分明显，而且可以感觉到对方不“离格”就表达不出来；第二层面的“离格”却不明显，于是用了本族语的标准去衡量，移情心理准备就少了，容忍度也就低了。

这次问卷调查选用的“离格”英语是广州外国语学院英语系中师班学生造的，共选用了30个语句。在取样测试时我们附有情景说明。在这30个样句中，有20句属于第一层面的“离格”英语，除了包括“capitalist - roader”，“the pearl under the swan's neck”等具有明显的中国国情文化特征的话语外，还包括一些“离格”的英语结构和词汇，如“I have to admit that my choice of studying English is right.”“My English level is not as high as the others'.”等。样句中还有10句属于第二层面的“离格”英语，全都是学生从汉语言文化转移过来的。调查时连同上面提到的20个语句混合编排。我们要求用两个变项（foreign⟷native - like 和 inappropriate⟷appropriate）通过T - 检验（T - test）来衡量“离格”度和容忍度，其结果

如下：

Variable	Mean	SD	DF	T	P（2-tail）
Native - likeness	91.56	29.39			
			8	-4.29	0.003
Appropriateness	140.78	36.26			

从表中可以看出，“离格”英语的 appropriateness 的平均数（mean）大大高于 native - likeness（140.78 对 91.56），而且两个衡量尺度均具有很显著的统计意义（$P<0.003$）。这就是说：我们开列的英语语句都是“离格”的，它们都不怎么地道，也不怎么合适。不过，总的说来，它们大都可以容忍，但无地道可言。

至于第一层面与第二层面的“离格”英语中哪一种更接近本族人的英语，哪一种说法比较得体、合适，我们也作了统计，结论是：第二层面的“离格”英语本族人觉得较接近他们的母语，但显然很不合适；而第一层面的“离格”英语则可以容忍，但一听就知道是外国人讲的英语。

现在我们就来讨论一下：为什么操英语的本族人并不嫌弃这些“离格”英语？为什么第二层面的“离格”英语不算太离格，但与第一层面的“离格”英语相比，其容忍度却显得较低？

A. 根据问卷调查的结果，操英语的本族人大多能容忍问卷中的“离格”英语，其中主要原因是他们都不同程度地产生心理移情，采取了顺应策略。前面提到，这些本族人知道问卷中的“离格”英语来自中国的英语学生，所以他们在是否合适问题上态度宽容，认为在特定的语境中是可以接受的，只是本族人不这么说罢了。例如他们接受了下面的英语：

（19）Women can hold up half of the sky.（第一层面）

（20）（A Chinese student wants to get a favour from his English teacher）：
I'm sorry to interrupt you, Mr. Brown. Can you spare some time for me? I have some difficulties in the text and hope you can explain them to me.（第二层面）

本族人对接受（19）的理由是：“中国人就那么说，我明白。”至于（20），句子的用词造句没有什么可挑剔的，但他们总觉得别扭。显然，那是文化差异导致的：不同民族对“求助于人”的心态有所不同。调查表明，本族人还是顺应了这种心态。

本族人因移情产生的宽容，从他们对待中国式英语的态度中也看得出来。例如：

（21） Last year, there was a chance that is difficult to get. I was enrolled in GIFL for SMSTTC① course.

（22） I stepped onto the road of being a teacher.

以上的英语语句是典型的“汉化”英语。我们感到奇怪的是本族人竟然可以容忍。原来，他们觉得既然这些“离格”的语句出自中国学生，那就不能要求他们的英语处处“地道”。可见，他们的容忍来自移情。

此外，从资料提供的情况判断，参与问卷调查的本族人中其实有不少是知道一点汉文化的，他们有一些人甚至接触过中国学生，或曾与中国人打过交道。正因为如此，我们的这个问卷调查的信度是受到限制的。比如，我们看到一个问卷把下面两句明显带汉文化特征的“离格”英语看做合适的英语：

（23） (In response to a compliment)
It's luck. I don't think I did well this morning.

（24） Mr. Brown, Merry Christmas! Here is a little gift for you. It's not very good. Please accept it.

这两个例子反映了汉文化的语言交际策略：为表示谦逊而自贬。(23)的情况是：别人感谢自己做出成绩，自己务必谦虚谨慎，不能喜形于色。为此，通常最妥当的做法就是自贬了。（24）所显示的汉民族心态是：为不让对方嫌自己的礼物太轻，仁义不重，要有言在先。因此，不管所送的礼物是轻是重，都得说不重，这样就主动了。母语为英语的人，除非他涉猎过中国文化，或接触过汉族人，否则听到（23）、（24），他是难以理解的。

B. 前面介绍过，本族人觉得第二层面的“离格”英语较接近他们的母语，原因是这个层面的“离格”现象不易觉察。例如：

（25） (In Mr. Brown's house, the student finds a beautiful curtain, which was made by Mrs. Brown).
Mrs. Brown, I didn't expect you could make such a beautiful curtain.

（26） (Seeing Mr. Brown standing at the door of the classroom)

① GIFL—Guangzhou Institute of Foreign Languages; SMSTTC—Senior Middle School Teachers' Training Course.

Hello, Mr. Brown, who are you waiting for?

如果把（25）、（26）同第一层面的“离格”英语比较，似乎觉察不到它们有什么明显的汉文化特征。换句话说，辨别言语行为实施方式的差异难于辨别语言所指或结构上的差异。汉族人说（25）、（26），本族人只感到意外，或者不得要领，或者难堪，或者不快，或者恼火。他万万不会意识到，汉族人说（25）那番话是要表示赞赏，而（26）只不过是打打招呼。

C. 移情、容忍和顺应都是在了解或同情外族文化特征的基础上产生的认知过程。认知手段常常是外族人所操英语的流利程度、口音、独特的句型和夹杂在英语中的异族文化特征等。如果没有了这些手段，本族人就只能从社会心理的角度来衡量对方话语中的文化差异。再看看（25），如果 Mrs. Brown 一点都不了解汉文化，不知道这是说话人在赞赏自己，那她很可能不愉快，甚至恼火。原因很简单：Mrs. Brown 没有想到操那么流利英语的人竟然说出如此唐突的话。同样，如果不知道（26）这句话是汉族人打招呼的方式，它很可能被 Mr. Brown 理解为干预私事，为此他可能感到不快和恼火。这说明，为什么第二层面的“离格”英语的容忍度比第一层面的要低，尽管它们听起来更像正常的英语。

四、刍 议

我们分析了跨文化交际的语言“离格”现象。其实，“离格”英语并不可怕，关键是如何对待。笔者认为：

A. 第一层面的“离格”英语如涉及中国国情，过去往往被认为是中国英语，不屑学习。现在看来，这种观点值得商榷。

B. 第一层面的“离格”英语中还有一类是由于用词遣句不当，夹杂了一些汉语言文化特征。这样形成的英语语句确是离格。其根源，归根到底，是英语水平不高所致。尽管这类“离格”英语会因本族人的移情心理而予以容忍和顺应，但是不能为此而文过饰非。我们一定要重视语用的学习和研究。在这方面，提倡学习“地道”的英语是必要的。

C. 对第二层面的“离格”英语我们应给予特别的重视。英语水平虽高，但不注意跨文化的学习和研究，就很容易出现第二层面的“离格”英语。由于说话人能讲流利的英语，一旦出现这类语言离格现象，本族人的心理准备不足，对其容忍度就较低，也不容易顺应。结果，往往令对方感到困惑、尴尬、吃惊、不快、反感、恼火，不一而足。语言和文化的关系极其密切，我们一定要求学生学好英语的同时，加强对本国和异国文化的了解。

让我们引用北京大学高一虹在1992中国英语教学研讨会上发言（刘润清，1992）中的一段话，作为本文的结束语：

“学生学会了第二语言之后，两种语言的文化不是水火不相容的并存，更不是一种文化代替另一种文化。如果真是这样，可能学习者的第二语言并没有学好。如果第二语言真正学到了家，两种文化会相互作用。”这时，“学习者会加深、拓宽对第一文化的认识，又因移情作用对第二文化有深刻的理解。这样的学习者比不懂第二语言的同族人对母语文化的优点更加欣赏，对其局限性更加敏感，而且他比不懂第二语言的外族人对第二文化的特点更加明确，对其优点感受更深。这种强烈的双文化意识使学习者的创造潜力得以发挥，如果他的造诣很深，他很可能有时比本族人还本族人，比外族人还外族人。”

（原载《外语与外语教学》1993年第2期。）

语用学理论与实践

认知语用学——关联理论

随着语用学这一新兴学科的不断发展，越来越多的学者热衷于研究语言在使用中的意义或语言在语境中的意义；但在认知科学的影响下，语用学者除了研究说话人话语意义之外，更转向研究话语理解的问题。研究说话人话语意义的学者往往用社会语言学的观点看待语用学，并且将注意力集中在研究说话人作为话语的产出者如何遣词造句；但研究话语理解的学者却热衷于从认知的角度看待自然语言交际（Thomas，1995：2）。Grice提出的会话含意学说引发了有关语用推理和自然语言的理解的研究。Sperber 和 Wilson（1986）联名出版了一本题为《关联性：交际与认知》的专著。在这部著作中，两位作者提出了与交际、认知有关的关联理论（relevance theory），它是近年来给西方语用学界带来较大影响的认知语用理论。可以说，它是近十年来语用学方面最有影响的一本专著。

关联理论自 1986 年问世以来，经过多次印刷（1986，1988，1990，1993），到了 1995 年又出版了第二版。不过，这本书的成就并不意味着这本书的论点得到了普遍的认同。它一方面得到广泛接受，另一方面也招致众多批评和种种误解。它的出现影响了多个领域：语言学、文学、心理学和哲学。关联理论体系既不以规则为基础（rule - based），也不以准则为基础（maxim - based），而是以几个十分简单的看法作为依据，那就是：

话语的内容、语境和各种暗含，使听话人对话语产生不同的理解，但听话人不一定在任何场合下对话语所表达的全部意义都得到理解，他只用一个单一的、十分笼统的标准去理解话语，这个标准足以使听话人认定一种唯一可行的理解，这个标准就是关联性。因此，每一种明示的交际行为都应设想为这个交际行为本身具备最佳的关联性。

我们不可能在这里对关联理论作详细的讨论，故只谈谈其中的一些主要内容，作为学习认知语用学的心得。

一、《关联性：交际与认知》——认知语用学基础

Grice 提出的会话含义学说引发了有关语用推理和自然语言的理解的研究。1986 年，Dan Sperber 和 Deirdre Wilson 出版了一部名为《关联性：交际与认知》的专著。这本有一定分量的著作（Ⅷ + 279 页）一出版就引起

了西方语言学界的兴趣。Stephen C. Levinson（1989：455－472）评论说，这是一本“大胆的、有争论的书”，作者“试图将语用学理论的重点转移到认知的一般理论上来”。这本书主要不是讨论如何通过语用学理论去解决什么实际问题，而是“概述了一条单一的认知原则”——关联原则。作者意图通过书中提出的理论和方法，给我们“找出我们所需要的所有有关语言交际的理论”。全书采用“流畅的论说文文体写成，易读不易懂”。Sperber 和 Wilson 提倡的关联理论将语用学的重点移到认知理论上来，故它又被西方语言学界称之为“认知语用学”。

关联理论是怎么一回事呢？它是针对 Grice 的会话含意学说来说的。两位作者认为，交际模式有两种，一是代码模式（code model），另一是推理模式（inferential model）。语言交际会同时涉及这两种模式，但在交际过程中，认知—推理过程是基本的，编码—解码则附属于认知—推理过程。

关联理论试图找出下面问题的答案：为什么交际双方各自的谈话意图会被对方识别？为什么交际双方配合得如此自然，既能产生话语，又能识别对方的话语？两位作者提供的答案是：第一，交际双方说话就是为了让对方明白，所以要求“互明”（mutual manifestness）；第二，交际是一个认知过程，交际双方之所以能配合默契，明白对方话语的暗含，主要由于有一个最佳的认知模式——关联性。这就是说，要找到对方话语同语境假设的最佳关联，通过推理推断出语境暗含，最终取得语境效果，达到交际成功。我们试举一个例子：

（1） A：Do you want some coffee?

B：Coffee would keep me awake.

例中的 B 到底是想要咖啡，还是不想要？B 是想 A 明白他的用意的。而 A 要推断出 B 的用意，他就要根据话语的字面意思同语境结合起来，提出一系列的语境假设：

a. B does not want to stay awake.（B 不想睡不着。）

b. B does not want any coffee.（B 不想喝咖啡。）

c. B wants to stay awake.（B 想熬夜。）

或者：B wants anything that will keep her awake.（B 想设法保持清醒。）

d. B wants some coffee.（B 想喝咖啡。）

要从这些假设中确定 B 的暗含，A 就要寻找话语和语境之间的最佳关联。假设关联强，为推理付出的努力就小；如关联不足，为推理付出的努力就大。

语境假设就是认知假设。在话语明说（explicature）的基础上，听话人凭借认知环境中的三种信息：逻辑信息、百科信息和词语信息作出语境假设。由于人们的认知结构不同，上述三种信息组成的认知环境也就因人而异，对话语的推理自然会得出不同的暗含结果。例如，Mrs. Thatcher 在一次电视访问中说：

（2）I always treat other people's money as if it were my own.

人们要准确理解这句话，语境假设十分重要。对那些认为 Mrs. Thatcher 十分看重自己的金钱的人来说，这句话就暗示她对别人的金钱也十分吝惜；但在那些设想 Mrs. Thatcher 自己是有选择地花钱的人心目中，Mrs. Thatcher 这句话暗示她对别人的钱也会有选择地去使用。

语境假设过程要进行推理。推理是一种思辨。两位作者认为，所有的推理，甚至包括通过各种各样猜测形成的前提，都是有理有据地演绎过来的。大脑中的演绎系统就是大脑的中心加工系统本身，它根据不同的输入手段提供的信息进行加工，也就是对综合获得的新、旧信息作出推理。

这里值得注意的是，理解话语的语境并不是事前固定、一成不变的。因此，语境也是推理过程的一个组成部分。人们在理解话语时它是不确定的，因此，语境结构同样受语用总原则——关联原则的统辖，这个原则影响到对话语中明说和隐含两方面内容的理解。

Sperber 和 Wilson 提出的关联原则是："每一个明示（ostensive）① 的交际行为都应设想为这个交际行为本身具备最佳的关联性。"（1986：158）最佳的关联性来自最好的语境效果。因此，人们对话语和语境的假设、思辨、推理越成功，话语内在的关联就越清楚；人们就可以无须付出太多的努力而取得较好的语境效果，从而正确理解话语，获得交际的成功。

很明显，两位作者是想用这条原则来揭示语言交际的规律，通过推理推导出话语的暗含，从而取代 Grice 通过遵守与违反合作原则来理解话语的含意。

Grice 的 implicature（含意）与 Sperber 和 Wilson 的 implicature（隐含）是不完全相同的。隐含是一些语境演绎（contextual deductions）。有时，可能要加上一些假想的前提，求得话语的关联性，获得合理的演绎。例如：

（3）A：Do you drink whisky?

B：I don't drink alcohol.

（3）的暗含前提（implicated premise）应该是 Whisky is an alcohol，而

① 所谓"明示"（ostensive），指明白无误的示意。交际时，说话人用明白无误的"明示"手段表达自己的意图，听话人就能据此纳入明白无误的"明示—推理"模式进行推理，从而使双方"互明"对方意图，达到交际的目的。

暗含结论（implicated conclusion）则是 B doesn't drink whisky。

Grice 的会话含意理论中的含意很像这里的暗含前提，但是暗含前提具有不确定性。比如，这时 B 的明说话语的暗含前提除了 whisky is an alcohol 之外，还可以是：Gin is an alcohol；Sherry is an alcohol；Grappa is an alcohol；Vodka is an alcohol。也可以是 There is no alcohol in B's blood。但 A 听了 B 的话之后，关联原则却使他推断出暗含的 B doesn't drink whisky 的结论。

Sperber 和 Wilson 的关联理论至今仍是一个相当新的框架，其最终的评价还远未清楚。这种理论一问世就有人欢呼，说它可以解决语言学的许多问题，但同时也有人攻击，说它太简单、太模糊，因而是无用之物。但是，综观近 10 年在国外学术刊物发表的有关关联理论的大量著述，这种理论在语用学领域似乎表现出强大的生命力。利用关联理论框架写成的专著和论文在不断增加；利用关联理论框架来理解话语的语用学教科书（Blakemore，1992）早已出版；网络上建设起了讨论关联理论的网页；更令人注目的是，Sperber 和 Wilson 的专著《关联性：交际与认知》已于 1995 年出版了第二版。关联理论在语用学领域以及它对语言学、语言哲学等领域的影响都在不断增强。

二、关联理论是对 Grice 理论的修正和补充

关于关联理论，自 Sperber 和 Wilson 的专著《关联性：交际与认知》一书出版以来，论文一直不断。到了 20 世纪 80 年代末和 90 年代初，关联理论处于一方面被人们广泛接受，而另一方面则被人们普遍批评以及遭人们误解的时期。在这个时期，介绍、评价关联理论的文章很多，在 1992—1993 年间，荷兰出版的语言学国际学术刊物 *LINGUA* 率先出版了两期关于关联理论的专刊（Wilson & Smith，1992，1993），编者是关联理论的创始人之一、伦敦大学学院的 Deirdre Wilson 和她的同事 Neil Smith。其实，差不多在相同的时间，伦敦大学学院校刊就辟有“关联理论”专栏，集中刊载有关的论文①。在 *LINGUA* 杂志所出的两期专刊中的第一期里，两位编者特意为专刊撰写了学术性前言。该集专刊连绪论共有九篇文章，内容都是在文学、哲学方面与普通语用学有关的论文；专刊第二期则除编者撰写的一个前言之外，共收进了十篇文章，主要论述语用语言学领域的问题，包括明说（explicit）交际和暗含（implicit）交际之间的区别、真实条件和非真实条件意义之间的区别、交际中话语小品词（discourse particles）的作

① Relevance Theory. *UCL Working Papers in Linguistics*, Vol. 4. 1992: pp. 151 – 297, Vol. 5. 1993: pp. 163 – 298.

用、语言学的解码和语用学的推理之间的相互影响等。

在这两期专刊中，很多应用关联理论的论题实际上都是对 Grice 的话语意义理论和他的合作原则及各准则提出修正和补充的。专刊的编者要求入选论文的作者都在文章开头配有一段简要的导论，使读者（特别是一些尚不熟悉关联理论的人）易于了解文章的观点。我们在这里当然无法一一介绍这两期专刊所收论文的内容，但不妨简单介绍一下专刊的两位编者 Smith 和 Wilson 为专刊第一期撰写的前言。因为在这个长篇绪论中，Smith 和 Wilson 详尽地论述了关联理论的由来以及关联理论和 Grice 理论的区别。

1967 年，Grice 在哈佛大学所作的讲座介绍了理解话语的理论，这给应用新方法来研究语用学打下了基础。这种新法语用学认为，每个话语都可能有多种理解，这些理解都是语言解码得来的信息。听话人的任务是认知说话人表达出来的意图。因此，新法语用学理论就要阐明怎样才能做到这样。

Grice 把注意力集中到交际的暗示方面，认为话语中有意的暗示或"含意"（implicature）并不是靠语言解码，而是靠不明示的推理过程获得的。这里面，语境假设（contextual assumptions）和交际原则起着十分重要的作用。Grice 的含意理论着眼于说话人，要求说话双方设想自己遵守着诸如表达要真实、有内容、有关联、清楚明白等准则的所谓合作原则（co-operative principle）。Grice 的理论一经提出，就引起语言学界的兴趣，纷纷发表著述。他的理论已成为当今语用学理论研究的一个新的开端。

但是，Grice 的理论仍留下一系列的问题，特别是关于合作原则及各准则的性质和来源模糊不清。人们怀疑：难道合作是交际所必需的吗？说话人所说的都要表达真实、有内容、有关联和清楚明白吗？什么叫做关联？……所有这些问题 Grice 都没有作答。人们还要问：这个合作原则和各准则是从哪里来的？它们是具有普遍性的吗？如果是，那么它们是人类天生就具有的了？这些东西有没有文化特征？如果有文化特征，这些原则和准则是不是会有这样或那样不同的地方？

正因为 Grice 的理论有这么多没有解答的问题，Sperber 和 Wilson 写了《关联性：交际与认知》这本书以及一系列的文章，从另一个角度表明她们的见解。

①Sperber 和 Wilson 认为，Grice 过于强调合作原则和各准则的作用了。人们交际时并不总是按"交谈所要求的目的和导向进行合作"的。Sperber 和 Wilson 不相信"说话必须真实"这条准则，而且根本不相信存在必须遵守的准则。

②Sperber 和 Wilson 还认为，Grice 过于强调违反准则所起的作用了。原则和准则是用来供人们遵守的，而不是让人们自由地、公开地、故意地

违反的。而 Grice 一方面大讲原则和准则，另一方面又允许有意违反或不遵守这些原则和准则，并且声称只有违反才产生“含意”，这些观点都受到了挑战。例如，按 Grice 的说法，隐喻和反语是违反了某准则才产生“含意”的，但按 Sperber 和 Wilson 的说法，这两样东西的含义属于语体学上的形象表达，并没有违反任何的交际准则。

③Grice 关心的是交际中的暗示，而关联理论则既关心交际中的暗示，也关心交际中的明说。关联理论十分重视语用因素在消除歧义、明确所指及其他表示“说什么”（而不仅是“暗示什么”）的过程中的作用，即重视话语真实条件意义的语用问题。

Sperber 和 Wilson 还认为 Grice 没有注意交际中的语境或语境假设的问题。例如上面例（2）提到的 Mrs. Thatcher 的一次电视访问：

I always treat other people's money as if it were my own.

要准确理解这句话，语境假设十分重要，但理解话语的语境并不是事前固定的、一成不变的。Sperber 和 Wilson 认为，语境也是推理过程的一个组成部分，人们在理解话语时它是不确定的，因此，语境结构同样受语用总原则——关联原则的统辖，这个原则影响到对话语中明说和隐含两方面内容的理解。

当然，关联理论不仅是对 Grice 理论的修正和补充。它的更重大的意义在于丰富了语用学理论，为语用学的发展作出了令人瞩目的贡献。正如 Wilson 和 Smith 为 *LINGUA* 的第二期专集所写的前言中说的那样：“关联理论仍处在发展的初始阶段”，但关于这方面的大量论文，“说明了这门理论的广度，它的潜在的解释能力，以及它的未来的大好前景”。

三、关联理论的新观点

《关联性：交际与认知》一书第一版是 1986 年问世的，到了 1995 年，差不多是该书发表 10 周年的前夕，第二版发行了。新版本保留了原版的文字内容，甚至连页码都保留下来，只是对印刷错误作了一些更正，对原来的文字新增了一些脚注。本书第二版与第一版不同的地方是第二版多了一个长达 25 页的后记（1995：255－279），和多了一份从 8 页增加到 20 页的参考书目（ibid：299－319）。这份书目反映了本书第一版后引起广泛研究而形成的有关关联理论的成果。至于第二版的后记，作者在那里指出了关联理论的最重要的研究动向，并对原来的某些观点作出修改。这些改动大致有以下几个方面：

A. 关联原则的补充。关联原则原来只有一条，它就是：

每一种明示的交际行为都应设想为这个交际行为本身具备最佳的关联

性（ibid：158，260）。

其实，这个原则来自一个有关人类认知的更笼统的原则：

人类的认知倾向于同最大程度的关联性相吻合（ibid：260）。

于是，作者在新版中干脆开列两条关联原则，将笼统的那条算作是第一（或认知）原则，而原来提出的那条关联原则，称作第二（或交际）原则。无论新版或旧版，书内提到的关联原则主要指第二条原则，即关联的交际原则。

这个改动对关联理论本身并无新意，不过它对关联原则作出阐释，从而有助于明确关联理论与认知的关系。

B. 明确区分话语表述的意义和话语理解过程的意义。

为保证交际活动自身具备最佳关联，即保证明示交际活动中所有语言或非语言成分都有助于取得交际效果（即理解整个话语），或者有助于减少理解话语过程所付出的努力（即使话语容易理解），说话人必须让听话人获得足够的关联。为了给听话人在寻找关联、理解话语的过程中提供指引，Blakemore（1987）曾提出所谓理解过程的语义限制（semantic constraints on relevance），即通过分析某些情态指示语（mood indicators）或话语联系语（discourse connectives）揭示的施为用意（illcutionary force），对听话人在寻找关联、理解话语时所作的种种假设，在数量上加以限制，从而收窄范围，达到容易理解（Sperber & Wilson，1995：297）[①]。这种给听话人提供的理解过程指引可以增加明示交际活动的关联性，从而减少为理解而付出的努力。Blakemore 称这种指引为过程意义（procedural meaning）。本来，寻找关联要靠关联假设，增加关联假设，就可以加强任何明示交际的关联性。在关联理论中这就是明示话语的表述意义（representational meaning）。这两个意义概念在旧版的《关联性：交际与认知》中是模糊的，而在新版中，两位作者正式接受了过程意义和表述意义的差异（ibid：258，297）。

C. 话语的真假与关联性的关系。

在关联理论的框架下，客观的真假并不会影响语境假设的思辨过程，也不会影响在特定语境下得出的结论，所以“不理会（话语的）真实性并无大碍”（ibid：263）。然而，作者始终觉得，假信息不值得占有，它会减弱认知效果，话语的真实性同准确寻找关联有关。于是，在新版的《关联

① 最近更有学者提出，话语的理解过程还要考虑语法结构和其他固定的语法标记的限制。（LaPolla，Randy J.，1997 Grammaticalization as the fixing of constraints on interpretation. http：//ctspc05. cphk. hk/lapolla/gac. html.）

性：交际与认知》中，对关联性的定义作一些革新（比较1986：114，145与1995：265）：

个人关联（类别）定义：

当且仅当个人假设与他所处的某种或多种语境取得某些正面的认知效果（旧版为：是关联的），该假设才具备关联性。

个人关联（比较）定义：

扩充条件1：个人假设具备的关联性可以是：当认知处于最佳过程时，正面的认知（旧版为：语境）效果往往较大。

扩充条件2：个人假设具备的关联性可以是：获得较大正面认知（旧版为：语境）效果所付出的努力往往较小。

不过，这个改动似乎没有必要。既然是假设，就不一定强求在客观真实下假设。真话的关联性固然大于假话的关联性，但真话之所以有较强的关联，并非因为话语的确是真，而是听话人认为这些话语是真。如果听话人的理解正好符合说话人的意图，而且这意图又比较符合实际情况，话语的关联性就会加强。

D. 关联假设的修改。

根据关联的交际原则，每个明示的交际行为都应设想为这个交际行为本身具备最佳关联。但在第二版的后记中，该书作者修改了关联假设（presumption of relevance）的概念。在第一版中，寻找关联主要指最低限度的关联，即只求满足说话人的期待，只要找到关联就不再找了。但在新版中，作者认识到，一个话语的关联性可以比期待的关联要大。为了取得完满的语境效果，在寻找关联的过程中，要进一步追求较高层次的关联。于是，关于最佳关联的假设作出了如下修订：

最佳关联假设（已作修订）：

①明示刺激具备足够的关联性，值得听话人付出努力加以寻找。

②明示刺激最具关联性，因它与说话人的能力的偏爱相一致。（1995：270）

旧版的最佳关联假设是这样的：

①说话人意图向听话人表明的一组假设｛I｝具备足够的关联，能让听话人在经受明示刺激的过程中与说话人获得互明。

②明示刺激是说话人能用以交际的最具关联的刺激。（1986：158）

如果将新旧两个定义加以比较，在遇到具等级的暗含时，新的就会比旧的优越。例如：（1995：276）

（4）Some of our neighbours have pets.

（5）Not all of our neighbours have pets.

（6）The speaker doesn't know whether all her neighbours have pets.

我们知道，some 既可以表示 not all，也可以表示说话人对事件不尽明确。结合上面的例子，就是（4）通常暗含（5）和（6），但暗含是可以取消的。如果（4）加上 may be all，（6）的暗含就会被取消。这些语用现象很容易用 Grice 的合作原则或用旧版的最佳关联假设的定义加以解释。但 Grice 不能解释（4）在什么情况下暗含（5），而不是暗含（6）；而未经修订的最佳关联假设定义又无法解释 some 和 some but not all 这两者暗含的关联程度不同，后者是最强的。下面是 Sperber 和 Wilson 提供的例子（1995：277）：

（7） a. Henry：If you or some of your neighbours have pets，you shouldn't use this pesticide in your garden.

b. Mary：Thanks. We don't have pets，but some of our neighbours certainly do.

（8） a. Henry：Do all，or at least some，of your neighbours have pets?

b. Mary：Some of them do.

上面（7）b 中的 some 没有 not all 或 the speaker does not know 这样的暗含意义。Mary 的某些邻居有宠物这个事实本身已具备足够的关联，就像旧版的关联假设定义（但不是 Grice 的解释）能预见到的那样。再看（8）b，那里的 some 已具备足够的关联，因此，根据旧的关联假设定义，即使 Mary 在这个例子里已明确地暗示了 not all，Henry 都不会再进一步寻找关联了。这一来，经修订的关联假设比未修订的优越，因为它能解释大量的事实，而且比较简单，比较明确。

四、结束语

关联理论被证实是十分强有力的理论，它能解释大量有关语言理解和语言认知的问题。它就像其他的科学理论一样，有它自身的弱点，但这些弱点只能看做需要改进的起点，或者最终成为新的理论的依据。十年前，关联理论取代了 Grice 的合作原则，这是因为关联理论能够解释 Grice 理论能够解释的现象之外，还能解释 Grice 理论不能解释的现象。不过，语用学在不断发展，终有一天关联理论也会被其他更具解释力的理论所取代，但是，目前看来，这样的理论还未到来。

（原载杨忠、张绍杰主编：《语用·认知·交际》，东北师范大学出版社 1998 年版。）

非真实性话语的语用研究

一、引　言

非真实性话语或“说假”（deception，简称 DEC）是一个与伦理学有关的课题。Kant 坚决反对一切谎言，认为在任何情况下，人们都有义务讲真话。即使谎言没有对某个人造成伤害，对整个的人类还是有害处的。Grice 的合作原则中的“质准则”要求人们在交际中说真实的话，Habermas 也把真实和真实性作为交往行为中的有效要求。然而 Barnes、Nyberg、Zagorin 等人却认为政治、传媒、广告、军事、商务、金融、法律、体育、文学、学术、医疗、宗教、文化等领域所使用的语言都存在“说假”现象，而在日常生活中，DEC 作为言语行为的语用策略，出现得更加频繁。

人们从各个不同的角度关注着非真实性话语的研究，其中包括心理学、社会学以及语言学的语用学，并取得了可喜的成绩。但是以往的研究大都是静态的，非真实性信息多是引发性信息，自然语料极少。本文试图采用 Verschueren 的顺应理论，对 DEC 这种特殊的语言现象从社会和文化的认知整体作一综观，并动态地探讨它作为语用策略的应用规律。

二、文献回顾

（一）从心理学的角度看非真实性话语

心理学家是 DEC 研究的先锋，他们主要关注的是与“说假”相关的东西，试图揭露非真实性话语中言语及非言语的线索（clues）。这些学者认为，如能把言语及非言语线索找出来，人们就能把日常交际中的“说假”辨别出来。还有一些研究者热衷于对非真实性话语的检测，他们试图找出影响加强或抑制人们识别谎言能力的因素。研究发现，人们对 DEC 的辨别能力很差，原因之一是人们在检测 DEC 时的信息处理模式不同，原因之二就是受真实与非真实信息特性的影响。此外，还有四种情景因素影响着人们对 DEC 的检测，那就是情感和事实内容、策划、问话调查、关系发展的情况。

一些学者对谎言背后的动机进行了研究，从而证明某些谎言是可接受的。他们认为，有三种动机影响人们策略性地选择“说假”：手段动机

(instrumental motives)、人际动机(interpersonal motives)以及身份动机(identity motives)。另外，个人价值和以往的经历都会影响到说谎策略的选择和说谎是否成功，甚至男、女说谎的表现也各有不同。不过很少有学者会将“说假”的多侧面动机结合在一起来研究 DEC 的信息。

以往对 DEC 作过很多检测，但研究 DEC 的理论却十分匮乏。Lykken 曾提出一种所谓唤起理论(arousal theory)，Cody 等人提出过另一种认知理论(cognitive theory)。研究者们关注的大都是 DEC 线索的研究，认为 DEC 的表现是一个“非理性、难控制以及低意识的认知过程”，他们对 DEC 作为策略性交际行为这一点却没有找到理论的支持。其实，在非真实话语的交际过程中涉及的不仅有认知的因素，还有社会、文化的因素。因此，我们在分析 DEC 时有必要把这些因素都考虑进来。

(二) 从社会学的角度看非真实性话语

社会学家认为 DEC 是一种社会现象，因为学会恰当地撒谎是人类社会化进程中的一个重要特征。社会学研究表明，DEC 与社会生活的不同领域、文化的多样性、说谎人与被骗人的地位以及说谎人与被骗人之间的关系都极为密切。不同的社会生活领域对真实的期待是不同的：在战争和政治领域，谎言可以说是一种惯例，因为有无数的谎言在这些领域中产生；诸如法律、广告、历史等领域对真实的期待也较为模糊；但科学领域则非常明晰地要求真实。不同的文化反映了人们对谎言所持的态度以及“说假”的形式。Michael Gilsenan 在 1971—1972 年间对黎巴嫩贝卡山谷的一个穆斯林村庄进行了考察，发现撒谎的都是年轻人或小孩，他们说谎多是为了好玩。村子里男人们不对类似个人品行等一贯性的特征编造谎言，而是对类似社会地位、社会声望等变动性强的事件制造假话。在这样一个文化氛围当中，人们往往利用某些带标记的词语来区分真话或假话。另外社会人类学家 Juliet du Boulay 对希腊的优卑亚岛的一个村庄进行了调查。她发现该村的村民以能够为本家的事务编造出谎言而感到自豪，且认为那是一种美德。du Boulay 把她所收集的谎言分成两类：保护性谎言和攻击性谎言。不同的社会领域和文化对谎言有不同的评价，许多研究还发现说谎人和被骗人的社会地位以及他们之间的关系会影响人们对谎言的看法以及说什么样的谎言。

心理学的 DEC 研究多在实验室中进行，与此相反，社会学的研究却都是实地考察的。但是，与心理学的 DEC 研究相似的是，社会学的研究仍然缺乏理论支持，它们只是对影响 DEC 的社会因素作些静态的描述。

(三) 从语用学的角度看非真实性话语

Grice 的合作原则认为在交际中双方都要遵循四准则：质准则、量准则、关系准则和方式准则。当说话人有意地违背质准则时，他就是违背真实性准则（truthfulness）。撒谎、不说真话当然是不道德的，但人们为什么要违背质准则，Grice 却没有给予解释。显然，用合作原则无法解释自然语言中大量的 DEC 现象。McCornack 提出的信息调节理论（Information Manipulation Theory，简称 IMT）以 Grice 的合作原则为基础，关注欺骗性话语是如何违背合作原则中诸准则的，但是对准则的违背并不能作为界定欺骗性信息的充分条件。谬论也违背质准则，但它却不带有欺骗意图，而 IMT 不能对两者予以区分。Brown 和 Levinson 的面子论和 Leech 的礼貌原则被认为是对 Grice 的合作原则的补充，Leech 还说礼貌原则可以"拯救"合作原则。在一定程度上，礼貌的确可以帮助解释合作原则，但是许多的 DEC 现象，无论礼貌原则还是面子论都无法给予合理的解释。

除此之外，也有人用言语行为理论来解释说谎的现象，但是这种解释却出现悖论：Austin 提出三类言语行为，即表述性的以言指事行为，施为性的以言行事行为和成事性的以言成事行为。当说话人在说谎时，他是在实施一个以言行事行为。但 Searle 曾认为，要成功地实施以言行事行为，必须满足一定的条件，其中之一是真诚条件。如果要撒谎成功，就必须成功地实施"说谎"这个以言行事行为。但是，如果没有满足真诚条件，"说谎"作为一个以言行事行为就不能成功。因此，假如这个言语行为最终得以实现，成为以言成事行为（即撒谎成功），就说明此前的以言行事行为实施成功；但实施"说谎"这个以言行事行为是不会成功的，因为它不能满足实施这个言语行为的真诚条件——这就是悖论。要解决这个悖论，必须对言语行为理论中实施以言行事行为时必须满足真诚条件这个说法作出修正。

Sperber 和 Wilson 对 Grice 的质准则提出了质疑，他们认为言语交际是以关联为主导的，而输入信息的关联性是以信息的认知效果和信息加工处理所付出的努力来衡量的。输入信息的真实性既不是关联性的必要条件，也不是其充分条件。如果非真实性信息能获得正面认知效果，它也是有关联的。对说话人所说的话要求真实（例如在进行科学研究），从社会学的角度看那是可以接受的；但是在日常交际的随意言谈中，就不必句句真实。Sperber 和 Wilson 只是对 Grice 的质准则进行了挑战，并没有应用他们的关联理论来解释 DEC 现象。

如上所述，DEC 的使用涉及心理因素、社会因素和文化因素。心理学、社会学的研究都只是片面地反映了 DEC 现象，并且都只是作了静态的描述。而以往的语用学理论，要么无法解释 DEC 现象，要么只是部分进行了解释。DEC 需要从一个更为全面的语用学视角来寻求阐释。因此本文想尝试用 Verschueren 的语言顺应理论，对 DEC 这种特殊的语言现象从认知、社会和文化的整体出发，从多方面作出综观，动态地研究它作为语用策略的应用情况，以弥补以往研究的不足。

三、顺应理论

回顾了以往应用普通语用学理论对 DEC 所作的研究，我们发现它们都不能全面解释 DEC 的现象。Morris 从符号学的角度提出语用学研究的是语言的使用，解释符号与符号使用者之间的关系。迄今为止，基本上继承 Morris 语用观的语用学流派是 Verschueren 主张的语用综观论。它认为语用学是从认知、社会以及文化的整体出发，从多方面对语言现象作出的综观，它对人类使用语言、表达言语行为的种种现象作出综合的考察。Verschueren 的语言顺应论为语用综观提供了理论框架。

Verschueren 的语言顺应论认为语言使用过程是不断选择语言的过程，这种选择可能是有意识的或无意识的，它由语言内部（即结构）或者语言外部的原因所驱动，说话人选择的不只是形式，还有策略。语言使用者一旦使用语言，他就要不断地根据语言的三种特性（变异性、商讨性和顺应性）对语言作出选择。变异性指“语言具有一系列可供选择的可能性”；商讨性指“所有的选择都是在高度灵活的原则和策略的基础上完成的”；顺应性指“能够从可供选择的事项中作灵活的变通，从而满足交际的需要”。这三种特性互为关联，但以顺应性为主要特征，从四个方面去阐述语言的使用：语境关系顺应，结构对象顺应，动态顺应以及顺应过程的意识程度（salience）。简单地说，语言使用过程是在不同的意识程度下对语言结构与语境相关成分之间相互顺应的过程。

DEC 作为语用策略是在社交世界当中应用和实施的，它受各种各样的文化约束，涉及人们的认知过程；而顺应论又是把语言、社会、文化和认知的因素结合在一起来考虑语用问题的理论。因此，本文拟用顺应论来解释言语交际中的各种 DEC 现象。

四、定义与类型

以往的研究者从自己的研究角度出发，对 DEC 下过不同的定义，这些定义可大致归为三类：第一类的 DEC 范围较窄，如 Chisholm 和 Feehan 就认为，DEC 就是信源方有意说出他认为是错误或假的信息以欺骗目标方；Zuckerman，DePaulo 和 Rosenthal 等人则把 DEC 看做一种交际行为，信源方认为是错误的、假的东西却有意使目标方形成表面为“真”但实际是假的、错误的信念，或改变其原来的信念而转向错误的信念，从而相信假的东西。这些定义表明，研究者把DEC与谎言混为一谈。第二类的DEC则范围太宽，如Ng和Bradac就认为，DEC是交际者未能为信息接受者呈现准确的或真的信念，他的言语行为（像吹嘘等）不能准确展现出他的真实信念和意图；而McCornack则认为，DEC是说话人对Grice会话准则的隐性违背。不过，说话人违背了会话诸准则的情况很多，但不见得都有欺骗性。第三类的DEC强调对信息的调节，如Buller和Burgoon认为，DEC是说话人通过对信息的控制（比如发出假的言语或非言语信息，或作出错误的情景提示）去刻意欺骗对方，改变对方（被欺骗方）的信念或使对方（被欺骗方）将说话人的假信息误以为"真"来理解。另一学者Galasinski把DEC看做一种交际行为，通过对信息的真和假的调节去刻意让听话人产生某种特别的信念。本文借用Galasinski的定义，把DEC看做一种语用策略，说话人为了达到某种交际目标刻意地对信息的真、假进行调控，让听话人产生某种错误的信念。

语言的变异性为语言使用者提供了一系列可能作出的选择，但是言语交际不是规则主导的静态过程，而是不断商讨和顺应的过程。语言的商讨性指不是机械地或严格按照形式—功能关系来选择语言，而是在高度灵活的原则和策略的基础上完成语言的选择。为了满足不同的交际需要，人们不断选择各种策略，DEC就是其中之一，而DEC策略同言语交际的其他策略一样，也受到不同目标的驱使。这些目标一般分为两大类：①手段目标（instrumental goal），这里指以DEC作为手段；②关系目标（relational goal），这里指以DEC来维持某种关系。关系目标又可分为顾及相互关系的目标（interrelational goal）和顾及身份的目标（identity goal）。因此，DEC选择会有不同的定向，例如关系目标的可定向为"利我（self－oriented）的DEC"或"利他（other－oriented）的DEC"；手段目标的可定向为"说服性（persuasion－oriented）的DEC"、"关键时刻（critical point－oriented）的DEC"或"非自由话题（non－free topic－oriented）的DEC"等。

（一）关系目标的DEC

1. 利我的DEC

利我的DEC指说话人运用DEC来维护自我。这里的"利我"不仅指有利于说话人，而且包括对说话人有利的一方以及他们所代表的机构、集团。比如：

(1)（某次服装展销会，花样品种繁多。但柜台前，在众多顾客中竟然有一位漫不经心地对营业员说）

顾客：式样不错，老点。

（这位顾客的话在众多的其他顾客面前无疑泼了一瓢冷水。但只见营业员不慌不忙地大声回应）

营业员：这位阿姨说得对，我们设计的服装式样好，信誉第一，毕竟我们是“老店”吗，“老店”应该时时走在前面，为顾客设计出具有新潮品位的服装来。

（《演讲与口才》2001 年第 6 期）

营业员意识到那位顾客的话无疑会对她所代表的商店的销售带来不好的影响，因而有意识地对顾客的话进行调节，使事情向利于自己所服务的公司方面发展。

2. 利他的 DEC

利他的 DEC 指有利于或不至于伤害对方或他方的关系。这里的“他”指包括听话人及说话人以外可以用第三人称代词称呼的第三者。说话人选择利他的 DEC，出于使别人不失面子，不伤害别人或保护他人的利益。例如：

（2）（新中国成立后不久，市政府领导林然召集一些知识分子开座谈会，宣传共产党的经济政策，鲜于教授也在邀请之列，他对共产党的经济政策持怀疑态度，林然的讲话还没结束，他就悄然离开会议室，鲜于的朋友文华见此便尾随他出来）

文华：鲜于，你就要走啊？

鲜于：我是个教书的，对这样的说教不感兴趣。

林然：（突然出现在门口）鲜于教授要走啊？

鲜于：噢，我赶着去上课。

（电视剧《江山》）

鲜于对林然代表市政府的讲话不以为然，于是不辞而别。面对自己的朋友文华，他坦诚地告诉了原因；但对林然就不能太坦率了，为了不伤害对方，鲜于故意不讲真话，而是编造了一句谎言。

（二）手段目标的 DEC

1. 说服性的 DEC

说服性的 DEC 指作为语用策略，选择 DEC 就像是为达到不同交际结果而提出一项“任务”，比如设法赢得一场争论、说服别人遵从自己的意愿等。例如：

（3）（母子俩在饭桌上）

Mother：Come on，David. Eat it up. It’s getting late.

Son：I don’t want it！

Mother：Oh why？Carrots are good for you.

Son：I don't like things that are good for me.

Mother：Silly boy. You need carrots and **they make you see in the dark.**

（梅德明主编：《大学英语口语教程》，上海译文出版社 2002 年版）

胡萝卜富含维生素 A，对保护视力有好处，母亲想让儿子多吃胡萝卜。但儿子偏偏不爱吃这种东西，母亲为了让他多吃一点，于是就采用夸大其词的 DEC 策略，故意夸大胡萝卜的用处，以达到让儿子多吃胡萝卜的目的。

2. 关键时刻的 DEC

关键时刻的 DEC 指在关键时刻运用 DEC 作为“解困”、“摆脱”的手段。先看下面这个例子：

（4）（濮阳城，曹操与吕布战，误中陈宫之计）

……火光里（曹操）正撞见吕布挺戟跃马而来。操以手掩面，加鞭纵马竟过。吕布从后拍马赶来，将戟于操盔上一击，问曰：“曹操何在?”操反指曰：“前面骑黄马者是他。”吕布听说，弃了曹操，纵马向前追赶。

（《三国演义》第十二回）

吕布威猛无比，曹操根本不是他的对手。在关键时刻，曹操利用 DEC 救了自己一命。

3. 非自由话题的 DEC

“非自由话题”源于 Goffman 说的“自由”和“非自由”商品，以及 Lakoff 对这两个概念的解释。Goffman 的“自由商品”指那些在任何情况下任何人无需被准许就可以使用的东西。Lakoff 则进一步认为，“自由”、“非自由”商品不一定指物质，它们可以延伸为信息的概念。因此，“非自由话题”指那些例如涉及国家、军事机密的敏感话题或生活中各种忌讳性的话题。运用 DEC 作为手段就可以避免触及这类东西。例如：

（5）（毛泽东有天夜里为派谁去朝鲜战争主战之事而难以入眠，恰巧他的卫士小李子不小心把窗子弄得很响，于是他要小李子背书以示惩罚，当小李子背到“……谁敢横刀立马，惟我彭大将军”时，毛泽东忙差小李子把李银桥叫了过来）

毛泽东：你们要给小李子记一功。

李银桥：记什么啊?

毛泽东：（不便向卫士们说有关朝鲜战争的事）他背书背得好，就记个学习功吧。

（尹家民：《两岸惊涛中的毛泽东与蒋介石》，百花洲文艺出版社 2010 年版）

派谁带领中国人民志愿军支援朝鲜，毛泽东主席为此辗转反侧，他想到了彭德怀将军，但又拿不定主意，恰巧小李子背的是称颂彭德怀的诗句，这让他猛然坚定了自己选彭的信心。因小李子是提醒了他作出这个决定的人，所以功不可没，要卫士长李银桥给他记一功。由于事情涉及军事机密这个非自由话题，所以毛泽东使用上 DEC，随便找了一个借口把事情应付过去了。

五、DEC 的顺应性研究

顺应性指语言使用者能从可供选择的不同语言项目中作出灵活的选择，从而尽量满足交际的需要。在灵活多变的策略选择当中，如要选择 DEC 作为策略，它也要经历选择的商讨阶段。商讨过程的不确定性和动态性不仅受语言环境的制约，而且受非语言环境的影响。语言策略的使用必须顺应说话人和听话人双方的心理世界、社交世界和物理世界。

（一）心理世界

言语交际无疑是心理间的交流，语言的选择受到说话人和听话人的心理世界（包括他们的个性、情感、信念、愿望、动机等心理因素）的影响。话语的需要和说话人的心理世界是要相互顺应的，同样，说话人作出的语言选择还要顺应他在心理世界中对听话人的评价。这种评价应包括听话人的个性特征、情感投入、信念系统、愿望和欲望，说话人还要对听话人存在的动机和意图等因素作出判断。例如：

（6）丈夫：怎么又忘了放盐？

妻子：我喜欢清淡的面条。

这是笔者听到的一对朋友夫妇之间的对话。事后朋友妻子告诉笔者，说她确实忘了在面条里放盐，她还为自己的谎言感到惭愧。精神分析学派认为，人的行为是由人的内部力量（冲动、需要）而引发的，社会中的人群都具有某些特定的需要。Maslow 就认为，人们的需要分生理、安全、情感与归属、尊重、自我实现五个层次，语言的使用作为人的行为之一，同样要满足人们在不同层次上的需要。丈夫在别人面前责怪妻子，这对妻子来说当然是丈夫让自己的面子受损。为了维护自己的面子不受威胁，妻子会用假话加以掩饰。这里 DEC 的使用正是顺应了人们心理上渴望受尊重的需要。

（7）（美国前总统杰弗逊患有心脏病。有一天他跟朋友们玩牌时，伸手到桌子下面，捏捏自己的腿，惊讶地以为自己的腿失去知觉，马上觉得头晕、气喘，脸色苍白难看）

杰弗逊：我完了！我完了！刚才我用力捏了一下我的腿，一点知觉也没有。

在场朋友之一：总统先生，您刚才捏的是我的腿啊！

杰弗逊的确捏了一下他自己的腿，但听了这话，他惊疑地伸手再捏一下自己的腿，发觉自己的腿果然是有知觉的。瞬时，原先以为腿失去知觉的那种惊恐没有了。他的头也不晕了，气也不喘了，脸色恢复正常，什么事也没有了。

（《现代交际》1988 年第 4 期）

朋友的一句假话转移了杰弗逊的注意力，使他自己从因病而处于极度焦虑之中缓解过来，起到了很好的“药物作用”。总统的朋友选择 DEC 策略，正是考虑了他人的感受而作出顺应的结果。

（二）社交世界

语言选择与社交世界关系最密切的是社交场景或社区特有的交际规范，这些东西都是使用语言时必须遵守的。文化是社交世界中的重要成分，它在语用中起着举足轻重的作用。中国的文化受儒家思想影响较大，而儒家思想的基本核心之一是“礼”，它要求人们在待客的场合表现得热情大方，把客人视为贵宾。这样的礼仪已被大众认可而且必须遵守。下例中妻子的语言选择正是顺应了这种社交文化。

(8)（妻子回到家里时，见丈夫和老同学正谈得热乎。她顺手从柜子里拿出一盒高级的“红塔山”香烟招待客人。客人忙说：“不用了，这有了。”这时妻子才注意到客人正抽着她丈夫拿出来的普通香烟“大生产”。丈夫见妻子拿出他的高级烟，显得有些尴尬，客人也有点不自然。但妻子灵机一动，笑着对丈夫说）

妻子：“看什么，这是我收起来招待贵宾的，来，你也借光抽一支吧。”

妻子这一席圆场话令丈夫事后也夸奖道：“没想到你还有一手啊。”

（《演讲与口才》1992 年第 5 期）

人们在语用中作出的顺应，一方面需要心理上的操作，另一方面又要受到社会规范的制约。这说明人们的语言行为涉及社会心理，而社会心理是人们交际中作出语言顺应的依据。上例妻子的圆场话里运用了 DEC，正是她顺应社会心理的结果。

（三）物理世界

物理世界的诸多因素（比如时间、地点等）会影响说话人的语言选择。在很多情况下，交际双方在物理世界中所处的位置，对决定选择什么语言表达方式有着重要的意义和作用。例如：

(9) (一女中学生晚自习放学回家被一群男孩纠缠，女孩很紧张，也很害怕，但她灵机一动，对其中一个男孩说)

女中学生：原来是你呀！你爸爸前几天还来过我家哪，跟我爸一起喝的酒，喝到最后，他们俩一个劲儿地说他们单位里除了他俩，其余的都是混蛋，可好玩儿哪。

(男孩一愣，接着如梦初醒，对其他人低声喊)

男孩：哥们儿，她爸跟我家老爷子一个单位的。让开！快点给我让开路。

(《演讲与口才》2003 年第 4 期)

其实，女孩根本不知道那男孩的爸爸是谁。她深夜处于被一群男孩包围的环境中，正是靠 DEC 策略让自己脱离了危险。

通过以上的实例分析，可见说话人选择 DEC 是为了要顺应说话人或听话人的心理世界、社交世界和物理世界。但是我们不是说某个单一的语境成分就可以制约语言选择，这些成分有时是共同在起作用的，只是在不同的场合、不同的时间内，各种因素所起的主导作用不同罢了。而且这些因素不是在交际之前给定，而是交际双方在使用语言的过程中动态生成，并随交际过程的发展而不断发展和变更。

(本文与张淑玲合作，原名为“非真实性话语作为语用策略的顺应性研究”，原载《外国语》2004 年第 6 期。)

刻意曲解的语用研究

一、概 述

本文讨论的刻意曲解是语言使用者的一种语用策略。具体来讲，就是在会话交际中，语言使用者为了达到某种交际目的，有意利用某种特殊的语境和对方话语中的含糊的、不确定的表达方式，歪曲对方的话语意图，以便达到某种交际效果。这样的一种语言现象就叫做刻意曲解（deliberate misinterpretation，简写为 DMI）。例如：

（1）（处长让警察小崔去一户人家调查一些情况。小崔的同事女警江伶也在场）

小崔：处长，你得给个伴吧？

处长：就让小江和你做伴吧！

小崔一跳老高（对小江）：嘿，听见没有，做什么？①

女警江伶悄悄伸手在小崔腿上狠狠掐了一下。

（关玺华《归期》）

本例中处长的话语中的“做伴”是指小崔和江伶一起去寻找一户人家去做些调查。而小崔故意把处长的“做伴”曲解为“做伴侣”，从而达到幽默的效果，所以小崔是在刻意曲解处长的话语。

在对误解的研究中，刻意曲解和误解常常被混淆起来。实际上，这是两种本质不同的语言现象。误解是指在言语交际中听话人没有准确或全面理解说话人意义的语言现象。Yus（1999）认为，误解是指：一，听话人没能从说话人在语境的可能的解释中选取正确的解释；二，听话人没能处理那些最佳语境信息，这些信息来自社会文化环境，而非事先的意图。可见误解实际上是一种无意中的信息传递，它和刻意曲解中听话人有意误解对方话语是完全不同的。我们来看一则误解的例子：

（2）（A、B 是同一个学院的研究生。按照惯例当天下午应该有一个讲座）

A：你知道下午是谁做讲座吗？

B：是谁呀？

---

① 带有下划线的句子表明本句是对第一说话人意义的刻意曲解，以下同。

A：我不知道，所以问你呀！

B：哎哟，不好意思，我也不知道。

这个例子中的 A 是具体询问做讲座的人是谁。但是从 B 的反馈话语中可以看出，他无意中把 A 的询问以为是对方陈述事实的预示语列，所以 B 的话是误解导致的，这里不是刻意曲解。

和误解相比较，刻意曲解有以下的特性。

第一，刻意曲解是在正确理解对方话语的基础上进行的。

第二，刻意曲解强调了说话人的意向性，即说话人在充分理解对方话语基础上，故意歪曲对方的意思，是说话人对语言调控的过程。

第三，说话人以刻意曲解作为一种交际策略，达到某个交际目的。

二、研究的现状和问题

对于曲解很少有专门的研究，国内学者大多只是研究误解或歧义时顺便提及。

（一）逻辑学角度的研究

徐思益（1985）和王建华（1987）对“语境歧义”的研究不同程度地涉及刻意曲解。他们认为说写者的表达有明白、确定的语义内容，而听读者理解时受到语境因素的影响产生了歧解，包括误解、不同听读者不同的理解以及曲解。但他们把“语境歧义”与“歧解”等同起来。其实歧义是歧解的一个原因，而歧解只是理解的结果。此外，他们更没有明确区别误解和刻意曲解。王建平（1989）从逻辑学角度研究歧义句时，提到语境歧义可能造成歧解。他并没有对歧解作出明确定义，但据他说的“听读者有意利用某种特殊语境曲解说写者的话语意义，从而造成某语境的歧解”（王建平，1989：110），可以看出他的“歧解”包括了刻意曲解。

（二）修辞学角度的研究

汉语中的一些修辞格，如“设歧”、“歧义”、“曲释”、“飞白”等，都与误导、误解、曲解有关。王希杰（1993）从修辞学角度对曲解有过论述。他认为解码的结果有三个：确解、误解和曲解，而误解和曲解都是解码的偏离和失误。误解是解码人无意为之，或是被迫的，不得已的；曲解是解码人有意做的，为了某种交际目的（王希杰，1993：230）。他还指出确义句、适度多义句、双关都可能被误解或曲解。歧义句潜藏着歧解和误解的可能性，但不等同于歧解和误解。这些相关的论述有助于我们把握刻意曲解的范围，很有参考价值。

（三）语用学角度的研究

宗世海（2000）从认知语用学角度研究“误解”时，明确指出“曲解”和“误解”是两种不同的语言现象。他对于两者的界定清晰，有一定参考价值，但他的研究主要限于对误解的研究。Tzanne（2000：223）研究“误解”时提到刻意曲解，她称之为 intentional misunderstanding，并认为刻意曲解是与“面子”密切相关的语言现象，说话人可以用刻意曲解来“增面子”（enhance face）、“保面子”（save face）和“冒犯对方的面子”（attack other's face）。尽管她的研究比前人深入许多，但她还没有区分“误解”和“刻意曲解”这两个不同的概念和它们不同的运行机制。

综上所述，我们可以看出以往的研究从多个学科出发，运用多种方法对刻意曲解进行过探讨，但是还存在一些问题。首先，对于刻意曲解的界定混乱，影响了研究的深入。如把误导、误解、曲解混为一谈。其次，对于刻意曲解的论述常常是讨论误解时附带提到的，没有对它作过专门的研究，结果对刻意曲解缺乏深入理解，有许多问题还未能得到解决。

本文试图探讨下面三个问题：①刻意曲解的触发条件，即可能性是什么？②刻意曲解的运行机制，即第二说话人[①]是如何刻意曲解的？③刻意曲解的语用功能，即第二说话人为什么要将第一说话人的话刻意曲解？

三、刻意曲解的触发条件

刻意曲解的触发条件是指存在于第一说话人话语当中的那些有可能引发第二说话人进行刻意曲解的语言因素。比如话语中不确定的语言因素、松散的语言形式和逻辑关系等，这些都是由自然语言的特性决定的。刻意曲解的触发条件有二：其一，是自然语言中经济的话语信息，它使话语看似结构松散，形式复杂多变，逻辑关系不够明显。由于话语的结构形式和逻辑关系之间不够严谨，这就为第二说话人故意违反逻辑或某些规则提供了可乘之机。其二，是话语的不确定性。自然语言中的话语往往可以多解，例如汉语动词“打”就有“打铁、打鱼、打水、打柴、打人、打电话、打草稿、打主意”等十几种不同的搭配和含义。这种情况也为第二说话人提供了刻意曲解的可能。

（一）（第一说话人话语中）经济的信息量

根据 Levinson（1987：401）的会话的信息原则，说话人总是遵循着说得“尽量少”的准则（maxim of minimization），提供实现交际目的所需的最少的语言信息量。信息原则还规定听话人要遵循扩展规则（enrichment rule），即总是在扩充说话人所说话语的信息内容，找出最合适的理解，直

① 在只有两方参与的会话交际中，交际双方既是说话人，同时也是听话人。所以我们把首先开始新一话轮的交际方叫做第一说话人；把作出回应的交际方叫做第二说话人。

到认定这就是说话人的发话意图为止。正是因为第一说话人遵循说得“尽量少”的准则提供了极其经济的信息量，使得第二说话人在扩充信息时有机可乘，作出刻意曲解。例如：

(3) (Two friends are chatting in the pub.)

A：My wife doesn't appreciate me. Does yours?

B：I wouldn't know. I've never heard her mention your name.

A 遵循着说得“尽量少”的准则，用“Does yours”来询问 B 的妻子是否欣赏 B。但是由于“Does yours”是省略的用法，在上下文中既可以理解为“Does your wife appreciate you”，也可以理解为“Does your wife appreciate me”。显然 A 意图表达的是前者，而 B 故意曲解为后者，他说的“不知道，我从没听她提起你”，正是以刻意曲解来戏弄他的同伴，达到幽默的效果。再如：

(4) (在访谈节目《实话实说》中，主持人采访了演员关凌。当谈到演戏有没有影响关凌的学习成绩时，有下面的对话)

主持人 1①：十佳少先队员（指关凌）考了多少？

关　凌 1：最后考了 196。

主持人 2：八门啊？（笑声）

关　凌 2：小学升初中只考两门。

（电视节目《实话实说》，话题：演戏的孩子）

这里关凌 1 提供一个经济的信息量，她的话语不完整，没有说明是几门课程考了 196：可以理解为“八门最后考了 196 分”也可以理解为“两门最后考了 196 分”。但是关凌作为十佳少先队员不可能八门只考了 196 分的，这一点主持人也很清楚，他显然是在故意曲解关凌的话。

（二）（第一说话人话语中）话语的不确定性

除了第一说话人提供的信息量过于经济之外，其话语的不确定性也可以触发第二说话人的刻意曲解。下面我们从三个层面来看话语的不确定性是怎样触发刻意曲解的。这三个层面为：话语内容（utterance content）、语用用意（illocutionary force）和隐含意义（implicature）。

1. 话语内容

话语内容也就是话语中明说的部分。话语内容层面的刻意曲解又可以分为词语歧解和指示歧解两部分。

第一，词语歧解。

---

① 在两个以上话轮的对话中，我们用 1 来表示该话语是在第一个话轮，2 表示第二个话轮，以此类推。

话语中的多义或同音异形等现象使得特定语境下对话语出现两可的解释。第二说话人利用这一现象，在多义中选取和第一说话人要表达的词语的不同义项，从中刻意曲解第一说话人的话语来达到自己的意图。例如：

（5）有一个和尚做了几十个饼，买了一瓶蜜，在屋里吃私食。没有吃完就要出去，他把饼和蜜藏在床底下，交代徒弟："给我看好饼。床底下瓶子里头是毒药，吃了就死。"和尚出去之后，徒弟把蜜涂在饼上，大吃一顿，吃得只剩两个。和尚回来，看见蜜已经吃光，饼只剩两个，大骂徒弟："你怎么吃我的饼和蜜？"徒弟说："您出去之后，我闻见饼香，馋得熬不住，就拿来吃，又怕师父不肯饶我，就吃了瓶里的毒药寻死，没想到到现在还没死。"师父大骂："你怎么就吃掉了这么多？"徒弟把剩下的两个饼塞在嘴里，说："这么吃就吃掉了。"师父伸手要打徒弟，徒弟跑了。

（吕叔湘：《笑话里的语言学》）

这里徒弟利用了"怎么"的歧解："为什么"（why）和"怎么样"（how）来刻意曲解师父的话语意义。师父问是"为什么"，而徒弟却故意把"怎么"理解为"怎么样"，当作给师父演示怎么样吃饼，把剩下的也吃掉了。这样徒弟不但吃了东西，还通过刻意曲解装傻充愣，让师父没有办法责罚他。

第二，指示歧解。

对话语内容的刻意曲解还包括对指示语的曲解。指示语的指示意义是不确定的，所以听话人可以故意利用指示意义的不确定性，对指示语刻意曲解。例如：

（6）（一对夫妻下班回到家里，谁都不想做饭，于是就有了以下的对话）

丈夫1：做饭煮菜从谁做起呢？

妻子1：你说呢？

丈夫2：群众提了一句很好的口号，叫"从你做起"。

妻子2：错了，是"从我做起"。

丈夫3：对呀，从你做起。

妻子3：不是我，是你。

丈夫4：从你做起嘛。

妻子4：这个，你……我……我是我，你是你，从我做起是说我……你就是不想做嘛！

这里的指示语"我"和"你"有时可以泛指任何人，但更多是特指。丈夫就是故意利用指称意义的不确定性刻意曲解妻子的话语。很明显，他两次刻意曲解了妻子话语中的指示语，为的是要逃避做饭。

2. 语用用意

除了话语内容之外，第一说话人语用用意的不确定性也可以触发第二说话人的刻意曲解。语用用意指言语行为，如请求、抱怨、称赞、拒绝等。语用用意可以用直接方式表达，但大多是间接言语行为。有时，同一个话语在不同的语境下可以表达不同的语用用意，这就给第二说话人提供了刻意曲解语用用意的可能性。下面我们来看语用用意如何引发第二说话人的刻意曲解。

(7) A：这件衣服很漂亮，可惜我今天带的钱不够了。

B：<u>那就下次再买吧。</u>

一般情况下，A 的话语的语用用意是请求："请你借钱给我"。但由于 A 没有明说，所以他的语用用意实际上是不确定的，既可以看做请求，也可以看做对事实的陈述。于是 B 就刻意曲解 A 的语用意义，把请求当作了陈述。这样 B 的言外之意是"我不想借钱给你"，间接拒绝了 A 的请求。再看下面的例子：

(8) (A 和 B 去餐馆点鱼吃。侍者拿来一碟鱼，里面有两条，一大一小)

A1：请自便吧。

B1：行。(随即"自便"了那条大鱼。)

一阵沉默后。

A2：其实，如果让我先挑，我会拿小的！

B2：<u>现在你可是如愿以偿了。</u>

脱离语境来看 A2 的语用用意，可以是指责，也可以是陈述。在 B 不客气地吃掉大鱼的语境下，A 的话语用意显然是在责备 B 不该不考虑他人，吃掉了大鱼，是自私自利的行为。而 B 故意把 A 的语用用意曲解为陈述一个事实，从而逃避了指责。

3. 隐含意义

隐含意义的最大特点就是话语的表面意义与说话人所欲表达的真实的语用意义往往不吻合，说话人要表达的内容超过明说的字面意义。隐含意义表达的是说话人的隐含意图，它是听话人在说话人的明说话语中推理而得的（Sperber & Wilson,1986，1995）。正因为那是隐含意义，就给第二说话人提供了刻意曲解的空间。例如：

(9) (After dating for some month,the girl wants the boy to make a proposal for marriage. But the boy does not want to marry at present.)

Girl：Darling,I want to dance like this forever.

Boy：Don't you ever want to improve?

女孩很想和男孩结婚，但由于害羞不便直接要求男孩娶她，于是就通过话语的隐含意义来表达自己的愿望，让男方去推断她的话语意图。女孩的“真想永远这样跳下去”隐含“真想永远和你在一起”、“想和你结婚”等意思。男孩是能够推断出女孩的含意的，但由于他还不想马上确定关系，给予承诺，他就选用了刻意曲解的策略，避免直接的回绝，令双方难堪。

下面我们来看第二说话人刻意曲解的方式，即刻意曲解的运行机制。

四、刻意曲解的运行机制

（一）有意违反同一律

同一律是思维逻辑的基本规律之一，它是客观事物质的规定性在人脑中的反映。它要求人们在同一思维过程中始终保持思想自身的同一，反映在使用概念和判断方面，必须保持同一，不能任意变换、转移（王建平，1989：167）。在运用概念进行判断，运用判断进行推理时，人们使用的概念、判断也不能随便转移。但是在自然会话当中，交际者常常会有意违反同一律以达到特定的目的。刻意曲解就是对同一律的有意的违反。

1. 故意混淆同一词语所表达的不同概念

一个词语可以表达不同的概念。有时，交际者为了达到交际目的，故意混淆或随意加以解释，混淆了事物之间的界限，违反了同一律。如：

（10）（餐馆老板A和歌星B是患难朋友。A为了吸引客人，在餐馆搞了一项活动：凡是就餐满一定数量的人可以得到B演唱会的优惠券。B得知后半认真地对A说）

B：好啊，你卖了我！

A：哎哟，可别这么说啊。你这么大个人，我怎么敢贩卖人口啊？

（电视剧《外来媳妇本地郎》）

在口头交际中，“卖”可以表达两个不同的概念：出卖（betray）和贩卖（sell for money）。B的“卖”指的是“出卖”，而A故意把它和“贩卖”混淆起来，蒙混过关，令B啼笑皆非。

2. 故意曲解词语的约定俗成意义

同一律的逻辑要求同时具有约定俗成意义的词语一旦表达某种意义，就要始终如一地使用这个意义，而不能随意变换，将直义和约定俗成的意义相互混淆。人们在交际中运用的词语，除了作为直义来理解之外，也可作为转义或按其约定俗成的意义来理解，但运用时总是遵循着同一律。如果为了达到某种特定的交际效果，有意地违反同一概念的同一律，就会造成故意曲解。如：

（11）（刘三姐与代表财主一方的秀才对歌一决胜负）

秀　才：刘三姐，谁跟你讲天讲地？我们要讲眼前。

刘三姐：讲眼前——眼前眉毛几多根？问你脸皮有多厚？问你鼻梁有几斤？

（歌剧《刘三姐》）

秀才所说的“讲眼前”指“讲当前的事情”。但“眼前”也可理解为“眼睛前面”，比如“眼前是一片绿油油的麦田”。刘三姐这里显然是故意把秀才的“眼前”加以曲解，从而嘲讽了这个助纣为虐的酸秀才。

3. 故意转移话题重点

在判断方面违反了同一律，会犯混淆判断、转移论题的逻辑错误。在日常交际中，说话人为了达到一定的交际目的，会故意在判断方面违反同一律，颠倒主次，故意转移强调的话题。例如：

（12）（有个学生总是抄袭别人的作业，特别是作文。这次被老师一眼识破）

老师：你的作文，真是绝妙文章，惊人之笔，和咱们班某个同学的作文完全一样。

学生：老师，他的作文也像我那样有惊人之笔？

老师的“和其他同学完全一样”指学生的作文是抄袭的。而学生却故意把话题重点转移到“惊人之笔”上来，想要逃避老师的责备。

4. 故意偷换话题

在判断方面违反了同一律，还会犯偷换话题的逻辑错误，但是这也是说话人故意的。与转移重点不同的是偷换话题的内容是第一说话人的话语里没有提到的，是第二说话人的借意发挥：

（13）（赤壁大战前，诸葛亮出使东吴，在还没见到孙权之前，先舌战群儒，有这样一段对话）

问：天有姓乎？

答：有。

问：何姓？

答：姓刘。

问：何谓也？

答：天子姓刘，故天姓刘。

（《三国演义》第八十六回）

本来群儒问的是“天的姓氏”，诸葛亮把论题转移到“天子的姓氏”。

“天子”本指皇帝，但诸葛亮把它偷换成字面意义“天的儿子”，从而得出了“因为天的儿子（天子）姓刘，所以天有姓氏，是刘姓”的结论。这显然是违反了同一律的。然而，不这样违反，诸葛亮就不能对付群儒的刁难。诸葛亮当然明白“天子”和“天的儿子”不是一回事，“天子姓刘”和“老天爷的姓氏”也不是一回事。但他作出这种违反同一律的表述，反而更表现出他的聪明和机智。

由以上的分析我们可以看到刻意曲解是对同一律的违反，但语用不是因为符合逻辑才有效，而是因为它有效才符合逻辑（Edmonson,1981）。所以刻意曲解作为语言策略是完全符合会话的逻辑的。

（二）脱离或改变语境

第二说话人还可以通过脱离或改变现存语境来刻意曲解第一说话人的意图。言语交际总是在一定的语境中进行的，我们要确定某句话的意图意义，往往要结合特定的语言环境。第一说话人说出的话语在特定语境中的意义，可能会被第二说话人脱离或改变现存语境而刻意曲解，得出与第一说话人意图表达完全不同的意义。

（14）现在进家门好一会了，张秋珍的怒气还没有消。“高家老屋人，莫非你不晓得么？”张秋珍顾不得煮饭，坐在凳子上数说起来，“他的老汉就不消说了嘛，高新他本人又像个啥子？”“<u>像个人，像个中国人。</u>”丽芬接过话，但说得很温和。“跟你说正经的，不要嬉皮笑脸。常言说，‘不听老人言，必走西天路’。”

（曾宪国：《嘉陵江边一条街》，重庆出版社 1988 年版）

在张秋珍怒气冲冲地数落丽芬这个语境下，她说的“高新他本人又像个啥子？”无疑是一个反问，否定高新，说他“这个人不怎么样”。而丽芬则抛开现存语境，用一句“像个人，像个中国人”来报以温和的顶撞，结果令张责怪起丽芬“嬉皮笑脸”。

另外，有的语句在不同的语境中有不同的意义。第二说话人在刻意曲解时，往往会通过故意改变话语的特定语境来歪曲对方的意图。比如：

（15）（某医科大学临床医学系的学生进行儿科考试）

老师出题：“简述母乳喂养的优点。”

某学生答：“<u>便于携带。</u>”

如果从日常生活的语境来说，“便于携带”算作“母乳喂养婴儿的优点”也是说得通的；但是在医学系儿科考试这个特定的语境中，学生不从母乳的营养特点、免疫功能等方面去论述，而是故意逃避现存的语境，胡乱以“便于携带”作答，显然是在掩饰自己的知识储备不足。

五、刻意曲解的语用功能

语言使用者在作出语言选择时，总会自觉或不自觉地根据语境和交际目的的需要选择、协商和调整语言策略（Verschueren，1999）。刻意曲解，作为交际者常用的一种语用策略，就是交际者根据特定的交际需求所选择的语言策略。我们下面来看交际者是如何有意识地精心使用曲解这个语用策略来达到自身目的，实施特定的语用功能的。

（一）制造幽默效果

在朋友、熟人间，恰当的刻意曲解可以制造出幽默的效果。看一个例子：

（16）（A asks his friend B about the reason for his visit to Chicago.）

A：What brought you from Finley to Chicago?

B：A plane.

A 问朋友 B“what brought you to Chicago”（是什么把你带到芝加哥）是在问他“为什么来芝加哥”。B 和他的朋友逗趣，从字面意义上解释朋友的话，制造出幽默的效果。

（二）抵御侮辱、维护面子

有时面对无理的诘难侮辱，第二说话人的面子受到了威胁，这时使用刻意曲解可以维护自己面子。

（17）A：你以为你是什么人？

B：明摆的嘛，中国人呀！你呢？难道你不是啊？

A 的反意疑问句显然是对 B 面子的威胁。“你以为你是什么人”的意思是“其实你没什么了不起的，算不上什么”。面对这样的刁难，B 刻意曲解了 A 的问话用意，既维护了自己的面子，又把对方置于尴尬之中。

（三）打破僵局、建立和谐的人际关系

在陌生人之间，当一方不愿合作，交际陷入僵局时，刻意曲解可以打破僵局，有利于建立和谐的人际关系。

（18）我没话找话地问她：“是村长叫你来烧炕的吧？”“不知道。”她没有抬头，口气有点严肃。“你贵姓？”“不知道。”“你姓‘不知道’？哈！”这回她没有回答，“扑哧”地笑了一声，又赶紧忍住了。

（秦兆阳：《往事散记》）

本例中的“她”显然有些不合作，对“我”提的问题一概回答“不知道”，交际无法进行。这时“我”用刻意曲解策略，把“她”的“不知道”曲解为对问题“你贵姓”的回答，结果对方忍不住笑了。这样他们之

间的僵局被打破，和谐的人际关系亦随之建立起来。

（四）调和冲突

面对冲突，刻意曲解又是一种调和冲突的语言策略。如：

（19）"Is social equality permitted here? Boy," shouted the lady to a man showing people to their seats, "this is social equality."

"No, madam, this is Beathoven's music."

（W. E. B. Du Bois，*On being crazy*）

白人妇女的问话"你们这里搞社会平等吗?"显然是不满意黑人也可以坐在她旁边听音乐。引座员既不能帮着黑人指责这个在搞种族歧视的妇女，也要顾及这个妇女的面子。于是他选用了刻意曲解的策略，把白人妇女的"this is social equality"曲解为她是在说现在上演的剧目。用"不，这是贝多芬音乐会"来表示这是个音乐会，与社会平等无关。

（五）摆脱困境、避免不利后果

当直接回答会引起不利于自己的后果时，用刻意曲解这一策略，可以摆脱困境，避免不必要的麻烦。

（20）（柴君在单位作业务报告，报告结束后，同事自由提问）

同事：像你这样才华横溢的人，华宁公司不适合你，你准备什么时候走?

柴君：作完报告就走，当然明天还来上班。

（《演讲与口才》1997年第2期）

同事所说的"走"是指"跳槽，离开本公司"。但在正式的工作会议上，柴君不可能随便流露出脱离公司的想法，但是他也不能指责同事的提问。所以他把同事的"走"刻意曲解成只表示"离开、回家"，从而摆脱了困境。

六、刻意曲解的负面影响

前面提到的刻意曲解的语用功能，我们强调的是其积极的方面，它的使用使得语言更加生动活泼、丰富多彩。但是任何事情都有一个"度"的问题，一旦超过了某个"度"的限制，事情往往就会从积极走向消极。刻意曲解也是如此。如果任意地、过度地使用这一语言策略，而且不考虑应用时的技巧和制约条件，往往会产生一些负面效果。当语言使用者滥用刻意曲解策略来达到一些庸俗的、哗众取宠的目的时，就会产生消极的影响，对语言造成污染和损害。

中国古代的"文字狱"除了一些"莫须有"的内容之外，还会利用恶意的刻意曲解，使之成为一种作恶手段。再如有些新闻媒体为了某种目的，违背职业道德，恶意曲解原始信息，制造一些耸人听闻的新闻：

（21）某主教听说到纽约后，很可能被报界拖入预设的陷阱，所以格外小心。在机场上，有位记者一见面就问他："你想上夜总会吗？"主教想支开这个问题，就笑着反问道："纽约有夜总会吗？"

没想到，第二天纽约各大报纸报道的大标题竟是："主教走下飞机的第一个问题：'纽约有夜总会吗？'"

这位主教的反问在当时的语境下是正常的，但是不怀好意的记者们却将它从特定的语境中单独抽取出来，把它变成了耸人听闻的"新闻"。这样哗众取宠的刻意曲解会被认为是别有用心的，所以刻意曲解应该受到社会语用等各方面的制约，避免出现负面的社会影响。

（与申智奇合作，原载《外语教学与研究》2004年第3期。）

模因论与社会语用

20世纪的分子生物学（molecular biology）和信息科学相结合的最瞩目成果，就是基因（gene）的发现。基因被定义为传递生物信息的单位。这引发了人们认识观念上的两个转变：一是生物体内存在装载信息的实体；二是注意力开始从达尔文以来的物种之间的进化转向从基因的角度看待物种进化。物种只是基因传承繁衍的工具，在生存竞争中获胜的都是能够大量复制自身的“自私”基因。然而世界如此恢宏，包罗万象，这一切显然不能只是基因这一种复制因子的功力，特别是建立在人类经验知识基础之上的文化，不论是从历史发展的历时角度，还是从各区域民族的共时角度来看，都曾出现过诸多一脉相承的相似现象，比如说，语言、宗教、传统风俗等，这些都是另外一种复制因子存在的有利证据。这种与基因相似而又不同的复制因子，我们称之为模因（meme）[①]。模因指的是通过模仿进行自我复制的任何实体。模仿是人类的一种重要天性。模仿理论的奠基者Gabriel Tarde（Marsden,2000）于1890年出版了一本书，名为*The Laws of Imitation*。在这本书中，他阐述了自己的观点，认定整个人类历史就是一部模仿的历史，是模仿使某一个人的发明灵感得以成为大家共有的财富。Tarde的一句名言就是：“Society is imitation.”

一、模因的由来

1976年，牛津大学动物学家Richard Dawkins在其畅销著作*The Selfish Gene*（《自私的基因》）[②] 的最后一章首次提出文化传递的单位——模因。作者的这本书主要探讨基因如何通过自我复制以及相互竞争促进了生物的进化；在描述基因作为复制因子的特征的基础上，大胆构想了存在人类社会文化传递的复制因子——模因。“模因”的原词meme在拼写上模仿了基因的原词gene，词源上它来自希腊语词mimeme（模仿）；现在，几本主要

---

① 模因是meme［miːm］的英译。目前在我国的出版物中对此术语的英译曾出现过“拟子”、“觅母”、“谜米”、“仿因”。我们考察了meme的理论成因，并在此基础上结合该术语与“基因”的关系及其近似的发音，最后决定译为“模因”。

② 该书于1989年由牛津大学出版社再版。至今，它已有13种语言的译本。我国的汉译本已于2001年作为“支点丛书”之一由吉林人民出版社出版。

的英语辞典都正式收录了这个词，保留着源语 mimeme 的根义。牛津英语词典对 meme 的解释是：An element of culture that may be considered to be passed on by non - genetic means, esp., imitation（文化的基本单位，通过非遗传的方式、特别是模仿而得到传播）。美国韦氏辞典释义为：An idea, behavior, style, or usage that spreads from person to person within a culture（在文化领域内人与人之间相互散播开来的思想、行为、格调或习惯）。也有学者把 meme 定义为个人记忆中的信息单位，它能够从一个人的记忆中复制到另外一个人的记忆中去。通俗地说，它像是一种大脑的病毒（virus of the mind）（Brodie, 1996; Dennett, 1990; Lynch, 1998）。

模因这个概念一经产生，就引起了各学科的广泛关注。著名心理学家 Dennett（1995）就认为人的大脑就是由很多模因构成的。模因之间也有相互竞争，并通过自然或人为的选择促进进化。1998 年 8 月在比利时召开的第十五届国际控制论会议上，专门组织了一个为期三天的模因论研讨会。来自教育学、社会科学、管理学、神学、临床化学的专家讨论了模因的研究现状以及作为独立学科的可能性。大会达成的一致意见有三条：一是发展模因理论时，不要将模因的定义限定过窄；二是模因学作为一个学科，它的创立既要有社会科学的研究方法，也要有建模或者模拟方面的技术；三是提议建立模因分类学。

总的说来，模因定义的形成经历了两个阶段：前期模因被看做文化遗传单位或者模仿单位，模因的类型在生活中有曲调旋律、想法思潮、时髦用语、时尚服饰、搭屋建房、器具制造等模式（Dawkins, 1976：206）。“一座教堂的建筑、仪式、规则、音乐、艺术、书写方式都是相互协作传播的模因集合。”（ibid：212）至于后期，模因作为大脑里的信息单位，是存在于大脑中的一个复制因子，而在现实世界里，模因的表现型是词语、音乐、图像、服饰格调，甚至手势或脸部表情。（Dawkins, 1982：109）

二、模因研究的不同观点

赞成模因学的学者们在研究中主要形成了以下几个流派。

（一）信息观

这一派以 Lynch 和 Dennett 为代表，把模因看做一种信息图式（information pattern）。Dennett（1990，1995）认为模因载体既存在于头脑中，也体现为物体本身。比如，车轮是一个模因，它本身可以作为仿照的样本，或者它落在一个造车轮的木匠那里，这个木匠就可以按照自己头脑中的车轮形象制造车轮。对模因的这种解释已经不同于 Dawkins 在 *The Selfish Gene*（1976）中所下的定义，Dawkins 认为模因只存在于人的头脑之中。

Lynch（1991）声称要建立非隐喻性的模因学，也就是说，他要用实证手段寻找模因在人大脑中的生物现实基础（biological reality）。他认为，模因是储存在大脑神经中的记忆信息元件，但是不等同于神经学中的记忆单元（mnemon），模因是记忆复制的单位。他的基本思路是：如果说两个人想法一致，这种一致性并不是面面俱到的、具体的一致，而是说这两种想法具有某种相似的实质。这个实质就是想法的复制。人们把这些类似想法连同最初的想法，在大脑中按抽象的归纳方式归入相同的集合中来。因此，在他看来，模因或许能解释大脑的这种抽象思维特征。

Lynch 针对模因信息无法量化研究这一观点，提出可以用集合来说明简单模因如何构成模因复合体。比如"惩恶扬善"这个人类道德观念可能以以下几种模因形式储存在不同人的大脑中：

模因 A：凡是邪恶的就该被消灭。

模因 B：邪不胜正。

模因 C：人人有权捍卫自由。

模因 D：以牙还牙，以眼还眼。

我们虽然不能说模因 A 比模因 B 的信息量大，但是却可以说模因 AB 复合体（即集合 A 与集合 B 的并集）的信息量比模因 A 大。由此可推测，模因复合体（meme－complex）可能发挥的作用也比简单模因强烈。

不同模因之间会相互竞争，而相似模因之间却有协调推广宣传的作用，从而有可能形成较大的模因复合体。我们试以美伊海湾战争为例来说明模因复合体的威力。美国总统布什在"9·11"事件之后的一系列公开演讲中，抛出了不少模因，例如①：

模因 E：Either you are with us, or you are with the terrorists.

模因 F：America was targeted for attack because we're the brightest beacon for *freedom* and opportunity.

模因 G：There can be *no peace* in a world of sudden *terror*.

模因 H：On September the 11th, enemies of freedom committed an act of *war* against our country.

模因 I：Today, our nation saw *evil*, the very worst of human nature.

这里的模因 I 用宗教色彩浓郁的"evil"给"9·11"恐怖袭击定了性，而模因 H 给那次恐怖袭击冠上了战争之名，模因 G 把"terror"和"no peace"联系在一起，更是为了突出恐怖活动是对美国开战，和模因 H

---

① 布什的言论均转引自 Sandra Silberstein（2002：18－28）. *War of Words*, London：Routledge，引文中的斜体着重部分为笔者所加。

相呼应。模因F则是说恐怖袭击破坏了美国人民最为崇尚的生活方式——自由。布什的这些模因加到美国人民头脑中存在的“惩恶扬善”这个人类道德模因之中，就形成了模因复合体。复合体中的这些模因在相互宣传、协调之下，让多数美国人最终接受了模因E，空前团结地支持布什发起的对伊战争。而一些美国知识分子及某些社会团体倡导的“blame America first”模因，却没能和“惩恶扬善”人类道德模因结合起来形成复合体，他们的反战呼声最终只能作为简单模因，发挥着有限的影响力。

（二）思想传染观

这一派以Gatherer（1998，2001）为代表，他反对将模因看成是储存于大脑神经中的信息单位，而坚持模因论在出现初期所下的模因定义，即：模因是文化遗传单位或者模仿单位。他也反对把模因与其宿主分离的做法，反对将模因看做寄居在大脑中的信息病毒，坚持每个模因都应该是一种可以直接观察到的文化现象。这类文化现象可以是具体的，比如人的行为、人工制品，也可以是抽象的，比如指令、规则、制度、社会实践。

持思想传染观的这一派否认模因具有生物现实基础，因此反对套用遗传学的方式来解释文化的演变。他们认为生物科学已经证明基因在生物体中有对应的实体，即基因序列，但是持信息观的一派却不能证明模因在人的大脑中也有对应的实体（Gatherer,2001：§2.1）。Gatherer比较了用这两种观点来解释温莎领结打法①的传播现象之后，认为信息观模因论无法分辨出什么时候信念（belief）被复制了。（2001：§2.3 & §2.4）

这一派的学科目的是要将模因理论发展成建立在观察和量化基础上的文化传播理论，从而有别于社会学和社会心理学的文化理论。

（三）文化进化观

这一派把模因看做连接生物进化和文化进化的桥梁，认为模因既有生物基础，也有文化表象。他们强调文化和生物进化相似，将文化看成是可以进化的一个系统。

进化体系形成必备的四要素	生物进化	文化进化
信息模式	基因编码的DNA	模因
产生变异的方式	突变和重组	变形、合并、分裂、 传递过程中的误差

① 温莎领结（Windsor knot），指爱德华温莎公爵（Edward,Duke of Windsor）结领带的方式：在衬衣领上将领带连绕数圈成为一个大三角形。此后仿效的人们认定此为温莎领结。

（续上表）

进化体系形成必备的四要素	生物进化	文化进化
选择适应性变异的规则	自然选择	自然或人为选择
复制和传递选择后的变异方式	基因型①	表现型②

代表这一派的 Gabora（1997a，1997b）就认为模因是基因之外的第二种进化方式，它不仅能从社会角度探讨文化产物及概念的流变，而且能解释个体的大脑里的表象是如何产生、储存、组织和表达的。具有生物特征的模因得以传播，说明生物能对文化进化产生影响；反过来，文化对生物行为的影响，也说明它可以改变物种的适应性。我们可以设想，对一个原始人来说，如果他的大脑里存在一个用兽皮裹住身体御寒的模因，那么他在冰天雪地中的生存机会，比起大脑中缺少这一模因的原始人要大得多。这种模因的文化进化综合观可以推进社会科学和认知科学的研究，并可以与生物进化交织在一起（事实上，大脑的形成和发展就不应被简单地看成是生物进化的结果），作为社会科学和认知科学相结合的潜在理论框架。

文化进化观的研究目的是，模因论应该用以解决人们的现实经验如何变成人们头脑中的模因，如何因此而得以丰富和取得发展。

（四）模因符号观

对模因的研究持符号观的学者主要从人类学角度出发，希望解决模因研究在生物基础上遭遇到的困难。模因符号观的代表是美国波士顿大学生物人类学教授 Deacon。

Deacon（1999）把模因当做一种符号，或者确切说，是一种符号载体。把模因论引入符号学，是因为模因这个概念有助于解决以往符号学理论中无法解释的难题。符号学者们一直不能满意地说明符号是如何从文化中产生、演变并不断获得丰富内涵的这一动态过程。模因论如果缺少了符号学观点，就会显出其不足：虽然模因可以看做像基因一样的信息单位，但它却没有 DNA 序列那样的图式。如果把语言符号看成是模因，那么模因不但有了能被复制的物质外形，而且也具备了通过物质外形的复制而使信息得以传递的功能。

---

①② 基因型和表现型（genotype and phenotype）是丹麦遗传学家 Johnson（约翰森）在 1911 年提出的两个遗传学方面的术语。基因型是产生表现型的内因，而表现型是基因型和环境共同作用的结果。基因型可以遗传，而表现型无法遗传。相同的基因型在不同的环境中会出现不同的表现型。Dawkins 在根据基因创造模因这个名称时，也同样借用了“表现型”这个说法，作为模因在社会中的实体。

Deacon（1999）还阐述了符号学和模因论相结合的可能性：

首先，符号学认为思想的交流就是说话人和听话人的头脑中建立起了某种暗含的象似性（iconism）。这一观点和模因论主张的思想复制类似。

其次，符号学认为符号存在从象似符（icon）到指示符（index）再到象征符（symbol）的进化过程。符号和符号之间或许也存在像模因那样的复制竞争，竞争获胜的符号得以保留并流传下去。

最后，模因复制虽然像个自动机（automaton），但是也不能忽略模因系统的内在影响（systemic embeddedness），类似于符号必然受制于符号之间的句法关系一样。

三、反对模因论的意见以及模因论支持者的回应

虽然大部分学者都承认模因论对揭示文化形成的奥秘有不可低估的作用，但是对该理论的具体操作却提出一些疑问，如模因在传递过程中的保真度问题，以及如何识别模因和模因的表现型。因为模因与模因的表现型之间的区别并不明显，远不如遗传学中基因型及其表现型之间的区别。这就是说，人们难以分辨模因在现实中的实体，也就无法确定模因的分析单位。

反对意见里较有代表性的是关联理论的作者之一 Sperber。他在一篇反对模因文化进化观的文章（2000）中指出：首先，模因作为文化传播理论来说，并不新颖，因为人类学者早就提出文化是以非基因的方式传播的。其次，他怀疑 Dawkins 的观点，认为文化并非由模因复制。在 Sperber 看来，文化产物是不断生产出来的，文化产物之间具有按先后顺序出现的因果关系，比方说，人类社会最初使用石器，然后出现陶器、青铜器、铁器。每个特定时期，都会出现具有该时期特色的文化产物。这些都不能算作复制，因为复制品之间有时候是无法判断先后出现顺序的。再则，文化传递过程中的相对稳定性也不一定能作为复制的证据。Sperber 认为复制必须同时满足三个标准：

（1）B 是由于 A 而产生。

（2）B 在某些方面与 A 相似。

（3）B 必须继承 A 的某些能体现它们之间有关联的特点。

Dawkins 在其著作 *The Extended Phenotype*（《扩展的表现型》）（1982）以及他为 Blackmore 的 *The Meme Machine*（《模因机器》）（1999）一书撰写的序言中都对模因复制保真度的问题给予了说明。他举了一个人们对演示进行模仿的例子，说明观众能够通过自我纠正推导出演示行为中的隐含指令，从而保证了模仿的保真度。比如，一名英国儿童向一名日本儿童学习

如何制作一种玩具。他们彼此之间语言不通。英国儿童只能通过仔细观察才能获得制作的指令信息。这时我们可以设想，如果日本儿童不小心把锤子砸在手指上，那么这个明显的错误是不会被英国儿童模仿的。在整个学习过程中，英国儿童不会对日本儿童的一举一动都加以复制，而是推导出制作的指令信息，并对该信息进行复制。他进一步举例说，如果找来二十个儿童，首先向第一个儿童演示如何折叠中国式平底船，在他学会之后，就让他用同样的演示方式去教第二个小朋友，如此传递下去。最后会有二十只平底船，有的折得漂亮，有的难看，但都基本维持了平底船的模样。其中那些动手能力差的儿童所犯的明显错误，并不会被下一个手巧的儿童模仿。这二十只复制品和第一个儿童折叠的平底船之间的关系，完全能满足 Sperber 提出的三条复制标准。而那些折叠得漂亮或者难看的复制品，就是平底船这个模因的二十种不同的表现型。Dawkins 因而坚持认为，模因复制的保真度是相当高的，语言、宗教、传统风俗之中的代代相传、延续的准基因遗传特征（quasi - genetic inheritance）都说明了模因传递的保真度（Dawkins,1982：Ⅻ）。

但是 Sperber 认为这个过程根本不是具有自我纠正的复制过程，而是对演示者意图的识别过程。当观众看到演示者将一张白纸的四个角向中心折叠时，观众只是假定演示者瞄准的是中心，并把最后出现的形状假定为自己熟悉的某个规则形状的非理想状态，而不会是不熟悉的某个非规则形状的理想状态。他强调指令信息无法模仿，而只能推导。特别是当演示过程不是由动作而是由语言传递时，就涉及复杂的语言解码和意图推测的过程。此外，他进一步说明，在不同文化领域里，模因发挥作用的程度是不一样的，比如，学跳踢踏舞比学走路更看重模仿，学习诗歌也比学习哲学更看重模仿。他承认自然选择在文化进化之中的重要性，但是反对文化的产生是模因起作用的结果。

最近，对模因理论的兴趣掀起了一次新高潮。这个高潮的标志是1999年1月牛津大学出版社出版了 Blackmore 的一本关于模因论的力作 *The Meme Machine*（《模因机器》）[①]。Blackmore 在书中总结了这十几年来模因论的发展，揭示了模因概念的新内涵，给模因研究注入了新活力。她的贡献体现在三个方面。首先，她将模因的概念放宽，综合了各类研究的成果，主张用模因表示任何形式的信息复制，既可以表示思想，也可以表示容纳该思想的具体的大脑结构，或者这种大脑结构产生的行为，也可以涉及书籍、菜谱、地图、乐谱之类物品体现出来的复制现象，所有这些信息

① 该书的中译本名为《谜米机器》，高申春、吴友军、许波译，吉林人民出版社2001年版。

都可以用模因来表示。Blackmore 的模因论，除了以生物进化论和因子复制论作基础之外，还设想模因具有流变的物质外形，可观察到其行为和产物。其次，她具体提出了模因的两种复制和传递方式，即对结果复制的传递和对指令复制的传递。这在很大程度上消除了人们对模因传递保真度的质疑。最后，她用模因论来解释宗教、大脑、语言、利他、自我等现象，其中不乏精彩的论说。比如，Blackmore 提出基因和模因相结合的文化进化观点，认为模因的传播受到基因自然选择的制约，模因是基因的“奴隶”，它的繁荣是为了帮助基因的增生。再如，Blackmore 用模因的观点解释“自我”（self）的形成也很精彩。她指出，性别平等这个观念本来是很抽象的，但是它一旦和“自我”这个模因联系起来，就形成“我相信性别平等”。这样，原来的“性别平等”这个抽象观念如今变得具体而且有分量了，因为“我”会起来捍卫这个观念，“我”会同朋友进行争论，“我”会表达“我”的意见，甚至“我”会为“我”的性别平等观点而上街游行。这样一来，很多简单的抽象观点，和语言中的“我”相结合，其表达形式就成为“我相信”、“我希望”、“我想”，原本存在于文化思想领域中的抽象观念，在“我”的大脑中复制，成为一个模因。而这类模因相互集结，形成了“自我”这个强大的模因复合体。

模因论除了出现上述这些新发展之外，目前又出现有关模因的实证研究。苏塞克斯大学的 Marsden（2001）做了一项模因的实验研究，调查“自杀”是否会像模因那样传染。参加实验的自愿者被分成两组，阅读同样的一份有关一位大学生产生了心理压力的文章，然后判断这位学生是否会自杀。两组受试不同之处是，一个实验组被告知这是有关学生自杀的调查，而另一个实验组则被告知这是一项有关学生压力的调查。实验的结果是，在事先被灌输了自杀概念的实验组里，受试判定该学生自杀的可能性比另一实验组里的受试所作的判断要高出很多。有关模因的量化研究目前更多的是集中在模因基因混合进化的模式研究上。剑桥大学动物系的 Kendal 和 Laland（2000）为模因进化建立了可行的数学模型。

四、语言中的模因现象

综合以上所述，我们可以得出有关模因论的几点认识：

（1）模因以模仿为基础；

（2）模因是信息传递的单位；

（3）模因会像病毒那样到处传染；

（4）模因和基因一起，相辅相成，成为进化的驱动力。

自从模因论出现以来，人们已经不限于只讨论模因论的定义。有很多学者开始用模因论来解释社会文化领域的各种现象，比如，精神病病因、同性恋的社会禁忌、建筑中的现代主义风格、科学生态学等（Preti & Miotto,1997;Gatherer,2001;Salingaros & Mikiten,2002;Blute, 2002），但是语言学界却对模因论没什么反响。我们认为，语言既是文化传播的主要载体，也是一种显著的文化现象，模因论在语言研究中大有用武之地，它在语言的社会演化和语言交际中所起的作用更值得我们注意。

（一）语言模因中的仿制

语言的生物属性是乔姆斯基语言观带给语言学界的新认识，他认为人的语言知识是由大脑中的某种机制决定，而这种机制是人与生俱来的，并在人的一代与一代之间遗传。语言成为人和动物之间的种属差别之一，被视作人的本能（Pinker,1994）。乔姆斯基的这种语言观可以说假定了语言起源的基因属性，在此基础之上，有些语言学者做了不少有关语法基因（grammar gene）的研究（Gopnik,1990；Bishop,1996）。在语言演化过程中，他肯定了后天经验的重要作用，但是他只是提到语言环境的“触发效果”（triggering effect）和“成型效果”（shaping effect），并没有具体说明语言知识是怎样丰富成熟起来的。

乔姆斯基的理论强调了人的语言创造性，但是他没有说明这种创造性在最后形成规范的社会语言体系之中起了什么作用。个体创造的新词是通过什么样的方式成为群体使用的词汇呢？Kripke（Davis,1991：91）在分析了语言中存在说话人指称（speaker reference）和语义指称（semantic reference）的区别之后，认为这种区分不仅有助于分清语义含糊，而且有可能在此基础上构建语言的历时演化理论。这种从说话人指称到语义指称的过程，是个体词语社会化的过程，只能表现为一种进化。问题是在这个过程中什么样的力量在起作用？是模因。模因的信息传递并不像基因那样求数字化的精确，它只求模仿。不过模仿得再像，也始终是赝品，偏差是必然的。每种新的语言表达方式都存在被模仿的可能（语言中的模仿和语言形式分不开，为了将语言的模仿与行为的模仿区别开来，我们下面特意将语言的模仿称为语言的仿制①），在汉语中我们就能发现大量和仿制有关的现象。虽然这些仿制现象有的出现在短语层次，有的在句子层次，有的甚至在篇章层次，但是我们不按照结构语言学的语法单位将它们归类，而是从仿制方式上分类。汉语中的仿制大致有以下几种：

（1）引用：直接引用，不做任何改动，相当于直接引语。各类文章出

① 最早研究模仿的学者 Thorndike 只根据行为的模仿给模仿下了这样的定义：“learning to do an act from seeing it done”，转引自 S. Blackmore，1998。

现的引文，以及日常交谈引用的名人名言，或者听话人重复说话人的话都属于这类仿制。比如，朱镕基前总理在当年的任职演说中，复制了三国蜀汉丞相诸葛亮的“鞠躬尽瘁，死而后已”来表达自己也会像那位古代丞相一样尽忠国事。

（2）移植：形式上没有变化，但是使用的语境变了，成为换喻。很多词语在使用时意义发生了变化，这都是移植的结果。比如，现代汉语中无人不知道空气的意思，但是宋朝苏东坡在《龙虎铅汞论》里说的“仍以空气送至丹田”，则指道教的元气。又如，网络语言中的“青蛙”和“恐龙”分别指相貌不佳的男女。

（3）嫁接：结构没有变化，但其中的关键词语变成了同音异义词，这是一种情况。比如广告中的伪成语“一明（鸣）惊人”（眼药广告）、“有痔（恃）无恐”（治痔疮的药物广告）等。另一种情况是形式意义都没有变化，但嫁接于不同地方导致产生不同的联想。如某百货商店挂出的招牌“难以抗拒的诱惑”。还有一种情况是在结构形式不变的情况下内容完全作了改变，由另外的词语所取代。这在网页的某些搞笑版面中最常见。比如，有人按照学习律诗对仗的启蒙课本的形式，旧瓶装新酒般杜撰一些朗朗上口的“顺口溜”，使人忍俊不禁：“天对地，虚对实，鼠标对水泥。泡沫对干粉，昏招对臭棋。月皎皎，日迟迟，上火对着急。踏穿铁鞋底，磨破钢嘴皮。拉来投资，写字楼上成一统；做成网站，交易所里蒙四夷。”

（4）词语变形：复制了发音，但是字形改变，和嫁接不同的是变形词语的意义最终还是要回溯到原来词语表达的意义。比如，网络语言中的斑竹（版主——网页版面的主持人）、DD（弟弟）、JJ（姐姐）、7456（气死我了）、8147（不要生气）等。

汉语在体裁上的模因复制现象更多。诗词歌赋、杂曲散文、骈文八股，在历朝历代的文人作品中，都可以见到相似的影子。甚至汉字的发展也和复制现象密切相关，复杂的字形中有简单字体的重构。这一切都说明仿制对于汉字、汉语、汉语文化的形成和发展发挥着重要的作用。一般说来，用模因论这种进化论观点解释个体词语的社会化过程，也能说明为什么有的个体词语最终消失了，而没有成为大众词汇，因为这些词语模因存在激烈竞争，显然更利于复制的模因获胜了。我们可以从术语翻译名称的淘汰与保留说起。对术语的翻译通常采用两种复制方式，一是直接对声音拷贝，另一种是对意思拷贝。因此，一个外来术语往往有好几个翻译名称，经过竞争选择，有的译名渐渐被人淡忘。有人就曾利用模因论研究各种化学术语译名之间激烈的生存竞争（Blackmore，1999：185）。不仅翻译术语如此，汉语的韵律形式也在承受考验。现在能做像样律诗的文人已不多见，更鲜有善填辞赋的人。不过，另一方面，产生于唐代、不拘泥于平仄韵律的民俗“打油诗”却不断地得到复制翻新，尤其在当今网络时代更为流行，很多街传巷议的话都是以顺口溜的形式流传着。

（二）交际中的“感染”

Blackmore 在 *The Meme Machine*（1999）中提到一个有趣的问题：为什么在地球各物种之中，只有人才使用语言？我们设想有两个新出生的婴儿，如果一个在狼群中长大，与狼为伍，他不讲话一点不奇怪；但是另一个在人类社会中的孩子竟然也是不会说话，（在没有自闭症的前提下）那就让人太奇怪了。说话的一个很重要的功能是交际，维持自我和他人的关系。大家聚在一起，不说话的情况简直不可想象，而且避免沉默也成了交谈原则，比如，大部分美国中产阶级人士在交谈中奉行“No gap, no overlap”原则。一旦交谈中出现冷场，其中一个人就开始讲一些无关紧要的事情来填补这段空白（Fasold, 1993：40）。闲聊几乎是人人都会的消闲方式，这也是语言的功能之一。此外，人们就算不开口，他们身边也充满语言的媒介，比如电视、电话、报纸、信件、传真、互联网等。在这些滔滔不绝的言辞之中，有没有模因的作用呢？

我们认为，交际中除提及交际所指事物或表明交际意图之外，还存在信息和语言的“感染”现象（模因的表现型）。在互联网上，我们能观察到模因信息的感染和复制。信息感染的典型是连环信（chained letter）。这种电子邮件依靠两种方式进行传染，一种是令人兴奋的，许给某人某种幸运（比如邮件末尾说，如果你将这个邮件转发给若干人，多少天后，你就会看到或遇上什么奇迹）；另一种是令人沮丧不安的，发出某些虚假、威胁的信息（比如我们就曾经收过谣传某名牌汽水毒死人、某感冒药会导致白血病等一类虚假邮件；最近还收到过按另外一种方式“感染”的电子邮件：邮件的附件是一份药方，说是为防治“非典型性肺炎”的，药方最后特别叮嘱：为了怕口传走样，请一定以文字为据，因为剂量多少，性命攸关，云云。这样，收读邮件的人就会相信该处方，并原封不动地将邮件的信息进一步向外传递、扩散）。互联网给模因创造了大量构成信息感染的条件，比如，任何和图文有关的软件都提供了复制的方便。电子信箱中设置了“转发”键。很多网站的网页底部都有一个诸如“将此页发给你的朋友”或“请添入你朋友的邮件地址”的小设置以方便人们复制。还有各种各样诱使浏览者下载的内容，如学术文献、电影、音乐、手机铃声、短信、笑话、图片等。

除了信息感染，交际之中还存在语言感染。语言本身的讹传也是典型的模因感染。某年春节晚会上有一个小品《英雄的母亲》，导演替小品中的母亲编了一段英雄小时候救人的故事，台词中提到“司马光砸缸”，可是扮演母亲的那位演员老把这句台词说成“司马缸砸光”，于是导演就一遍一遍地给予纠正，结果连导演自己竟然也说成“司马缸砸光”了！我们可以设想，语言中的模因就像寄生虫找到宿主一样的传染，人们的言语交际特性为这种传染打开了方便之门。如果人们的言语交际是严格的编码和解码过程，那么只要没有干扰而且双方使用的代码（code）一致，就能保证信息传递的真实性。不过人们已经认识到言语交际还含有推理（Grice, 2002），而且推理对成功的交际还很重要，因为推理形成语境假设，推理才能找到最佳关联（Sperber & Wilson, 2001）。事实上，这些交际推理研究都假定了听话人和说话人的语义知识以及话语权力相等。现在的问题是，如果说话人的话语里出现了新词语时，情形会怎样呢？其实，不管听话人态度如何，这个新词语都会占用他的“注意力资源”（attention resource）。他或者追问新词语的意思，或者根据语境自行推导，或者按照字面意义或望文生义地作出猜测。一般说来，听话人不大可能拒绝接受这类词语。美国加州大学的 Gabora 在一篇论文（A Day in the Life of a Meme，发表于 *Philosophica* 杂志）中就假设了一个新词的诞生和传播情况：有一位女大学生叫 Memela，被一个叫 Tony 的男生欺负了，她很生气，就对她的好朋友们说了这样一句话：“Tony *Testosteroni* made a pass at me.” Memela 故意将 testosterone（睾丸素）一词的发音稍做修改，杜撰一个类似意大利人的姓氏来作为 Tony 的姓氏（Tony 原来就是一个意大利名字），从而创造了一个新词来讽刺 Tony 对别人非礼（make a pass at sb.）的行为。此后，Tony Testosteroni 这个新创的姓名连同它代表的流氓行为也就一起传播出去了。我国在 20 世纪 60 年代发生的“文化大革命”期间出现了很多不寻常的说法和语言表达方式，例如大字报上的“砸烂某某的狗头”、“最最最坏的……”和“最最最红的……”；又如，在那个年代出生的婴儿几乎千篇一律地取名为“卫东”、“卫红”、“学兵”、“反修”等；再如，那时不论在什么场合（包括饮食起居的场合）说话，或在写什么文章（包括撰写学术著作），总要牵强附会地引用几段领袖语录。这些现象都是模因引致的语言感染。

今天，互联网上的语言感染现象也屡见不鲜。所谓网络语言[①]，其形成多亏了模因之力。网络语言的特色词语有属于我们前面提到的第（4）

---

① 网络语言有广义和狭义之分。广义网络语言泛指一切和网络技术或与网络使用有关的专业词语，比如软件、登录、浏览器、网民、网吧、网虫、黑客。狭义网络语言则专指网民在网聊或论坛上使用的一些表现为网络字符和网络数字的语言（海中，2001）。我们这里指的是后者。

类语言仿制——“词语变形”的，即对语言正规词语的声音进行拷贝。从中文发音拷贝过来的如菌男（俊男的反语——丑男）、霉女（美女的反语——丑女）、水饺（睡觉）、斑竹（版主）、DD（弟弟）、JJ（姐姐）。从英文发音拷贝过来的如烘培鸡（homepage——主页）、猫（modem——调制解调器）、伊妹儿（email——电子邮件）。或者用数字模拟汉字发音，比如94（就是）、7456（气死我了）、8147（不要生气）、1314520（一生一世我爱你）、770（亲亲你）、886（拜拜喽 = 再见）。此外，也有属于第（2）类语言仿制现象——“移植”的。比如青蛙（丑男，来自“癞蛤蟆想吃天鹅肉”）、恐龙（丑女，以电影《侏罗纪公园》中难看的动物作比喻）、公鸡（公家的计算机）、偶像（呕吐对象）、天才（天生的蠢材）。互联网的语言模因特色还不只是这种通过复制创造新词语，而且每一次的个人创新将通过仿制方式传递。模仿者们不仅借用别人的仿制成品，而且还仿制他人的创意。比如新华网论坛2002年3月28日的一个帖子，标题是：“《大腕》经典对白又出爆笑姐妹篇！”作者“丑男”作了如下说明：“李成儒的这段独白出人意料地成为《大腕》中最出彩的一段……于是一夜之间网上便冒出了N个模仿版……”如果我们比较一下原台词和它那林林总总的模仿版，我们就能体会到模因的模仿、复制和传递过程（原帖过长，为省篇幅，这里只录帖子的原台词及其中三个模仿版的前10行供比较）：

《大腕》经典对白原台词

一定得选最好的黄金地段// 雇法国设计师// 建就得建最高档次的公寓// 电梯直接入户// 户型最小也得四百平米// 什么宽带呀，光缆呀，卫星呀// 能给他接的全给他接上// 楼上边有花园（儿），楼里边有游泳池// 楼子里站一个英国管家// 戴假发，特绅士的那种……

模因现象之一：《大腕》之泡妞版

一定得选最漂亮的女孩// 特有气质的那种// 泡就泡最骄傲最矜持的女孩// 情书直接送到她手中// 字数最少也得比资本论多八九倍// 什么雀巢啊，德芙啊，梦特娇啊// 能送的都给她送过去// 早上递热牛奶，晚上奉鲜橙汁// 包里还藏着一枝玫瑰// 带着水滴，特精神的那种……

模因现象之二：《大腕》之泼硫酸版

一定得是动物园嗅觉最灵敏的畜生// 还得是珍贵野兽// 害就来最厉害的手段// 直接用硫酸// 让黑熊痛苦起来感觉特惨// 什么黑熊呀，马熊呀，氢氧化钠呀// 能来的全给这些动物来一遍// 目标事先筛选，行动干净利索// 在动物园先看好撤退路线// 特职业，特麻溜的那种……

模因现象之三：《大腕》之春节联欢晚会版

一定要选最弱智的人来当导演// 最好是个白痴// 排就要排一出特折腾人的晚会// 信号直接入户// 整人怎么也得整四个小时// 什么姜球球啊，小朱啊，老倪啊// 能整死观众的都给他请来// 观众席里有托儿，耳麦里有提示// 舞台中间来一水池// 有喷泉，特唬人的那种……

这种相互仿制的现象在网络上举不胜举。互联网在中国初具规模还不到几年，网络语言却已经发展到对于不常上网的人来说如读天书。中央电视台《对话》栏目宣读了一位小学生写的作文（李军，2002），内容如下：

昨天晚上，我的GG（哥哥）带着他的“恐龙”GF（丑陋的女朋友）到我家吃饭，饭桌上，GG的GF一个劲向我妈妈PMP（拍马屁），酱紫（这样子）真是好BT（变态），7456（气死我了），我只吃了几口饭，就到QQ上“打铁”（发帖子）去了。

尽管这是出自小学生的“杰作”，人们仍会将这类网络语言和黑话联系在一起的。2001年3至4月，新浪网聊天室网友们讨论了如何看待网络语言，有383人参与讨论，其中支持网络语言荣登大雅之堂的占67.10%，要求制止网络语言泛滥的占14.36%，中立态度的占18.54%。从数据上看，尽管网民并不认识网络语言中的模因现象，但它在他们心目中的地位还是相当稳固的，国家新闻出版署对报纸、杂志、电视等媒体的语言使用都有相应的规范，但是目前对网络语言尚无什么法规，2001年起施行的《中华人民共和国国家通用语言文字法》也没有提及网络语言。

五、结束语

1866年，巴黎语言协会禁止讨论语言的起源问题。在相当长的一段时间里，语言学家们都遵守了这个禁令，直到乔姆斯基的普遍语法观和生成语法论出现，世界上所有的语言就被设想为具备了同一个最初状态。乔姆斯基的语言理论极大地推动了语言研究，但是也一直在受到挑战。在语言演变上与之相对立的理论是语法化学说。语法化学说认为，语言演变是在日常生活的语言使用中发生的，它和人们的语用推理方式以及语言认知习惯有关。

模因论为语言演变引入了信息复制的观点。在模因作用下，新词语得到复制，创造新词语的创意也同样得到复制，从而形成了人和语言的互动模式，因此可以说，语言中的模因具有某些符号特性，但它又是超符号的。

模因论也为言语交际的研究提供了新思路，特别是对研究网络交际时代的言语行为特征会有所启发。以往的言语交际理论侧重于研究会话中的言语理解和言语策略，而忽视了言语交际中的动态特点，特别是忽视了新词语在交际中所起的模因复制与传播作用。目的论（teleology）将语法化的动因归于说话人和听话人的交谈策略和交际目的，但是这种学说是失败的，其中主要原因之一是找不到语言中的证据。

模因论提出的语言感染和信息感染，或许能增加人们对词语语法功能转变的认识。被模因传染的词语个体数量达到一定程度，就会导致语言对社会交际产生正面或负面的影响。语言中模因的力量一旦得到认识，就需要有相应的语言政策和语言规划来引导，从外部来抑制恶意模因的自我复制，从而创造良好的语言环境。

（与何雪林合作，原载《现代外语》2003年第4期。）

语言中的模因

一、模因论与模因

模因论（memetics）是基于达尔文进化论的观点解释文化进化规律的一种新理论。它从历时和共时的视角对事物之间的普遍联系以及文化具有传承性这种本质特征的进化规律进行诠释。模因论中最核心的术语是模因（meme）。该术语是由理查德·道金斯（Richard Dawkins）在其1976年所著的《自私的基因》（*The Selfish Gene*）中首次提到的。它是基于基因（gene）一词仿造而来的。meme源自希腊语，意为“被模仿的东西”。将meme这个术语翻译为“模因”正是它的内涵所在。“模”即是“模仿”，“因”即是“基因”。

模因是一个文化信息单位，那些不断得到复制和传播的语言、文化习俗、观念或社会行为等都属于模因。根据道金斯（Dawkins，1976）的观点，模因是一个复制品（replicator），是一个文化进化单位。人们的观念可以以与生物进化相类似的方式进化。有些观念比另外一些观念更具生存力；观念可以因误解而产生变异；两种观念可以重组而产生新的观念，这种新的观念带有原来的母观念中的某些因子（elements）。由于模因是一个非常抽象的概念，因此，模因论对于模因的描述很多时候均采用隐喻的方式。比如，在模因论中，模因往往被描述为“病毒”（viruses），它可以感染（infect）其他人的大脑，或者传染到其他人的大脑中，而一个人一旦被这种“病毒”所感染，它们就会寄生（parasitize）在他的头脑中，在往后的岁月里，这个人又会将这种“病毒”传播给其他人或者他的下一代。这种病毒会改变被传染者的行为，并同时引导他们着力去宣扬这种行为模式。比如说，对某种事物，如标语口号、时髦用语、音乐旋律、创造发明、流行时尚等，只要有谁带头，人们就会自觉不自觉地跟着模仿起来，并传播开去，成为“人云亦云”、“人为我为”的模因现象。我们说模因是思维病毒，因它从一个宿主过渡到另一个宿主，不断变化着形态，但始终保持其固有的模式。我们无法指出模因是什么，但当我们看到某种现象出现并得到传播时，我们能够认出那是模因作用所导致的。

模因定义的形成分两阶段：前期被认为是文化模仿单位，其表现型为曲调旋律、想法思潮、时髦用语、时尚服饰、搭屋建房、器具制造等模式；后期的模因可看做大脑里的信息单位，是存在于大脑中的一个复制因子。在现实世界里，模因的表现型是词语、音乐、图像、服饰格调，甚至手势或脸部表情。模因只是一些思想，它本身没有明确的目标或意图，就像基因只是一种化学物质，并没有接管整个世界的计划一样。它们的共同点是，基因和模因都来自复制，而且将不断地被复制。当某种思想或某种信息模式出现，在它引致别人去复制它或别人对它重复传播之前，它还不算是模因。只有当这种思想或信息模式得以传播、仿制才具有模因性。总而言之，任何一个信息，只要它能够通过广义上称为“模仿”的过程而被“复制”，它就可以称为模因了（Blackmore,1999：66）。

模因有正确和错误之分，有益和有害之分。但总的说来模因常常是利多于弊的。有害模因要传播开来，它必须是强大的，要强大到足以支配人们的欲望、制造出恐惧和产生出企图。有害的模因表现为社会不良现象的传播，如色情、暴力、怪诞发式等。这些有害模因的波及面要比类似吃粤菜或西餐那样的模因波及面要大得多。有一些模因，如某种信念、行为，可能是中性的，无所谓好坏；它们的存在是因为它们本身就是一种模因，在人群中得到广泛传播。一些不具备判断价值的事物竟然被认为具有某种价值而得到传播和保留（如封建、迷信、盲目崇拜），那可是人类普遍存在的一个弱点。既然模因有一些是流传的想法或盲目传播开来的信息，所以它不一定是必须真实的。模因的真实性与模因传播的成功与否这两者之间并无关系。社会上真真假假的传言，有是事实的，也有不足为据的谣传，这正好说明模因的这种传播特性。

模因与模因之间会相互支持，集结在一起形成一种关系密切的模因集合，这就是模因复合体。模因的表现可以是单个的模因，也可以是模因复合体，大脑里的信息内容直接得到复制和传播的是模因的基因型，而信息的形式被赋予不同内容而得到横向扩散和传播的，则是无数的模因表现型。下面我们试从语言表现方面谈谈这些问题。

二、语言模因的复制和传播

模因作为文化基因，靠复制、传播而生存，语言是它的载体之一。模因有利于语言的发展，而模因本身则靠语言得以复制和传播，可见模因与语言之间有着极其密切的关系。从模因论的角度看，语言模因揭示了话语流传和语言传播的规律。自然语言中的模因是从三个方面体现的：教育和知识传授、语言本身的运用、通过信息的交际和交流。

（一）教育和知识传授使模因得以复制和传播

道金斯最初说过（Dawkins,1982：109），模因是存储于人脑中的信息单位。后来他更进一步表明（Dawkins,1986：158），模因自我复制的途径是从一个人的大脑复制到另一个人的大脑；从人的大脑复制到书本，又从书本传播到人的大脑，再从人的大脑传播到电脑，又从一台电脑复制到另一台电脑…… 由此可见，存储于大脑中的信息是模因，而通过各种传递方式传播出去的信息也是模因；语言中的模因就是在教育和知识传授过程中表现出来的：我们从别人那里学来的单词、语句以及它们所表达的信息在交际中又复制、传播给另外的人。当这些信息在不断地复制、传播的时候，模因也就形成了。

教育和知识传播来自学校和社会，例如从学校和书本中学会的成语、隐喻，在人们日常交往中得到反复的复制和传播，这正是模因的表现；而人们学会了某些新词语或者经历了新词语所代表的事物之后，这些词语在语用中得到复制和传播也会形成模因。2003 年年初开始出现的一种非典型性肺炎，因其传染性强、病死率高，引起社会的极大关注，这种传染病就被简单复制为“非典”或英语的“SARS”，这种说法在人们交往中广泛传播，成了一个语言模因，专指这次具有某些特定病征的非典型肺炎。再如英语的“clone”，意为无性繁殖，当人们学会“clone”所表达的意义，并将它译为“克隆”，在汉语语用中出现之后，它便成为一种模因现象被不断地复制和传播，最终还收进了《现代汉语规范词典》。人们不但从首先听到的“克隆羊”学会复制为“克隆文”（指抄袭）、“克隆片”（指翻拍或续拍旧的影片），而且还见到“克隆”在语言中不断被复制而形成的有趣的模因现象：

（1）……1979 年 1 月在《湖南文学》发表《秋夜》的小说，从构思、人物、语言、情节均与 1990 年《莽原》发表的小说《遍地萤火》绝对的“克隆”！（《广州日报》97/04/13，第四版）

（2）尽管很多影评都大肆抨击重拍或续集的电影，都说一集不如一集。但好莱坞似乎不管那么多……疯狂克隆以往大受欢迎的各类型经典电影。（《广州日报》99/04/03，C1）

（3）无良书商猛盗版　克隆两万本字典（《广州日报》99/04/13，A3）

人们一旦将学来的新词语或外来词语引进自己的语言中就能满足交际、交流的需要，那些新的语言模因就会被广泛接纳和复制。

（二）语言本身的运用促成模因的复制和传播

人们将存在于大脑中的信息模因在语用中不断重复、增减、变换、传递，或从一组旧的模因集合重组成新的模因集合，使语言的单个模因或模因复合体在使用的过程中此消彼长，通过各种媒体不断地复制和传播。例如，“保姆”在《现代汉语词典》（汉英双语 2002 年增补本）里释义为“受雇为人照管儿童或为人从事家务劳动的妇女”。这个词在日常语言中也会改称为“阿姨”，在幼儿园工作的还会称呼为“保育员”、“老师”，在别人家里从事家务劳动的，除了称呼“保姆”、“阿姨”之外，如今更尊称为“家政服务员”。但不管怎样称呼，从事这类职业的大多是妇女这一点似乎是一个不变的模因。当我们在语用中提及保姆、阿姨、幼儿园老师、家政服务员的时候，我们大脑中的储存的信息自然是女士。可是曾几何时，我们在报章中惊奇地发现这样的标题和报道：

（4）“男阿姨”从大学来

“幼儿园阿姨”这个固定词组，近两年已被一群五大三粗的须眉汉改写了，他们还以男性的刚阳气质和高层次的文化素质而赢得了幼教“女儿国”里大人小孩的认同。（《广州日报》97/01/12，第一版）

（5）“男阿姨”，抱负不凡的一族

……何老师是毕业于广州华南师范大学物理系的本科生，担任过中专物理老师，一个偶然的机会下来到了这间幼儿园……胡老师是江西师范大学数学系的本科毕业生，在当地中学教了几年电脑后南来发展，1995 年成为“男阿姨”……（同上，第二版）

（6）京城有人观念新 下岗男工干家政

在崇文区工会组织的家政服务员行列里，我忽然发现了一个男子汉的身影。他高高的、壮壮的，瞧上去憨厚老实。难道，他也去干家政？当男保姆？他回头冲我笑笑：“怎么，不相信呀？大老爷们，不就是觉得寒碜吗？把寒碜丢了，就什么都行了……”（《北京日报·京华周末》98/05/22，第五版）

上面各例中的“男阿姨”、“男保姆”正是语言本身运用而促成的新模因，它经过重新组合，成为新的模因变体，在人们言谈交际中不断地复制和传播着。一个鲜明的对比是，我们也见到这样的报章标题：“北京幼儿园雇女保安，精通擒拿格斗又温柔可爱”（《广州日报》04/11/07，A4）。同幼儿园“阿姨”相反，幼儿园“保安”在人们心目中似乎都是男的；如今“女保安”出现了，说不定什么时候就会听到幼儿园小朋友说“保安阿姨”的，可是，大概不会出现“女保安叔叔”吧，那样的模因必然是一个复制能力很弱的，即使偶尔出现也会很快消失。

（三）通过交际和交流而形成的语言模因

这里说的是根据语境即兴而发，随后得到广泛复制和流传的信息，这类语言模因也有可能在跨语言和跨文化的交流中出现。一种语言模因可以通过交际和交流而在另一种语言中传播，这种现象大多从国际商务和文化往来开始。这类跨语言、跨文化的模因传播到异族中去，其广泛程度对不同民族，甚至对同一民族不同地区的人们都有所不同。外来的语言模因一旦成为本民族语言的词汇和结构，相互间往往会出现一个为抗拒或接受而互斗的局面。例如，汉、英语码转换和混用，这个模因在当今中国社会的某个阶层中也许是乐意受用的，但这种现象还不一定能得到普遍的接受。下面是见诸报章报道的“散装英语”：

（7）Hi，你好呀！This morning 我们对你的 case 进行了 discuss，我们发现，这件事情不 make sense。所以我们不得不遗憾地告诉你：与这件事相关的所有 project 都将被 cancel 掉。（《广州日报》04/02/20，B14）

记者引述说这类“散装英语”的一位自称 Lisa（丽莎）的白领人士的话（注意：中国人给自己起个洋名也是当今社会在年轻人中间广为流行的模因现象）：这“并不是我自己愿意这样（说话）的，但我们平时接触的英文资料太多了，在外企要升职上位，就要努力让自己习惯用英文进行思维，时间长了，在中国同事之间就会用这样一种方式交流……”其实，记者们也何尝不在自己的新闻报道中冒出一些英汉夹杂的东西！我们在《广州日报》里就常常见到有些记者不喜欢用汉语现成的“…对…”而爱用英语的“versus”，以“…vs…”来表示；不喜欢说“不”，而爱用英语的“NO”。例如出现这样的大字标题：“氧吧，深圳说 NO”（《广州日报》97/04/12，第九版）。这种不伦不类的说法并不可取，把“NO”改为“不”字不是更好吗？可见，语码混用这类还称不上是健康的模因现象在人们自觉或不自觉的语言交流中形成、复制并传播着。

此外，同一语言在不同地域会因人们的语言习惯和对语言的态度不同而对某些语言模因表现出抗拒或接受，这对模因本身来说，就是它们是否得以实现自我复制和生存的过程。香港地区的粤方言有“质素”的说法，但在标准汉语中只说“素质”、“质量”，同样操粤方言的广州地区人士也只使用“素质”、“质量”。但在珠三角的局部地区却受到香港的影响，也流行着“质素”的说法，既指素质，又指质量；再如，我国内地常说的“有可能”、“会”等中性的情态词语，但在香港地区却几乎完全被一般表示褒义的“有机会”所取代。于是就有“你有机会死去”、“你有机会倒霉”、“你有机会迟到”、“你有机会受伤”等与具有贬义的词语搭配，从而形成只在那个地区流行的一个特殊的语言模因，听起来让人感到别扭：

（8）当你想进升降机（电梯）时升降机门正在关闭，你通常会怎样做？机电署的调查显示，百分之二十一受访者选择用手或物件阻

止门关上，百分之五更会尽快冲入升降机，但市民采用这些方法，有机会被升降机门夹伤。（香港《明报》00/12/23）

人们对“充电”的形象意义大多理解为补充知识，有再学习、再提高之意。但香港地区的方言里却常将“充电”理解为紧张、劳累过后为使身心、精神得到休整和恢复的行为（如旅游、户外活动等）。尽管这两个意义都被收进《现代汉语规范词典》，但作为模因现象，两个意义各自流行的地区和使用的频率都不是一样的。最近，表示再学习、接受再培训的模因在广东又出现了新的变体：“补脑”。

（9）面对五花八门的培训，不知该如何选择：广州过半白领盲目“补脑”。（《广州日报》04/12/22，“求学指南”第9页）

另一方面，“埋单”是广东方言，它与后来才流行的“买单”意思不同，两者不宜混用。[①] 但模因的作用使这两个说法双双进了《现代汉语规范词典》，被人们随意互用，在语义上甚至有扩大为“负责”的倾向。下面是这两种说法在同一张报纸、同一天刊出的不同新闻中同时出现：

（10）第三者责任险：无过错责任谁买单？（《广州日报》04/10/01，A22）

（11）未核实存款人身份证明42万元被冒领……冒领存款谁来埋单？（《广州日报》04/10/01，A7）

人们在交流中不知不觉地复制、传播的语言模因，有一些有较强的生命力，得以广泛流行，而另一些也许只是即兴出现，昙花一现之后就消失，逐渐地甚至很快地就被人们遗忘。汉语中的“空姐”指空中小姐，民航客机上的年轻女服务员。尽管现在的民航客机也有男性服务员，但“空男”一类的说法还没有成为模因被复制和传播。不过有意思的是，人们竟然从空姐的年龄差异上区分出“空姐”和“空嫂”，从而以“×嫂”作为一种模因现象广为传播。这个模因经过不断复制和传递，组成新的模因复合体，形成新的集合：“空嫂”之后出现了“护嫂”（医院内专为家属护理病人的中年“陪护”，多为下岗女工）、“芭嫂”（以练习芭蕾舞纤体健身的中老年女学员）、“呼嫂”（电信部门聘用的中年女话务员，流行于无线电信传呼业务兴旺时期）。

人们在言语交际和交流过程中形成的类似上述的模因还有据“酒吧”复制出来的“×吧”。其中与原意稍为近似、与“喝”有关的营业性场所就有“啤酒吧”、“洋酒吧”（但没有“白酒吧”）、“水吧”、“咖啡吧”、“茶吧”（带西式风味的小茶馆）、“鲜果吧”（供应鲜榨果汁的地方）、“书

---

① “埋单”还是“买单”？（《咬文嚼字》，2004年第11期，第36~42页）

吧”（提供饮料和图书供阅览的场所）、“网吧”（提供饮料和使用互联网供娱乐或查询信息的场所）、“露吧”（休憩喝饮料的露天的地方）。此外还复制出一些营业的与“喝”无关的“吧”，例如提供自我制作工艺、劳作以自娱的场所：“陶吧”、“瓷吧”、“玻璃吧”、“布吧”（纺线、织布、蜡染）、“影吧”、“泥人吧”、“首饰吧”（出售宝石及金银首饰）、“水车吧”（踩水车及体验农村生活）；提供从事文体康乐活动服务的营业性场所：“乒乓吧”、“钢琴吧”、“健身吧”、“剑击吧”、“猎人吧”（模拟打猎）、“电脑吧”；提供艺术观赏的便利服务的营业性场所：“名画吧”、“漫画吧”、“奇石吧”、“歌剧吧”；提供社交聚会服务的场所：“自助吧”（吃自助餐的地方）、“新潮吧”、“怀旧吧”、“球迷吧”、“炒股吧”（买卖股票的地方）；参与现场制作或品尝食品的地方：“巧克力吧”（现做现卖各色各样巧克力的地方）、“冰淇淋吧”、“西菜吧”、“氧吧”（提供吸氧服务的营业点）。这个语言模因的复制、传播能力较强。以“吧”开头的时尚词语（新的模因复合体）也在传播的过程中应运而生：从“（做）吧女”（在上述营业场所的女服务员）到“（演）吧戏”（在上述营业场所表演文娱节目），应有尽有。

其他一些流行的语言模因还有“板块”，最初它是一个地质学术语，指地质板块构造论。但近年来这个模因就像“病毒”一样到处传播：炒股票的人热衷于选购某种“板块”，例如将各种商业股说是“商业板块”，将科网股称作“科网板块”，其实那只是指股票的类别罢了；房地产的促销商也凑热闹，让“板块”走进了他们的行业，他们到处宣传自己经营的商住楼地处某个“板块”。在广州，建筑在一条叫“华南快速干线”的高速路附近的商住楼被称为“华南板块”，新机场附近的商业区及楼房叫“新机场板块”，在南湖风景区一带的叫“南湖板块”，沿珠江两岸矗立的商品楼宇则曰“望江板块”。“板块”作为一种模因正在不断地被复制，最近甚至看到IT（信息技术，information technology）行业也受到了“板块”的感染。电视台、互联网网页就将他们的节目或栏目叫“学英语板块”、“学电脑板块”，还有“新闻板块”、“交通板块”、“手机板块”，意思分别指学英语、学电脑，阅览新闻、交通、手机信息的栏目或版面，“板块”的说法在那些栏目和版面里其实完全是多余的。

上述模因有一些已具有较强的生命力，它们作为规范词语被收进了《现代汉语规范词典》，但另一些模因就不一定能得到广泛的流行和传播，它们到底有多强的生命力还有待观察。模因的存亡取决于它的语用功能。当词语作为模因得到广泛的应用，在交际中发挥着积极的作用时，这些模因就变得强大，并能融入这种语言中，不断地进行复制和传播，反之，随着环境的变化，一些活跃不起来的模因就会逐渐消失，被人们遗忘。

三、语言模因复制和传播的方式

布莱克摩尔（Blackmore,1999：58）曾说过，我们还不能详细地了解模因是如何被储存和传递的，但我们已掌握足够的线索，知道如何着手这方面的研究。模因的复制不是说词语的原件与复制件从内容到形式都完全一致。语言模因在复制、传播的过程中往往与不同的语境相结合，出现新的集合，组成新的模因复合体。从模因论的角度观察，语言模因的复制和传播有基因型的"内容相同形式各异"和表现型的"形式相同内容各异"两种方式。

（一）内容相同形式各异——模因基因型传播

我们说过，思想或信息模式一旦得到传播和仿制就具有模因性。表达同一信息的模因在复制和传播过程的表现形式可能一样，也可能不一样，但其内容却始终同一。同一信息可以先后在不同的语境中以不同的形式传递。布莱克摩尔（ibid：61）在分析模因进化时指出，这类以传递信息内容为主的模因储存在我们的大脑之中，可以比喻为基因型的模因。

1. 相同的信息直接传递

这类信息可以在合适的场合下不改动信息内容而直接传递。它包括各种引文、口号、转述，以及日常交谈引用的名言、警句，或者复制别人的话语等。例如，领导人复制三国时期诸葛亮的"鞠躬尽瘁，死而后已"来表达自己要像诸葛亮一样尽忠国事。各种口号、标语、套话用于合适的场合，如："钱不是万能，但没有钱却万万不能"、"高高兴兴上班去，平平安安回家来"、"三个代表"、"双赢"、"反恐"等。"文革"时期流行、如今已不再活跃或早已派不上用场的模因：带强烈政治色彩的词语"红太阳"、"走资派"、"谁反对××，就砸烂谁的狗头"、"要文斗，不要武斗"；顺应当时政治潮流的人和事的命名："卫东"、"卫红"、"学军"、"反修"；不论在什么场合（包括饮食起居的场合）都不可少的政治"秀"：说话、写文章（包括撰写学术著作）都必须（哪怕是牵强附会的）引用几段领袖语录等。以上这些大多是通过引用方式将相同的信息直接复制和传递的模因。

2. 相同的信息以异形传递

这也是一种以复制信息内容为主的模因，它以纵向递进的方式传播。尽管在复制过程中出现信息变异，信息与原始信息大相径庭，或者说在复制过程中出现模因的移植，但这些变化并不影响原始信息，复制出来的仍是复制前的内容。汉语在日常交际中，不同时期对同一信息有不同的说法，例如对餐厅、食肆女服务员的称呼就很典型。这个模因在不同时期曾先后以“同志”、“师傅”等称呼出现，也曾经尊称为“小姐”。可是由于“小姐”会引起不健康的联想而被迫放弃，于是这个模因的表现形式出现了各种各样的变异：广东人有的把女服务员叫“靓女”，湖北一些地方却将一首流行歌曲的内容联想在一起，把她们称为“翠花”，诸如此类，不一而足。

相同信息的异形传递在汉语的网络语言中也特别流行：“青蛙”、“菌男”的原始信息是“丑男”，前者意指丑陋的癞蛤蟆（想吃天鹅肉），后者作为“俊男”的同音反语；“恐龙”、“霉女”的原始信息是“丑女”，前者表示“丑得像电影《侏罗纪公园》中难看的动物”，后者则是“美女”的谐音反语；“天才” = “天生的蠢材”；“灌水” = 网上“发表无意义、空洞的文章”；“公鸡” = “公家的计算机”；“偶像” = “令人作呕的对象”。

网络语言的异形传递往往与原始信息的发音近似。“竹叶”这个模因从“主页”复制，“斑竹” = “版主”，“美眉”源于台湾腔的“妹妹”（有人认为此称亦表容貌姣好之女性），“水饺”的原始信息是“睡觉”。汉语在网络上会复制为汉语拼音字母缩略或用数字取代，也有按原来的英语词语音译，复制成为汉语的新词或表达一个新义。如“拍马屁”与复制的“PMP”同义；“弟弟” = “DD”，“妹妹” = “MM”；email 被复制为音译的“伊妹儿”，modem（调制调解器）复制为“猫”；“亲亲你”、“气死我了”、“不要生气”分别复制成数字“770”、“7456”、“8147”。所有这些异形传递的模因，其原始信息也都是不变的。

（二）形式相同内容各异——模因表现型传播

根据前人的研究成果（Cloak，1975；Dawkins，1982；Blackmore，1999）我们可以将复制、传播模因过程的行为表现看做模因的表现型。这种类型的模因采用同一的表现形式，但分别按需要表达不同的内容。民谣流传到今天，其内容有些已失去现实意义，于是人们在复制这些民谣的过程中，只保留其形式（字数、行数、排列方式），而换以各种新的内容反复传诵；流行歌曲保留原来曲调，但填上不同内容的歌词反复传唱等。这类以所谓“旧瓶新酒”或“移花接木”方式出现的就是横向并联传播的模因，它按需而发，形式近似，内容迥异，是模因的表现型。例如：

1. 同音异义横向嫁接

语言模因在保留原来结构的情况下，以同音异义的方式横向嫁接。例如广告中常用的伪成语，就是不改变原来的语言结构，只把其中的关键词语换成同音异义词：“一明（鸣）惊人”（眼药广告）、“有痔（恃）无恐”

（治痔疮的药物广告）等。

2. 同形联想横向嫁接

语言形式没有变化，但嫁接于不同场合会导致产生不同的意义联想。如一种丰胸保健品的商业广告词说：“做女人，挺好”，某百货商店挂出的招牌“难以抗拒的诱惑”，那都是通过模因的联想嫁接以招徕顾客，为商品宣传。后一个例子与女色无关，实指某商品大降价、大优惠，这样故意渲染，只为引诱大家都去购买罢了。

3. 同构异义横向嫁接

指语言模因的结构和形式都不变，但内容变了，为另外的词语所取代。例如，随着电视连续剧《爱你没商量》的成功播出，“×你没商量”这一表达形式很快就被复制和传播，在不同的场合出现同构异义的模因现象：除了原来的“爱你没商量”之外，流传着“宰你没商量”、“骗你没商量”、“用你没商量”、“赚你没商量”、“罚你没商量”、“套你没商量”、“吃你没商量”、“逗你没商量”、“迷你没商量”、“炒你没商量”、“离你没商量”等模因变体。即使是一些常见的词语，一旦定格为模式，便会被到处复制、模仿，成为活跃的语言模因。例如近年来，“非常”一词的非常搭配就非常流行，它作为模因先在港台地区传播，渐渐感染到内地，被到处复制。我们有电影叫“非常爱情”，有话剧叫“非常球事”，有电视节目叫“非常男女”、“非常档案”，有报纸专栏叫“非常男人”，有一种饮料叫“非常可乐”（顺便说说，“可乐”成为一种定型饮料型名词被反复复制，也是一个颇为活跃的模因：从“可口可乐”、“百事可乐”，到“少林可乐”、“崂山可乐”、“天府可乐”、“健怡可乐”等，不一而足）。

同构异义横向嫁接的模因不限于单个词语，有时是语句，甚至是整段篇章。这类模因往往别出心裁地以某个特定结构为样板套以不同的内容。下面这个同构异义模因来自互联网，按中国现代著名作家朱自清的《匆匆》[①] 一文的首段句式结构仿制，但内容与之毫无关系[②]：

（12）a. 朱自清《匆匆》之电脑故障版：

硬盘小了，有再换的时候；内存低了，有再加的时候；屏幕窄了，有再买的时候。但是，聪明的，你告诉我，为什么刚买的电脑就出现故障呢？

---

① 见《朱自清全集》，江苏教育出版社 1988 年版。该文最早刊于 1922 年 4 月 11 日发行的《时事新报·文学旬刊》第 34 期。

② 类似的例子在何自然、何雪林的《模因论与社会语用》一文中也有提及（见《大腕》经典对白的姐妹篇，《现代外语》2003 年第 2 期，第 207 ~ 208 页）。这类仿制往往带嘲讽意味，或用作鞭挞社会的不良现象。

（12）b. 朱自清《匆匆》之风险融资版：

股票跌了，有再涨的时候；工作没了，有再找的时候；老婆跑了，有再娶的时候。但是聪明的，你告诉我，我们的风险融资为什么一去不复返呢？

（12）c. 朱自清《匆匆》之猪肉版：

老婆离了，有再找的时候；孩子跑了，有回来的时候；煮熟的鸭子飞了，有飞回来的时候。但是聪明的，你告诉我，那块上好的猪肉为什么一去不复返呢？

四、研究语言模因的意义

模因论在我国学界还是一个很新的理论。到目前为止，我们只见到高申春等译的《谜米机器》①，即 Blackmore 著的 *The Meme Machine*（1999）的译本；互联网上还可以读到 Dawkins 的 *The Selfish Gene*（1976）的中译本：《自私的基因》（卢允中、张岱云译）②；此外还有数篇介绍模因论和模因的文章（何自然、何雪林，2003；韩江洪，2004；王斌，2004；等等）。我国外语界桂诗春教授很早就提醒我们要注意研究模因的问题。他给顾嘉祖、陆昇主编的《语言与文化》第二版（2002）作序时也不忘提到模因，指出模因对大脑、语言和文化三方面都有密切关系，值得我们深入探讨。下面我们仅就语言与模因有关的某些方面，谈谈研究语言模因的意义。

（一）模因与翻译

关于模因与翻译，国外谈论得最多的是切斯特曼（Chesterman）。他通过对模因的研究，提出了“翻译模因论”，把那些有关翻译本身以及翻译理论的概念或观点作为研究对象。他纵观翻译的历史，认为翻译理论进化（即理论的更迭和演变）的本身就是翻译模因（translation memes）不断复制和传播的结果（Chesterman,1996：63－71；1997：7）。他认为，有些翻译模因由于不能得到普遍接受而消亡；另一些翻译模因则流行一时而最终被新的模因集合所取代；但还有一些翻译模因却具有很强的生命力，从而在译界得以生存和发展。切斯特曼的翻译模因论指出，在翻译模因库中存在大量的翻译模因。一方面，每一种模因既是对以前模因的复制和继承；而另一方面它也会在复制和传播的过程中产生一定的变异，在变异中求得发展。

---

① 支点丛书（第二批），吉林人民出版社 2001 年版。

② 卢允中、张岱云译．自私的基本．见 http：//cnread. net/cnread1/kpzp/d/daojinsi/zsdj/

我们说过，模因复制的结果不一定是内容前后完全相同，更非形式的等同转移。翻译模因的复制可能出现增值或删减的过程。因此，模因传播是动态的，而非静态的。根据切斯特曼的见解，我们可以认为翻译模因库里也会有各种各样的模因基因型和模因表现型，前者意味着源语与译出语的转化是一种原信息的等值或等效的纵向传播，这里面我们可以区分出等值和等效两种模因复制形式，其中还可以区分出语义等值/等效模因和语用等值/等效模因。至于后者，翻译模因表现为信息从源语到译出语的转化过程是一种非对等的横向复制和扩散。这时的译出语尽管没有脱离模因的基因，但它的表现则是多样的，包括意译模因、节译模因、略译模因、译述模因、译评模因等翻译模因变体。我们设想，结合模因论来研究翻译的等效论和等值论，研究翻译的变体论，这些都会加深我们对翻译模因现象的认识，从而为丰富译学理论作出贡献。

（二）模因与文化

我们说过，模因作为文化的基因，通过非遗传的方式、特别是通过模仿将一些思想或主意加以传播，并代代相传下来。可见模因与文化有着极其密切的关系。语言模因中的文化因素指我们无论操本族语还是外语，都带有我们受到陶冶的汉文化烙印。汉语继承了一些汉文化的特性，汉语的成语或歇后语里就有文化典故，不懂就难以得到复制并流传至今。例如：

（13）……序言事我以为不必，因为足下现在创业时期，一切宜自创新义。倘使我……有权威性见解，又当别论，但我所知不如足下，装样不如藏拙，谅为足下谅解。否则沐冠于市，反为识者所笑。

（何自然，2008：358）

例中的“沐冠于市”源自成语“沐猴而冠”，讲的是猕猴戴帽装成人样，比喻为装扮像个人物，而实际并不像。这个成语作为模因被反复复制，相传下来，有时直接以“沐猴而冠”来引用，有时又用它的变体，如“沐冠于市”。但无论如何使用，这个深具文化底蕴的语言模因，源出《史记》、《汉书》的故事，在人们的交际和交流中不断自我复制，得以世代流传。

汉语的语言模因与中国文化甚至外国文化都有着千丝万缕的联系。当代中国文化使我们觉察到下面这些说法正是传播着的语言模因：某电视剧中反映现实的一句对白“钱不是万能的，但没有钱却万万不能”，其句式“……不是万能的，但没有……却万万不能”到处传播，成了形式模因而被复制成：“懂外语不是万能的，但不懂外语却万万不能”；还有“老婆（妻子）不是万能的，但没有老婆万万不能”；电影《红高粱》插曲中的一句“妹妹你大胆地往前走”被广泛复制，它在老学者笔下甚至成了勉励年轻人做学问的一个语言模因[①]：

(14) ……我们要向认知科学，包括认知语言学进军，这就是我们要在二十一世纪攀登的高峰之一。当我仰望这个高峰时，我发现赵艳芳老师已经先我一步，走在前面了……赵艳芳老师，您大胆地往前走！

美国喜剧电影 *Sister Act* 的汉译名仿效了内涵酷似的另一部电影 *The God is Crazy*（上帝也疯狂），称为“修女也疯狂”，内容讲修女们冲破某些宗教规条的禁忌，让一个严肃的圣诗班变成修女们乐意积极参与的、又唱又跳的流行歌曲合唱队。现在，“……也疯狂”用来泛指人们对社会上发生某事表现出格外的热情，作为语言模因被广泛传播：报章在报道爱美的老大娘们积极报名参加时装模特训练时就用了这样的一个醒目标题：“老大娘们也疯狂”。这个模因的变体“为……疯狂”也见到了：报章报道国际通信设备技术展览会上与会者对第三代数字移动通信表现出极大的热情时，用的标题就是：“北京通信展为3G疯狂”（《广州日报》04/10/27，“三电e本通”第1页）。多年来炒作得沸沸扬扬，主张学英语要大声吆喝、手舞足蹈的“疯狂英语”，其实也可以算是这个模因的变体，因为这个名称也源于“学英语也疯狂”，“我为学英语而疯狂”。再如，某调查公司发布消息，说就业人士年底在“机会”与“金钱”两者选择上犹疑不决，报章竟然复制了莎士比亚的名句“To be or not to be, that's the question”，以中、英语码混用的形式加以报道：

(15)“年底跳槽：跳还是不跳，That is the question”（《广州日报》04/11/05，“求职广场”第2页）。

以上例子说明语言模因与文化的密切关系，说明只有结合文化知识来观察语言模因的表现，才能使我们深刻地理解语言和恰当地运用语言。

（三）模因与语言教学

语言模因能不能有助于指导我们的语言特别是外语的教学？这是我们很感兴趣的一个问题。我们认为，模因论对语言教学，特别是外语教学颇有启发。在模因论的指导下，对过去一些丢弃了的、被认为不合理或不可取的传统教学模式和教学主张也许要重新作出评价，甚至要恢复和再次提倡。例如，根据模因论和语言模因复制、传播的规律，语言背诵教学不但不应放弃，而且还应大力提倡。背诵本来就是我国的传统教学模式，笔者的经验是，少儿时熟背的语言材料，不管是汉语的还是英语的，直至垂老

---

① 摘自胡壮麟为赵艳芳《认知语言学概论》(2001) 写的序言。

之年仍能在大脑中复制出来，在言语交际中应用。今天，当人们过于热衷地应用分析性、启发性的语言教学法时，往往会像倒洗澡水的同时把盆里的婴儿也倒掉那样，将背诵这个有效的教学手段毫不吝啬地遗弃了。

除了背诵，我们从模因论里还可以悟出模仿对语言学习的积极意义。学语言本身就是语言模因复制、传播的过程，学到手的各种语言表达手段，要靠复制来与别人交流，达到传播的目的。模仿、复制不只是百分百的“克隆”，而是模因集合的重组。有一些模因保存着内容，以不同形式出现；而另一些模因则根据相同的形式放进不同的内容来扩展。因此，模因的复制和传递方式也启发我们应如何学习语言：既要学会以不同形式表达同一信息，又要学会以相同形式去套用不同的内容。在语言教学，特别是外语教学的过程中，我们要教会学生根据不同语境掌握不同的表达方式来表达相同的思想，同时还要他们学会依照英语的地道表达形式来与别人交际和交流各种不同的思想。

模因论使我们认识到，在语言教学中引入联想教学是启发学生活学活用语言的重要手段。例如，家喻户晓的《灵格风英语课程》（*Linguaphone English Course*）第 1 册第 8 课课文对话中有这样一句话：“I don't think there's much to choose between the two, but on the whole I prefer yours.”这是比较两件事物优劣的英语表达方式之一，我们要求学生不但背下来，学会复制这个信息的各种同义结构；而且要求他们联想两个不同事物，按此结构进行比较，如用来比较两篇作文、两件物品、两种建议等。

总之，我们深信，随着模因研究的深入，它将给语言教学带来更多的启发和帮助。

五、结束语

模因论为语言引入了信息复制的观点。在语言模因作用下，新词语得到复制，创造新词语的创意也同样得到复制，形成了人和语言的互动模式，从中可以窥探语言的变化和发展。

以往的言语交际理论侧重研究会话中的言语理解和言语策略，但忽视了新词语在交际中所起的模因复制与传播作用。模因论对言语交际的研究也提供了新思路，特别是对研究网络交际时代的言语行为特征会有所启发。

模因复制和传播的两种方式，内容相同形式各异和形式相同内容各异，可以解释模因作为文化基因的自我复制和进化发展规律。深入研究这些规律有助于解释社会语言现象的产生和消亡。

模因的复制和传播会导致语言对社会交际产生正面或负面的影响。语言中模因的力量一旦得到认识，就需要有相应的语言政策和语言规划来引导，从外部来抑制恶意模因的自我复制，从而创造良好的语言环境。

语言模因见于教育和知识的传授、语言本身的运用和语言的交际和交流。因此，研究语言中模因的复制与传播将对语言教学、外语教学和翻译教学等产生影响，有助于观察语言自身的表现，发现语言发展和进化的规律，有助于在社会文化的交际和交流中学习语言。

（原载《语言科学》2005 年第 6 期。）

语用学对修辞研究的启示

一、语用和修辞

在当代，语用学与修辞学是相互有密切联系、但又不尽相同的两个学科。它们有着相同的、源远流长的历史。语用学作为独立的学科是20世纪70年代才确立的，但它所涉及的内容早在古希腊、古罗马时期就受到学者们注意了。在那时的学术著作中，语用学的有关课题在雄辩术的名义下得到了论述。因此可以说，人们很早就讲语用，在日常思辨和交往中常常用到语用学。修辞学也是一门历史悠久的学问。综观这门学科的发展轨迹，我们看到，西方古典修辞学的内容也在古希腊时期就得到应用。它用于法令和决策的实施、法庭对遗嘱的检定，也用于教育和公共事务，用于解决民事争端。修辞学的内容同语用学一样，也用在雄辩术中。作为一种演说的艺术，修辞学的实践足以保证各种演说的成功。西方古典修辞学理论的形成要追溯到亚里士多德对修辞学的影响，内容有法学演说、议政演说和宣德演说的技巧；有听众心理与道德的分析。在演说技巧中，古典修辞理论具体研究如何觅材、取材；如何布局谋篇；讲究文体风格等。亚里士多德后的修辞学家们只是对他原来的理论进行加工提炼。直到20世纪，西方出现了新修辞学，在修辞学中引进了心理学、语文学和研究动机的行为主义科学。修辞学的模式和范围因而在不断地扩大，在分析哲学中出现了修辞哲学（the philosophy of rhetoric），在语言学中出现了有别于文学修辞的实践修辞（practical rhetoric），前者着重研究文学篇章的风格与文体，后者则研究口语、笔语中同义结构的具体运用和选择，以及不同形式的结构所具有的不同的细微意义和色彩。至于我国的修辞学的发展，也有悠久的历史，从先秦时期中国古代修辞学萌芽起，经历两汉时期、魏晋南北朝时期、隋唐时代、宋金元时代、明清时代，以及“五四”时期……修辞学发展到今天，已经进入一个崭新的阶段，成为一门既科学又系统的学问。关于这方面，门外汉是懂得不多的；但刚走过来的20世纪末的当代汉语修辞学，学术气氛活跃，著作成批涌现，学科范围也得到扩展，取得了前所未有的成就——这一点无论是专家或者是门外汉却都是实实在在地感觉到了的。

语用学和修辞学发展到今天，成为两个不同的学科，各有自己的研究对象。但也许是同源的关系，我们感到两个学科需要有不断的交流：语用学作为独立的学科，有很多地方得益于修辞学的进步（如实践修辞的内容正是当代语用学的研究对象之一）；反过来，语用学的发展，特别是语用学理论的一些新发展，对丰富修辞学理论和实践又有一定的意义，有助于修辞研究取得更丰硕的成果。本文拟从介绍语用学开始，看看这门学科是否会对修辞学理论的丰富和发展起到一点启示的作用。

二、语用学的研究对象和研究视角

语用学是20世纪70年代在西方语言学界兴起的一门新学科。所谓语用学（pragmatics），指语言实用学，英语中它同哲学上的实用主义（pragmatism 或 pragmaticism）这个术语有相同的拉丁词根 pragma-，表示“行动、做”这个意思。语用学最早的定义要追溯到20世纪30年代莫里斯（Morris,1946）的符号学（semeotics）理论。莫里斯说，符号学包括三个部分：语形学（即句法学）、语义学和语用学。语形学研究“符号之间的形式关系”，语义学研究“符号与符号所指对象的关系”，而语用学则研究“符号与符号解释者的关系”。后来，罗斯（Ross,1970）、莱昂斯（Lyons,1977）等人从意义理论的观点出发，认为语义学和语用学都是研究意义的学问，主张语用学在语义学的统称下作为其中的一个部分。到了20世纪80年代，语用学的地位又有了变化，它作为一门独立的学科从语义学中分了出来，并且出现两种见解，形成两种学派。其中之一是英美学派，主张语用学有自己的研究领域，即与语义学处于同等地位，但各自有明确的分工，是语言学的一个分相研究。里奇（Leech,1983）就认为语义学揭示的意义是二元关系（dyadic relation），即“x 的意思是 y”；而语用学揭示的意义却是三元关系（triadic relation），即“S 通过说 x 来表示 z”。因此，语义学研究的是词语在语句中的意义（sentence meaning），而语用学研究的却是通过语句中词语的意义来表达的说话人意图表达的意义，简称说话人意义（speaker meaning）。语用学的另一学派是欧陆学派。这个学派主张，凡与语言的使用和理解有关的都是语用学的研究对象，将语用学看成是语言功能的一种综观。

语用学作为语言学的学科分相之一的分相论，一直是语用学界普遍接受的看法。它以指示语、前提、会话含意、言语行为、会话结构等作为语用学的基本分析单元，语用学的任务就是对这些言语构成成分进行动态研究。近年来国内外出版的部分语用学专著表明，语用学研究大多数还是以分相论为其指导思想而展开的。与分相论相比，将语用学看成是语言功能的一种综观的综观论还没有为大多数人所熟知，特别是在我国国内，刻意从综观的广角进行语用研究的成果还不多见。综观论认为语用学渗透在语言运用的所有层次，而不是把语用学仅仅看做语言学的一个分支。就我所知，早在20世纪80年代的一次“国外语言学研讨会”上，我国学者就对语用学到底是一门“独立的学科”，还是只作为“表现在语言各个层面上的语用因素”这样的问题展开过讨论。由此可见，语用学分相论和综观论的分歧在我国学者中早已存在。

语用学可以从许多不同的角度进行研究，其结果影响到人们对语用学下不同的定义：

（1）从说话人的角度研究语用学：认为语用学是研究说话人意义的学问（Yule,1996：3），研究人们如何使用语言来达到成功的交际（Kempson,1975：84）；

（2）从听话人的角度研究语用学：认为语用学研究人们“明白在交际中要说的”比“听到表面上说的”到底多了些什么（Yule,1996：3）；研究如何理解人们刻意表达的言语行为（Green,1996：2）。

（3）从语境的角度研究语用学：认为语用学是研究语境意义的学问（Yule,1996：3），研究话语如何在情景中获得意义（Leech,1983：13），研究如何利用语境来推断出意义（Fasold,1993：119）。语用学研究由社会语境确定的人类使用语言的条件（Mey,1993：42）。

（4）从社会动态交际的角度研究语用学：认为语用学研究语言使用者在适当的语境下灵活地遣词造句的能力（Levinson,1983：24）。语用学研究人们相互交谈中的意义（Thomas,1995：24），研究人们表达交往亲密程度的方式（Yule,1996：3）。

（5）从综观语言功能来研究语用学：认为语用学是语言各个方面的功能总览，即研究人类生活中语言的认知、社会和文化的功能（Verschueren,1995：13－14）。

三、语用学新说述评

语用学处于研究“符号与符号解释者的关系”阶段时，人们关心的是如何使用语言，并不过多讲究如何理解语言。到了20世纪60至70年代，随着认知科学的产生和发展，出现了格赖斯（Grice,1989）提出的会话含意新说。格氏认为，人们说话不总是表达字面的意思的，他们意图表达的意思往往是字面意义看不到的含意。为了解释含意，格赖斯提出会话中应遵守的合作原则，指出说话人有时故意违反合作原则四准则（即质准则也叫真实准则、量准则、关系准则和方式准则），形成表面不合作的现象，但这种表面的不合作暗示了说话人想让听话人越过他表面表达的意义，明白他意欲表达的含义。这样一来，语用学的研究范围也就从单纯的语言使用扩展到顾及语言的认知和理解。例如，有这么一个对话：

（1）甲：我的鱼在哪儿了？

乙：你看那猫可高兴哩！

根据格赖斯的设想，如果乙直接说鱼给猫吃了，那是他遵守了格氏的合作原则，甲因而可以直接从语言解码中得知乙要表达的意义。但现在乙的回答是答非所问，违反了格氏合作原则中的关系准则。这明显是乙故意在表面上不合作，目的是要让甲从他回答的字面信息中进行推理，从而明白他想传达的含意：你的鱼可能被猫吃了。格氏的语用学说引进了推理和认知，是语用学发展的一个新里程碑，在语用学界产生了广泛的影响。

然而，格氏学说也留下了许多悬而未决的问题，例如，为什么在言语交际中一定要遵守合作原则？而且只能遵守格氏提出的准则？既提出要遵守准则，那么为什么又要故意违反这些准则才能推断话语的含意？语境不是一成不变的，人们推断话语含意的根据又是些什么呢？我们知道，语境形成的假设如果不同，含意是不同的。例如：

（2）甲：要去超市买点什么吃的吗？

乙：咱们整个周末都不在家。

这又是一个答非所问，乙同样违反了合作原则中的关系准则，但甲从乙回答的字面信息中能准确推断出乙的话语的含意吗？到底乙要甲推断出什么意思呢？其实，乙的答话可能不止一个含意：

（3）咱们整个周末都不在家，不用买吃的了。

（4）咱们整个周末都不在家，周末不可能去超市了。

（5）咱们整个周末都不在家，下星期回来可什么都没吃的了。

只有（3）的含意表示不必到超市，（4）和（5）却都可能表示在周末之前得跑一趟超市。

格氏语用学说之后，语用学界越发不满足语用学只限于研究话语产出的策略和技巧，斯珀伯和威尔逊（Sperber & Wilson，1986，1995）更是针对格氏理论之不足而进一步提出关联理论，把重点放在交际和认知，放在正确理解话语上面。

关联理论认为，要理解话语，即取得认知效果，人们就要付出努力去推理，即寻找话语与语境信息之间的关联。当话语和语境之间的关联越大，人们无须付出太多的努力就对话语有所理解；相反，当话语和语境之间不易找到关联，要达到理解就要付出较大的努力。理解话语时人们付出的努力受到两种因素的影响：话语提供的信息的表达形式和对语境理解的难度。例如，张三要坐飞机去北京，但他赶不上3点25分那班飞机了。于是他问李四下一班机什么时候起飞。李四作出以下之一的回答：

（6）下一班去北京的飞机5点半起飞。

（7）下一班去北京的飞机4点后起飞。

（8）下一班去北京的飞机在3点25分之后再过7 500秒钟起飞。

这三个回答中要数（6）与语境最具关联性，因为它比（7）说得清楚，实际上已暗含了（7）的意思，因此取得更好的认知效果。此外，与（8）相比，同样是（6）更具关联性，因为尽管从认知效果方面看，（8）中的“3点25分之后再过7 500秒”实际上也是（6）说的“5点半”，两者的认知效果相同，但理解（6）比理解（8）直接，其关联性也就较大，从而无须付出太多的努力就能取得与（8）相同的效果。

理解话语就是求得认知效果，为此就要找出话语与语境的关联。同一个话语中如果语境不同，为寻找恰当的关联、求得认知效果，人们要付出的努力程度就不一样。例如甲说：“今天真热！”他期待乙听了这句话作出什么样的反应，就要看当时的语境：如果说话当时在室内，甲的意思可能是叫乙开窗，或者叫乙关窗开空调；如果说话当时在室外，比如在白云山上，那么甲的意思就不可能是要求开窗或关窗开空调，而是要乙为他找个遮阴的地方，或者表示希望到室内去。

当代语用学在关联理论的指导下研究话语的理解，而在指导研究话语的产出方面，则有一个所谓语言顺应理论。下面我们就介绍一下指导话语产出策略的顺应理论。

语言顺应理论，简称顺应论，是欧陆学派语用学家维索尔伦（Verschueren,1999）提出的。维氏的一个重要观点是：语言的使用过程就是交际双方进行语言选择的过程；语言的选择就是用语言作出种种顺应，如语境关系顺应、语言结构顺应、动态顺应、自觉顺应。维氏认为，语境不是在交际发生之前给定了的，而是在交际双方使用语言的过程中动态发生的，语境会随交际过程的发展而发展和更新。我们举一个例子：媳妇想买一张折椅，婆婆劝阻，这时她可以根据自己同媳妇相处的融洽程度，顺应着说话场合，在遣词造句方面作出选择：

（9）不要买那东西！

（10）我要是你呀就不买那玩意儿。

（11）我以前买过一张，可不到一星期就散架了。

很明显，（9）是选择不客气的说法，近乎命令，显示出当婆婆的权威；（10）是选择劝说，但通过表达自己意见的方式表达出来，没有强加之意，显得尊重对方；（11）是选择一种强烈的劝阻，通过说出自己的经历，显露出警告的意味。例（9）表明，谈话双方的地位并不平等；但例（10）和（11）显然是说话人注意到以平等的地位同对方交谈。

上面的三选一表明了说话人选择的话是在语境关系、语言结构方面作出顺应的；它也表明说话人是根据说话对象而动态地、灵活地作出顺应的；而且表明，说话人选择说法时是自觉地为顺应她与说话对象的关系而作出适当调整的。我们还可以举维氏的一个亲身经历作为例子（Verschueren,1999：158）：

事情发生在匈牙利首都布达佩斯。维氏夫妇在歌剧院的幕间休息时正用荷兰语交谈。邻座的一对夫妇，听到两人在操一种他们陌生的语言，因而判断维氏夫妇准是不太懂英语的当地人。于是，其中的女士打断了维氏夫妇的谈话，摆出手势向他们用生硬的英语说道："Pause... pause.（停……停）"接着指着手表问："How long?（多长）"维氏夫妇似乎明白对方的意思，也确信对方是不谙英语的匈牙利人。于是维氏慢慢地、一板一眼地用英语标准口形发出："Ten minutes.（10 分钟）"同时高举双手，伸出全部手指重复着数字："Ten.（十）"当时那位女士看似听懂了并表现出十分满意的样子，她回过头对丈夫说她已经打听清楚幕间休息是 10 分钟，并继续同丈夫愉快地交谈起来。这时维氏觉察到这对夫妇交谈时用的是英语，而且是流利而标准的美国得克萨斯州英语！他忍不住打断这对夫妇的谈话，也用流利的英语说："Oh, you're American!（原来你们是美国人）"

这是交际中谈话双方相互顺应的典型例子。双方都不懂匈牙利语，并以为对方是匈牙利人，不太懂英语。于是为了交流，为了获知信息，他们都想着顺应对方，各自千方百计试图用简单的英语让对方明白自己的意思。其实，如果大家都知道双方都不是当地人，双方都能用英语交谈，就无须作出上面的顺应了。这正好说明，语言选择就是为了作出顺应，顺应的过程就是语言选择的过程。

四、语用学对修辞学的启示

我们上面对语用学作了一番介绍。从语用学的发展过程看，这门学科有几个重要的特点。

第一，它最早只是研究语言的使用，但发展到今天，它不仅研究语言的使用，而且研究语言的理解。看来，"语用学"三个字已不能完全涵盖语用学的学科内容。

第二，语用学研究语言的使用时，很注重产出语言的策略和场合，要求向对方作出顺应；而在研究语言的理解时，又十分注意交际和认知的关系。语用学认为，说话人说的话最终要被听话人理解了才有意义。他的话要千方百计在听话人方面取得共鸣，这就是不仅明白他说的话的字面意思，而且明白他意图通过字面意思表达的意图。《语用学新说》中提出的关联理论是要听话人通过说话人话语的字面意思，结合认知（语境）假设，努力寻找话语与当时处于动态的语境的关联，进行认知、推理，最终取得认知效果。语言是用来交际的，而交际又要说话人和听话人两方面相互配合、相互理解，才能取得成功，并产生效果。

第三，语用学与言语交际学不同，后者强调交际，把副语言（即手势等体态语，又称非语言的符号束）交际也包括进来，研究这类符号在言语交际中的功能。语用学一般是不研究自然语言以外的符号的，当语用学在指导语言理解时，也会提到非语言符号束，但那是作为语境的组成部分来研究的。此外，语用学有它的哲学基础，而且语用学本身就是从哲学上的意义理论中独立出来的，这与言语交际学更有本质上的区别。言语交际学以交际为其终极目标，而语用学只着重解决在特定语境下自然语言的产出与理解。

围绕着修辞学，特别是当代汉语修辞学目前出现的一些具有争议的论题，笔者觉得，语用学，特别是《语用学新说》中的某些观点和研究方法，也许对有关议题具有一定的启发和借鉴的作用。

1. 修辞学中的效果论

在汉语修辞理论中，有讲究表达效果和接受效果的说法。语用学也讲究效果，在《普通语用学》中关于言语行为的章节里我们常常谈到奥斯汀的言语行为三分说：以言指事、以言行事和以言成事，其中的以言行事就是讲效果。当说话人遣词造句，说出“我明天要来”，那是他以言指事；当他用这句话向听话人发出“允诺”的言语行为，那就是他以言行事。而当听话人明白那句话是说话人给出的允诺时，说话人的以言行事的效果就实现了。与此同时，听话人会为此“允诺”表示出高兴或满意，这就是听话人听到“允诺”之后在情感上产生的以言成事效果。以言行事效果和以言成事效果在语用学上统称为语用效果。如果从修辞学的效果论看，说话人通过说“我明天要来”而作出“允诺”，到底是说话人要实现的表达效果，还是听话人感到实现了的接受效果呢？那是说不清的。语用学中的效果问题是接受话语一方取得的，说话人使用语言时所希望达到而尚未达到的目的，尚不能称为效果。话是说话人说的，但该话是否产生效果，其判断者是听话人。听话人理解了说话人话语的用意（不仅是字面的意思，而且是说话人意图表达的意思），那就说明说话人用语言表达的话语产生了效果，那是以言行事效果；同时，听话人因明白了说话人的话而获得话语以外的（如情感上的）感受，这些感受在语用学上也是效果，即前面提到的以言成事效果。如果修辞学接受语用学对效果的看法，修辞实践追求的修辞效果是否可以将表达效果和接受效果统一起来，就像语用学的语用效果那样，讲究以言行事效果和以言成事效果的统一呢？我们同意李军（1998b：10）关于控效修辞的观点："修辞最终追求的是一种存在于交际双方之间的人际互动效果。"

在讨论修辞学的效果论时，有两种意见似乎是要商榷的。一是，有人提到修辞学要追求交际效果。其实，修辞学不是交际学（关于这一点我们在下面将要谈及），交际效果不一定是语言交际效果，它还包括非语言交际取得的效果。因此修辞学只需讲表达和接受效果统一的修辞效果，就像语用学讲语用效果一样，无需另提交际效果了。另一个要商榷的意见是有人强调修辞学只需讲表达效果的问题。如果认为修辞学只讲说话人遣词造句技巧的所谓表达效果，那么修辞学就成了"孤芳自赏"的学问，就可能像"皇帝的新衣"中的那位受骗的皇帝，别人明明见到他光着屁股，一丝不挂，而他却认为自己穿着一件刚织好的"漂亮的新衣"！"漂亮的语言"，不论其如何完美，如得不到别人的赏识，就无效果可言；而语言虽简朴无华，但接受者认为其用得恰到好处，还领略到它的感染力，其效果自显。

2. 修辞学与言语交际学

根据我们的认识，不但语用学不是言语交际学（关于这方面我们在上面已有论及），而且修辞学似乎也不应等同于交际学或言语交际学。诚然，这几个学科的对象和方法都很接近，但它们有各自的目标，是不能混同的。目前我们汉语修辞学界有一种意见，认为言语交际学实际上是修辞学（宗廷虎，1997：407），这似乎混淆了修辞学和言语交际学这两个学科的界线了。首先，交际学（communication）又称交流学、传播学，它研究的是意义，是符号信息的传播或代码信息的生成和交流。例如，我们可以向别人或从别人那里传播或交流某种思想、某个行动、某种物体的意义，或者从我们所处理的某项事情中获取意义。因此，交际学包括一些非语言的交流和传播。至于言语交际学，它是用语言传递信息的交际学，也不完全等同于修辞学。言语交际学是为交际服务的，它讲求信息传递的准确性，借用严复论翻译的"信、达、雅"三字说，那是"信"和"达"的问题。修辞学恐怕不限于为交际服务的信息传递科学，它更多的讲究"雅"。尽管言语交际学也要求说话有礼、得体，但那是语用学、言语交际学和修辞学都要探讨的，只是研究的角度和重点不尽一致罢了。

3. 修辞学的研究方法问题

下面是语用学对修辞学在方法问题上的两点启示：

第一，控效研究和取效研究。

传统的修辞研究恐怕太着重语言的运用了，于是它强调的技巧和效果都是从表达的角度出发的。语用学在这方面所能给予的启示是，修辞效果不是由话语表达者操控的，而是由话语接受者取得的。话语接受者通过语境、推理，最终才有可能成为效果的取得者。因此，为了理解话语的修辞效果，何不试一下既研究话语表达者的控效，又研究话语接受者的取效？何不试一下改变研究角度，从话语接受者的角度来研究修辞？

第二，静态研究和动态研究。

传统修辞学研究遣词造句时词语和句式的选择和锤炼，研究修辞格、修辞方式，这都是从语言使用者单方面着手的，这样的研究当然是静态的研究。如果修辞学能从语用学中受到一点启发的话，那就是除了研究角度上变说话人的控效为听话人的取效之外，还不妨在研究路子上改静态研究为动态研究。语用学认为，言语交际是一个动态过程；语言的使用过程就是在不同的语境条件下语言的选择过程。由于语境是动态的，话语的控效方式就会随着语境的变化而变化。这一来，何不试一下在修辞学研究中动态地看待题旨和语境的修辞方式，运用语用学的顺应论，将修辞的目的放在多维的顺应上面：作出语境关系顺应、语言结构顺应、动态顺应和自觉顺应？

在当今学科间相互渗透、相互交叉发展的时期，修辞学就像其他学科一样，总伴随有一些边缘学科和交叉学科。为了修辞学科的发展，我们会将其他学科的某些观点和方法用于修辞学；而别的学科也会借用修辞学的发现和成就。学科的发展必然要容忍学科间的相互渗透和相互交叉现象，这也许是语用学的发展对当代修辞研究的又一个启示。

（原载《暨南学报》哲学社会科学版，2000 年第 6 期。）

语言模因及其修辞效应

一、引 言

我国学者将 memetics（模因论）介绍到语言学界中来已有一段时间了。从语言学的角度看，模因论可以用于解释许多语言现象，可以启发我们从另外的角度探讨语言的起源，更可以指导我们如何更有效地学习语言和运用语言。本文主要讨论语言模因与修辞的关系。Richard Dawkins 于 1976 年写的 *The Selfish Gene*（《自私的基因》）里首次提到 meme，它从 gene（基因）一词仿造而来。在汉语里 meme 有好几个译名："觅母"、"拟子"、"谜米"、"敏因"、"密母"、"縻母"、"幂姆"、"模因"等。我们将 meme 译为"模因"，因为要兼顾到这个术语的音、义两个方面：既要表明它具有"模仿"这个核心意思，同时又要表明它是由"基因"仿造而来，而"模因"正好传达了原文所具有的核心意思，在读音上又与"基因"相近，让人们很容易把两者联系起来。模因是一个文化信息单位，通过模仿而得到传递。判断"模因"的基本依据是"模仿"，任何一个信息，只要它能够通过广义上称为"模仿"的过程而被"复制"，它就可以称为模因（Blackmore，1999：66）。因此可以说，那些不断得到复制、模仿和传播的语言、文化习俗、观念或社会行为等都可以成为模因。模因虽然发生在文化信息领域，但它的发展变化规律跟基因具有相似性：生物的基因讲遗传，它会随着时间、地点、环境等的变化产生遗传变异，文化的模因讲复制，它也会随着社会、文化等因素的发展而变化，产生复制变体。例如，人们的观念、行为和语言会不断进化，有些观念或行为在一定的时间内被完全替换而彻底消失，而另一些观念、行为和语言却可能更具生命力而流传下来，甚至经过不断的复制传播而不断完善、发展，成为强势模因。

模因论可以渗透到各个学科的研究领域，如经济学、政治学、社会学以及语言学等。在语言学领域里，用模因论的观点来解释语言可以加深或改变我们对语言起源、语言习得、语言使用等问题的认识。语言本身就是一种模因，模因也寓于语言之中，故有"语言模因"（linguistic memes）之说。语言的任何部分（词语、句段、篇章）只要通过模仿而得到复制和传播，都有可能成为语言模因。如果语言中的词语、句段、篇章等不再为人们所使用和模仿，那么这种语言必然走向消亡，曾经风靡全欧洲几个世纪的拉丁语流传到现在只残留下一些零零碎碎的词汇就是一个典型的例子。

语言作为模因，其生命力取决于它在使用的过程中能否得到认同，从而获得广泛的复制和传播；而得到广泛复制和传播的模因一般是强势模因，它们的使用会产生明显的修辞效应，从而刷新人们的视觉和听觉，让人们难以忘怀，并在自觉和不自觉中加以仿效。下面我们就谈谈语言模因的复制和传播过程及由此产生的修辞效应问题。

二、语言模因的复制和传播

模因是一个抽象的概念，它通过复制和传播来体现自身的存在。因此，凡是获得广泛复制和传播的现象都是模因现象，语言在交际中是不断得到复制和传播的，所以就存在语言模因现象。我们研究语言模因，是要从模因论的角度审视语言及其相关的现象，开展模因与语言界面的研究。语言模因的复制和传播方式是我们研究的关键课题之一。笔者在《语言中的模因》（何自然，2005：54－64）一文中指出，语言模因复制和传播的方式可以是内容相同、形式各异，或者是形式相同、内容各异。其实，也可以从另外的角度说，不管语言模因的形式及内容如何，其复制和传播方式基本上有重复与类推两大类。

（一）重复

语言模因通过重复的方式进行复制有两种情况：

1. 直接套用

如使用各种引文、口号，转述别人的话语，交谈中引用名言、警句等，都是直接套用。遇到与源语相似的语境，模因就往往以这种方式来自我复制和传播。例如，我们喊“打倒某帝国主义”这样的口号，它往往在某个国家侵略我国，对我国人民造成伤害，导致我国与之对抗的语境中使用。20世纪中叶曾因美国发动一系列危及中国安全的侵略战争，导致中国人民很反感美帝国主义，从而有“打倒美帝国主义”的口号出现；后来随着中美关系的改善，很长一段时间我们不再使用这个口号了，但是到了20世纪末的1999年5月8日凌晨，当以美国为首的北约悍然用导弹袭击中国驻南斯拉夫大使馆并导致3名新闻工作者牺牲、20多名外交人员受伤等严重后果后，一时间这个口号在中国大地再次响起。到了这个事件平息之后，这句口号的呼声也就微弱下来。到了21世纪初的2001年4月1日，发生了美国军用侦察机在中国海南岛东南海域上空活动并撞击了中国一架歼击机的事件，当即引起了中美关系的再度紧张，中国人民又再一次喊出了这个口号。这个例子说明，语言模因以重复的方式进行复制和传播，很大程度上是受相似语境的诱发，表现为语言结构形式的直接套用或近似复制。

2. 同义异词

同义异词即信息相同但以异形传递，颇像修辞手法中义法之一（倪宝元，2001：49）。这种传播方式的典型例子莫过于日常交际中对同一事物在不同时期、不同地方的不同说法了，如对餐厅、食肆女服务员的称呼，从新中国成立前的"小姐"，到新中国成立后的"同志"、"工友"、"师傅"、"服务员"、"大姐"，再回归到"小姐"，又转为"小妹"、"靓女"、"翠花"、"姐姐"等，万变不离其宗，指称的都是女服务员。又如同一个人因人事变化会得到别人的不同称呼：同样是张三其人，以前曾称呼过"张先生"、"张同志"、"老张"的，近年来风气变了，流行着围绕此人从事的职务来个简称：当了科长就被称"张科"，当了处长被称"张处"，要是当了厅长他准会被称为"张厅"，如当了博士生导师会被称为"张博"或戏称"张导"（模仿影视界对"导演"的称呼），当了总经理、总工程师会被称为"张总"，当了校长就被称为"张校"了。维系语言模因这种复制传播变体的重要特征是其原始核心信息（女服务员、张姓男士）始终相同。不同的语言表达形式只是给这个核心信息不停地更换外衣，在不同的外衣里面不断重复着相同的信息内容。如果它们表示的信息不是同一概念或事物，如用"师傅"指男/女司机、"靓女"统称女孩子，都不是专指女服务员，那它们便不算是女服务员的同义异词，不属于同一种语言模因在复制和传播。

总之，语言模因以重复方式进行复制、传播，既可以是结构和内容都相同的语言的直接套用，也可以只在表达结构上重复套用，或者用了不同方式反复表达着相同的信息内容。

（二）类推

模因以类推作为复制和传播的方式就更加普遍了。模因往往以类推的方式产生出新的模因变体来加以传播。类推有以下几种情况：

1. 同音类推

这像是修辞手法中的音法（倪宝元，2001：1），即充分调动语音诸要素，对词语声音加以选择、组织、调整和配合。同音类推就是模仿词语发音而形成的新模因变体。例如从"跑步前进"推到"跑'部''钱'进"，后者模仿前者发音，惟妙惟肖地形容一些地方驻京办事处到国家相关部委打探消息，看哪里有钱和项目，然后写报告、找关系，争取获得经费（谢朝群、何自然，2007）。再如音仿"诸事"（指各种事情）为"猪事"（喻

"猪"年各事），从而产生"'猪'事吉祥"、"'猪'事胜意"等2007年中国春节的祝福语。

同音类推大多是从一般到特殊的类推，常见于广告。如"做女人挺好"就是利用同音作联想嫁接，一语双关，让人从"挺好"的一般义（很好或非常好）联想到该广告的特殊义（有坚挺的胸脯好）；无独有偶，网上还依样画葫芦地贴出专卖男性药物的广告"做男人挺好"，同样让受众联想该语句赋予的特殊义。可见，这里的"做××挺好"以类推方式经过多次复制和传播而成为了模因。其他如仿成语的同音类推就更加常见："一明（鸣）惊人"（眼药广告）、"有痔（恃）无恐"（治痔疮的药物广告）等。台湾去年出现"红衫军"发起的一场倒扁运动叫"天下围攻"，这也是一个同音类推而成的模因变体，它源于家喻户晓的孙中山名言"天下为公"，以同音的方式表达一种新的意义：既号召人们"围攻"（即反对）阿扁，又暗示阿扁独断专行，与"天下为公"背道而驰。

2. 同构类推

同构类推颇像修辞手法中的结构套用（倪宝元，2001：320），也包括修辞学上的parody（诙谐或嘲弄式仿拟），主要是模仿已知的语言结构而复制出一种具有新内容的模因变体。在同构类推中充当模因母体的语言结构一般都具有强烈的语用效果和明显的修辞色彩特征，是一些给人以较深语言感受的经典名句、名段或名篇，因而易于被仿造，成为衍生能力很强的模因。例如，一些中国古典诗、词的结构形式多半是创造同构类推模因变体的源构。

中唐著名文学家、"诗豪"刘禹锡的《陋室铭》是有口皆碑的名篇：

（1）山不在高，有仙则名。水不在深，有龙则灵。斯是陋室，惟吾德馨。苔痕上阶绿，草色入帘青。谈笑有鸿儒，往来无白丁。可以调素琴，阅金经。无丝竹之乱耳，无案牍之劳形。南阳诸葛庐，西蜀子云亭。孔子云：何陋之有？

仿照《陋室铭》而形成的语言模因，其复制、传播方式基本上是按照下面的框架而产生的同构类推：

（2）×不在×，××则×。×不在×，××则灵。×是××，×××。×××××，×××××。×××××，×××××。可以×××，×××。无××之××，无××之××。×××××，×××××。××云：何×××？

以下是《咬文嚼字》2004年第8期（48页）刊登的名为《明星铭》的同构类推模因：

（3）艺不在高，会炒则名；技不在精，会傍则灵。斯是明星，光焰炫人。英雄见屏幕，流氓生吧厅。出场靠红包，走穴数白银。可以闹绯闻，泼酒精。无纪律之乱耳，无道德之烦心。南刊大腕照，北传偶像名。观众云：何明之有？

更为有趣的是《咬文嚼字》2004年第11期（46－48页）收到的同构类推作品“如雪片一般”，其中有6篇还被定为模仿之佳作：《小平铭》、《晚晴铭》、《假食铭》、《奥运铭》、《公仆铭》和《掮客铭》。值得一提的是：这些作品与网上流行的、有些恶搞味道的《学生铭》、《女友铭》、《食宿铭》、《金钱铭》、《寝室铭》、《考试铭》等其他《陋室铭》仿写版本相比，风格自然不同，内容不全是嘲弄式仿拟，思想境界较高，与源篇意境颇接近，做到了《文心雕龙》对“铭”这一文体所提出的要求：既文字简练，又能表达出深邃的内涵、高远的境界。

以同构类推方式复制和传播的语言模因更多见于媒体宣传，其中最多的当属嘲弄式仿拟。我们曾举过家喻户晓的《大话西游》中的一个例子，同上面《陋室铭》一样，某段话的重要框架被抽出来，然后再根据各种各样的语境填上相应的语句，复制出同构类推的模因变体。先看《大话西游》中的一段经典对白：

（4）曾经有一份真诚的爱情放在我面前，我没有珍惜，等到失去的时候我才后悔莫及，人世间最痛苦的事莫过于此……如果上天能够给我一个再来一次的机会，我会对那个女孩子说三个字：我爱你。如果非要在这份爱上加上一个期限，我希望是——一万年！

这段话的基本框架是：

（5）曾经有×××××××放在我面前，我没有珍惜，等到失去的时候我才后悔莫及，人世间最痛苦的事莫过于此……如果上天能够给我一个再来一次的机会，我会对××说三个字：×××。如果非要××××××，我希望是——×××！

如果我们到网上搜索一下，就会发现有成千上万的复制版本，譬如有《大话西游》之彩票版、IT版、献血版、考研版等（谢朝群、何自然，2007）。我们在这里不妨引用一个所谓娃哈哈茶饮料广告版：

（6）曾经有一瓶娃哈哈茶饮料放在我的面前，我没有珍惜。等到失去的时候我才后悔莫及，人世间最痛苦的事莫过于此……如果上天能够给我一个再来一次的机会，我会对它说三个字：我爱你，如果非要一个数量，我希望是——一万瓶！

娃哈哈茶饮料靠这个广告，得到受众的广泛接受，给公司带来了颇佳的经济效益。而与此同时，从《大话西游》传播开去的同构类推在一个时期内也成了被大量复制的强势模因。

从修辞学的角度审视，语言结构被广泛复制和传播而成为语言模因的源语有以下的特征：文字优美，内容夸张、对比、比喻等多种修辞手法；内容精彩，经常一语道破天机，使人欷歔不已；效果强烈，要么深邃高远，发人深省，要么幽默搞笑，使人难忘。如上例（4）的《大话西游》经典对白，是男主人公至尊宝为了打消女主人公紫霞杀他的念头而撒的谎，这个被至尊宝本人认为是“最完美”的谎言，其魔力不仅使他蒙混过了关，也使我们这些观众忍俊不禁：明明是假话，却还说得如此山盟海誓，这样的源语往往成为模仿传播的对象，是强势模因形成的基本条件。

三、语言模因的修辞效应

语言模因要自我生存或产生新的模因变体（即自我复制和传播），就得使用各种各样的重复和类推方式，最终导致产生各种各样的语言现象。这里，我们把模因在复制和传播过程中使用的方式和手法看做语言的修辞现象，也就是语言模因产生的修辞效应。这种效应的大小说明语言模因复制、传播的广泛性和可行性，说明那是强势还是弱势的模因。因为带有修辞手法的语言总比平淡无奇的语言更能引起人们的注意，更能刺激人们模拟的欲望。语言模因的修辞效应无所谓正面或负面，它们都是模因得以自我生存或产生新模因变体的表现。我们下面就谈谈语言模因在复制和传播过程中产生的几种常见的修辞效应。

（一）效应之一：“赶时髦”

修辞学里的移用手法，讲的是因表达需要而打破时代、地域限制来一个巧移词语。某些语言模因的形成过程也近似移用，它往往打破语境的束缚，把原本适用于甲语境的源语结构挪到乙语境，产生出社会语用中“赶时髦”的修辞效应。例如人们乐于将热播的电视节目、新上映的电影大片、日渐普及的IT行话和品名作为源语，与日常语言混在一起来复制、传播，形成新的模因变体，出现在社会用语中，产生“赶时髦”的模因效应。“PK”这个字母组合，一说是英文player killing的缩写，指网络游戏中的玩家之间彼此对打；另一说是英文penalty kick的缩写，指足球比赛中的罚点球，一对一的单挑，只有一方胜出。PK进入汉语之后，词性被乱用了，原来只是一个外来名词的缩略词，现在却被当成汉语的名词、动词、形容词来使用，表达决一雌雄、比个高低、末位淘汰等多种意思，从“终极PK”、“模特PK大赛”到“让PK来得更厉害些吧”等各种用法和说法充斥媒体、网络，它的流传一时成了汉语目前最为强势的语言模因之一了。PK至今还在不断被复制和传播，明显地让人感到那是“赶时髦”：

（7）a. 北大女生PK金庸 无知？炒作？（《华西都市报》06/11/27，

文娱 06）

b. 北大女硕士步非烟且慢 PK 金庸（《浙江在线》06/11/28，陆志坚撰文）

除了 PK，以下的说法也是“赶时髦”（郑庆君，2006）：

（8）a. 如感到心里拔凉拔凉的，请拨打俺的手机号！谈工作请按 1，谈感情请按 2，谈人生请按 3，给俺介绍对象请按#，请俺吃饭请直接说，找俺借钱请挂机！

b. 删除昨天的烦恼，确定今天的快乐，设置明天的幸福，存储永远的爱心，取消世间的仇恨，粘贴美丽的心情，复制醉人的风景，打印你的笑容！

c. 感情欠费，爱情停机，诺言空号，信任关机，关怀无法接通，美好不在服务区，一切暂停使用，生活彻底死机。

其他的“赶时髦”例子还有很多，源语中有出自 2005 年的贺岁片《天下无贼》中的“黎叔很生气，后果很严重”，出自《大话西游》中的“给我个理由先”，出自《饮食男女》中的“人生不能像做菜，把所有的料都准备好了才下锅”，出自《阿甘正传》（*Forrest Gump*）中的“生活就像一盒巧克力，你永远不知道下一块将吃到什么味道（Life is like a box of chocolate. You never know what you're gonna get）”等，这些语言被复制、传播成为模因时，就形成了“赶时髦”的效应。“赶时髦”是无所谓好坏的，有的“赶时髦”最终成了家喻户晓的名言，也有些“赶时髦”的说法只是一个短暂的强势模因、昙花一现的事物，或者它的流传范围并不宽广。如去年流行的“黎叔很生气，后果很严重”等的翻版现在已经变成一个弱势模因，悄然退出语言时尚区了。

（二）效应之二：“语码混用”

过去，在特定地区或特定人群的交际（如在我国的双语、双方言区，香港或海外华人聚居地的人群交际）中，常常存在语码转换或语码混用现象。这类语言模因在复制、传播过程中产生的语用现象也很像修辞手法中的移用，包括异词汉用、方言通用、古词今用、今词古用等。

如今，随着国家改革开放政策的实行，语言模因的这类修辞效应还表现为汉语与他国语言（主要是英、日语语词）的混用。这种语码混用现象不但在各种各样的人群中流行着，而且在国内，特别是在沿海各省市，在改革开放前沿地区，在大众传播工具中都有所表现：

（9）a. Hi，你好呀！This morning 我们对你的 case 进行了 discuss，我们发现，这件事情不 make sense。所以我们不得不遗憾地告诉你：与这件事相关的所有 project 都将被 cancel 掉。（《广州日

报》04/02/20，B14）

b. 手机短信：祝狗年的你棒棒的 body，满满的 money，多多的 honey，少少的 silly，天天很 sunny，无忧无虑像 baby，狗年多 happy！（郑庆君，2006）

中、日语混用的例子，常见于食品广告和个体店铺名。例如康师傅公司推出的系列果粒饮品系列叫“康师傅鲜の每日 C 葡萄汁”，广州市有个发廊连锁叫“靓の一族美发店”等。

语码混用常被认为是不好的修辞手法，但在语言模因复制和传播过程中，这种手法就不知不觉地产生了。一些带着语码混用的语言模因有时还是强势模因，如人们乐于不说“再见”而说“Bye－bye”；表示惊讶时不喊“哎哟”，而改喊英语的“Wow”等。我们也许一面认为这样说话不好，但同时又不知不觉地用这些“不好”的混杂语码同别人交往。

（三）效应之三：“类比”

语言模因的“类比”效应集修辞手法中的义法、异用、同异和比拟于一体，指利用某事物（如商品品牌、人物、角色）的知名度构成异用或同异类比语言形式，让人们通过语句表面的浮现意义去想象出深藏语句之中的缺省语境，从而推断出其缺省意义（谢朝群、何自然，2007）。例如，“女郎”一词较早见于《乐府诗集》里的《木兰诗》：“同行十二年，不知木兰是女郎”，指年轻能干的女子。这个词语模因经过人们长期的复制和传播，一直存活到现在，如台湾漫画家朱德庸的漫画作品之一叫《涩女郎》，由该漫画改编的 40 集电视剧叫《粉红女郎》。自从在 1962 年上映的第一部“007”电影中与风流的詹姆斯·邦德搭档的漂亮女演员被译称为“邦女郎”后，“×女郎”就专指影视娱乐圈被某大牌男演员挑中做搭档或被某著名导演器重的漂亮女演员了。例如，成龙挑中与之合作拍影片的女演员（杨紫琼、王祖贤、范文芳等）被称为“龙女郎”，被周星驰选中与之合作拍影片的女演员（张敏、吴君如、林青霞、朱茵、黄圣依等）被称为“星女郎”，被导演张艺谋重用的女演员（巩俐、董洁、章子怡等）被称为“谋女郎”。最近还有“琼女郎”之说（凤凰资讯台，07/02/13），指台湾女作家琼瑶选中的女演员，出演由她的小说改编成电影的女主角。

模因传播过程中的“类比”效应也可能源于某个著名的电影或文艺作品的角色，例如金庸分别在《射雕英雄传》和《神雕侠侣》中塑造的黄蓉、小龙女等角色就经常被用来类比。娱乐圈中曾炒得沸沸扬扬的成龙私生女事件就是通过巧妙的类比而被称为“小龙女事件”（广州日报大洋网，04/10/05）的。人们从金庸小说的小龙女联想到成龙—私生女—小龙女，又是一种类比效应。

（四）效应之四："嵌进"

"嵌进"效应相当于修辞手法中的"镶嵌"，将固定的语词复制、嵌入或直接引用到篇章之中。这种语用现象是模因传播过程中产生的"嵌进"效应，它与词语中插入虚字、数目字、特定字、同义字、异义字而获取特殊修辞效果的做法很相似。在模因复制传递中触发的"嵌进"效应，往往涉及时兴的事物，如把年轻人乐于饮用的饮料名称嵌入祝福语篇中：

（10）祝来访的朋友们：百事可乐！万事芬达！天天娃哈哈！月月乐百事！年年高乐高！心情似雪碧！永远都醒目！中秋节快乐！（博客网：www.bokee.com）

再如，把IT业中的电脑硬件、品牌、软件名称用来形容男性各个年龄段在社会上所具备的心态和应有的志向（不过在不同的语境里，该例也有更隐晦的、只能让人意会而不可言传的有关男士生理状况的另类解读）：

（11）男人二十是奔腾，三十是日立，四十是方正，五十是微软，六十是松下，七十才是联想。（博客网：www.bokee.com）

（五）效应之五："仿似"

这第五种的所谓"仿拟"效应，是指以不同于源语的内容套用到源语的固定结构中，就像修辞手法中之引用或套用。这类修辞效应我们在前面谈及同构类推时已有涉及，这里只再举两例作为补充：

（12）昨天诚可贵，明天价更高。若为今天故，二者都要抛。（仿拟匈牙利诗人裴多菲之名句）（《中学语文教学参考》2004年第5期，第25页）

（13）春眠不觉晓，处处蚊子咬。夜里一翻身，压死知多少！（仿拟唐诗人孟浩然之《春晓》）（郑庆君，2006）

从修辞的角度来分析语言模因传播过程中的效应当然不止这些，但上述五种修辞效应在日常语用中出现得较为频繁。

四、结束语

上面提到的模因传播的修辞手法或称模因产生的修辞效应，既能产生好的模因，也可以产生坏的模因。作为修辞学者，对不断被复制和传播的语言模因现象能作何种评价，或者应当如何评价？不管模因用的手法或效应是好是坏，语言模因都在流传着是客观现实。我们能接受和容忍语言模因以这样的修辞效应来传播吗？这是我们从事修辞教学与研究工作时必须思考的问题，因为它涉及的不但是如何判别修辞手法产生的修辞效果问题，而且涉及语言规范和语言政策的大事。下面是关于语言模因与修辞效应之间关系的几点思考，作为本文的结束语。

第一，根据模因论的观点，模因有正确和错误之分，有有益和有害之分。同样，语言模因也会有好和坏的区分，一些家喻户晓、群众喜闻乐见、让人印象深刻的说法是好模因，这些语言模因会长期被人们使用和传诵。但不管好的、坏的语言模因，在它复制和传播过程中都会产生类似的修辞效应，我们不能因为流传的模因不符合语言习惯或规范而去责怪形成这种模因的手法。

第二，某个语言模因能否持久流传和对其作出是好、是坏的判断，并非根据某个人武断的主观意见，而是这个模因本身的生命力，是它的传播能量和被使用的频率。内容或形式拙劣的语言模因不会长久流传，最终肯定会被它的使用者遗弃，似乎用不着我们过多地主观指责和担心它的影响和效果。

第三，对当前语言模因传播过程中出现的社会语用问题，我们是充满热情地让它发展，还是不断纠错、叫停，还是不以为然地在报章上说三道四呢？作为语言工作者，我们的观点应当是多点宽容，少点指责，但又不能过于放任自流。我们不要拿着一个还未有公论的语言现象就加以评头品足。当然我们也应了解语言模因的进化规律，为祖国语言健康发展负起引导、教育的责任。我们要引导人们健康地使用语言，发挥我们作为语言工作者的应有作用。

第四，研究语言模因及这些模因产生的修辞效应可以帮助我们从语言模因论中找到修辞教学必须改革的依据。为了适应社会大众使用语言的需要，我们要在传统的修辞理论的基础上勇于革新。我们需要更多的像《咬文嚼字》一类的语言通俗刊物，但我们的宗旨不是“咬文”，也不是“嚼字”，而是实用的语用修辞。我们盼望将来有一本在语用修辞方面既显出宽容而又不失引导作用的普及刊物。

（原载《外语学刊》2008 年第 1 期。）

语境新论

一、引 言

语境是语用学研究中的一个重要课题，要研究语用意义就不得不关注语境。通俗地讲，语境指语言运作的环境；作为一个语言学术语，它指与语言产出和理解过程有关的一切环境。但这个术语从来就没有明确指出到底哪些才属于与语言产出和理解过程有关的环境。过去，语境往往指语言语境，即上下文，但这个定义太狭窄了。

上下文只是语境的一个组成部分，常见于句段、篇章，它可能指词语与上下句段或篇章之间的意义关系，所以，当代语言学家把上下文看成是linguistic context，或称为co－text（the actual text surrounding any given lexical item.）（McCarthy,1991：64）。这样的语境，分析起来往往是一种静态的观察，不能反映语境的全貌。

从语用学的角度看，语境（context）指在语言运作过程中与之有关的语言或非语言成分，是产生话语的环境（the situation in which the discourse is produced）（ibid）。人们依据话语产生的环境，判断出话语表达的意义。不过，如果把上下文（co－text）从语境中分离出来，不把它看成是语境的组成部分便说“语境是产生话语的环境”，那么语境的定义就会不够全面，话语意义也就不一定能够准确认知了。

有学者之所以主张语境不包括上下文，是因为他们认为上下文只用来分析现成的语段篇章，是形式的、静态的。他们强调语境与语言行为的过程有关，涉及说话双方的主观成分，而不是一种纯客观的环境。他们认为，由于语境会随着语言运作的变化而变化，它必然具有不断变化的动态性。

可以说，当代语用学对语境的研究有两个特点：广泛性和动态性。

语境的广泛性，指语境不再局限在语言语境，即上下文。语境是广泛地与语言意义表述有关的一切因素。如果我们把语言看成是一种社会现象，那它必然是在社会的某种环境中使用。这种与语言运作有关的社会环境范围很广，很复杂。它不但要考虑语言运作的现场，而且要考虑语言运作者双方的身份、地位、性别、长幼，双方的语言、文化背景、思想意识及民俗习惯。

语境的动态性。所谓语境的动态性，就是说不能将语境理解为固态的、不变的。相反，语境是动态的，因为它主要与言语有关，是随着话语的变化而变化。语言运作者在语言运作过程中涉及的内容、目的以及这些内容和目的本身都可能出现种种变化。曾经有学者谈论语境时，以为语境是一个约束人们运用语言时不可抗拒的“无形的恢恢之网”，认为语言使用者是“语言环境的奴隶”（钱冠连，2002：81）。其实，这个看法过分强调语境的客观性，把语境固化了。人们为了成功交际而使用恰当的语言表达方式，绝非是屈从于语境，被动地使用那些可以不经脑子的、固化了的语言。

二、语境研究的回顾

在国外，将语境概念引进语言学的是伦敦功能学派（王建平，1992：1－23）。Malinowski（1923）理解的语境是 context of situation，认为环境总是和语言互相紧密地纠合在一起，成为理解语言的必要因素。接着，Firth（1957：226）明确地指出 context 不局限于由语言因素构成的上下文语境，而且包括表示语言和社会环境之间关系的情景语境。意义就是语境，意义只有在语境中才能得到解释——这是伦敦功能学派对语境的认识。后来 Halliday（1976：22；1978：31）理解的语境是他提出来的语域（register），将语境概括为话语的范围（政治、生活、科技），话语的方式（口头语、书面语）和话语的风格（地位、关系、身份）。关于语域，Fishman（1965）则说，语域是社会情景，受到共同行为规则（包括时间、地点、身份、主题）的制约。Hymes（1964）立足于交际，把语境定义为篇章的形式、内容、背景、参与者、目的、音调、交际手段和风格，从而把话语本身都看成是语境的组成部分。

其实即使是转换生成语法学派，它对语境问题也无法回避。Chomsky（1977：40）在分析语义时就强调过语境的重要性，认为非语言因素会对语义产生影响，语句离开上下文就无法确定它的真实性条件。他说，“he has arrived”中的 he 就不能靠句法来解决。他又说：有朋友对我说“today was a disaster”，如果我知道他今天曾经做过一个讲座，那我就会明白，他说这句话的意思准是认为讲座做得很糟糕了。

随着语用学的发展，语境成为语用研究很重要的研究面。语用学是研究意义的，它研究的意义往往与语境有关，两者的关系极其密切。学者们从语境的角度定义语用学，认为语用学是研究语境意义的学问（Yule，1996：3）；语用学是研究话语如何在情景中获得意义（Leech，1983：13）；

语用学是研究如何利用语境来推断出意义（Fasold,1990：119）；语用学研究由社会语境确定的人类使用语言的条件（Mey,2001：42）。

对当代语用学界颇具影响的关联理论（Sperber & Wilson,1995）就认为，动态的语境有助于获取事物认知的最佳关联，从而在交际过程中只需付出较少的努力就能推算出最大的认知效果。而另一个同样具有影响的顺应论（Verschueren,1999）则认为，要使用语言必须选择语言，在这个过程中所选择的语言必须与语境顺应。顺应论也认同语境是在交际中动态生成的。它还具体地将语境区分为交际语境和语言语境：前者包括语言使用者（utterer - interpreter）、心理世界（mental world）、社交世界（social world）和物理世界（physical world）等因素；后者则是我们通常所说的上下文，包括篇内衔接（cohesion）、篇际制约（intertextuality）和线性序列（sequencing）。

在国内，修辞学家、语言学家们都谈论语境。陈望道（1979：7 - 8）称之为题旨情境，提出有6种语境因素影响着修辞的题旨：何故（说写的目的）、何事（说写的事项）、何人（说写者与听读者的关系）、何地（说写者所处的地方）、何时（说写者所处时间）、何如（如何说写）。张志公（1982）谈论几种不同的语境：一种从现实看语境，认为那是对语义影响最直接的、说话和听话时的场合和前言后语；另一种则从大的、笼统的范围看语境，认为语境可以统指整个时代、社会的性质和特点。他还认为交际双方的个人情况（如文化修养、知识水平、生活经验、语言风格和方言基础等）也是一种语境。于是他最后把语境总结成三大类："现实语境"、"时代社会语境"和"个人语境"。王德春（1983：64）也很早提出，语境就是指"使用语言的环境"，即言语环境，而不能称为语言环境，从而指出了语境的动态性。他更进一步认为语境包括主观因素和客观因素，即"时间、地点、场合、对象等客观因素，以及使用语言的人，其身份、思想、性格、职业、修养、处境、心情等主观因素。王希杰（2005：54）则指出，语境可以分为言内语境和言外语境，前者指上下文，后者则再细分为物理语境、文化语境、心理语境等，即指交际活动的时间、空间等物理因素和社会环境、文化、自然环境及心理因素。这个论述可能是我国修辞学界对语境问题表达得比较全面、精确的见解。

国内其他学者谈论语境的还有很多，早在1992年我国就出版过《语境研究论文集》（西槙光正编），收集了我国及海外华裔学者撰写的有关语境研究的论文，开创了语境专题研究的先河，在语言学界产生了较大的影响。然而，那时作者们所论述的重点尽管不同，但大多是描述性的，离不开传统观点的框架。后来，随着对语言功能、语言认知方面研究的深入和发展，我国学者借鉴了国外语言学有关语境的观点和学说，纷纷从语用学、话语分析、功能语言学和认知语言学等角度研究语境，推出数量颇为可观的论文和专著。冯广艺（1999）的《语境适应论》强调语境对语言的制约作用，认为有三类语境制约着语言的运用：宏观语境、微观语境和伴随语境。作者继承和发扬了前人的见解，对语境作了多层次的分析，但他似乎仍在强调语境的客观制约作用，只谈语境如何支配语言，而忽略了语境只有在语言运用过程中才被激活，不断变化着的话语会使人们对它产生不同的认知。王冬竹的《语境与话语》（2004）论述了语境在语言学各分支学科中的地位和功能。该书使用的是俄语语料，但作者对整个语言学界研究语境的历史到现状都作了一些简要的论述，是关于语境各种见解的汇总。朱永生的《语境动态研究》（2005）立足于系统功能语法，着重对Halliday的语境论作了介绍，从现代社会文化的视角讨论语境与语言使用之间的关系，其中涉及语境的界定、语境的分类，更论述了语境与语义结构、语境的动态特征等一系列问题。该书还专门考察了一些语言学新论（框架论、概念隐喻论和心理空间论）对语境研究的启示。

三、语境研究近况

近年来，语言学界，特别是语用学界和认知语言学界，对语境的研究不断升温。认知语用学有一个很重要的研究面，就是探索语言的理解问题。为解决这个问题，就必然要展开对语境的研究。

日本语用学学者颇为注意话语结构和语境、社会认知和语境等方面的研究，这些论题在2007年年末召开的日本语用学学会第十届年会上多有反映。他们分别邀请了van Dijk（2008）和Verschueren（2008）在会上作了关于语境的讲演，两位学者对语境都提出新的见解。他们分别强调要从社会认知的角度来看语境，要从结构选择来理解语境以及根据语境去选择结构（陈新仁、佘维，2008）。这些新观点在2009年第十一届国际语用学会（IPrA）研讨会上有更深入的认识。据报道（江晓红、周榕，2009），在大会设置的“语境”专场里，学者们对语境的定义和作用进行了热烈的探讨，分析了语境和语言结构之间的关系。他们指出，语境要从多方面、多层次进行分析①，具有不同文化背景的人，即使处于同一交际语境之中也

① 关于语境的多元化问题，我国学者胡壮麟（2002：161－166）很早就发表文章指出，语境研究已从分析语言语境（上下文）发展到分析语言语境和非语言语境（二元化），再到分析语言语境、物理语境和共享语境（三元化），并继续走向多元化，将语境分析扩展到包含世界知识、集体知识、特定知识、参与者、正式程度及媒体等因素。第十一届IPrA研讨会表明，多元化正是当前语境研究的一个重要趋向。

会随着话语的变化而选择不同的语言结构，因此语境和结构也就形成了一个动态的依存关系，语境影响着说话人对结构的选择，而结构又同时反映了说话人对语境的认识。语境变了，结构随之不同，而语言结构的改变也会引致语境的改变。人们能否恰当使用语言结构也就反映了他们对语境是否有一个正确的认识。综上所述，我们认为，当前的语境新论有两个重要趋向，一个是社会认知语境观，另一个是动态关系语境观。下面我们就着重讨论一下这些观点。

（一）社会认知语境观

2007 年年末，van Dijk 在日本语用学学会第十届大会上发表了题为“Text and Context Revisited：Thirty Years Later”的讲演①。他说，30 年前他写过一本关于语境的著作：*Text and context：Explorations in the semantics and pragmatics of discourse*（1977），但在那本著作中，他主要从语义和语用的角度谈语篇，而语境则作为表现社会的手段，只在讨论社会背景时才有所涉及。30 年过去了，van Dijk 回顾了这些年语境研究的进程，通过自己的研究心得，从理论上对语境的定义和功能提出新的见解，初步形成一个完整的、新的语境理论。他指出，话语研究和语用学作为语言学的两个新兴领域，过去关注的主要是语篇和话语的特征和策略，而忽略了对语境的研究。在现有的研究中，人们又常常将语境看成是社会场景的一种表现手段，误以为某种孤立的社会因素（如性别、年龄等）会直接导致语言使用的变化，以为处于相同社会条件中的人会以相同方式来讲话。这是客观语境论，认为客观语境操控着人们的话语交际，要人们说话服从语境的制约。其实这是一种误导，因为即使处于同样的客观语境，同样年龄、性别的人讲同样内容的话也不是一成不变的；年轻人、老年人讲话千差万别，即使年轻人或老年人之间讲话也不只限于一种风格。因此，van Dijk 认为要有一种语境理论（a theory of context），解决社会场景和话语结构之间的认知问题，这就是情景模型（situation models）与语境心理模型（mental models），统称为语境模型（context models）。首先，语境不是客观的事物，而是一种主观的认识，是交谈者在交际中形成的一种心理过程；其次，交际者根据谈话中勾起的场景记忆（episodic memory）形成一种心理上的语境。正是这种语境模型控制了话语的生成和理解：它与其他场景记忆相结

① van Dijk 在日本的即席讲演和他后来发表在 *Studies in Pragmatics*（2008 年第 10 期）的文稿（2008a）在内容上基本一致，但在提法上则稍有不同。后者将他谈论的社会认知语境观笼统地称为语境模型（context models），涵盖了他在讲演中提及的心理模型和情景模型。van Dijk 在日本的讲演和上面提到的论文实际上是他同年在英国出版的 *Discourse and Context：A Socio－cognitive Approach* 一书的梗概。参见 van Dijk（2008b）及陈丽江（2010）发表的评介文章 。

合，在同一事件中个人形成自己的心理模型，并分别以自身认知用话语表达出来。van Dijk 说，男人可以同时具备父亲、丈夫等身份。当父亲与儿子交流时，他的父亲的身份特征是相关的，而作为丈夫的身份特征则会因语境不相关而隐藏起来。据此，他提出了语境的社会认知理论（socio-cognitive theory of context），简称为语境理论，认为语境会因人而异，是存在于人们各自头脑中的心理模型，是关于交际环境的心理建构（陈新仁、余维，2008）。

Mey（2001：265）曾经举过这样的例子，它正好说明语境是一种心理模型，是因交际环境而产生的一种心理建构：

（1）A：Would you like a piece of apple cake?

B：Have you got some?

这是两个日本秘书在办公室入口门厅里的对话的英译。这段对话涉及交际环境的心理及说话人的语用用意问题。B 的反问在日本人看来很正常——你有吗？有就给我尝尝吧！——然而 Mey 认为英美人或丹麦人会认为 B 的问话是多余的。在他们看来，A 的问话已经构建了“我有苹果馅饼”这个语境心理模型了，因而立即明白 A 的用意，只要回应“yes”还是“no”就行。可见，日本人与西欧人士处在相同的交际环境时，他们的语境心理模型是有差异的。

我们还可以再引用 Mey（ibid：264）的另一个例子来论证 van Dijk 的观点。从这个例子里我们同样清楚地看到不同背景的人在相同的交际环境下产生的不同的语境心理模型：

（2）Tourist：Is there a toilet around here?

Attendant：You want to use?

Tourist（somewhat astonished）：Sure I do.

Attendant：Go down the steps.

这里讲的是，一位研究日本寺庙建筑群的西方学者到日本旅游，刚下飞机，他与一位女性接待人员进行了一段谈话。按西方的交际环境心理，第 2 话轮的应答是唐突无礼的，更麻烦的是这位女接待根本不知道那位学者是想见识“东洋式”厕所这个用意，最后的话轮表达的是那位女接待热情地把这位学者带到机场负一层属于“西方风格”的厕所去了。这里的尴尬局面也是由于会话双方在交际过程中产生的语境心理模型不同而导致的。

van Dijk 认为，人们在交际过程中会出现各式各样的心理模型和情景模型，语境正是交谈者在交际中形成的一种心理过程。随着交际的进行，由于交际目标、交际环境、背景知识或认知记忆、身份选择等方面的变化，语境也就会不断发生变化，因而具有动态性。人们在交际中之所以会产生误解，正是因为双方建构的心理模型出现了偏差。下面这个相声片段表明，如果听众不了解“文革”年代干部受到过的伤害，他们是无法勾起大脑中相关的场景记忆的，因此下面这段对话恐怕就不会令他们在心理上联想到“坐牢”和“上吊”了：

(3) 甲：老金同志，你什么时候**出来**的？

乙：从哪儿**出来**啊？

甲：出来重新参加工作呀。

乙：吓我一跳。七七年……那你们站长呢？

甲：别提了，逼得没办法**上调**了。

乙：哎呀，就这样**上吊**，死得可太冤了！

甲：什么呀，上边来个人把他调走了。

乙：啊，调工作了！

van Dijk（2008a）认为，语境模型产生于场景记忆（episodic memory，指长期记忆中有关个人经验的部分——Tulving,1983），是人们对交际环境所持的主观看法。语境模型指语言使用者在他理解和体现的交际环境中他所熟悉的各类带文化特征的简单图式，例如背景（时空背景，spatiotemporal setting）、参与者（participants）和他们的不同身份及角色（different identities and roles）、正从事的社会行为（ongoing social action）、目标（goal）和现有知识（current knowledge）等。

语境模型必须是比较简单的，以便应用于为数较多的场合。因为语言使用者不可能在心理上塞满各门各类的语境模型。此外，语境模型是动态的，它要随时照应语篇或话语的前言后语，适应话题的变换和顺应不同的知识、目标的需求以及身份和关系不同的参与者。

总之，语境模型不仅影响了我们说什么，更重要的是影响我们如何去说。假如你的私人轿车失窃，你报警时向公安部门报告失窃过程与给家人讲述车子如何被盗，你所使用的语言风格是不一样的，这是因为情景模型不同，语境心理模型也就产生差异。语境模型中的情景模型是产出和理解话语的心理依据。在 van Dijk 看来，情景模型可以解释心理模型中言语行为的得体条件、话语的体裁和语域，以及因语言使用情景变化而产生的心理特征。错用情景模型还会导致语用失误（陈新仁、余维，2008）。我们试用下面的例子来验证一下这个观点。从静态语境看，人们会认为这段对话并无不妥，但当它纳入动态的交际环境，得出的效果就不一定是正面的了（何自然，1997：208），如下面的例子：

(4) —Are you writing a letter to your wife?

—Yes, I am.

—How often do you write to your wife?

—Once a week.

这段对话只适用于课堂上操练句型，一旦发生在实际的交际环境，就会认为提问人无礼，甚至别有用心。

（5）Excuse me, would you mind taking me to the airport?

这句话礼貌得体，可是，如果是在向出租车司机招手叫停的交际环境下提出的请求，那就未免太做作了。这里的情景模型只要求简单的“Airport，please”，既礼貌得体，也不失身份。

再如前面举过的日本秘书之间的交谈，以及西方学者被带到机场洗手间的例子，都可以证明必须有恰当的情景模型和心理模型，才能产出恰当的对话。

van Dijk 的语境模型理论（2008a，2008b）从心理认知的角度说明了语境的动态性，认为语境不是客观的社会环境，也不是只指客观的事物，而是大脑的产物，是一种主观的认识，一种心理模型；交际中的语境是在交际双方的话语中设想出来的情景模型和心理模型，这样主观设想出来的语境模型有可能与现实环境一致，也可能是各种随着话题展开而在大脑中不断形成的新的情景。

上述的这些观点都是很有启发意义的。不过，van Dijk 的语境模型并不包括上下文（co－text 或 linguistic context）。另一方面，他的语境观也还只是停留在理论探讨阶段，还需要进一步的完善。但这种社会认知语境观不失为当前的语境新论之一。下面我们再介绍另一位学者的又一个语境新论。

（二）动态关系语境观

动态关系指的是语境与语言结构之间的动态关系。这是 Verschueren 于 2007 年年末在日本语用学学会大会上作的专题讲演的内容①，在这个讲演里他发展了他在 *Understanding Pragmatics*（1999：73－200）一书第二部分关于语言表意功能的论述，着重讨论了语境和结构的关系，阐述了他的动态关系语境新论。如果说 van Dijk 的的语境观强调的是语境的社会认知成分，那么 Verschueren 的语境观则突出语境与语言结构之间的动态性。我们在前面提到，当代语用学认为语境不是静态的，而是动态的。话语的运作

① 2007 年年末 Verschueren 在日本语用学学会第十届大会上作了一个专题讲演和一个学术讲座。这里讨论的是他的专题讲演 Context and Structure in a Theory of Pragmatics。该讲演后来发表在日本语用学学会主办的 *Studies in Pragmatics* 期刊 2008 年第 10 期上。

不受制于预先设定的语境，相反，语境是在话语的运作过程中随着话题和说话人角色的变换和话语结构的不断选择而不断变化。Verschueren 的讲演从顺应论角度探讨了语境与语言结构表意功能之间的动态关系（2008）。

他认为，传统上，人们谈及意义，特别谈到语言使用中的意义，就少不了要提到语境。但谈及语言使用中语境可以支配意义的同时，还要考虑语境之外的另一个最能表达意义和理解意义的语言结构。如果我们只把语境与意义联系在一起去讨论语境如何影响意义的解读，却忽视探究语境与语言结构之间的关系，这就不能不说是一种疏忽了。

语言交流过程是语言使用者构建互动意义的过程。这个过程是他们通过协商、根据交际需要作出内部调整、充分利用思维的灵活手段来选择产出和理解语言的各种各样表达方式的工具。

动态性（dynamics）和凸显性（salience）是语言使用过程的核心概念。它们是选择语言结构和理解语境特征的重要组成部分。

所谓“结构”（structure）是指各层次的语言形式通过选择而组成的成分结构；而“语境”（context）是交际过程中涉及的各种不同事件的集合，语言使用者可以根据这个事件集合来选择他认为合适的语言。

有人认为，结构和语境很难拉扯在一起，因为那是相互无关的两个实体。其实，这两者之间存在本体论意义和认识论意义上的联系。

从本体论角度看，语境一旦发生变化，语言结构形式所表达的意义也会发生变化，语言结构形式变化也必然会引起语境内容变化。

从认识论角度看，交际双方参与的言语活动是一个动态的互动过程，在这个过程中产生的语境现象是他们使用语言结构表达思想的依据。用什么结构完全取决于他们对语境现象的识别和认知。这同所谓“在什么山上唱什么歌”一样。例如 Verschueren 在 *Understanding Pragmatics*（1999：184）一书中所举的例子：

（6）Customer：Is this non－smoking？

Waitress：You can use it as non－smoking.

Customer（sits down）：Thanks.

这是咖啡厅里女服务员与顾客的对话。这时的语境状况前后变化如下：

①客观环境：咖啡厅通常辟有吸烟区和非吸烟区；

②顾客通过询问提出请求：他不抽烟，希望安排在非吸烟区；

③与通常的情况相反，这个咖啡厅没有专门设置非吸烟区；

④如果把顾客的言语行为只看成是询问，女服务员可以作出否定的回应：I'm sorry；we don't have a non－smoking section，从而迫使顾客到别的

地方；

⑤但她从顾客的询问中推测到顾客是非吸烟人士，希望能在非吸烟区里安排一个座位。由于咖啡厅没有非吸烟区，聪明的女服务员为留住顾客，直接把询问看成是请求，使用了 use…as…结构，在吸烟区腾出位置给这位顾客，从而改变了整个认知环境；

⑥最后，在女服务员的灵活安排下，顾客的愿望得到满足，于是对服务员表示了感谢。

下面的这个例子（ibid：158）也同样说明了这样的问题：

（7）Woman：[gesticulating] Pause…pause. [pointing at watch] How long?

JV：[slowly articulating] Ten minutes. [holding both hands up, fingers stretched] Ten.

这也是 Verschueren 在 *Understanding Pragmatics* 一书中用过的例子：在布达佩斯的一个音乐厅里，幕间休息时，一位美籍女士以为正用荷兰语交谈的 JV 夫妇不擅长英语，但她又想向他们打听幕间休息多长时间，于是故意用简单的"结巴英语"询问 JV。而这时，JV 也以为对方是只懂几个简单英语单词的当地人，也故意地以同样缓慢的发音加手势来回答了她的询问。后来，当 JV 发觉那位女士同她丈夫之间的交谈竟然操起流利的得克萨斯英语时，他不禁冲着他们说了一声："Oh, you're American!"

谈话双方这种相互顺应现象说明：精通英语的双方受限于当时各自的认知语境（都以为对方不谙英语），用了特殊的语言形式——"单个词语+手势"的"结巴英语"来交流。此时，语言形式的变化引致语境的变化：双方在言语互动过程中，语言的表达方式反映出交际者对语境现象的认知。到后来，当相互知道对方都能操流利英语时，他们所用的语言形式自然有所改变，而双方所处的语境也随之不同了。

在谈话双方进行言语互动的过程中，语言结构的运用反映出交际者对语境现象的识别情况；交际双方的话语内容涉及哪个方面的语境现象，他们就会按照认定的语境选择适当的语言结构。这个过程反映了交际者对语境与语言结构之间关系的认识。

与 van Dijk 不太一样的是，Verschueren 认为不能将语境与上下文（co-text）割裂开来，上下文是传统的语境的基本组成部分，只要说话，就会有上下文，它是人们选择合适的语言结构的依据之一。Verschueren 的动态语境观中很重要的一个认识是：话语不存在于预先确定的语境之中，相反，话语可以创造自己的语境（Discourse doesn't exist in a pre-set context, but it can create its own context) (Verschueren, 2007)[①]。人们根据他们交谈时自己创造出来的语境，以恰当的语言结构来表达他们的思想，同时通过语境和语言结构去理解别人表达的思想。

Verschueren (2008) 对语境的新见解主要阐发语境和语言结构的关系。这其实只是语用学理论中的一个小小的但又十分重要的课题。它告诉我们两者在认知上的密切关系。这种关系建立在元语用意识（metapragmatic awareness）的基础之上。元语用意识使每个语言结构都成为语境本身的重要组成部分：语境变化结构随之出现不同的选择，同样，结构变化表明话语体现的语境有了新的认识。在语用学研究中，必须牢记语境—结构的相互依存关系，只有这样，我们才可能应用实证研究的方法来评估语境各种因素的相关性，使我们在语言使用的过程中，即使面对动态生成的互动意义也有足够的认识，从而在产出和理解话语时能够顺利排除那些想当然的主观臆断。

四、结束语

语境是语用学研究中的重要课题，要研究语用意义就必须研究语境。当代语用学对语境的认识是它的广泛性和动态性特征。广泛性在于它与语言运作有关的一切社会环境有关，而动态性是它会随着交际者的心理认知的变化而变化。社会认知语境观和动态关系语境观正是这两个特征的最新体现。前者强调语境是大脑的产物，是一种主观的认识，是交际过程中设想出来的情景模型和心理模型；后者重视语境和结构的动态关系：变动中的语境是结构产出和理解的依据，而结构的不同选择则取决于交际双方如何认识变化中的语境。

（原载陈新仁主编：《外国语文研究》，译林出版社 2011 年版。）

① 这个看法引自 Verschueren 于 2007 年年末在日本语用学学会第十届大会上所作的题为 Pragmatic Steps to an Ecocogy of the public Sphere 的讲演。

语境和转喻词语的识别

一、转喻与语境

转喻（metonymy）在修辞学中是修辞格中的“借代”格。认知语言学也研究转喻，认为转喻的应用在交际中具有普遍性。但认知语言学大多专注于研究说话人和听话人对转喻的心智活动，忽视了转喻在社会交往中的作用。在实际的言语交际中，转喻是一种涉及跨语义和语用界面的现象，语义现象是指一些已经规约化的转喻词语，如乌纱帽、红领巾、月老等；语用现象则指具有高度的语境依赖性的借代，如在“常昊单刀搞定韩国”中，“韩国”转指“韩国的围棋手”，就是一种在特定语境下的特定所指。

转喻可以分成两类，规约的和非规约的。规约性转喻是语义的，而非规约性转喻是语用的，后者就有一个转喻词语的识别问题。

（一）规约性转喻和非规约性转喻

很多转喻经过长期反复使用，其语言修辞功能逐渐弱化，演变为常规化的语言表达方式，认知语言学通常将这种转喻称为规约性转喻，而把那些新颖的、具有较强修辞色彩的、形象生动的转喻称为非规约性转喻。新颖的转喻是一种语用现象，而词汇化和规约化的转喻则属于语义学研究的范围。转喻在语义层面的解读涉及语符解码，而在语用层面上则需结合语境进行推理才能获知语言形式所传递的交际意义。我们以非规约性转喻词语为研究对象，结合转喻认知的基本特征，从认知语用的视角揭示人们如何在特定语境下理解转喻的交际意义。

（二）规约性转喻中的句法和语义关系

早期的转喻研究认为，转喻作为间接指称在句法上具有一定的标志性，如通过主谓一致或代词回指理解转喻：

（1）**The hash browns** at table nine is/* are getting angry.

（2）**The hash browns** at table nine said he/* they can't find the men's room.

在例（1）中，主谓一致不是由“the hash browns”的复数形式决定，而是由“the hash browns”转指的人作为句子主谓一致的真正依据。相应地，例（2）中的代词回指也使用“he”而不用“they”来表达句子的一致关系。但是，后续话语中的代词回指并非总是以先行词的转指对象作为依据的。例如：

（3）**Ringo** was hit in the fender when he（Ringo）was distracted.

在例（3）中，“Ringo”是转喻用法，实指由 Ringo 驾驶的车，但后续代词回指的却是 Ringo 本人，而不是由他开的车。

（三）非规约性转喻对语境的依赖

转喻识别中的语法标记其实并不明显，特别是一些形态特征不明显的语言（如汉语）更是如此。转喻与隐喻不同，具有更为直接的指称功能。一些学者判断某一语言表达形式是否理解为转喻，其重要标准是看语句主体与谓词在语义上是否符合，如果两者讲不通，那一般都会认定是转喻关系。然而，主谓之间的语义冲突并非总能有效地识别转喻的。例如：

（4）**Nixon** bombed Hanoi. He killed many.

（5）我喜欢**大胡子**。

在例（4）中，动词“bomb”的语义选择限制要求主体必须是人。“Nixon”是人，但这里转指的是 Nixon 手下真正轰炸越南河内的人，因此要作出正确的解读还需利用人们的百科知识。同样，例（5）中的“大胡子”无论按字面意义还是转喻来理解（胡子或留有大胡子的人），都不存在语义不相容的问题，只有在特定的语境下，听者才可能推断出其特定的转指内容。

二、转喻识别与认知

转喻识别是一个认知的问题。以下我们从三方面谈谈转喻识别与认知。

（一）邻近性

转喻具有邻近性（contiguity）的特征。但什么是邻近性？认知语言学认为，转喻的本质是一个概念结构中两个实体之间的一种意义联系，也就是说，喻体和本体是两个不同实体之间在概念上具有一种邻近关系。可见，所有具有相邻关系的事物都可能具有作为转喻的资格。如果它实现了，那就是显性转喻，如果它还没有实现，就是隐性转喻。

（二）凸显

在邻近性得到确定之前，如果人们未曾对事物的某一方面加以凸显，就无从感知事物之间在概念上的相邻，转喻也就不能被识别。因此，转喻的另一个特征是认知上的“凸显”（salience），即人们在认知上容易觉察、易于记忆或便于提取的意识（awareness）。例如，人们倾向于以有生命的、具体的事物去理解无生命的、抽象的事物；以与人有互动关系的和具有使用功能的事物去理解与人无互动关系和没有使用功能的事物，如：

（6）闯红灯。

（7）吃大碗。/ 写毛笔。

（8）They spend the whole day in front of **the tube.**

人类之所以能以此代彼，是因为具有感知心理凸显的能力，也就是能意识到那些重要的、整体的、现时的、足以引起注意的事物：

（9）城市多喝一杯奶，农村致富一家人。

（10）I'll answer **the phone**（ = the person who gives the call）.

（三）文化倾向

人们还常常根据文化倾向来识别转喻。不同民族的文化传统会使人们用不同的喻体转指同一对象。比如事物之间并不存在邻近关系，但文化却可能赋予了这种关系，从而成为转喻的基础。例如：

（11）a. 不像有人留学回来教书，给学生上公呈要赶走，还是我通的消息，保全他的饭碗。（钱钟书《围城》）

b. Surely anyone who professes to think that the question of art and cultivation must go before that of **the knife and fork**（ = a living） does not understand what art means. （W. Morris, *How I Became a Socialist*）

（12）我喝汤，他吃肉，圆圆吃我。（杨绛《我们仨》）

同是指代"生计"，中国人用饭碗（11）a，但西方人则用刀叉（11）b。在（12）中杨绛按中国文化含蓄地用一个"我"作为喻体，指代了"我乳房的奶汁"。可见文化差异影响转喻的理解和使用。

以上列举的喻体还有一个优先选择的问题。转喻选择的优先性反映了人类对事物的认知过程。但是，不同的认知原则彼此间可能发生冲突，从而削弱转喻在认知上的理据。例如：

（13）With a large amount of earth and rocks falling down a cliff, **the coach** completely disappeared.

例（13）的"coach"指代"长途汽车"，还是在"车里的旅客"？如果按"动先于静"的认知原则，这里指汽车失踪，但按"人先于物"这个认知原则则无疑指乘客。但人们这时首先关心的是车上的人，表现出喻体选择的优先性。可见，凸显原则还不能给转喻的识别提供满意的解释。这里还有另一个根本属性，这就是语境对转喻的制约了。下面我们就谈谈这个问题。

三、转喻识别的语境制约

转喻的使用和理解离不开语境。

(14) You should avoid marrying **a sheep** at all costs.

这里用"sheep"指代在中国农历羊年出生的人，是一种临时性的意义关系，并无概念上的必然性。虽然转喻以邻近性为特征，但并非所有邻近或相关的事物都可以作为转喻的表达方式。邻近性作为转喻的核心概念有很大的偶然性：喻体往往即兴而成，对语境有强烈的依赖性。即使是转喻的凸显原则也是受语境制约的，说话人会因他所处的环境和交际意图而产出不同的喻体。

(15) 校园里出现了许多**新面孔**。

句中的"面孔"指代人，面部一般是区别外表的特征。但是当语境提及的是人的身材时，这里的"新面孔"很可能喻指"高个子"或"矮个子"，从一般描述变成特定描述。可见，语境能调控凸显度，使原本没有凸显的特征变成认知的中心。下面我们探讨一下，人们如何以语言为参照点、以语境为背景来实现转喻的认知语用解读的问题。

(一) 动态语境观

只有在具体的语境中才能判断一个词语是否用作转喻。在语境的制约下，同一词语，可以是非转喻性，也可以是转喻性的。例如：

(16) a. **The cheese sandwich** is made with white bread.

b. **The cheese sandwich** left without paying.

这里的"the cheese sandwich"在不同的语境中的指称对象完全不同。(16)a 指食物，而在 (16)b 中则转指食客。显然，语境是影响识别转喻喻体的一个重要因素。认知语言学认为制约转喻的是一种"共有知识"，从而勾起人们的联想。因此，它认为识别转喻的语境是静态的；而语用学则认为语境是动态的，语境是动态推导过程中对认知环境所作的种种假设。例如：

(17) Spielberg bought **the novel** for ＄1 million.

认知语言学认为，例中的"novel"是指小说的制片权，"novel"在这里是"部分代整体"的联想转喻，这个认识是人们的所谓"共有知识"决定的。而语用学则认为，在动态的言语交际中，语境并非事先确定的，因此，如果语境谈及一笔生意，(17) 中的"novel"会理解为买下小说的制片权，但语境是根据言语交际环境而变化的。"Novel"很可能会同它本身的价值（社会影响）有关，或者同它的作者（出自名家手笔）有关，"novel"喻义的理解取决于交际者在谈话当时构建的语境。因此，虽然转喻识别的关键是确立两个概念实体之间的联系，但概念之间的联系不是固定不变的，而是在一定的语境条件下动态生成的。为识别转喻，动态语境观更具有解释力。

（二）认知语境与转喻的识别

以认知语言学中转喻理解的联想模式和语用学关联论中语境推理模式为基础，我在这里提出一种转喻识别的联想推理模式。一方面，转喻形成的动因以事物的相邻性为基础；另一方面，转喻在交际中的产出必须满足人们的最佳关联期待。关联是前提，每个明示话语都应设想为这个交际行为本身具备最佳关联性，转喻词语的使用和识别也不例外。

语境假设有三个来源：上下文、认知背景和现时情景（Matsui，2000）：

1. 上下文

当话语中某一词语的意义发生转换时，上下文一定要有所交代。在上下文中，我们可以将转喻分为前指的转喻（anaphoric metonymy）、后指的转喻（cataphoric metonymy）和前后指的转喻（anaphoric and cataphoric metonymy）（卢卫中、陆云，2006）。

前指的转喻——转喻词语前的上文语境：

（18）当时上海已经是用银元的天下，银元有袁世凯像和孙中山像之分，叫“袁大头”、“孙小头”，民间自动变成了银本位，金圆券没人要了。市面上的情形是“**大头小头**，叮叮当当”。（李敖《李敖回忆录》）

这里对“大头小头”的理解取决于前文，即袁世凯像的银元叫“袁大头”，孙中山像的银元叫“孙小头”。读者以此为基础确立“特征与人”的转喻关系并进行转喻推理，这样“大头小头”在文中就不难理解。

（19）第二天，来看望她的，是一位陌生的小伙子，穿一身**好料子**，戴着墨镜，给她提了好大一堆糕点、水果。（贾平凹《蒿子梅》）

同样，例（19）中的转喻“好料子”是靠前文“穿”的激活而代指与之相关的“衣服”，通过“好料子”构成由“好料子做成的衣服”这个语境假设，确立“材料和实体”的邻近关系，从而识别出转喻。词语的动—名（穿—好料子）搭配和生活经验共同构成一个认知语境，成为该词语转指的基础，让读者找到符合最佳关联期待的解释。

后指的转喻——后指转喻的理解要看转喻词语的后续话语：

（20）“**黄包车**！”潘先生很入调地喊着。车夫们听见了，一齐拉着车围拢来。问他到什么地方。（叶绍钧《潘先生在难中》）

如果“黄包车”一词单独出现，读者很难理解其真正所指，但例中“黄包车”的后续话语却很清楚地表明它与“车夫”有关，说话人希望表达的正是拉黄包车的车夫。因此，语言语境是转喻理解的基础，因为有了语境的制约，本体与喻体之间的“工具和人”的联系才得以凸显。

前后指的转喻——前后指转喻的理解要同时依托转喻词语前和后的上下文语境。例如：

（21）姊，回头你和老太爷同坐**一八八九号**，让四妹和我同车，竹斋带阿莹。（茅盾《子夜》）

作者用“一八八九号”指代汽车的车牌号码，进而指代汽车。但“一八八九号”只是一组数字，它在人脑中的百科知识中，不仅可以指车牌，也可以跟任何编号的东西相联系。然而，根据例（21）上文的“坐”和下文的“同车”，听话人就不难作出符合上下文的语境假设，将“一八八九号”作为“车牌号”与“车”建立临时联系，形成“部分代整体”的转喻。概念之间的邻近关系往往是借助听话人构建的语境假设来获得的。随着话语的展开，人们在具体的上下文中会不断修正语境假设，建立最佳关联，从而最终识别转喻。

2. 认知背景

转喻的理解还受到认知背景的影响。认知语言学只重视语义的概念，我们认为还要分析认知背景对转喻理解的制约：

（22）a. 她把两条长长的匀称的脚迅速地伸进毛毯中去，把两根乌黑发亮的长辫往肩后一甩：“一年一次？”**长辫子**很有把握地问。（王友生《旋涡》）

b. 呵！不得了了，人言啧啧了；我却装作不知道，一任他们光着头皮，和许多**辫子**一齐上讲堂。（鲁迅《呐喊》）

在（22）a 和（22）b 中的“辫子”转指人，是部分代整体的转喻。但要对本体作出准确的解读，还需结合话语中的背景知识，构建相关的语境假设。在例（22）a 中，“辫子”指女孩，而在例（22）b 中，“辫子”指的是男孩，转指辛亥革命时期的清朝遗少。

（23）前几天，邻居张妈妈的儿媳生了个小孩，我问张妈妈是男是女，她面无表情地说：“生了个**六元**。”（《杂文报》，85/03/09）

这里的转喻也要靠特定的认知背景来识别。“六元”是某地区发放独生子女费的标准，女孩发六元，男孩发五元。离开了这样的背景知识，“六元”和“女孩”便是风马牛不相及的了。

3. 现时情景

除了上下文语境和认知背景之外，转喻识别还要看事件所涉及的时间、场所和人物等现时情景，听话人依靠这些因素形成具体的语境假设。例如：

（24）**The pearl** has appeared at last.

当用珍珠来指代人时，它既可以看成是隐喻，也可以是转喻。当描述一个女子像珍珠那样晶莹、圆润而以珍珠喻称，那是一个建立在相似基础上的隐喻；但如果某女子因习惯佩带珍珠而以珍珠代称该女子，那就成了建立在相邻关系上的转喻了。在（24）中，现场谈及某个佩带珍珠项链的女孩终于出现在机场，这样的“the pearl”就是一种转喻用法。

现时情景制约着语言形式的选择和使用，这样的例子比比皆是：

（25）a. 我喝**青岛**，你呢？

b. 你买什么？我买**蒙牛**。

c. 你喜欢听**钢琴**还是**小提琴**？

在饭馆说喝青岛，实为喝青岛牌啤酒；在超市买蒙牛，实为买蒙牛牌牛奶；在晚会上听钢琴，实为听弹奏人在钢琴上弹奏的曲子。当然，规约性—非规约性转喻的区分并非泾渭分明、非此即彼的，它们有很大的个体差异。当人们出于省力原则而经常采用“喝青岛、买蒙牛、听钢琴”这些用法时，这些转喻也就成了常规用法。人们使用转喻词语，往往依赖现时情景以凸显邻近事物间的联系，从而在特定的语境条件下进行有效的交流。

可见，词语转指信息是以关联为取向的，听话人需要结合许多相关的动态语境信息进行推理，寻找转喻词语与整个话语的关联性解读。这就是我们这里讲述的语境和转喻词语识别的关系。

四、结束语

认知语言学基于概念之间的普遍联系揭示了转喻认知的联想特征，为意义的多样性提供了可选的基础。但转喻一旦进入交际层面，就必然引入语境方面的制约因素，从诸多的可能性中识别词语的交际意义。

语境在转喻识别过程中有决定作用，没有语境，我们就无法产出和理解转喻；语境又是转喻的制约因素，说话人产出转喻时必须考虑语境，听话人在解读转喻时也要考虑语境；转喻效果的好坏也是以语境的适切程度来判断的。

语境并不是双方事先确定的、固有的某些知识，而是一个变量，是不断变化、不断创设的。在交际过程中，词语转指信息不仅是通过某一词语的字面意义就能实现，说话人意欲指称的对象取决于说话人的交际意图，以及听话人根据语境进行关联推理的动态过程。

（本文与江晓红合作，原名为“转喻词语识别的语境制约”，原载《外语教学与研究》2010年第6期，收入本文集时作了修改及增删。）

语用含意推理

本文要讨论的是 Clark（1977）以及 Clark 和 Haviland（1977）（见 Tomoko Matsui，2000）提出的有关语用推理的一个类型：语用含意推理（bridging implicature），或简称含意推断（implicature inference）。这种类型的推理认为，说话人意图让听话人作出推断的是他提供的信息整体的组成部分，即让听话人推出话语中先行信息的含意。语用含意推理具有 Grice（1975）的会话含意（conversational imlicatures）推理的特征，Clark 认为，当人们违反 Grice 提出的方式准则时就需要作出语用含意推理。其实他是在 Grice 的会话含意四准则的基础上提出了另一条可以称之为先行信息准则（maxim of antecedence）的，作为方式准则的次准则：

根据已知信息推导说话人意图传递的唯一、直接的先行信息。

这种类型的推理从三方面作出含意推断：①在暗含默契的基础上，说话人和听话人在交谈方式上相互配合。②含意推断首先靠说出来的话语（即所谓“明说”），它是说话人话语中不可缺少的一个部分；不过它们往往超越了人们根据语言本身所作的理解，是人们对事物或事件的一种认识。③这类含意推断可以不断地推下去，但当听话人对话语的含意获得理解，而且这个理解又符合说话人的意图时，推断就会“点到即止”。

本文从介绍语用含意推理的“新—旧信息默契”开始，谈到语用含意推理的类型，其中有直接含意推理照应、间接含意推理照应和因果含意推理照应，最后简单讨论一下语用含意推理结果的确定。

一、语用含意推理的信息默契

推理是说话人和听话人协商的结果。Clark 和 Haviland（1974，1977）将这种推理称为新—旧信息默契（given - new contract）。英语的断言靠句法和语调区分出两类信息。第一类称为旧信息或已知信息，它习惯上用作传达听话人已经知道的东西。第二类称为新信息或未知信息，它习惯上用来传达听话人尚未知道，但说话人想让听话人知道的东西。已知和未知信息的区别一直被认为是句法上的，它在孤立的句子中都可以分辨出来。其实，新—旧信息还具有语用方面的功能，它给听话人传来了两类信息。由于已知—未知信息对言语交际起着重要的作用，所以说话人和听话人通常都用到它们。如果说话人相信他表达的东西是听话人知道的，那他就作为已知信息表达出来；相反，当说话人传达的是新信息，它就必须是一些说话人认为听话人还不知道的东西。至于听话人方面，他也知道说话人正是想这样做的。

我们看看这样的例子："It was Bob who complained."从句法上看，这句话表明原来已经知道"有一个人曾抱怨"（即已知信息为：X complained）；现在提供的新信息是"有一个人叫Bob"（即"X≡Bob"）。听话人是按以下的策略来处理这个句子的：①他辨认出新信息和已知信息；②他明白别人期待他已经知道"有人抱怨"这件事，于是他自己就回忆，看看有没有过这回事。当他记起有过"一位男士曾抱怨"时，他的记忆中就有出现一个"先行信息"（antecedent）；③由于听话人设想"X complained"就是指先行信息"一位男士曾抱怨"，于是他就将X≡Bob中的X取代记忆中的"一位男士"，从而建立一个新的命题："一位男士≡Bob"，这正是说话人在话语中要求他在记忆里建立的新命题。

在十分简单的情况下，用这样的认知策略是没有问题的。比如：

（1）John heard someone complain of his work. It was Bob who complained.

简单地说，听话人听到例（1）的第二个句子之后，他的记忆片段里就会复现从第一个句子中获知的信息；如果听话人用新—旧信息默契的方式来认识他听到的第二个句子，他就要为句中揭示的"X曾抱怨"这个事件寻找"先行信息"。当他在记忆中果然找到曾在第一句谈论的"某人抱怨"这个事件时，他就会将第二句听来的新信息与已经作为已知信息而存储在记忆中的事件相结合，从而获知新的命题。

但是，听话人在实施认知策略的第二步时并不一定成功，他有时无法在记忆中直接找到已知的"先行信息"。如果事情真是这样，他只好从其他的已知事物中进行推理，从而建构"先行信息"：

（2）In the class there was one student talking loudly. It was Jenny who complained.

这个例子的第一句并没有提到有谁抱怨，因而没有为第二句的已知信息（"X complained"）提供"先行信息"。于是听话人就只好在他先前所知的事物以及说话人意图中的"先行信息"这两者之间作语用推理（bridge）。他可能注意到，先前有人在班上大声说话，而大声说话很可能意味着班上有人抱怨，反过来说，抱怨的人通常会大声说话，因此抱怨的那个人准是先前在班上大声讲话的人。说话人正是想通过第二句的已知信息"X complained"来让听话人通过推理而断定他话语里的先行信息。总之，听话人设想说话人要传递两件事：一，有一个人在班内大声讲话是因为他抱怨；二，说话人意图让他通过第二个句子的已知信息（“X complained”）推断出“X”是谁这个“先行信息”。

对于新—旧信息默契，Clark 和 Haviland（1977：9）作了这样的一个笼统说明：

新—旧信息默契：说话人试图在交际语境中对每个话语都建立已知信息和新信息。为此，其一，他要听话人能够从记忆中推断出说话人意图表明为已知信息的“先行信息”；其二，说话人在他的“先行信息”中不会传达新信息。

至于听话人方面，他反过来知道说话人期待他知道而且思想上能够计算出在特定语境中说话人意图表明的“先行信息”。为此，他要作出什么样的语用推理呢？是推断出说话人期待他（听话人）能作出的推断呢，还是推断出说话人本人的意图？前者是听话人自己的认知，而后者则是他要推断出说话人意图表达的含意。

语用含意推理，即对各种语用含意作出推断，是话语理解过程中必须完成的。在特定的语境里，听话人需在记忆中辨认说话人意图指称的对象（referents）。说话人指称或照应的对象是已知信息。为了让听话人找到已知信息，说话人就有必要在话语中运用足以表明新—旧信息的策略。在大多数的例子中，为使策略得以成功，说话人要求听话人进行语用含意推理，对话语的含意作出某些推断，并将这些含意推断看成是理解话语时必须要做到的。总之，听话人将含意看做说话人意图表达的整体信息中的内在部分，没有含意在信息里面，话语就不存在要照应的对象了。

二、语用含意推理的类型

语用含意推断可以有多种形式，在听话人的“先前知识”和说话人意图表达的“先行信息”之间进行的各种类型的语用推理就是各类含意推断。我们准备在下面对自然话语中的语用含意推理类型作简单的探讨。像前面那样，我们将用两个说明性的句子作为例析，这两个句子组成一个表示行为先后的序列，其中第一句包含用于对第二句进行语用含意推理的整个场景知识（不过这里指的是非语言方面的场景信息）。

（一）直接含意推断

已知信息往往是对刚刚提及的事物、事件或状态的直接照应。这些照应哪怕是十分简单的，它们的确定往往都是某种含意的推断。这些通过含意推理而产生的语用照应是十分直接的，大家都很熟悉，它们可以分为以下几种：

1. 等同照应

（1）I heard a man talking at the hospital yesterday. The man complained of the treatment.

（2）I practise pronunciation and intonation every morning. The practice does me good.

（3）Her trousers were big. The size surprised me.

2. 替代照应

（4）I heard a man talking at the hospital yesterday. He complained of the treatment.

（5）I practise pronunciation and intonation every morning. It does me good.

（6）Her trousers were big. That surprised me.

3. 置换照应

（7）I heard a man talking at the hospital yesterday. The bastard cursed everyone in sight.

（8）I practise pronunciation and intonation every morning. The whole stupid business bored me.

（9）Her trousers were big. The funny look made me laugh.

这些含意推理的直接照应当然是直截了当的，例如在等同含意推理照应（1）中，其含意推断大致是：已知信息“the man”正是前句直接与之照应的先行信息“a man”。

这个含意推理十分简单，但这个推断显然是为理解（1）中的第二句而作出的。可以想象，the man 本可以指称其他人；听话人为作出合理的含意推断，他要在前句寻找等同照应对象。同样的含意推断也在例（2）和（3）中出现。至于例（4）的替代含意推理照应，原则也是一样的，但它用的是代词（he）或其他足以代表先前提及的信息（a man）的代用词语。从等同含意推理照应到置换含意推理照应其实是一个替换的连续体（continuum），如“an elderly gentleman”就可以渐次替换为：the elderly gentleman—the elderly man—the gentleman—the man—the oldster—the adult—the person—he。另一方面，置换含意推理照应主要是增加了关于照应对象的信息，根据对象的特征替换别的词语。如例（7）的置换含意推理照应可作如下的含意推断：“the bastard”的先行信息应是“a man”，但置换了“the bastard”则说明这个“a man”所照应的对象是带有“a bastard”特征的实体。

置换含意推理照应在置换选择方面十分严格，因为表示先行信息特征的词语并非随便可以置换的。将（7）的“the bastard”换作“the beggar”，甚或换作“the idiot”，其语用含意的照应对象都不能完全认定是“a man”，因为“the beggar”和“the idiot”似乎都只是指某人（此人可能是男的，也可能是女的），而不是像“the bastard”那样专指男人。

4. 局部照应

人们也能对某整体中的一个或多个局部求取直接的含意推理照应，就像下面这些例子那样：

（10）I met two students yesterday. The girl spoke to me in Cantonese.

（11）I met two doctors yesterday. The tall one gave me a checkup.

（12）He jumped three times. With the last jump he broke a record.

这里的已知信息，如例（10）中的“the girl”，有一个先行信息，它隐藏在先前提及的整体（two students）里面。当话语只是对其中的局部信息求取语用含意推理照应时，人们就必须分解含有先行信息的整体。例（10）的含意大致推断如下：“two students”这个照应整体中有一个是女学生，而另一个则不是；这个女生是整体中与已知信息 the girl 照应的“先行信息”。

例（10）的听话人推断，两个人中的另一个人不是女生，因为说话人用了表示单一的“the girl”这个说法。例（11）和（12）也可以作出类似的语用含意推断。

（二）间接含意推断

1. 联想照应

联想含意推理照应是一种间接含意推理照应。已知信息中有一些“先行信息”是不直接提及的，但它又同特定的事物、事件或情景紧密相关（Chafe,1972）。这些相关信息会因对象、事件或提及的情景的不同（从绝对必要到没有必要）而各异。下面只列举其中的三个层次差异：

A. 必然的联想照应

（13）I looked into the room. The ceiling was very low.

（14）My high jump was a new record. I won the champion.

（15）I looked at the bag. The big size was funny.

例（13）中，由于房子都有天花板，而且一个房子必然只有一个天花板，所以这里的天花板可以作如下含意推断：提及的是房子，房子必然会有天花板；因此房子的天花板成了已知信息“the ceiling”的“先行信息”。

下面我们分析一下可能引起联想的部分：

B. 可能的联想照应

（16）I walked into the room. The windows looked out to the Baiyun Hills.

（17）I went shopping yesterday. The walk did me good.

（18）I left late at night. The darkness scared me.

“不能保证房子都有窗户”，“去买东西（going shopping）意味着可能要走路”，“深夜上路会很吓人”，但这些只表示可能如此，或表示有道理。（16）的含意推断很简单：提及的房子有窗户；这房子的窗户是“the windows”的“先行信息”。

但是，还有一些有关部分，人们通常是不会想到的，它们只是为了求取“先行信息”而诱发出的联想，故称为诱发联想：

C. 诱发的联想照应

（19）I walked into the room. The chandeliers sparkled brightly.

（20）I went shopping yesterday. The climb did me good.

（21）I left late at night. The scare made me sing loudly.

我们这里作这样的推理：“房子有吊灯”，“去买东西包括路上可能要走陡坡”，“害怕深夜可能会以唱歌来壮胆”，但这些肯定不是上面各例所谈论的对象、事件或状态中的必然部分。例（19）的含意推断是：已知信息“the chandeliers”的“先行信息”是前句提及的房子（the room）诱发出来的想象，指高挂在房子里的吊灯。

一个很清楚的情况是，为求取“先行信息”，听话人应相信该信息必然存在于命题之内，是命题事物的一部分。按正常的理解，读了“I walked into the room”之后，我们并不会同时想到房子里有吊灯（chandelier）的，但为求取例（19）的“先行信息”，就要在该例的命题内作联想含意推理：该例第二句中提及的吊灯，应联想到房子可能有吊灯。另一方面，（19）的联想含意推理完全像（16）那样，是同一形式的含意推理，不同的地方是：为求取（19）的“先行信息”而进行的推理要靠联想，不能将房子里有吊灯看成是“自然”如此，或看成是“准会”如此。

2. 角色照应

角色含意推理照应也是一种间接含意推理照应。已知信息常常有这样的特点：它在先前提及的事件或情景（即“先行信息”）中扮演一个角色。这个角色各式各样，其中有必然的，也有任意的：

A. 必然角色照应

（22）John was murdered yesterday. The murderer got away.

（23）I went shopping yesterday. The time I started was 3 p. m. .

(24) I trucked the goods to New York. The truck was full.

对这些话语作出含意推断并不复杂，例（22）的情况是：John 被杀，已知信息“the murderer”的“先行信息”就是谋杀了 John 的人。(22) 中的第一句并没有声称只有一个谋杀者，但第二句的已知信息“the murderer”却强化了这个含意推断。同样，(24) 中动词“trucked”并没有说只有一辆卡车，但其中第二句的已知信息“the truck”在含意推断中，作为唯一的必然角色而强化了这一点。

此外，还有在先行信息中扮演其他任意角色的情形。

B. 任意角色照应

(25) John died yesterday. The murderer got away.

(26) John was murdered yesterday. The knife lay nearby.

(27) John went walking at noon. The park was beautiful.

在（25）中，其含意推断如下：John 死了，但已知信息“the murderer”能推出 John 是“他杀”这样的“先行信息”。在（26）中，从已知信息“the knife”可以推出先行信息是 John 被人谋杀的方式不是用枪，也不是徒手，而是用刀子给刺死的。句中的已知信息“the knife”是照应先行信息 John 被杀的作案工具。（27）中的含意推断是：与已知信息“the park”照应的先行信息是 John 去散步的地方。

“必然”和“任意”这两类角色涉及一系列的问题。例如，大多数名词词组有这样的特点，它们都与事件有关，甚至将事件作为自己的组成部分。我们这里给出的名词词组是未加任何修饰成分的，如果带有修饰成分，它们当然可以阐述得更清楚。“The murderer”可能是“谋害了 John 的人”；“the knife”尽管没有明确地定义为工具，但可能是“用它作为行凶用的凶器”，如此等等。英语中有一系列的分裂句和假拟分裂句，这类句子形式常常用来对名词词组作出清楚的阐述。例如“The one who murdered John got away”和“It was that man who murdered John”等。形容词也可以有这样的功能特征，例如，“The guilty party got away”。这些形容词（如 guilty)、关系分句（如 who murdered John）和派生出来的名词（如 the murderer）所能做到的，是在原来提及的事件中扮演说话人意图表达的“先行信息”的角色。

要从每个实例的角色中分开扮演的部分是困难的。例如，（26）中的刀子就看不出是谋杀行为中作为“行刺”的必然部分，但它的确可以分析为在凶杀行为中充当了凶杀工具的角色，因为“刀子”（knife）这个词总是含糊地带有“工具”这样的概念，它是一个带有功能特征的名词，就像“murderer”（行凶杀人的男人）是带功能特征的名词一样，它不仅仅是相当于“一个人”这样一个不带功能特征的名词。不过，这种差异有时是难以明确作出区分的。

（三）功能含意推断

能靠已知信息推断的“先行信息”往往是一个事件（event）而不只是事物对象（object），它在先前的事件中扮演各种不同类型的角色。这类“先行信息”可能不是先前发生的事件的主体、对象或工具，而是表明该先前事件的某种功能：目的或理由、原因或结果，或只是作为先前事件的伴随状态。

1. 目的/理由照应

（28）John fell. What he wanted to do was scare Mary.

（29）John came to the party. The one he expected to meet was Mary.

（30）John had a suit on. It was Jane he hoped to impress.

以上每种情况中第二句已知信息的“先行信息”都是第一句发生的事件的目的或理由。所以对（28）所作的含意推断如下：John 跌倒的目的或理由是他想做某事；已知信息“what he wanted to do”的“先行信息”就是表明 John 跌倒这个事件的目的。

目的或理由往往回答“what for”的问题，（28）~（30）中的“先行信息”都设想为先前发生的事件或状态的目的或理由来进行语用推理的。

2. 原因/结果照应

（31）John fell. What he did was trip on a rock.

（32）John came to the party. The one who invited him was Mary.

（33）John had a suit on. It was Jane who told him to wear it.

这里的原因与 A 中的理由不同，前者回答的是“How come?”的问题。（31）中的含意推断如下：John 跌倒了，原因是他做了某事；已知信息“what he did”的“先行信息”正是 John 跌倒这事件中的原因。这类型的含意对（32）和（33）都有效。以上每种情况第二句的已知信息都可作为前提事件，它与第一句中提及的事件两者之间可以推断出一种互为因果的关系，后件表明是前件发生的原因。下面我们再看看结果：

（34）John fell. What he did was break his arm.

（35）John came to the party early. The one he saw first was Mary.

（36）John met Sally. What he did was tell her about Bill.

（34）的含意推断大致是：John 发生了某事，这样的结果是由于他跌倒了；已知信息“what he did”的“先行信息”正是前述事件“John fell”的一个结果。（35）和（36）也类似，它们的含意也可以推断为结果。这类含意推断都认定已知信息的“先行信息”正是第一句提及的事件的结果。

3. 伴随状态照应

（37） John is a Republican. Mary is slightly daft too.

（38） John is a Republican. Mary isn't so smart either.

（39） Alex went to a party last night. He's going to get drunk again tonight.

根据 Lakoff（1971）的分析（Clark，1977），（37）的含意推断大致是这样：说话人认为共和党人有点愚蠢，John 是共和党人，因此 John 有点愚蠢。这是已知信息“Mary 之外有人有点愚蠢”中的“先行信息”，即有人（John）有点愚蠢，Mary 也有点愚蠢，两者伴随同现。

从以上三例可见，说话人期待听话人作出这样的含意推断：当处在一种状态下或遇到某一事件时他要明白里面可能会蕴含着另一状态或事件，两者伴随出现，即“发生某事件或呈现某状态的同时可能意味着发生另一事件或呈现另一状态”。

以上是语用含意推理的一般方法，听话人可以从第一个句子提及的事件或状态中推出其中与第二个句子的已知信息相照应的“先行信息”。这样的语用含意推理关系是十分普通、常见的，特别是在叙事中更是如此；而在功能含意推理照应当中，最普通、最常见的也许就是因果照应了。表示原因或结果的信息总是在一个句子和另一个句子传递的信息中先后出现，第二个句子的已知信息往往揭示第一个句子中提及的事件的原因或结果。

三、语用含意推理的确定

原则上，语用含意推理结果并不是刻意确定的。如果有时间和有心去做，人们可以刻意地、无止境地推断下去，或者一连串地设想下去，将一个事件与另一个事件的“先行信息”联结在一起。例如，在（39）中我们设想 Alex 每次参加晚会都喝得酩酊大醉，但我们本可以作这样的设想：他每次参加聚会都遇到女士，所有这些女士们说起话来都尖声怪叫，而这种尖声怪叫使他想起分了手的女朋友，而想起这个女朋友又往往使他生气，每当他生气的时候，他就喝得酩酊大醉了。只要稍微想象一下，就可以没完没了地将这类语用推理继续下去。

然而，在自然话语中，语用推断的结果是要确定的。在实际的交际中不可能无止境地对事件进行推理，它往往“点到即止”：交际双方做到新—旧信息默契，听话人能对语用含意作最简短的推理，即通过已知信息推断出前述话语中的先行信息就足够了。所以，在（39）中，听话人推断

Alex参加晚会就喝得酩酊大醉，这是最直截了当的含意推断，与关于聚会、喝酒甚至Alex情况的先前信息又最为一致。总之，听话人力求无需过多设想就能推断出含意，而他的推断结果又是最接近说话人的知识、最接近情景和最接近客观世界事实的。

我们在这里讨论的语用含意推理，是说话人意图让听话人作出的含意推断。就像其他的意向性意义一样，说话人话语中的含意，要与听话人通过语用含意推理而得出的推断结果相一致；当听话人对说话人的含意有一个完整的推断，并得到说话人的认可时，语用推理就会因为得到确定的推断结果而停止。但当推断结果没有得到说话人的认可，推理就要无止境地进行下去，这样推断出来的含意就无法得到确定了。

（本文原名为“语用含意推理和照应”，载《福建外语》2001年第4期。）

语用推理的照应

一、引　言

语用推理的照应（bridging reference）简称语用照应，指下文话语中待释名词词组（bridging NPs）（用斜体标示的部分）与前述话语（preceding discourse）中指称对象（referent）的照应关系：

（1）a. Mary got some beer out of the car. *The beer* was warm.

b. Mary got some picnic supplies out of the car. *The beer* was warm.

（1）a 的待释名词词组“the beer”在前述话语中很容易就找到作为它指称对象的照应词语或先行词语（antecedent），即 Mary 从汽车取出来的那些 beer；但要在（1）b 的前述话语中找出“the beer”的先行词语，那就要费点工夫了，因为前述话语的字面上并没有提到 beer。不过，人们能够根据前述话语作出推想（bridging assumption），即设想在 picnic supplies 中包括有 beer，从而认定待释名词词组 the beer 的指称对象是 picnic supplies 的内容之一。

确定语用照应关系的过程实际上是听话人根据前述话语推想出前提的过程。我们再看两个例子：

（2）Jane has a new house. *The front door* is red.

（3）小张给老太太送午餐来了。**豆腐**里忘了放盐。

要确定例（2）和例（3）中待释名词词组“the front door”和“豆腐”的语用照应点，即前述话语中的先行词语，就要像分析（1）b 那样推想出它们的前提：

（2’）Jane’s new house has a front door.

（3’）小张送来的午餐里有一盘豆腐。

前提推想出来之后，就会取得语用效果：“the front door”和“豆腐”便分别被确认为“Jane 的新屋的大门”和“小张送来的午餐里的那盘豆腐”了。

语用照应关系的确定与认知推理有关，本文要讨论的是话语中的待释名词词组与前述话语的照应，介绍语用照应的推断方法和语用照应因果论，并在此基础上讨论如何运用关联理论来分析语用照应关系。

二、语用照应的推断方法

语用照应的推理取决于前述话语。它是一个动态的过程，要求付出一定的努力，为待释名词词组找出前述话语中作为指称对象或照应点的先行词语，在信息缺损的情况下推想出合理的前提。下面，我们试对语用照应关系的各种推断方法作一些分析：

（一）意想焦点法

一般认为，判断前述话语中的指称对象，最有效的方法是 Sidner（1983）在研究有定前指（definite anaphora）现象时提出的“意想焦点法”（expected focus algorithm）。它通过句法位置和话题作用，断定话语的焦点所在，从而确定先行词语之所在。我们试比较下面两个例子：

（4） We went to a Thai restaurant. *The waitress* was from Bangkok.

（5） We stopped for drinks at the New York Hilton before going to the Thai restaurant. *The waitress* was from Bangkok.

例（4）中斜体标示的待释名词词组的照应对象没有问题：来自曼谷的女侍应当然是前述话语谈到的泰国餐厅。但问题是例（5），那位来自曼谷的女侍应到底指 Hilton 酒店的女侍应，还是泰国餐厅的女侍应呢？尽管人们的常识（encyclopaedic knowledge）会倾向于将泰国餐厅同来自曼谷的女郎联系起来，以为她是泰国餐厅的女侍应，但根据“意想焦点法”，例子中的指称对象“the New York Hilton”出现在前述话语的主句中，而另一个指称对象“the Thai restaurant”只属于从句，根据句法位置和话题作用，意想中的焦点应当是“the New York Hilton”。因此，那位来自曼谷的女侍应当是该酒店的女侍应。同样的例子有：

(6)？我们去动物园之前在陶陶居饮早茶，那小猴子可逗了。

按照“意想焦点法”，最容易明确的照应点应当是陶陶居，即小猴子是陶陶居的小猴子；但常识又干扰着人们按“意想焦点法”作出的判断，因为小猴子最可能出现的地方是动物园，而一般不会出现在广东人习惯喝早茶（吃早餐）的地方。

如果说话人说（6），他讲的小猴子真的是指动物园里的小猴子，那么（6）就被认为是语句不合适，在语体上出了毛病。这时，说话人应改说成：

(6’）我们在陶陶居饮早茶，然后就去动物园，那小猴子可逗了。

这样说，无论按“意想焦点法”，或者根据常识，都会认定说话人讲的是动物园的小猴子。

我们再引用一组例句，看看“意想焦点法”对确认指称或明确照应点是不是真的那样灵验：

（7） a. John worked in England before moving to Hong Kong 5 years ago. *The humidity* didn't bother him. ［“意想焦点”是 England，调查结果是：40% England；60% Hong Kong］

b. John worked in Hong Kong before moving to England 5 years ago. *The humidity* didn't bother him ［“意想焦点”是 Hong Kong，调查结果是：60% Hong Kong；40% England］

c. John worked in England before moving to Hong Kong 5 years ago. *The humidity* really bothered him. ［“意想焦点”是 England，调查结果是：40% England；60% Hong Kong］

d. John worked in Hong Kong before moving to England 5 years ago. *The humidity* really bothered him. ［“意想焦点”是 Hong Kong，调查结果是：100% Hong Kong］①

例中方括号内的数据反映了受试对“the humidity”指称对象的判断情况。这个调查表明，受试除了对（7）d 有一个共识、与“意想焦点法”的判断完全一致之外，其他各例的意见都很不一致，可见，人们并不总是按照“意想焦点法”来判断照应关系。据报道，有一位受试甚至认为（7）b 语体上有毛病，说不应将 Hong Kong 理解为“the humidity”唯一可靠的照应对象。

其实，指称或照应点并非只由句法位置和话题作用来确定的。“意想焦点法”固然有参考作用，但还要考虑一系列的语用因素。

（二）建立框图联想

在没有像（1）a 那样明确的前指词语的情况下，要确认话语中待释名词词组指称，找出其语用照应点，就必须根据前述话语作出推想。推想过程往往建立起一种框图联想（framed－based association）或图像联想（scenario－based association）（Sanford & Carrod, 1981）。像前面的（2）和（3），要确定 the front door 和“豆腐”这两个待释名词词组的语用照应，就要依靠常识分别找出前述话语中与这两个名词词组有关的照应对象，形成框图联想，进而推想出（2'）和（3'）。

推想要靠常识确定有关的照应对象，建立框图联想，但建立框图联想并不是一件容易的事。如果说话人话语中的信息前后缺损过多，信息与语

① 本文采用 D. Wilson 和 T. Matsui（1988）介绍的 Matsui 问卷调查中的部分实例，但实例中的语用照应关系分析均为笔者意见。

境的关联不足，建立框图联想的推想难度就大，为确定照应对象所付出的努力也相应越大。根据 Matsui 的问卷调查，下面这组例子各句的可接受性都存在差异，原因是建立框图联想的难易程度不同（方括号中数字表示话语可接受性的高低程度）：

（8）a. I was looking at van Gogh's self - portrait. *The missing ear* made me feel sad. [6.54]

b. I went to see some impressionist paintings. *The missing ear* made me feel sad. [4.08]

c. I went to a gallery yesterday. *The missing ear* made me feel sad. [3.23]

d. I spent all day in London. *The missing ear* made me feel sad. [1.46]

据称，Matsui 的这道题的问卷调查发生在 van Gogh 画展期间，受试对话语可接受性的态度明显地反映出他们当时建立框图联想的难度。

但是，我们也不能断定，无法作出框图联想的话语就必定是不能接受的。例如：

（9）a. ?A car went by. *The dog* was barking.

b. Don't go near that house. *The dog* will bite you.

c. Don't go near the car. *The dog* will bite you.

根据“意想焦点法”，(9)a 的“the dog”在前述话语中的照应点应该是“a car”，但“车驶过”和“有狗在吠叫”之间没有必然的照应关系，于是，框图联想就难以建立。如果比较一下（9）b，“the dog”的前述话语照应点是“that house”。“房屋里有狗”的框图联想是可以建立起来的。至于（9）c，“the dog”的前述话语照应点是“the car”，但它不同于（9）a，(9)c 在狗和车之间建立某种关联（“狗在车旁”或“狗在车里”），从而产生框图联想也是可能的。问题是（9）a 就真的因为建立不起框图联想而不能被接受了吗？不是的。如果处在要否定“dogs never bark in cars”这样的一个特定环境，(9)a 就可以建立起“狗在车内吠叫”的框图联想，话语也就变为可接受的了。

通过上述种种分析，推想不是通过某个单一的理由就成立的。合理的语用推理才是推想可靠性的保证。

（三）以认定的事实作推理依据

凡符合事实、有信息证据的语用推理均有助于确定照应关系（Lewis，1983：242）。我们引用 Matsui 的问卷调查中的例子作一些分析：

（10）a. I prefer England to Italy. I hate *the pasta there.* [100% Italy]

b. I prefer the country to the town. *The traffic* really bothers me. [100% town]

c. I prefer London to Edinburgh. I hate *the snowy winters.* [100% Edinburgh]

d. I prefer Italy to England. *The weather* is worse. [60% Italy; 40% England]

根据“意想焦点法”，例（10）前述话语中主动词 prefer 的直接宾语可以作为各例待释名词词组的照应点，但受试确认的结果表明焦点法不灵了。受试以他们认定的事实和信息的证据来推想，认为（10）a 中“the pasta”的照应点是“Italy”，因为意大利出意大利粉，说话人不爱吃意大利这种面食，结果他喜欢英国胜于意大利；对于（10）b，受试认为“the traffic”的照应对象是“the town”，城市交通让说话人讨厌，这正是他喜欢乡下的原因；（10）c 中受试将“the snowy winters”与“Edinburgh”照应，所以说话人喜爱伦敦胜于爱丁堡，因为他讨厌爱丁堡下雪的冬天。

根据事实和信息证据揭示照应关系能解决“意想焦点法”不能解决的问题，但并不彻底。受试对（10）d 的照应点出现了分歧：推想意大利天气较差的人认为前述话语的先行词语是“Italy”；推想英国天气较差的人就认为照应点是前述话语的“England”。如果从事实的角度来分析意见分歧的情况，大致会有以下的情形：未到过意大利和英国的受试并不清楚哪些地方的天气好，哪些地方的天气坏，听了这句话之后，“意想焦点法”会使他们轻易地认定说话人讲的是意大利天气较差；但对两国天气有过实际体验的人在理解说话人这句话时，就会以他们的经验作为依据，或者认定英国，或者认定意大利的天气较差。可见，靠事实和信息证据进行的推理实际上只是听话人根据认定的信念所作的推理。

我们再举一个无法以认定的事实和信息证据确定指称对象的例子：

（11） I prefer the restaurant on the corner to the student canteen. *The cappuccino* is less expensive.

根据“意想焦点法”，待释名词词组“the cappuccino”的指称对象是“the restaurant”，但常识表明，在学生餐室的意大利咖啡很大可能比一般餐厅的便宜，如果听话人简单地选择了事实上最易解释的学生餐室，那么根据“意想焦点法”确定的先行词语就会被否定。有意思的是 Matsui 的问卷调查提出两个问题问受试：

（12） a. Where is the cappuccino less expensive? [100% Restaurant]

b. In general, where do you get less expensive cappuccino, a student canteen or a restaurant? [100% Canteen]

两个提问的回答是相互矛盾的：（12）a 的回答中 100% 的受试说意大利咖啡比较便宜的地方是餐厅，而（12）b 的回答中 100% 的受试却认为，一般在学生餐室才可以喝到便宜的意大利咖啡。这说明，在（11）中，以听话人认定的事实和信息证据作为选择先行词语的依据无济于事，它会像“意想焦点法”一样地不灵。

三、语用照应因果论

无论我们对语用照应作什么样的分析，有十分重要的一点就是要分析听话人的认知。听话人对上面（10）d 的分歧，实际上是他们在因果认识方面表现出差异：40% 的受试认为，说话人说他喜欢意大利胜于英国，因为说话人相信英国的天气较差；而 60% 的受试则认为，说话人说他喜欢意大利胜于英国，结果说话人发觉意大利的天气竟然比英国差。我们下面再举一个例子：

（13） a. Kevin moved from England to New Zealand. He loves *the sheep*. ［100% New Zealand］

b. Kevin moved from New Zealand to England. He loves *the sheep*. ［100% England］

c. Kevin moved from England to New Zealand. He hates *the sheep*. ［100% New Zealand］

d. Kevin moved from New Zealand to England. He hates *the sheep*. ［60% England；40% New Zealand］

根据“意想焦点法”，（13）各例的前述话语语序不同，New Zealand 和 England 都可能作为“意想焦点”而被认定为先行照应词语。问卷调查的结果是前三例的受试意见比较一致，认为（13）a 的待释名词词组“the sheep”的照应词语是“New Zealand”，即说话人喜爱新西兰羊；相反，（13）b 中“the sheep”的指称对象是“England”，说话人喜爱的是英国羊。（13）c 中“the sheep”的指称对象又成了“New Zealand”，待释成分指新西兰羊。至于（13）d，受试的意见出现分歧：60% 的受试按“意想焦点法”原则认定待释成分是英国羊，但也有 40% 的受试认为说话人讨厌的是新西兰羊。

以认定事实和信息证据的方法来判断，话语（13）a 和（13）b 中带待释成分 the sheep 的部分（后述话语）应作为前述话语的证据。这两个话语的前、后两部分都表现为“前果后因”结构，（13）a 理解为“Kevin 因为热爱新西兰的羊才从英国搬到新西兰”；而（13）b 则理解为“Kevin 因为热爱英国的羊才从新西兰搬到英国”。不过，根据同样的方法，（13）c 和

(13)d 又有另一种解释，即话语后部分所描述的不是 Kevin 搬迁的原因，而是搬迁后的结果，即表现为"前因后果"结构。这样一来，(13)c 理解为"Kevin 从英国搬到新西兰之后，他讨厌新西兰的羊"；(13)d 理解为"Kevin 从新西兰搬到英国之后，他讨厌英国的羊"。但是，只有 60% 的受试同意这个解释，还有 40% 的受试认为 (13)d 仍然是"前果后因"结构，它仍要理解为"Kevin 因为讨厌新西兰的羊才从新西兰搬到英国"。

在这些例子中，人们不易肯定受试会采用哪种解释。因此，分析因果关系只能解释话语前件和后件的语用照应关系（"前因后果"或"前果后因"），但无法靠它来准确断定哪一个才是待释名词词组的先行指称对象。不过从上面受试的态度看，人们更多倾向于将这类话语理解为"前果后因"，而不是"前因后果"，因为将后件解释为结果一般都不足以作为前件的明显证据。

我们接受了 Lewis 的观点，语用上可接受的说法必须真实，信息要有证据。但囿于听话人的信念，我们认为其他的考虑（如关联理论的分析法）也应作出尝试，看是否有助于有效地解决语用推理中的照应问题。下面我们应用关联理论来分析一下语用推理中的照应关系。

四、关联理论与语用照应分析

（一）关联理论与推理

在认知层次上，关联理论认为，为理解话语，人们要付出注意力和努力去加工那些有关联的信息。这就是第一关联原则，亦即认知关联原则 (cognitive principle of relevance)：

认知关联原则：人类的认知倾向于同最大程度的关联性相吻合。

从认知效果和付出的努力来定义关联性，则：

关联性：a. 认知效果越大，关联性越大；

b. 为取得效果而付出的努力越少，关联性越大。

当新信息影响到以下三种语境假设的其中之一时，就会取得认知效果：

认知效果：a. 使一个原有的语境假设获得加强；

b. 与一个原有的语境假设出现矛盾或否定了原有的语境假设；

c. 与一个原有的语境假设相结合，产生语境暗含。

理解话语时人们付出的努力受到两个主要因素的影响：信息表达的形式和语境理解的难度。例如，Peter 想尽快坐飞机去 Boston，但他不知道下一班机什么时候起飞。他问 Mary，Mary 可能给他回答下面的其中之一：

(14) a. The next plane to Boston is at 5：30.

b. The next plane to Boston is sometime after 4：00.

c. The next plane to Boston leaves 7,500 seconds after 3：25.

这三个回答中，哪一个对 Peter 最关联呢？是（14）a。一方面，它比（14）b 更为关联，原因在于取得了更好的认知效果：它暗含了（14）b 所含的意思，并将意思表达得更清楚。另一方面，它又比（14）c 更为关联，原因在于可以付出较少的努力：由于 3：25 之后 7,500 秒实际上也是 5：30，因而（14）c 与（14）a 具有相同的认知效果，但人们在理解（14）c 时却要付出更多的努力。

现在转到讨论交际的层次。关联理论提出第二关联原则，亦即交际关联原则（communicative principle of relevance）。要同某人交际，就等于向某人提供信息。有提供就有期待。如果我向你提供食物，你就会期待一些可以吃的东西。如果人类的认知依靠关联，那么提供信息就会期待关联。

所谓最佳关联，指听话人通过努力并取得效果的那部分关联：

最佳关联：一个话语对听话人说来是最佳关联，当且仅当：

a. 它具有足够的关联性，值得听话人付出努力去寻求；

b. 它与说话人的能力和偏爱相一致。

这个说法在第二关联原则，即交际关联原则中表现得最明显。

交际关联原则：每个话语在交际中都应设想为具备最佳的关联性。

交际关联原则和最佳关联的定义本身表明，关联理论所说的理解过程本身就等于是对话语的理解。

关联理论理解话语的过程：

a. 按理解的先易后难，考虑认知的效果（即选择最小力气的途径）；

b. 当选择的关联达到预想的层次，理解就终止。

这个过程将努力和效果通过下面的方法结合起来：听话人期待得到起码的认知效果，即话语能够引起听话人注意，他为取得效果而付出的努力是必需的，他最容易得到的第一理解是他预期的，具关联性的。

（二）语用照应的推理过程

为了理解语用照应的推理过程，我们分析 Matsui 提供的另一个受试意见一致的例子：

（15）Sara left Australia for England. She hates the sandy beaches. [100% Australia]

这里的推理过程是顺当的。从努力方面看，“Australia” 是最易接受的指称对象，因为：第一，它作为 “left” 的直接宾语，“意想焦点法” 就能将它选定为先行词语；第二，常识使人们将 “Australia” 和 “sandy beaches” 联系起来。更重要的是，根据这样的理解，话语中带待释成分的部分可以认为是回答了前述话语暗示的问题（为什么离开澳洲去了英国），从而取得起码有效的认知效果（讨厌澳洲的沙滩）。前述话语暗示的问题等于提供了一个语境，在这个语境中，问题的答案具有足以值得听话人注意的关联性。从关联理论的角度看，期待最佳关联本身就等于解决了这个例子的理解问题。

关联理论分析语用照应的优点之一是它的灵活性。下面是另一个受试都异口同声表示同一看法的例子：

(16) I prefer the town to the country. *The traffic* doesn't bother me. [100% town]

这里最容易接受的先行词语应当是“the town”，它既是“意想焦点法”认定的，也是“town”总与“traffic”关系密切这样的常识所认定的。按照这个理解，在前述话语提供的语境中，通过回答下面（17）的问题，就可以期待话语带待释成分（the traffic）的部分会取得有效的认知效果：城市的交通不会让我讨厌。

(17) a. Isn't the town too noisy?
b. Wouldn't the speaker rather have the quiet of the country?
c. Isn't there anything the speaker dislikes about the town?

关联理论分析话语理解过程的特征是它可以对话语内容、语境以及认知效果作出相互的判断。听话人在理解一个话语时，他对认知效果或多或少会有一些特殊的期待（Sperber & Wilson,1998），而期待中的认知效果又可以在特定的环境中改变原先对话语的理解。于是，一些孤立的看似不可接受的话语可能因为期待获得某种效果而变得较为容易接受。我们试从这个方面考虑一下前面例（9）提到的有关问题：

(9) a. ? A car went by. *The dog* was barking.
b. Don't go near that house. *The dog* will bite you.
c. Don't go near the car. *The dog* will bite you.

如果（9）a 只是一般地描述“一辆车驶过去了，狗在吠叫”，它当然可以接受，但不存在前述话语照应的问题。如果理解（9）a 之前曾在某一特殊环境下有过“dogs never bark in cars”的语境，则（9）a 作为这个语境的否定，从而建立起“狗在车内吠叫”的框图联想，话语的前后照应也就能够建立起来。关联理论对此作出的解释是：认知效果获得的条件之一是新信息与一个原有的语境假设出现矛盾或否定了原有的语境假设。当（9）a 用于否定“dogs never bark in cars”时，听话人就会发觉（9）a 的语境假设（“狗在车上从不吠叫”）与原先的不同，于是推想出“汽车里有狗”，从而取得认知效果：“汽车里的狗在吠叫。”同样的分析可以应用于（9）b 和

(9)c。例如，在（9)b中，话语的前述部分让听话人产生一个问题：为什么不让走近那间屋子？接着，话语的后述部分帮助听话人对前述话语进行推想，形成新的语境假设："狗在屋子附近。"于是，后述话语部分实际上是前述话语产生的疑问的答案，它帮助听话人推导出认知效果："不能走近屋子，狗在屋子附近，如果走近屋子，狗会咬你。"通过分析例（9）的理解过程，可以认为：越容易作出语境假设的话语，就越容易通过推想从语境假设中取得认知效果；在推理过程中越容易取得认知效果，则语境假设的推理过程就无需付出太多的努力。

运用关联理论进行语用照应分析有助于解释上述例（6）那样的语体上有毛病的话语：

（6）我们去动物园之前在陶陶居饮早茶，那小猴子可逗了。

根据"意想焦点法"，例（6）前述话语中最容易接受的语用照应对象是"陶陶居"（茶楼），但这个先行词语因与事实不符而以为不可接受。其实，将"陶陶居"作为"小猴子"的照应对象，人们并没有看做一定不可接受的。关联理论认为，如果说话人不能明白地表明他要听话人期待的关联，话语可能是不可接受的，但也可能需要听话人付出更多努力去寻找他所期待的关联。如果"陶陶居"真的养着一只小猴子，或听话人认定这样的一个背景假设，例（6）就完全可以接受了。

同样，前面的例（8)c和（8)d明显是在（8)a和（8)b的基础上作了一些句式变动，这些变动要求听话人花费较大的力气去理解。如果花了力气仍未能理解，那就是认知效果的问题了。像后面的（19)a，虽然受试既可以选择"London"，也可以选择"Edinburgh"作为先行词语，但根据问卷调查，如选择了前述话语的"London"作为后述话语的照应词语，则有60%的受试认为不可接受。因为他们认为那不是事实，说话人没有理由说服他们，说他喜欢北部的爱丁堡胜于南部的伦敦是因为他讨厌伦敦下雪的冬天。

努力和效果之间的相互影响是很有意思的。下面例（18）各句的接受程度都不一样：

（18） a. Peter went to a Japanese restaurant. The waitress was from Osaka. [5.77]

b. Peter went to a Japanese restaurant. The cashier was very friendly. [5.69]

c. Peter went to a Japanese restaurant. The poison was in the fish. [4.23]

d. Peter went to a Japanese restaurant. The ambulance came in 10 minutes. [2.46]

在 Matsui 的问卷调查中，(18)d 的可接受性很低，因为如果从正常的效果判断，为寻找 (18)d 的语用照应而作的推想是难以接受的："the ambulance" 在前述话语中根本找不着先行词语，因它的照应对象不可能是 "a Japanese restaurant!" 不过，关联理论认为，这个例子如果不是要寻找语用照应，它是比较容易接受的。不过要理解它，需要付出较大的努力，要通过背景假设增强推想的可接受性，或在可接受的推想前提下改变听话人期待的认知效果。

(三) 语用照应与话语联系语

在关联理论框架中，话语联系语 (discourse connectives) 被看做寻找关联的向导，它可以制约语境和认知效果的选择。像 but 和 however 这样的联系语，它是一个"否定期待"的标记 (Blakemore,1987)，带这两个联系语之一的话语与其前述部分的潜在或暗示的意义相矛盾，因而作出相反的认识。添加了这样的联系语意味着要期待一种特殊的认知效果，从而促使听话人为取得这种效果而努力作出必要的背景假设。这一来，关联理论框架就将付出努力与取得效果的因素结合起来，并表明它们如何相互影响。就像下面 Matsui 的问卷调查结果表明的那样，如果将 a 和 b 加以比较，我们可以发现带话语联系语的话语 (b 句) 比较容易确定其待释成分的语用照应关系：

(19) a. I prefer Edinburgh to London. I hate the snowy winters. [? London or Edinburgh]
b. I prefer Edinburgh to London. *However*, I hate the snowy winters. [100% Edinburgh]

(20) a. I prefer Italy to England. I hate the pasta there. [? England or Italy]
b. I prefer Italy to England. *However*, I hate the pasta there. [100% Italy]

(21) a. I prefer the town to the country. The traffic really bothers me. [? country or town]
b. I prefer the town to the country. *However*, the traffic really bothers me. [100% town]

(22) a. Kevin moved from New Zealand to England. He loves the sheep. [? England or New Zealand]
b. Kevin moved from New Zealand to England. *However*, he loves the sheep. [80% New Zealand]

除了 but/however 等表示转折意义的话语联系语之外，其他的话语联系语也有助于确定语用照应关系。

（23） a. I ran from the classroom to the playground. The children were making too much noise.

b. I ran from the classroom to the playground, *even so* the children were making too much noise.

c. I ran to the playground from the classroom *because* the children were making too much noise.

（23）b 的话语联系语“even so”表明，“the children”的前述话语照应成分应是“the playground”；因而理解为：（操场上的）孩子太吵闹，即使说话人（一位教师）从教室跑到操场去劝止也无济于事。值得注意的是（23）c 的前述话语语序有轻微的变化，与（23）a 和（23）b 不完全相同。这个变化加强了话语联系语“because”的制约作用，使听话人比较容易推想出“the children”的语用照应关系，从而理解为：因为（教室里的）孩子们太吵闹，所以说话人从教室跑了出来，到操场去了。

五、结束语

本文讨论的是话语中的待释名词词组与前述话语的照应，介绍了语用照应的推断方法和语用照应因果论，并在此基础上讨论了如何运用关联理论来分析语用照应关系。

在讨论语用照应的推断方法时，我们介绍了确认前述话语的指称对象时常用的“意想焦点法”；讨论了如何根据前述话语建立语用照应的框图联想；阐释了如何以符合事实及具有信息证据的语用推理来确定语用照应关系。要作语用照应关系分析，很重要的是听话人的认知。前述话语的先行词语与带有待释成分的后述话语之间的照应关系，无论使用什么样的分析方法，都有一个“前因后果”，还是“前果后因”的问题，是语用推想分析的重要一环，值得我们注意。文章最后一部分讨论了关联理论与语用照应关系。我们对关联理论可用于分析照应关系的关联原则和推理过程作了简要的概括，并尝试用这种理论解决语用照应分析中未能解决的认知问题。关联理论认为，个人在话语内容的基础上所作的语境假设最终获得的关联程度是不同的，这种差异影响着认知效果。认知效果越好，则关联程度越强。关联程度与语境假设的可接受程度有关，认知效果因而取决于语境假设的可靠程度。总之，运用关联理论来分析语用照应关系，要求的是认知努力与认知效果的统一。

（原载《福建外语》2000 年第 1 期。）

翻译要译什么？
——翻译中的语用学

一、问题的提出

海南大学文学院穆雷曾给1996年在昆明召开的第四届全国语用学研讨会提交了一篇很有趣的关于语用学与翻译的论文①。她借用笔者在《语用学概论》（何自然，1988）中的一些例子，从翻译的角度提出了一些值得探讨的问题：翻译中到底要不要把语用含义译出来？如果要译出来，要译到什么程度？她引用了以下几个例子：

（1）为配合作学术报告，报告人利用幻灯或电影作讲解或说明时说：

Lights, please!

究竟应该按照原文直译为模棱两可的“灯光!”，再由读者自己去判断是关灯还是开灯；还是在翻译时就根据语境，由译者确定译成“请开灯!”或“请关灯!”呢？再如，下面这个对话：

（2）A：Oh, what beautiful handwriting!

B：No, no, not at all. You are joking.

B的应答显然是一种语用失误。穆雷问，如果这时候他们之间有一位翻译（B可能是用汉语作出应答），他（她）会在翻译B的应答时予以纠正，改说成符合对方习惯的“Thank you”，那样合适不合适？穆雷认为，在东西方文化的交流中，这种最常见的应答固然可以用符合译语文化的语言去翻译，但她怀疑，对方是否会以为中西文化在处理这类情况时所用的语言习惯完全相同呢？怎样才能让西方人了解中国人以谦虚为美德的习惯呢？穆雷引用的是这样的一个例子：

操汉语的人对恭维与赞扬的反应往往是说一些“自贬”或“否认”的话：

（3）A：你这件毛衣真漂亮！

B：漂亮什么！穿了好几年了。

如果使用符合译语文化的原则，这个对话译成英语就应该是：

---

① 穆雷．语用学与翻译——读书断想”．第四届全国语用学研讨会论文，1995．

（3a）A：You look smart in your sweater.

B：Thank you.

可是这样译行吗？穆雷还提到汉语中的“二哥”、“三妹”，如果英译为“second elder brother”，“third younger sister”，固然不足取，可是遇到大家族，只简单地译成 brother，sister，又无法说清人物间的关系和行为，这又该怎么办？穆雷最后说：“我们的翻译教学，以前大多只讲某句话不应怎样译，应该怎样译，很少讨论为什么应该这样译？我们应该把语用这个‘武器’交给学生，在讲课中结合译例加以分析阐述。”她认为：“在翻译教学的哪一个阶段，结合语用学的哪一部分原理，讲解哪一种翻译技巧的根据，这些都是我们要讨论要研究的。”

穆雷为讨论翻译中的语用学问题开了一个好头，我想就她所提的问题也谈一点体会和认识；同穆雷一样，我的意见也仅仅作为引玉之砖，祈望得到译学专家指点。

二、翻译中的语用学问题

穆雷提出的有关翻译中的语用学问题是值得注意的。传统的翻译理论有过直译和意译的争论，但前人已为此作出了令人信服的结论：“……开始译书之时，有两个先决问题：即译者之中英文字是否清通？其对于原文内容是否完全了解？此两问题若能得满意之解决，则一书中能用直译者直译之；倘因形式之变换发生困难，则意译亦可。”[①] 现在的问题比直译、意译的讨论更深入一步：什么时候能直译，什么时候能意译？难道只是因形式之变换发生困难时才意译吗？翻译要译什么？如果我们注意研究翻译中的语用学问题，我们会对上述问题有一个新的答案。例如，语用学是讲究源语的语境的，因此像穆雷举的“Lights, please!”这个例子，如只译为“灯光!”，就远不及按照语境将它分别译为“请开灯”或“请关灯”来得恰当。语用学的语境还包括说话的环境和说话的对象。因此：

（4）When in Rome，do as the Romans do.

如果要为中国读者将这句谚语译成汉语，就不宜直译。这时，用人们通常说的“入乡随俗”意译出来固然稳妥，但根据语用等效的原则，换个形象，译成中国读者熟悉的俗语“上什么山，唱什么歌”那不是更生动吗？

如果注意运用语用学理论来处理翻译中的问题，汉语中“二哥”、“三

---

① 中国翻译工作者协会《翻译通讯》编辑部编：《翻译研究论文集》（1894—1948），外语教学与研究出版社 1984 年版，第 171 页。

妹”的英译，在语境明确、不会招致误解的情况下，我们尊重译语的习惯，分别简单地译成 brother 和 sister，那是无可非议的；如果我们根据语境，获知原文中的“二哥”、“三妹”的名字，我们甚至可以直接用译语的文化习惯来取代源语的文化习惯，即大胆地将“二哥”、“三妹”改译为他们的名字。这类问题在英译汉中困难也许更大一些。当我们遇到原文中的 brother 或 sister 时应该怎样处理？如果我们熟悉原文的内容和背景，在汉译时能够明确 brother 指的是“兄”，或者是“弟”，明确 sister 指的是“姐”，或者是“妹”，那么，这个汉译当然很好；但当我们不熟悉原文的内容和背景，这两个连初学英语的人都十分熟悉的单词，汉译起来甚至会难倒我们的专业翻译工作者。十多年前，当我们翻译 John Holland Rose 编著的 *The Life of Napoleon I*（《拿破仑一世传》）① 时，我们就曾经为 sister 而犯愁：到底应译成拿破仑的姐姐还是他的妹妹？为此，我们当时查阅了不知多少有关的书籍！

翻译中出现的另一个同语用学有关的问题是穆雷提到的中西文化差异。一般说来，我们懂外语的人是不会将 Miss Mary Rodman 译为“玛莉小姐”的。因为在英语里只说 Miss Rodman（罗德曼小姐），Dr. Rodman（罗德曼博士），而不说 Miss Mary 或 Dr. Mary。可是我们译制的电视剧却不管这么多，剧中人物对白的译文照样称呼“玛莉小姐”，“玛莉博士”。也许那只是配音演员为了使广大观众易于接受和便于记忆，因而故意作这样处理的，但从翻译的角度看，这样的翻译恐怕不能容忍。

事情的另一面又出现在汉译英上面。不知道什么时候开始，我国很多城市里都出现过这样的横幅标语：

（5）高高兴兴上班去，平平安安回家来。

这句话是带有浓厚的汉文化色彩的，它最早是用来表达人们对汽车驾驶员出车上路的一种良好祝愿。可是，如果我们不问语境，硬是把这条横幅按字面的意思英译出来：

（5a）Go to work happily，and come back home safely.

外国人听到或读到这样的译文，他们准会百思不得其解，甚至会困惑地问一句：“So what?”（那又怎么样？）如果我们注意语境，懂得原文的意图，上面这个句子，我们只消译出短短的一句话：

（5b）Good luck！

这就足够了。这样译，原文的字面意思的确被忽略了，但原文当时的

---

① ［英］约翰·霍兰·罗斯著，广州外国语学院《拿破仑一世传》翻译小组译：《拿破仑一世传》（下卷），商务印书馆 1977 年版。

语境和要表达的用意却得到充分而准确的体现。(5) a 和 (5) b 两个译文孰优孰劣，不是很清楚了吗？

如何处理翻译中的语用学问题，当前译界称之为语用翻译。它同语义翻译相对应，成为翻译理论中的一个新模式。

三、语用翻译与关联理论

语用翻译这个说法是近十多年来才出现的，它是一种等效翻译。关于语用等效翻译，笔者在“Pragmatics and CE/EC Translation”中（杨自俭、刘学云，1994）已有论及。语用等效可分为语用—语言方面等效和社交—语用方面等效。语用—语言等效翻译近似于 Nida（1964）提倡的“动态对等翻译”（dynamic equivalent translation）。所谓动态对等，指“目的语中最切近源语信息的自然对等”。具体地说，就是在词汇、语法、语义等语言学的不同层次上，不拘泥于原文的形式，只求保存原文的内容，用译文中最切近而又最自然的对等语将这个内容表达出来，以求等效。至于社交—语用的等效翻译，指为跨语言、跨文化的双语交际服务的等效翻译。这类语用翻译所采取的方法最不固定，译者遵循的原则可以是多方面的。例如，在准确了解原文内容的前提下，根据原文提供的语境，译时主要让读者领会，译文顺从译语的文化习惯，变洋为土，使他们乐于接受；或强调以原文精髓为目的，译文力求体现源语的风格与文化背景，让读者领会异域的风土人情，增长见识。

随着语用学的最新发展，语用翻译理论作为译学中的一种新说，近年来也取得了长足的进步。我们知道，任何的翻译理论都主张要对原文语言有正确的理解；而关于自然语言的认知和理解，西方语言哲学界和语用学界有过长期、深入的讨论。20 世纪 80 年代中期，D. Sperber 和 D. Wilson 提出关联理论（1986），认为要正确理解自然语言就要找关联，要靠推理。而翻译中为达到语用等效，其前提正是正确地认知和理解自然语言。因此，关联理论就成为当前指导语用翻译的新论。在西方的翻译理论文献中，我们已见到了论述翻译与关联理论的专著（Gutt,1991），除了当今流行的 Peter Newmark（1988）和 Roger Bell（1991）这两家分属形式和功能语言学翻译理论模式之外，根据关联理论发展起来的第三家属于语用学翻译理论模式，现正日渐受到西方翻译理论界的注意。

什么是关联理论？它是认知自然语言的一种理论。这种理论的形成基于以下的事实：自然语言中的每一个话语都可以有多种理解；人们不一定在任何场合下对话语表达的各种意义能够全部理解；他们往往只用一种单一的、十分笼统的标准去理解话语，于是对这个话语只认定了一种理解，而排除了其他可能的理解。根据这些事实，关联理论认为，要理解一种语言，靠编码→解码的表面功夫只能让交际双方“互相知道”说了些什么，只有靠认知→推理的办法，才可以让双方“互相明白”对方的话。要正确理解自然语言，就要在接受自然语言信息的过程中，通过语境来寻找信息的关联（即取得语境效果），然后再根据话语与语境的关联情况，进行推理。语境与话语的关联越密切，推理就越容易，理解话语也越容易；语境与话语的关联越疏远，推理就越费力，理解话语也越困难。

语用翻译从关联理论里得到了什么启示呢？

第一，要翻译，首先要理解原文。根据关联理论，要准确理解原文必先重视原文的语境，通过对语境的分析，寻找出原文与语境间的最佳关联，从而取得理解原文的语境效果。

第二，寻找关联，要靠译者的百科知识、原文语言提供的逻辑语义信息和与原文文意（包括语境和文化意义）信息等一些对理解原文有用的信息。因此，寻找关联的过程就是提取各种各样有效信息的推理过程。

第三，由于原文作者和译者的认知环境不同，作者力图实现的语境效果同译者从原文和语境中寻找关联而获得的语境效果毕竟是两回事。这样一来，原文信息和译文传达的信息就不可能完全一致。此外，译文传达出来的信息内容是由译文的读者去理解的。于是就形成这样的局面：原文作者的认知不可能等同于译者的认知，而译者的认知也不可能完全等同于读者的认知；译事是一种三元关系（作者—译者—译文读者），而不仅仅是作者和译者的二元关系。

四、翻译要译什么

我们要回到文章的题目上来了。“翻译要译什么？”的意思是问：我们在翻译的时候，应该直译原文的字面意思呢，还是要译出原文作者要表达的意图？遇到字面意思和原作者意图不一致的情况时，可不可以既译出字面意思，同时又能让读者领会到原文作者的意图？如果一定要舍此留彼的时候，到底该保留原文字面意思，还是力求表达出原文作者在字里行间的本意？从语用翻译的角度看，这些问题是比较容易解决的，因为语用翻译会给译者留有较大的自由处理的余地。

语用翻译怎样自由处理上面提出的问题呢？关联理论强调，人们的相互理解靠的是一种“相互指明”（mutual manifestness）。如果人们能够认知某事物，那么他（她）就能对该事物予以指明。所以，当译者认知原文的字面意思就是作者的本意，他（她）当然会照译不误，至于作者在字里行间暗含的意图，译者就要通过具有关联的各种信息进行推理而有所认知。

接着，为在译文中对此给予“指明”，如预料译文读者无法透过直译的字面意思来领悟意图，那就只好舍弃字面意思而译出作者的用意。

关联理论还强调语境效果，翻译也要通过找关联来获得最佳的语境效果。找到原文与语境的关联，就有可能对各种有关联的信息进行合理的推理，从而正确理解原文。译者理解原文，就是理解原文的用意，就是将原文作者意图指明的事物再给自己译文的读者指明。

关联理论认为，人们所处的环境，他们的经历，以及他们的认知能力都有所不同，因此，他们各自建立的认知环境（cognitive environment）就会存在差异，对事物的认知也就不可能完全一致。不同的人各自看问题的角度可能不同，即使对同一件事，甚至同一语境，都可能有各自不同的推理，产生各自不同的认知结果。我们在前面已经说过，译事是一种包括有原作者、译者、译文读者的三元关系，不可能指望原文与译文表达的事物完全等同。当原文出现“a cup of tea”时，译者自然会译为“一杯茶”，然而，原作者心目中的“a cup of tea”同译者所译的“一杯茶”在认知上是不可能相同的。当译文读者读到“一杯茶”时，他（她）心目中认知的“一杯茶”当然有又别于译者所译的“一杯茶”，而与原作心目中的 a cup of tea 相去就更远了。

翻译中的语用等效，用关联理论来解释，就是为了照顾读者的认知。这里我借用谭载喜与奈达合写的一篇文章（谭载喜、奈达，1987）里的一个例子作一些分析：

（6）It is as significant as a game of cricket.

这句话如果出自英国人的口，译者可能根据自己的百科知识，知道英国人酷爱板球游戏，再加上逻辑信息和句子词语的信息（如果这不是一个孤立的句子，还需考虑原文的其他一些语境信息），找出关联，进行推理，从而确定作者的意图是强调某事情的重要性。既然原文用意在于强调某事情的重要性，我们就要看原文所表达的形象在汉译中能否保留。当我们发觉无法保留原文的形象时，我们就要考虑更换形象，从而照顾到译文读者的认知。于是，这句话就可以译为：

（6）a 这件事如同吃饭一样重要。

万一无法更换形象，只要我们对原文的意图有正确的理解，把上面这句话简单译成：

（6）b 这件事十分重要。

这恐怕也是无可非议的。相反，如果我们不从语用等效的角度考虑原作者这句话的意图，只会按字面直译为：

（6）c 这件事如同板球赛一样重要。

这样的译文恐怕连译者本人也不知所云。

翻译要译什么呢？我想，应该译意。这个“意”是指意图，原文作者的意图。但这不是说原文隐含的东西翻译时都得“说穿它”。在原文和译文之间，因文化差异而出现不能通达的情况下，为了使读者有一正确的认知，译文才考虑更换形象，甚至放弃形象，只求译意。根据关联理论，译事既然是一种三元关系，我们的译文如果过于拘谨，恐怕会弄巧成拙；这时的译文只有表面上和原文相似，但它无法传达出原文的真髓和意图。

至于语用翻译如何处理源语和译语的文化差异，在前面提到过的笔者所写的文章中（杨自俭、刘学云，1994）已有所涉及，我国学者近年在这方面的论述又增添了很多精辟的见解，无需在这里赘述。笔者只想从语用翻译的角度，就“翻译要译什么”这个问题简单归纳几句话：

译者在正确认知原文作者的意图的前提下，如要表现源语文化特征，增强译著的异域感，则语用翻译主张尽量译出原文的形象和习惯；相反，如果考虑读者的接受能力和文化习惯，减少他们在阅读过程中可能出现的理解上的困难，译者不妨以照顾译语文化为主，或改换形象，或直接译出意图。从语用学的角度看，译文无论作什么样的处理，只要它能实现语言交际的目的，它就是一种可行的语用策略，不宜轻易肯定某种处理方式，否定另一种处理方式。

（原载《外语与翻译》1996 年第 2 期。）

文化差异与语用翻译

跨语言、跨文化的语用现象涉及两种语言和两种文化对交际的影响，如中国人使用英语就存在跨语言、跨文化的语用问题。我们在使用英语（目的语——target language）的过程中往往会受到汉语（母语，或称源发语——source language）以及汉文化的影响，形成一种既不是源发语，也不完全是目的语的所谓中介语（interlanguage），或称语际语言。不同文化背景的人在一起用某种语言进行交际，总回避不了语用差异，而这种语用差异往往是由他们的文化差异造成的。这些差异会对交际造成影响，出现信息误导、信息错误和信息障碍，这就是所谓语用失误。如果交际的一方出现语用失误，交际的另一方就可能产生误解，以致影响交际的顺利进行。所以，我们使用英语时，除了具备英语语言本身（语音、词汇、语法）的知识和技巧外，还要认识汉、英两种语言在语用中的文化因素及由此而产生的文化差异。通过语用对比，我们还可以学会正确处理这些差异，用语用学的观点处理汉—英、英—汉的翻译问题。下面我们着重谈谈语言中的文化因素、跨文化语用对比和语用翻译方面的问题。

一、语言中的文化因素

交际中有一个十分重要的前提制约着语言的使用，这就是语言的文化因素。汉、英两种语言不但在语言系统、结构方面有很大的差异，而且在语用方面所受到的制约也有诸多不同，其中最重要的是文化因素的制约。下面我们分别从汉、英语用的文化差异及其对交际的影响这两方面来讨论这个问题。

（一）语用中的文化差异

我们不可能在这里详细讨论语言和文化的各种关系，但对语用中文化制约的重要性必须有所认识：我们与英语国家人民进行交际，有时会因文化差异而导致交际困难，甚至发生误会。跨文化语用研究要解决的问题之一就是努力沟通汉语与外族语言文化在语用上的差异，使交际取得成功。为此，我们就要研究语言中的文化因素，以消除跨文化交际中因文化差异而导致的语用障碍和语用失误，变言语不通为声入心通。

跨文化交际中出现的语言障碍常常会造成误解，甚至冲突。总的原因是交际双方受各自文化背景的影响而缺少一个共有的语用前提。Mey (1993：229) 举了一个例子：西方一位从事建筑设计的专家作为旅游者到了日本。他正在作一项关于东西方公厕的建筑格局的研究。他向接待他的人员打听：

(1) Tourist：Is there a toilet around here?

Attendant：You want to use?

Tourist (somewhat astonished)：Sure I do.

Attendant：Go down the steps.

接待人员的应答"You want to use?"相当唐突，是那位建筑专家所始料不及的。因为按照西方的文化，这样的回应是无礼的，足以使提问者感到尴尬。但（1）的接待人员却无所谓，因为他的民族文化没有认定这样应答会有什么失礼的地方。

这个故事还没有完。负责接待的这位日本人说了一句"Go down the steps"之后就热情地带领这位客人去专门为西方人准备的"西方式"洗手间去了！可是他哪里知道对方希望见到的是日本人使用的"东洋式"厕所！这说明，跨文化的言语交际必然会受到文化差异的干扰。

(二) 文化差异对交际的影响

我们讨论的文化差异，主要指跨语言、跨文化交际中出现的汉、英文化差异。这种差异的产生，是由操汉、英两种语言的人的民族心理、思辨和推理模式不同而导致的。文化差异会在以下几个方面影响到交际的成功：

1. 文化差异影响信息的获得

我们曾经谈论过一个在全国各地流行的标语："高高兴兴上班去，平平安安回家来。"如果忽视文化差异，将这个标语用英语说成句（2），操英语的本族人是得不到这句话的真实信息的：

(2) Go to work happily, and come back safely!

这个标语的意图是祝愿司机小心驾驶，平安上路，平安回家。如果我们想用英语表达其中的祝愿，有"Good luck"就可以了；如果要具体希望司机小心驾驶，英语的"Drive carefully"会更清楚；如果这是出车前的一句警语，我们不妨用英语说成"Safety first in driving"!

日常生活往往带有文化特征，我们不能指望美国人的 lunch 是一顿丰盛的佳肴，也不要以为只有学生或普通工薪阶层才在上学或上班时从家里带早餐。其实，带早餐已成为美国人甚至大多数西方人的文化特征了：中午时分，上至政府要员、大学教授，下至普通公职人员、大中小学学生，差不多都啃着几片抹了奶油或花生酱的方块面包，中间夹上生菜和熟香肠一类的简便食物。在他们的观念中，“lunch”的概念是工作午餐，同伴间边吃边谈半小时或45分钟，把饭吃完，把事也办完。学英语的人即使懂得“lunch”的一般意义，但上述带文化特征的信息就不一定能获得；如果他们以为“lunch”与汉语的“午餐”一样，那就会因文化差异而影响到跨文化的语言交际。

文化差异影响听话人获得信息的原因，往往是说话人越过了话语字面意义，传递一种带有文化因素的暗含意图。例如：

（3）That guy's got a Midas touch.

作为听话人，我们首先要懂得“Midas touch”是什么。当我们知道它来源于希腊故事，“Midas touch”指的是希腊国王Midas的点金术（the Golden Touch），这样似乎还不足以完全领会这句话的文化内涵，仍然无法获得说话人要传达的信息。我们还需要结合交际语境（如商务活动），最终推断出（3）的意图是说那人很会做生意，他无需花费太多气力，就会像点物成金那样轻松赚钱。

以前，在汉语里我们会听到这样的说法：

（4）中国是块肥肉，谁都想吃。

过去谈到中国地大物博、资源丰富，国外侵略者总想打我们的主意时，我们就用这样的话来形容。那些不了解中国传统文化的西方人是很难从（4）这样的形象说法中获得信息的。由于时代的变迁，即使是一些汉语为母语的年轻人，他们是否能准确理解（4）中“肥肉”的含意，都是一个疑问：他们可能没有想到，汉语中竟用肥肉（而不是瘦肉）来形容“谁都想吃”的好东西！

2. 文化差异误导信息的获得

操汉、英不同语言的人具有不同的民族心理。这种文化差异使他们在交际中获得不确切的、有时甚至是错误的信息。例如，西方人对狗情有独钟，认为狗是人的忠实朋友，将狗视为宠物，备加爱护。但中国人对狗则没有西方人那份情，我们并不十分提倡养狗、宠狗。汉语中与狗有关的语句大多含有贬义；英语中也有一些与狗有关的语句，但同汉语相反，它们大多含有褒意：

（5）You are a lucky dog.

由于受到各自民族心理的影响，中国人讲英语时很少会用到与dog有关的语句；而操英语的本族人在与中国人交际时说句（5），那是想向对方表达一种羡慕的心情，但它并不会引起中国人的好感。

再如，中国人对自己国家古代传说中的神异动物“龙”怀有至高无上的尊重，“龙”是封建时代皇帝的象征，又是中华民族的象征，故有“龙的传人”的说法。“龙”的常用含义与“出人头地”近似，“望子成龙”的文化意识至今仍在很多为人父母的人们心目中存留：

（6）这位个体户老板望子成龙，将儿子送到高价的“贵族学校”。

西方人对“龙”则没有好感，因为在他们的文化里“龙”是一种能喷烟吐火、凶残可怕的怪物。所以，当中国人说到（6）那样与“龙”有关的语句时，以英语为母语的人甚至会将自己语言中称为“dragon”的怪物与汉语中“龙”的形象等同起来。至于（6）中说的那种学校，是指近年来在我国大城市出现的私立学校，办学条件较好，但收费昂贵，故谑称“贵族学校”。中国那些在改革开放之后渐渐富裕起来的父母，为了下一代的成长，往往怀着望子成“龙”的心情，送他们的子女上这类学校。（6）这个句子中的“贵族”与“龙”都带有强烈的汉文化色彩，如果不加解释地用英语转述给不谙中国文化的英语人士听，他们就会很难获得正确的信息。

文化差异导致获得错误信息的另一个原因是操汉、英不同语言的人各按自己的文化习惯进行推理。例如：

（7）The organization quickly mushroomed into a mass movement.

英语中的“mushroom”，往往在汉译时被换了形象，成了“春笋”。于是，操不同语言的两个民族，各按自己的文化习惯去认知对方所说的本来就不相同的事物。结果，（7）中的“mushroomed”就理解为像“雨后春笋”那样迅速发展。可惜，这样的信息是不确切的。尽管“mushroom”和“春笋”都表示数量多，生长迅速，但“mushroom”往往同时含有灭亡、消失也迅速之意。英语中有“mushroom fame”（突然而来的名誉，一夜之间形成的名声），“a mushroom millioniare”（暴发户）等说法就是明证。汉语中的“雨后春笋”常喻新生事物大量出现，而且具有强大的生命力。这一来，如果（7）中的mushroom表达的是一种贬义，而我们仍当作“雨后春笋”来理解，贬义就会变为褒义，变为一种“赞赏”，两者在含义上就会大相径庭。再如：

（8）All we could be doing with the loss would be locking the stable after the horse had been stolen.

在（8）中，“locking the stable after the horse had been stolen”又可以说成“closing the door after the horse had left the barn”，意为“take precautions too late”，表示“为时已晚，来不及了”，有埋怨或揶揄之意。汉译时，这个形象说法被改成“亡羊补牢”，原话的信息被歪曲了，因为汉语的“亡羊补牢”比喻在受到损失之后要想办法去补救，以免再受损失。这里面暗含“未为晚也”，是一种“安慰”或“激励”。

总之，类似以上的中、西方文化差异会给操汉、英不同语言的人传达错误的信息，影响到他们之间的交际。

3. 文化差异造成交际障碍

操汉、英不同语言的人对同一事物的思辨、推理方式不尽一致。交际双方如不注意这种文化差异，就会使交际发生障碍，造成相互间的信息传递不畅。例如：

(9) "You chicken!" he cried, looking at Tom with contempt.

操英语的本族人将 chicken 比作"懦夫、胆小鬼"，但因汉语里没有这种比喻，学英语的中国学生对此感到困惑。他们怎么也没有想到，英语里的胆小鬼竟然是鸡！

(10) He is poor, but ambitious.

这句话显然同汉语的"人穷志短"的说法背道而驰。其实，中国人对(10)产生的疑惑不在于句子的说法与汉语的成语有别，而在于"ambitious"所具有的文化内涵。这个词是中性的，既可用作褒义，也可用作贬义，它绝不是汉语中"有野心的"的等值对应词。因此英语中除了"greedy and ambitious"，"ambitious and ruthless"等说法之外，还有像(10)里面的"poor but ambitious"以及"ambitious and hard - working"的说法。如果不知道这个词在汉、英语文化内涵中表现出来的差异，必然会导致交际障碍。

汉、英两个民族在各自文化熏陶下衍生出不同的思辨方式和推理模式，这种差异会导致他们在语言中产生不同的联想，影响交际信息的传递。例如，操英语的本族人谈到某人贫穷，就会使用"as poor as a church mouse"来形容，而我们在这个话题下却绝对不会产生"穷得像教堂老鼠"的形象。同样，我们比喻某事物"多如牛毛"时，操英语的本族人也想像不出"牛毛"能表示多到什么程度。按照英语民族的联想习惯，他们倒是把众多事物形容为我们极不熟悉的"as plentiful as blackberries"。文化差异使操汉、英不同语言的人对词语产生不同的联想，说明了他们之间的思辨、推理方式不一致。

交际障碍的形成还可归因于汉、英两个民族所处的不同社会制度。广义上说，这也可以算在文化差异范畴之内。近半个世纪来，随着我们社会主义祖国在政治、经济、文化方面的发展，出现不少带有中国特色的词语。一些不熟悉中国国情的英语人士会因此而感到信息传递方面的障碍。在跨文化交际中，如何准确地把我们自己语言要表达的意思用英语表达出来，对取得成功的交际有着十分重要的意义。例如：

(11) 我们提倡"五讲、四美、三热爱"。

这里的“五讲、四美、三热爱”曾译为“five stresses，four beauties and three loves”。操英语的本族人会对我们竟然提倡“四个美人和三个情人”而感到奇怪。经过我们翻译工作者的努力，这里的“五讲、四美、三热爱”的英译最终改为“five stresses,four points of beauty and three aspects of love”，并附加注释：stress on decorum, manners, hygiene, discipline and morals; beauty of the mind, language, behaviour and the environment; love of the mother - land, socialism and the Communist Party。这样的表达尽管啰嗦，但不至于引起信息障碍。

二、跨文化语用对比

要使跨语言、跨文化交际获得成功，必须注意汉、英两种语言在语用方面的文化差异。为此，我们在学习英语的过程中，不但要掌握这门外语的发音、词汇和结构，更要自觉地将英语同我们的母语（汉语）进行比较。语用对比对学习英语有很大的帮助；为了培养我们的英语能力，我们不能只满足于理解和分析规范的英语语句，或者只满足于口头、笔头能讲几句或写几句英语，而应培养较高的英语语用能力，避免出现语用失误。汉、英两种语言在语用方面是存在差异的，在跨文化交际中出现一些语用失误也是不可避免的，只有重视积累语用对比方面的知识，才能更自如地使用英语。

（一）为什么要进行语用对比

为配合作学术报告，操英语的报告人在利用幻灯或电影作讲解或说明时只需说一声：

（12）Lights，please!

人们根据语境就知道报告人希望开灯还是希望关灯。在同样的情况下，我们说汉语就不大会用一个模棱两可的“灯光!”来表示“请关灯”或“请开灯”了。我们会按照当时的实际情况，明确说出“请关灯”或“请开灯”的要求。这是英、汉两种语言有不同的语用习惯的缘故。又如下面这个对话：

（13）A：Oh,what beautiful handwriting!

B：No,no,not at all. You are joking.

（13）中B的应答显然是一种语用失误。现在假如B不懂英语，你做他的翻译。当B用汉语说出（13)B'：

（13）B'：不，不，一点也不漂亮，你是开玩笑吧!

这时候，作为翻译，你如何把这句带有典型汉文化特征（自贬）的话用英语表达出来？是用英语将（13)B'译为（13)B那样的英语，还是遵循英语文化习惯，只为 B 回答一个 Thank you 就完事了呢？如果是前者，即将（13）B’译为（13）B，你可能是有意识想让西方人了解中国人以“自贬”作为谦虚美德（但现在的中国人在这种情况下多半都不再作“自贬”了），或者是因为你不知道汉、英两种语言的文化差异，不注意直译会遭到误解。

如果我们善于对汉、英语两种语言进行对比，熟悉两种语言的文化差异，我们在遇到上述情况的时候就可以做到当机立断。这就是说，用英语同西方人打交道时，我们要运用汉、英语语用对比知识，注意汉、英语语用差异，特别是当我们从事汉译英或英译汉翻译工作时，懂得运用汉、英语语用对比的知识和了解汉、英语语用差异就显得格外重要。下面我们将着重谈谈翻译中跨语言、跨文化的语用对比问题。

（二）语用对比和翻译

语用对比对汉—英、英—汉翻译都有极其重要的意义。我们知道，语用学是十分讲究源语的语境的，因此，我们上面提到过的“Lights, please”，如只汉译为“灯光”，则远不及按照语境将它分别译为“请开灯”或“请关灯”来得恰当。语用学中的语境还包括说话的环境和说话的对象。因此，下面这句谚语：

（14） When in Rome, do as the Romans do.

如果直译为汉语，中国读者就会感到奇怪，为什么要讲在罗马而不讲在别的地方？又为什么要按罗马人做的那样去做？如果我们了解这句谚语的用意，我们就可以不理会原句的字面意思，而按照汉语的习惯说法，直接传达出其用意：

（14’） 入乡随俗。

只有通过两种语言和文化的对比，我们才敢于在翻译时不照原文的字面意义翻译，而只译出原文的用意；只有通过两种语言和文化的对比，我们才能保证原文与译文获得等效。翻译中力求等效是可取的。当我们发现，原文使用了一种形象表达，而在汉语中又找不到相同的形象表达时，我们就可以通过两种语言对比，将原文的形象换成中国读者熟悉并且语用效果一致的另一种形象来表达。如（14）在某些语境中就可以改换形象，译为：

（14”） 上什么山，唱什么歌。

这样译，可能更生动一些，比（14’）又进一步了。

如果注意运用语用对比知识来处理翻译中的问题，遇到需要将汉语中“二哥”、“三妹”译为英语时，在语境明确、不会招致误解的情况下，我们根据目的语的习惯，分别将它们笼统地译成“brother”和“sister”，那是无可非议的；如果我们根据语境，获知原文中的“二哥”、“三妹”的中文名字，我们甚至可以直接用目的语的文化习惯来取代源发语的文化习惯，即大胆地将“二哥”、“三妹”改译为他们的名字。这类问题在英译汉中困难也许更大一些。当我们遇到原文中的“brother”或“sister”时，如果我们熟悉原文的内容和背景，汉译时能够明确“brother”指的就是“兄”，或者就是“弟”，明确“sister”指的就是“姐”，或者是“妹”，那我们就可以直接译出来；但当我们不熟悉原文的内容和背景，这两个连初学英语的人都十分熟悉的单词，汉译起来甚至会难倒我们的专业翻译工作者！

汉、英互译中必然会遇到如何处理汉、英文化差异的问题。一般说来，我们懂英语的人是不会将“Miss Mary Rodman”译为“玛莉小姐”的，因为在英语里只说“Miss Rodman”（罗德曼小姐），“Dr. Rodman”（罗德曼博士），而不说“Miss Mary”或“Dr. Mary”。可是我们译制的电视剧却不管这么多，剧中人物对白的译文照样称呼为“玛莉小姐”、“玛莉博士”。也许那只是配音演员为了使广大观众易于接受和便于记忆，因而故意作出这样的处理，但从翻译的角度看，这样的翻译恐怕是不合适的。

事情的另一面可能又出现在汉译英上。如果我们随时以汉、英两种语言的语用习惯加以对比，我们就能大胆摆脱原文的羁绊，从等效的角度决定某些词语的代换和取舍：

(15) 他跟老人招呼了一声：“吃过没有，老爹？”

这句话的英译要避免将“吃过没有”直译出来：

(15') “Good morning, Grandpa!” He greeted the old man.

三、语用翻译

上面谈到的要在对比的基础上进行翻译，实际上已经是语用翻译了。关于如何处理翻译中的语用问题，近十多年来一直受到译界的重视。1994年，我国出版了两本关于译论的文集：杜承南、文军主编的《中国当代翻译百论》和杨自俭、刘学云编的《翻译新论》。这两本论文集对译学及翻译的跨学科研究给予了前所未有的重视，收进了论述翻译与语言学、翻译与语义学、翻译与语用学、翻译与符号学、翻译与文化等方面的文章，把我国的译学研究推进了一大步。我在这里要介绍的是在翻译中的语用对比问题，亦即近年来称之为“语用翻译”的翻译新论。

什么是语用翻译？这个说法是近十多年来才出现的。它同语义翻译相对应，是一种等效翻译观，也是翻译理论中的一个新模式。

我们知道，语用学是“推断语言在语境中意义的学问”（Fasold,

1993），它可以从语用语言学和社交语用学两个方面进行研究。语用翻译也可以通过两种语言的对比，分别研究语用语言等效和社交语用等效的问题。语用语言等效翻译近似 Nida（1964）提倡的“动态对等翻译”（dynamic equivalent translation）。具体地说，就是在词汇、语法、语义等语言学的不同层次上，不拘泥于原文的形式，只求保存原作的内容，用译文中最切近而又最自然的对等语将这个内容表达出来，以求等效。至于社交语用的等效翻译，则是指为跨语言、跨文化的双语交际服务的等效翻译。这类语用翻译所采取的方法最不固定，译者遵循的原则可以是多方面的。例如，在准确理解原作内容的前提下，根据原文提供的语境，译者的主要目的是让读者领会原著，故译文不一定要拘泥于原文，而是顺从读者的文化习惯，变洋为土，使他们乐于接受；或强调以原文精髓为目的，译文力求体现原著的风格与文化背景，让读者领会异域的风土人情，增长见识。下面我们通过语用语言和社交语用这两个方面所作的汉、英对比，探讨一下翻译中的语用问题。

（一）翻译中的语用语言对比

第一，为求翻译中的语用语言等效，必须注意原著的“语用用意”（pragmatic force），注意从原著的角度看原文在语境中的含义。语用用意指言语行为理论中的“以言行事”行为的用意，也就是言语的意向。语用用意有两类：暗含的（implicit）和明说的（explicit）。前者指言下之意，后者指字面的用意。翻译中根据语境辨认原文的暗含用意是十分重要的，因为字面表达出来的用意往往不是原作的用意。

例如：

（16）宝钗独自行来，顺路进了怡红院……不想步入院中，鸦雀无闻。（曹雪芹《红楼梦》）

这句话有两种译文，Hawkes 的译文是：

[... The courtyard was silent as she entered it.] *Not a bird's cheep was to be heard.*

从译文推断，院子里是有鸟儿的，只是听不到它们的声音罢了。另一个译文是杨宪益夫妇的：

[... To her surprise, his courtyard was] utterly quiet.

这里一点也没有提到鸟儿，但译文正好表达了原作的意思：周围一片寂静。原作中的“鸦雀”也是虚的，在译文中完全可以省略。再如：

（17）The missiles were already in Cuba, and all we could be doing with a blockade would be "*closing the door after the horse had left the barn.*" (Robert F. Kennedy: *Thirteen Days*)

这里的斜体部分要表达的意思是“it is too late to act”。它不宜译成“亡羊补牢”，因为这个汉语成语的含义是“未为晚也”，同原作“晚矣”这个用意大相径庭。为了准确表达原作的用意，结合语句提供的语境，这个句子的斜体部分如译为“贼走关门”就比较贴切了。

第二，为求得语用语言等效，就要注意将原作隐含在各类指示词语中的意向或语用用意清楚地表达出来。

例如，原作作为话语指示的逻辑联系语译成汉语时，就要注意将这些指示词语的用意译出来：

(18) A：I really disliked that man you introduced me to.

B1：*Actually*, he's your new boss.

B2：*Anyway*, he's your new boss.

B3：*After all*, he's your new boss.

B4：*Still*, he's your new boss.

B5：*Well*, he's your new boss.

如考虑到以上各句用斜体表示的逻辑联系语所隐含的用意，B1—B5的译文应分别是：

B1 的“actually”表示警告（warning），整句可译为：说话慎重点，他可是你的新老板。

B2 的“anyway”表示耐心的说服（patient persuasion），故整句译为：别那样，他是你的新老板。

B3 的“after all”是建议（suggestion），即建议不要对新老板表示讨厌，整句译文可以是：他毕竟是你的新老板嘛。

B4 的“still”是一种好意的劝告（well - meant advice）暗示对方要往好的方面去考虑。因此，整句可译为：你还是算了，他是你的新老板呵！

B5 的“well”表示一种安慰（consolation），因为它暗示说话人 A 出了点问题，故整句译为：好自为之吧，他是你的新老板。

第三，翻译中的语用语言等效包括要选择合适的译文语言形式来表达原文的意向或语用用意。我们着重表达的是交际功能，因此，译文不应受原文语言形式的局限。

我们不要以为表达命令就得用祈使句，提问题就要用疑问句。例如：

(19) 请说大声点！

在一般情况下，这句话的英译不应是“Speak louder, please”，而应使用间接言语行为的惯用形式，译为“Can you speak a little louder?”根据英语口语的习惯，祈使句是很少用来表达请求的；要表达请求，操英语的人往往使用间接的形式。因此，在不同的语境里可以将“请关门”这句话用多种方式说出来，以传达不同的语用用意：

（20）Can you close the door?

Are you able by any chance to close the door?

Would you close the door?

Won't you close the door?

Would you mind closing the door?

Would you be willing to close the door?

May I ask you to close the door?

You ought to close the door.

I want you to close the door.

I'd be much obliged if you'd close the door.

至于具体用哪种方式，就要看语境的需要了。

我们通过对比就会发现，英、汉两种语言的同一句式所表达的言语行为是不一样的。例如，疑问句式不表示疑问，否定句式不表示否定，反而表示肯定也是有可能的，翻译时就要特别加以注意，如：

（21）Ouch! *Isn't that a little steep for a room this size*?

要揭示这句话的肯定用意，就要译成："哎哟！才这么大一间房，这么高的房租未免太贵了！"

（二）翻译中的社交语用对比

翻译中要达到社交语用等效，译者就要从社会、文化交际的角度去考察语言的使用。为此，他必须具备跨语言、跨文化交际的知识。要达到等效，译者要对源发语和目的语有较深的造诣，对这两种不同语言的社会、文化背景有一个正确的了解，还要考虑照顾译文的读者对象。我们试分析下面这个句子的两种译文：

（22）**巧媳妇做不出没米的饭菜**，叫我怎么样呢？（曹雪芹《红楼梦》）

译文之一是杨宪益夫妇译的：

Even the cleverest housewife can't cook a meal without rice.

另一个译文又是Hawkes的：

Even the cleverest housewife can't make bread without flour.

这两个译文无所谓优劣，关键在于译者的信念和如何对待文化差异。杨译着重表现原作的中国文化，而Hawkes译文却是为了方便西方读者的理解。另外一个例子：

（23）他认为离开了办公大楼，离开了政工部门，就是离开了政治，就听不到那些闲言碎语了。谁知是**离开了咸菜缸又跳进了萝卜窖。**

（蒋子龙《赤橙黄绿青蓝紫》）

“咸菜缸”和“萝卜窖”是带有典型中国文化特征的说法，其真意为“from bad to worse”。如果要做到社交语用等效，由于原作用了汉语的形象说法，为方便西方读者，翻译时不必保留他们难以理解的形象，而换之以他们熟悉的形象，这是语用翻译中的常见做法。

在英译汉中，社交语用等效的要求是一样的。例如：

（24）... for dessert you got Brown Betty, which nobody ate...

（Salinger：*The Catcher in the Rye*）

Brown Betty 这种连西方读者也感到陌生的食物，中国读者更不会理解。如照音译，效果肯定不好。因此译者就要千方百计了解这是什么，并在译文中加以必要的解释，务求做到社交语用等效：……给你上的甜食是“褐色贝蒂”（一种水果布丁），不过谁也没吃过……

（25）... this hopeful young person soared into so pleasing a *Cupid* as to constitute the chief delight of the maternal part of the spectators. （Dickens：*Hard Times*）

也许，Cupid 是爱神这个说法已为中国读者所熟悉，但为了达到社交语用等值，译文中对 Cupid 的处理，仍可给中国读者一个清楚的交代，不妨译成：插着双翅的爱神丘比特。

（三）翻译中的语用综合对比

在翻译实践中，很难明确区分语用语言和社交语用这两种等效，遇到这种情况时，我们可不必拘泥于求得哪种等效，而只需着重表达原作的意向或语用用意就行。下面试举数例：

（26）I think he was married and had a lioness at home.

从语用语言的角度看，这句话中的“a lioness at home”指的是谈论对象（he）家庭中的妻子，而从社交语用的角度看，西方人往往用“lion”或“lioness”来形容处于主宰地位的人物。这两层用意一结合，我们不难理解原作所形容的是一位在家中处于主宰地位、连丈夫也得顺从的主妇。这样的人物按照汉文化的习惯，应该是“母老虎”，而不是原文的“lioness”（母狮子）。因此，“a lioness at home”的语用翻译应该是：太太又是一个“母老虎”。

（27）三个人**品字式**坐下，随便谈了几句。

我们认为，汉语的“品字式”十分形象，但因为汉字是象形文字，而英语是拼音文字，我们无法在英译时像汉语那样形象地用英语将“品字式”表达出来。从语用语言的角度，“品字式”只说明三个人的座位情况，并无其他用意。因此，英译时译者可以心安理得地放弃原文中的形象，只保留句意：

The three men sat down facing each other.

我们翻译成语，在遇到两种语言所表达的形象不一致的时候，为了保留形象的语言，我们并不是一定要放弃源发语的形象而采用目的语的形象的。这一切均取决于译者是要引进源发语的形象以增长读者的见识，还是改为译语已有的等效形象，以便于读者的理解和接受。

总之，语用翻译是一种等效翻译，而且语用翻译可以从语用语言等效、社交语用等效两个方面，甚至从两者的综合等效方面去探讨（杨自俭、刘学云，1994）。

（原载《语用学与英语学习》，上海教育出版社1997年版，收入本文集时作了适当修改与增删。）

语用学与语言教学

什么是语际语用学

一、语际语用学属于跨文化语用学

语际语用学（interlanguage pragmatics，简称 ILP），顾名思义，涉及两种语言。两种语言之间的中介语（或过渡语，即语际语言）又与第二语言（包括外语，下同）习得有关。而关于第二语言习得方面的语际研究，以前曾有语际音位学、语际形态学、语际句法学和语际语义学。现在，语际语用学的论题也出现了。语际语用学作为第二语言习得研究的一个领域，涉及社会语言学、心理语言学和语言应用的种种问题。语际语用学着重探讨人们在特定的语境下如何实施第二语言的语言行为和如何理解这些行为。语际语用学常常定义为“研究非母语的第二语言操作者在使用和习得第二语言行为时的模式”（Kasper,1989a）。根据这个定义，语际语用学属于跨文化语用学，它的研究包括跨文化交际中是否一定会形成中介语；这种中介语是否来自语言接触；它是不是一种独立存在的语体。当然，语际语用学的研究仅仅着眼于跨文化交际中操用第二语言时产生的中介语未免过于局限了。有学者（Blum - Kulka,1991）曾经对以色列的美国移民使用源发语（source language，即母语）和目的语（target language，指第二语言——英语）的状况进行过调查，发现他们用母语或英语交际时，实际上都在操用一种与源发语和目的语都有关，但风格上却与这两种语言迥异的语际语言（或理解为一种中介语语体）。接着又有学者在探讨言谈应对社会语言学（interactional sociolinguistics）时，通过跨文化交际的语用研究和老幼数代移民的语用行为差异研究，最终证实了中介语语体的存在（Gumperz,1982）。他们指出，移民中年青一代的源发语有的已带有明显的中介语特征，这些年轻移民自己也承认，他们在操母语时已不再遵守操母语时公认的文化标准（如生活在外国的中国年轻移民在接受别人的邀请和给予时，他们已不再按传统的谦虚方式作表面的婉拒；再如日本人用母语交谈时，现在也比以前更直接，更接近西方的谈话方式了）。以上情况说明，语际语用学不但研究跨文化交际中使用第二语言时产生的语际语言，而且研究操用第一语言（母语）时为何导致使用中介语语体。总之，语际语用学可以研究跨文化中介语语体如何形成，也可以研究中介语形成和变化的条件，研究中介语和源发语的关系，以及中介语的交际效果。目前世界上从事语际语用学研究的学者大多是操用第二语言的非本族人，这反映了这个学科的主要特征是第二语言的语用研究。

语际语用学同普通语用学研究一样，探讨语言的理解和产生过程，考察话语的使用规律，但普通语用学经常接触到的言语交际策略问题与语际语用学研究的言语交际策略的重点有所不同：普通语用学研究的言语交际策略是以认知过程中的心理语言学模式作为研究基础的，而语际语用学研究的言语交际策略，其理论与实践均纯粹来自描写语用学，特别是跨文化语用学。普通语用学研究的言语交际策略，其主要内容是考察语言学习者如何确定所指称的事物；而语际语用学研究的言语交际策略，其重点却放在对以言行事行为和礼貌策略等的理解和运用方面。

二、语际语用学的研究内容

（一）语际语用学研究如何理解语际语言中的话语

语际语用学研究语用理解（pragmatic comprehension），早期着重研究语言学习者对以言行事意图（illocutionary force）的理解和对礼貌手段的识别。前者要学会如何对待间接言语行为，懂得语言形式和语境在理解以言行事意图时的作用，谙熟导致理解困难的各种因素。Carrell（1979）曾表明，第二语言水平高的学生往往会依靠他们的推理能力来理解会话含意。他们唯一的理解障碍是他们的“自以为是”。这种理解障碍是由文化差异造成的，或者是因为违反了关联准则而导致的。Bouton（1988）对文化背景足以影响理解间接言语行为这一点很感兴趣，他把来自不同文化背景、英语不是母语的学生分成6组进行试验，结果找到了十分显著的差异：来自德国、西班牙、葡萄牙以及中国台湾的学生，他们对间接言语行为的识别能力相似；而韩国、日本和中国内地的学生又是另一个类型。Bouton认为，除了文化背景会影响语用含义的理解之外，如果间接言语行为是违反关联准则的，学生们较易理解；如果该言语行为违反的是量的准则，那么无论英语是不是母语的学生都会出现理解上的困难。至于语言形式和语境在理解间接言语行为时的作用，有学者发现，不论学生的语言、文化背景以及英语能力如何，他们主要依靠的是英语的语言形式；但也有一些学者认为，小孩对母语和第二语言的语用理解，依靠的都是语境信息，而不是语言形式。其他一些研究发展语用学（developmental pragmatics）的学者则支持后一种意见。也有对上述两种对立意见持平的。例如，Gibbs（1983）提出一种“规约意义模式”（conventional meaning model）。通过一系列的试验，Gibbs表明：如果语言形式和语境是规约性的，听话人就会按字面意义来直接理解话语；如果没有提供合适的（或熟悉的）语境，而且话语又是新的、非规约性的，那就会出现一个从字面意义到非字面意义的理解加工过程。

至于礼貌手段的识别，学者们也作过缜密的观察：英语不是母语的学生在规约的手段和形式的范围内完全具有分辨礼貌程度的能力，尽管他们在礼貌概念上与英语为母语的学生有所不同。例如，日本的英语学生在判断礼貌句型（祈使句、陈述句、疑问句）、礼貌标记词（please），以及各种礼貌表达法方面，同操英语的本族人没有太大的不同；只是在运用时态和情态词（modals）来表达有礼貌的请求时，存在词语价值判断方面的差异：受试的美国人认为，用肯定词语来表达的请求（positively worded requests）比用否定词语表达的请求（negatively worded requests）显得更有礼貌，但受试的日本学生在这方面的判断就不同。

学生对礼貌的表达方式在认识上不一致，其原因是多方面的。学者们发现，要用第二语言表达礼貌之意，人们往往以自己的母语习惯作为依据，只是依据的程度各有不同罢了。如日本学生用英语表达有礼貌的请求时喜欢用否定词语，因为他们用母语请求别人做某事时，为了礼貌，用的多是否定结构；西班牙的英语学生因为认为自己的母语在表达请求时过于礼貌，故在正式场合表示请求时就没有把母语的礼貌表达方式套用到第二语言（英语）上来。可是，母语是希伯来语的学生要用英语表达有礼貌的请求和道歉时，就感到英语过于直率而习惯套用母语的表达方式。不过，随着他们在英语（第二语言）国家生活时间的增加，他们对英语过于直率的容忍度也就相应增加了。

非本族人使用第二语言时的礼貌方式是否准确，并不取决于他的第二语言的能力，而取决于他在第二语言的国家生活时间的长短和他与当地人接触的频繁程度。例如，长期生活在美国的日本人所采用的礼貌方式更接近美国人，而大大不同于生活在日本的日本人。因此可以说，礼貌手段不是语用语言的问题，而是社交语用的问题。在这方面，有学者作过大量的考察。他们指出，礼貌手段往往受到社会、文化因素的影响：学英语的中国学生摆脱不了以自贬来表示礼貌的方式（Gu,1990）；日本学生认为美国社会比日本社会更能忍受“遭到拒绝”，因此，他们认为操英语时直截了当地提出拒绝也不会不合适（Robinson,1992）。从社交语用的社会因素的角度研究礼貌，还包括人们如何认识礼貌，研究礼貌是否会随时间的变化而变化。如有变化，则这种变化在表达礼貌的语句之中又是如何反映的。

（二）语际语用学研究语际语言中的语言行为

现有的材料证实，不管学生使用第一语言（母语）还是第二语言，他们为实施自己的语言行为而采取的策略是与操母语的人相同的。这时，说话人选择什么样的语言策略，主要受语境的限制。不过，在使用第二语言时，他们的选择还受制于他们掌握的第二语言的知识，或受制于他们操用第二语言的熟练程度。当然这里还夹杂有其他限制选择的因素。例如，对第二语言在语用方面的特征观察得不够细致；或在运用第二语言时夹杂有来自第一语言的、社交语用方面的负向迁移（negative transfer，下文将有详述）；或夹杂有运用第二语言过程中出现的语用失误；或有意无意地按照第一语言的文化模式来操用第二语言，从而出现不地道的语言“离格”现象（linguistic deviations）等。语际语用学注意的大多是受母语影响而产生的中介语；至于因第二语言影响而产生的中介语（指学生自作聪明地运用第二语言而形成的语际语言）的研究，目前所见尚少。

学生因使用第二语言而出现的中介语，其语用策略模式和语言形式都与操用该语言的本族人所采用的不同。有一些研究表明，第二语言的学生比该语言的本族人更喜欢使用直接方式表达语用意图。当学生实施言语行为（如：请求、接受/不接受建议、拒绝以及各种引起争论的行为）时，为了便于直接表达用意，他们宁愿用中介语而不用母语或第二语言。

还有一些研究注意到，本族人和非本族人之间在表达礼貌之意的方式方面存在差异。例如，委内瑞拉操西班牙语的英语学生因没有参加聚会而向女主人道歉时，往往使用取悦对方的礼貌策略；但操美语的本族人在这种场合却倾向于使用抱歉的言辞，直接向对方道歉。又如，美国大学举行的学术评议会上，为弥补出现了的尴尬场面，学生中操英语的本族人绝大多数采用迎合、取悦的方式表示礼貌，而来自中国台湾的学生却会使用一些贬己尊人的词语。总之，母语不是英语的人一般都不会过多地使用迎合、取悦对方的策略来表示礼貌①。

在礼貌策略的选择上，本族人与非本族人有差异：本族人大多以语境

---

① 这里所说的使用迎合词语表示礼貌的策略，Brown 和 Levinson（1978）称之为正面礼貌策略（positive – politeness strategies），而使用抱歉、无奈的词语来表示礼貌的策略则称为负面礼貌策略（negative – politeness strategies）。正面礼貌策略指说话人让听话人的面子得到尊重，通过迎合听话人心意和取悦听话人的话语，使自己的行为获得承认和赞许。例如，Mrs. B 喜欢园艺，精心种植玫瑰，并为自己一手培植的花儿而自豪，也很想得到别人的赞赏。这时，参观者可以使用正面礼貌策略：What a lovely roses!I wish ours looked like that! How do you do it?（p. 68）至于负面礼貌策略，它指说话人通过道歉、贬己、勉强而为、含糊其辞、消极无奈等途径来维护听话人的面子，使其行为不致受到阻碍和干扰。下面是一个兼用上述几种负面礼貌策略的例子：I'm terribly sorry to bother you with a thing like this and in normal circumstances I wouldn't dream of it, since I know you're very busy, but I'm simply unable to do it myself, so...（pp. 98 – 99）按照 Brown 和 Levinson 的说法，上述两种礼貌策略都是在会话过程中，人们在面子可能受到损伤的情况下为顾全面子而相互使用的策略。

作为依据；而非本族人，例如日本的英语学生，就不大考虑语境。他们与地位不平等的陌生人用英语交谈时，同他们与地位平等而且熟悉的人交谈时一样，会采取相同的策略：用直接的、毫不婉转的方式去表达请求。但母语是英语的美国人在这种场合，必然按不同的语境采取不同的礼貌策略。日本的英语学生用英语实施“提供”、“请求”等言语行为时，也往往不按社交亲疏条件而使用相同的礼貌策略。在表示感谢时，操英语的美国人会根据对对方的感激程度变动其表达方式，但母语不是英语的民族在这种场合说英语时就不会有这样的变动。

当然，非本族人的语际语言与本族人说的母语相比较，质量上有很大的差异。有一些研究结果表明，学生的第二语言的词汇与句法知识的不足，使他们在语用语言方面出现问题：他们似乎知道某些词语和句型，但无法用这些语言材料传达出自己的语用意图，或者让对方识别出自己的礼貌手段。

中介语里表现出来的语用语言知识的不足，最明显的莫过于日常语用知识（pragmatic routines）的不足。日常语用知识贫乏成了某语言的非本族语人在操用该语言时的绊脚石。这种观点几乎得到所有研究语际语用学的学者的证实（Kasper,1989b），只是至今还未作过系统的调查罢了。学生的中介语里的日常语用失误表现在以下几个方面：①几乎是一字一句地套用第一语言的日常语用习惯。例如，德国学生错误地套用母语的“entschuldigen sie bitte”（意为：Excuse me，please）来表达英语的“I'm sorry”；②将第一语言的词语直译为第二语言里根本不存在或根本不合适的词语。例如，日本学生用英语表达强烈的请求时，竟然将日语里的“すみません”（sumimasen）或“御免なさい”（gomennasai）直译为英语的“I'm sorry”。显然，在这种场合下说这句英语是根本不合适的；③不善于根据要求准确运用第二语言的日常语用手段。例如，不会使用第二语言来实施诸如“感谢”一类的言语行为（Kasper,1989a）。

（三）语际语用学研究语际语言中的语用迁移

语际语言是学生操用第二语言时因受母语和母语文化的影响而产生的。关于这一点的论述很多，但研究的焦点大多集中在影响成功交际的负向迁移上面，而没有注意语用正向迁移（positive transfer）的问题。这就是说，学者们只注意学生操用第一语言（母语）的语用知识如何影响操用第二语言（实际上是操用语际语言）的语用能力，而没有注意学生自己展示出来的那些能同时适用于第一语言、语际语言及第二语言的语用行为和其他的语言表现。前者称为负向迁移，而后者为正向迁移。正向迁移通常都能保证交际取得成功，所以人们对这方面的研究兴趣往往不大。

社交语用层次是否存在语用负向迁移，要看在社会交往中的身份、地位关系摆得是否恰当；在表示拒绝时是否做得合适；是否需要道歉；是否需要表示感谢；是否按第二语言的语用要求表示恭维、答谢恭维和协商邀请（Wolfson,1989）；他们选择的礼貌方式是否妥当，采取了什么样的礼貌策略。

因选择句式而产生的语用语言负向迁移来自第一语言。第一语言中表示请求所用的词汇和句法材料被错误地搬用，成为了语际语言中的请求句式（Faerch & Kasper,1989）。例如，日语表示不同意可以使用疑问句式，于是，日本的英语学生用英语表达不同意时就搬用了这种句式。

尽管有许多文献指出存在语用迁移，但很少人为此事认真作过调查，证实一下语用迁移现象是否确实存在。我们只注意到，学生希望有一些可供遵循的标准：从第一语言到第二语言需要遵守什么样的语言和文化准则；两种语言之间在语用语言和社交语用方面的语用模式有何不同。为获得这些问题的答案，唯一的办法就是系统地观察一下语用迁移的可能性问题。操第二语言的学生是否能用该语言（英语）正确地表达一般的间接请求，取决于学生的英语熟练程度和他对周围环境的熟悉程度。

这里要指出的是，语用的负向迁移不一定意味着学生的第二语言的语用能力差。当学生用一种同他的母语完全不同的第二语言进行交际时，如果出现生硬地照搬母语的句式或者使用一种与该语言完全不同的句式，那可能真的是学生的语用能力问题；但当这种语用差异一旦被操用该语言的本族人所接受，那只是给该语言留下一些异族文化的识别标记，并不能以此来断言学生的语用能力不佳。例如，尽管外国人说话的口音表明他不是本族人，但作为本族人，在大体上会容忍对方的某些不地道的发音和表达方式。因此，在跨文化交际中我们不能完全按照本族人的言语表达方式去要求操第二语言的非本族人。总之，语用迁移中还有许多问题值得我们进一步研究，这个领域是大有可为的。

（四）语际语用学研究跨文化交际中的语用效果

第二语言中的语法、语音方面的离格现象，对操用该语言的本族人来说是很容易辨别出来的。这些不符合该语言习惯的“离格”现象的出现有一个“好处”，那就是使本族人知道说话人是非本族人，从而也减轻了讲不好这种语言的非本族人心理上的压力。当然，第二语言能力强的人容易使跨文化交际获得成功，但仍然避免不了会出现语用语言和社交语用方面的失误（Thomas,1983）。语用失误同语法错误不同。如果第二语言能力强的人在交际中出现语用失误，这些失误往往不易被听话人觉察出来；而一旦觉察出来，听话人又不会因说话人是非本族人而轻易给予原谅。Blum -

Kulka 和 Olshtain（1986）将语用失误的原因解释为：非本族人因跨文化差异，在应用 Grice（1975）的会话含意理论各准则（如量的准则和关联准则等）时出了错，导致语用失误的交际行为的范围应同时包括语言和非语言的交际行为。言谈应对社会语言学提供充分证据，证实在不同语境下交际双方会因对话习惯不同或会话风格不同而招致交际失败（Gumperz，1982）。

研究语用失误的方法有三种：

（1）交际失败分析。可以用微观社会语言学分析法，将上面提到的交际失败在诗学、语用学、句法学、词汇学、话语组织、会话结构和非语言行为等层次上面进行分析，仔细地将语用失误辨别开来。也可以将语言材料的质量同数量相结合，同以前参加过面试的人员的情况相结合来对语用失误进行分析。微观社会语言学的分析可以弄清会话风格的差异，识别出有问题的会话语句，但通常不追究不同的会话风格的由来。

（2）语用对比分析。针对实施言语行为的模式进行跨文化、跨语言的比较研究，区分两种语言之间或一组语言之中的语用差异。这样的研究纯粹是描写性的，没法预见在跨文化交际中会出现什么样的语际语言；但它可以作为考查学生语言知识和语用表现的依据。

（3）语际语用调查。为研究学生的语言知识和语用行为之间的关系，必须进行语际语用方面的调查。语际语用的研究方法，同其他的语际语言研究一样，主要是将学生使用第二语言时出现的语际语言，同第一语言（母语）和第二语言作比较，研究他们使用和理解方面有哪些与第二语言不同，以及他们在第一语言影响下使用一些什么样的语际语言行为模式。

正如语用对比的研究无法预见学生会有什么样的语用迁移一样，语际语用的研究也无法估计学生使用第二语言进行交际会产生什么样的效果，除非同时有操这种语言的本族人对学生的语言运用能力作出评价。语用的负向迁移不一定会导致语用失误。交际双方成功的配合可以淡化交际中出现的语用差异（如“欣赏”对方的外国口音），从而证明负向迁移会产生正面效果。此外，非本族人的语际语言尽管与本族人的语言不同，但两者常常是互补的，而不是对抗的，其结果可使交际得到意外的成功。交际对抗不在乎说话双方的语言模式和语言习惯各不相同，而在乎文化上的冲撞，即交际双方对权势、信赖、亲疏等概念的不同理解而导致的文化冲撞。

总之，交际失败的原因是什么，非本族人的语际语言是好是坏，他们的语用迁移是否一定招致语用失误等一系列的问题还有待进一步研究。但有一点是肯定的：过去似乎公认为正确的“差异 = 负向迁移 = 错误”这条公式是不全面的，它对语用学几乎不适用，就算是对于非本族人学习和应用第二语言这一整个领域来说，这条公式也许给人以启发，但都是不大适用的。

三、结束语

语际语用学可以从多方面加以探讨：通过语际语言的表现研究第二语言中的语用习得；从言语行为的角度分析语际语言中的言语行为；从话语综观的角度观察语际语言的可接受性和可容忍度等。

当前国外开展的语用学研究，在语用与认知这个整体理论框架下，大体上有以下几个应用性的探索方向：

（1）言谈应对社会语言学，研究语用失误；

（2）对比语用学，研究跨文化、跨语言中语用的异同；

（3）语际语用学，研究学生第二语言习得时出现的中介语的语用表现，以及这种语际语言同第一语言和第二语言的关系（Kasper & Blum - Kulka,1993）。

在这三个方向中，语际语用学的研究内容最能吸引学者们的注意和兴趣。但实际上三者必须有机地结合起来，才能更有效地开展跨文化语用差异的研究，探讨语际语言中的语用特征、语用迁移，以及语际语言在交际中的语用效果。

（原载《国外语言学》1996 年第 1 期。）

中国学生在英语交际中的语用失误

——汉英语用差异调查

一、前　言

近年来，我国广大英语教师越来越深刻地体会到培养学生的英语能力、提高他们的英语水平，只着眼于教会学生理解和分析规范的语句，或者只要求他们多听多说是不够的。一些英语的应用原则，简称为英语语用原则，不可不教，否则，学生在与操英语的本族人进行交际时就会出现语用失误，并常常会因此而产生误解。广州外国语学院语言学与应用语言学专业的研究生和导师从1984年起，对汉英语用差异进行了一些调查研究。本文提到的是一次汉英语用差异辨识测试。根据测试结果，我们对中国学生的英语语用失误作了初步分析，并在此基础上提出一些设想。

二、测试情况

1. 测试对象及材料

1985年夏，在广州外国语学院主办的一期“英语语言学与应用语言学讲习班”上，我们对79名学员（大多是来自不同大专院校的青年教师）进行了一次汉英语用差异辨识测试，目的是了解他们在英语语用方面的知识和能力。

测试内容包括20道不定项选择题（见附录Ⅰ），每题开头是一段简单的情境描写，注明了谈话双方的社会关系及谈话的地点、环境等。涉及的是一些常见的语用现象，大体包括两个方面的内容：①语言本身的语用问题（pragmalinguistics）（题1～14）；②社交语用问题（sociopragmation）（题15～20）。在测试中，这两种现象是混合编排的。

2. 结果

20道题中共有53种选择，平均失误为27.1个，占总数的51%；就单份试卷而言，失误最多的达31个，占53种选择的58.49%，最少的达13个，占24.53%（见附录Ⅱ）。

三、测试结果分析

1. 理论基础

在分析过程中，我们采纳了英国语言学家托马斯（Jenny Thomas，1983）的观点，将语用失误分为两类：

第一，语言本身的语用失误。这类包括两个方面：其一是不合操英语的本族人的语言习惯，误用英语的表达式；其二是不懂英语的正确表达式，按母语的语义和结构套用英语。

例如，一位中外合资公司的女秘书这一天工作干得很出色，她的经理感到十分满意，对她说："Thanks a lot. That's a great help."秘书回答说："Never mind."她想表达的是"没关系"、"不用谢"之类的话，但用了英语的"Never mind"。其实"Never mind"常用于对方表示道歉，而自己不予介意的场合，是安慰对方的套语。这里，秘书显然用错了表达式，导致语言—语用的失误。

第二，社交语用失误。指交际中因不了解谈话双方文化背景差异而影响语言形式选择的失误，它与谈话双方的身份、语域、话题熟悉程度等有关。

例如，汉语"谢谢"的英语对等词是"Thank you"，这是任何学过一点英语的人都知道的，但如何在社交场合正确使用"Thank you"却颇有学问。在受到别人祝贺时，"Thank you"是英语中最常用的答语，但汉语则会说出"过奖，过奖"，"惭愧，惭愧"一类的客套话来应答。要是我们不会用"Thank you"，而按汉语直译过去，来一句"You flatter me"或"I feel ashamed"作答，那就很不得体。又如，有一位访美女学者在宴会上听到别人称赞她的衣服"That's a lovely dress you have on"，她不会用"Thank you"，而是马上按汉语习惯答道："No, no, it's just a very ordinary dress."这里的语用失误在于，听者会认为这种答话暗示着他连衣服的好坏都分不清。(邓炎昌，1981)

值得强调的是，因为语言是社会交际的工具，语言的使用离不开具体的社会环境，要明确地在这两类语用失误之间划一条明显的界线是不切实际的。

例如，商店售货员对顾客说："Can I help you?"，操英语的本族人都会把它理解为售货员主动提供服务的礼貌用语，而不是向顾客探听售货员自己是否具有这种能力。如果我们的售货员把汉语的习惯用语"您要点什么?"套到英语中去招呼操英语的本族人："What do you want?"，顾客就会感到这位售货员欠礼貌。这里既有语言本身的语用失误，又有社交语用失误。“What do you want?”与“您要点什么?”这两句话的语义相同，但言外行为不同，前者在操英语的本族人听来好像是不客气的询问，但后者只要语调得当，在操汉语的本族人听来却是满得体的商场用语。从这一点来看，这种失误属于语言本身导致的语用失误。但在实际交际中，操英语的本族人听到这类像审问、吆喝的话会引起不快，这种失误又的确应属于社交语用失误。

2. 语用失误分析

下面我们具体分析一下这次测试中出现的问题。

题1～14大体涉及语言本身的语用问题。

第1题是关于指示词“next”的用法。英语中的“next”作为时间指示词，它的意思相当于汉语“下一……”，如“next time”是“下一次”，“next month”是“下个月”。“next Thursday”译成汉语就是“下星期四”，但“下星期四”是指下周四，不指本周四，而“next Thursday”却多了一种解释，如果说话时间是星期日或星期一，“next Thursday”可能指下周四，也可能指本周四。因此，当James的太太在星期一送电视机去修理，修理工对她说：“It would be fixed next Thursday.”就可能有两种意思，一是要她十天后来取，一是要她三天后来取，到底指哪一天，要视具体情形而定。

第10题是关于英语情态助动词的使用问题，如何使用情态助动词与谈话时的前提有密切关系。题中的“You must find Professor Green is very easy to talk to.”与“You should find Professor Green is very easy to talk to.”的区别在哪里呢？这涉及谈话时的具体情况，特别是谈话的前提。一般来说，“must”用于有根据的猜测，“should”用于没有根据的臆断。因此，由于说话者以前与Professor Green交谈过，他应选择“must”，而不是“should”。

引起这类语用失误的另一个重要原因是把汉语的言语行为方式不适当地用于英语。第13题就是一个例子。这一题要测试：当服务员请求顾客重复所说的话时，什么样的表达式最合适。根据汉语的习惯，请求别人重复话语最常用的是“什么?”而与此语义相同的英语“what?”在使用时却会产生不同的效果。对于操英语的本族人来说，“what”听起来像是生硬的答话，而不是客气的请求，宾馆服务员是不能用它来请求顾客重复话语的。

题15～20与社交语用失误有关。这类失误主要由汉英文化差异导致。利奇（Leech,1983）曾说：语用原则基本上是共有的，但它们的相对重要性却由于文化的不同而相异。“有些东方文化（如中国、日本）一般比西方国家更看重谦虚的原则。”

我们对讲习班学员作过测试，结果证明利奇的话是有道理的。

以第20题为例，一位英国留学生在宿舍里招待一位中国同学，他手持咖啡壶问他的同学：“Would you like some coffee?”供选择的答话有三种：

a. No，please don't go to any trouble.

b. Yes，please.

c. Thank you.

其中a是按汉语习惯谢绝的典型例子，对于不了解中国文化的操英语的本族人来说，听到这个应答会感到困惑；b是接受款待的合适答话；至于用c来应答，会使主人无所适从。按英语习惯，接受款待时要说“Yes，please.”谢绝时就说：“No，thank you.”一句模棱两可的“Thank you”使主人不知该给他倒咖啡，还是不该给他倒咖啡。

另外，中国有“一日为师，终身为父”的说法，不但对父母亲不能直呼其名，而且，对老师直呼其名也会被认作是极为不恭敬的行为。而在操英语的国家，这一点却有所不同，儿子不但可以直呼父亲的名，而且学生与老师的关系越亲密，就越有可能直呼其名，这都是由于文化不同而产生的语域上的差别。

四、语用能力的培养

根据对测试结果的分析，我们觉得英语的语用知识不但应该教，而且要列入教学计划。因为语用内容在英语教学中的重要性绝不亚于语法、词汇等方面的内容。尽管目前还提不出系统的、切实可行的教学建议，我们还是谈一些设想，供大家参考。

1. 话语教学

话语教学的目的主要是帮助学生成功地用英语进行交际。在这里，成功的关键在于能否恰当地运用英语。这无疑涉及语用知识，故话语教学中应列入这项内容。

克列帕与威多逊（Cripper & Widdowson，1975）曾谈到：“外语教学中有把语言形式与交际功能等同的倾向，学生常被引入歧途以至于认为命令只能用祈使句，提问只能用疑问句。”这种评论是有道理的，在课堂上常能听到这样的话：“祈使句是用来发命令的”，“命令是由祈使句来表达的”。这容易给学生造成一种绝对化的错觉。因此进行话语教学时，教师既要告诉学生英语句子结构使用的一般规律，又要教会他们活的语言规律和习惯。比如，英语的祈使句就不一定只用于表示命令：

(1) Be quiet.

（2）Have some coffee.

（3）Give us this day our daily bread.

这三个句子实际上只有句（1）表达命令，句（2）、（3）分别表示邀请和祈求。（Johnson，1982）

再如，结构相异的句式并不等于功能完全不同，如：

I hope you'll close the window.

Would you close the window?

It's cold in here.

在特定的环境中用特定的语调来说这些话，可对听话者产生相同的效果。

2. 语法教学

语法教学的主要目的是提高学生使用语言的能力。如果在语法教学中能重视与语用知识的结合，这无疑会收到更好的效果。

现以英语时态教学为例。英语时态是一个在汉语语法中没有全部体现的语法范畴。教师如果仅仅告诉学生不同时态形式表示不同时间关系的行为是不够的，还应该告诉学生在使用这些语法形式时应注意其所能体现的言外行为和前提。

如“to be + inf.”是用来表示将来行为的结构，但这个结构常与第二人称主语连用，这时的说话者与听话者一般是处于上下级的关系，语境可以是发出指令：“You are to be here by eight.”如果教师把这些因前提语境不同而相异的用法作为语用—语言规则融合到时态教学中去，这就能帮助学生提高他们运用语言的能力，从而达到语法教学的预期目的。

3. 词汇教学

在词汇教学中，教师应着眼于词的所指、词与词之间的搭配以及如何用它在一定情况下组成完整的句子。这里值得提倡的是情境法，而不是定义法教学。如“well”一词相当于汉语的“好”，“well done!”是“干得好!”的意思，但当“well”作为句首语气词时，定义法就无济于事了。这时可用情境法，通过对话使学生领悟到“well”用于说话者自己意识到所说的话不能满足听话者要求的时候：

Did the weather-man say it was going to be fine tomorrow?

Well, he didn't say it was going to rain.

经验证明，词汇教学结合语用规则会更有利于学生达到用词准确得体。

4. 各种可利用的渠道和方法

除了在课堂上有意识地培养学生的“语用意识”，结合教学内容介绍有关的语用规则之外，教师还可通过其他渠道来培养学生的语用技能，如观看英语电影、录像，阅读现代文学作品，充分发挥外籍教师的作用等。也可以用讲座的形式介绍操英语的国家的文化习俗，特别是其中与中国不同的文化习俗。

当然，还有许多问题有待解决，比如，能否尽量使语用原则系统化，如何在学习掌握英语语用知识的同时注意在交际时与自己作为中国人的身份相称，因为一言一行、一招一式的绝对模仿，有时反而会使人感到是生硬的、做作的。

附录Ⅰ：Test paper

According to the situations provided, select appropriate answers from the following choices：

1. (In a repair shop on Monday)
   Repairman："It will be fixed next Thursday."
   The customer should come to take his TV set ____
   a. three days later.
   b. ten days later.
2. (On the way home)
   A student addresses his cousin in English：
   Xiao Liu：a. "Hello, cousin!"
   b. "Hello, Xiao Ping!"
3. (In the office of the English Department)
   An English student studying in China is telephoning the secretary of the department.
   Jack："Hello, I'd like to speak to Song Hua please."
   Song：a. "I'm Song Hua."
   b. "This is me."
   c. "Song Hua speaking."
4. (In the classroom)
   The students are discussing the plan of an excursion.
   Dick："Did the weatherman say it was going to be fine tomorrow?"
   Xiao Lin：a. "Well, he did."
   b. "Yes, he did."
   c. "Well, he didn't say it was going to rain tomorrow."
5. (In the students' dormitory)

Andrew: "Would you like to watch a football match?"

Xiao Zhang: a. "Sorry, I'm busy at the moment."

b. "I haven't finished my homework yet."

c. "Excuse me, but I'm not free."

6. (In the train)

Two unacquainted passengers have pulled the curtain off at the same time.

Mr Brown: "Pardon me."

Mr Green: a. "Never mind."

b. "Pardon me."

c. "It's nothing."

7. (After school)

A Chinese student wants to call on his classmate Xiao Zhang:

a. "Can I go to your house tomorrow?"

b. "Can I come to your house tomorrow?"

8. (At a hotel)

Two students wants to book a room.

Xiao Ding: a. "Let us have a double room, please."

b. "Let's have a double room, please."

9. (In the office)

Xiao Song: "I've got to go now. Good - bye!"

a. Xiao Song will leave his office.

b. Xiao Song will leave the telephone.

c. Xiao Song will go home.

10. (Outside Professor Brown's office)

A Chinese student who talked with Professor Brown before is encouraging his classmate who is going to have an interview with the professor.

Xiao Liu: a. "You must find Professor Brown is very easy to talk to."

b. "You should find Professor Brown is very easy to talk to."

11. (At the station)

Betty asks Xiao Wang: "How long are you in London?"

a. Xiao Wang is in London.

b. Xiao Wang is going to London.

12. (In the office)

A secretary asks her colleague to help her type a document. As she is not free at the moment, she says sorry to her.

Katie: "I'm sorry. I'm busy at the moment. I could do it tomorrow if you like."

Xiao Huang: a. "That's okay. Thanks anyway."

b. "It doesn't matter. Thanks anyway."

c. "Never mind. Thanks anyway."

13. (In a hotel dining room)

A foreign guest tells the waitress what he wants for dinner, the waitress does not hear it clearly.

Waitress: a. "Could you speak more slowly?"

b. "Pardon me."

c. "What?"

14. (At a travel agency)

A clerk sees a couple discussing their itinerary.

Xiao Xie: a. "Might I make a suggestion."

b. "Perhaps you could go to Greece."

c. "I suggest you go to Greece."

15. (On the way to a clothing show)

The wife of an English manager is talking with a secretary.

Mrs. Green: "It's really cold tonight."

Xiao Lin: a. "Here, take my jacket."

b. "Are you afraid of the cold?"

c. "Yes, it is, isn't it?"

16. (At a railway station)

An English student studying in China is talking with her classmate.

Caroline: "Your English is very good."

Xiao Qi: a. "Do you think so?"

b. "No, no, my English is very poor."

c. "Thank you. I'm glad you think so."

17. (On the way to school)

A student greets his teacher.

Xiao Sun: a. "Good morning, teacher."

b. "Good morning!"

c. "Good morning, Mr. Stoneham."

18. (At a friend's home)

A Chinese student gives a birthday present to her English friend.

Mary: "Thank you. It's beautiful."

Xiao Zhao: a. "Really? Do you like it?"

b. "Don't mention it. It's only a small thing."

c. "I'm glad you like it."

19. (In the street)

A man wants to smoke a cigarette, but he has no match. He asks a stranger.

Mr. Brown: a. "Got a match, mate?"

b. "Would you be so kind as to give me a match?"

20. (In the students' dormitory)

An English student studying in China is holding a coffee pot. He wants to treat his classmate to some coffee.

Bill: "Would you like some coffee?"

Xiao Zhang: a. "No, please don't go to any trouble."

b. "Yes, please."

c. "Thank you."

The tentative appropriate answers of the test paper:

1. a b	2. b	3. c	4. a b c
5. a b	6. a b	7. b	8. a
9. b	10. a	11. a b	12. a b c
13. a b	14. a	15. a c	16. a c
17. b c	18. c	19. a	20. b

附录 II: The number of failure of each choice:

1. 43 37	2. 7 6	3. 12 7 14
4. 55 17 51	5. 23 56 23	6. 37 31 14
7. 28 31	8. 58 57	9. 21 28 11
10. 36 44	11. 42 41	12. 24 44 48
13. 51 19 4	14. 45 27 25	15. 69 10 15
16. 56 9 13	17. 6 40 12	18. 8 4 6
19. 58 57	20. 8 20 33	

（与阎庄合作，原载《外语教学与研究》1986 年第 3 期。）

论述中国英语教学的 LANGUISTICS
——读王才仁教授的《英语教学交际论》

最近，广西教育出版社组织出版了一套《学科现代教育理论书系》的大型丛书，其中的“外语卷”由吴春洞、王才仁教授主编，旨在提高我国中小学外语教育质量和英语教师的教学水平，让他们在现代语言学与应用语言学理论成果的指导和启发下，从“自在”走向“自为”，促进外语学科教育理论在我国的发展。

丛书“外语卷”各篇的作者都是我国高等院校的英语专家、教授，涉及的内容广、信息新；各篇既照顾到普及，也重视提高，是指导我国中小学英语教师教学实践的理论宝库。

我国著名的外语教学法专家王才仁教授作为这套丛书“外语卷”的主编之一，亲自参与撰稿，写了一本题为《英语教学交际论》的专著，这就是笔者在这里称之为“论述中国英语教学的 LANGUISTICS”的一本书。

什么是“languistics”？英语词典并没有收入这个由“language”及“linguistics”复合而成的术语。它是 Nelson Brooks（1964）创造的，定义为“外语教学科学”（the science of second/foreign language teaching and learning），也就是外语学科教学论或外语学科教育学。加拿大应用语言学家 Hector Hammerly（1982）写过一本 *Syntheses in Second Language Teaching*（《第二语言教学综论》），副题就称作 *An Introduction to Languistics*（《外语教学科学导引》）。这个术语比容易引起误解的“应用语言学”（applied linguistics）要好，因为后者有广义与狭义之分，只有狭义的应用语言学才专指外语教学科学。王才仁教授的这本专著讲的正是这门科学，但它不是一般的外语教学概论，而是与新兴学科交际论结合的英语教学交际论。首先，该书运用交际理论模式对英语教学过程进行了全方位的审视：

（1）从教到学，以教为主到从学到教，以学为主，教与学双主体；

（2）英语作为语言工具，具物质、观念的二重性，英语教学要在物质操作和观念操作的结合上下工夫，以培养交际能力作为英语教学的出发点和归宿；

（3）英语作为外语信息，有其输入与输出的机理、程序与运作的规律，英语教学要符合这些规律；

（4）从交际论的观点看，英语教学是一种动态教学或活动教学，教学过程就是交际活动过程，要从组织活动入手，使英语课堂交际化。

此外，该书还着重讨论了当今最为广泛推崇的语言综合教学法理论。运用英语的能力就是交际能力，它是靠综合英语课教学训练得来的。这种训练包括接收能力（receptive skills）和产出能力（productive skills），即听读能力和说写能力的训练。该书对这两方面的教学原则和训练方法都一一作出详尽的介绍。

下面我将这本论述中国英语教学的languistics所覆盖的内容简述如下：

《英语教学交际论》全书分8章，卷首有顾明远先生为整套《学科现代教育理论书系》写的总序，有桂诗春教授为该书系“外语卷”所作的分序，还有王才仁教授本人所作的前言；书末有注释和主要英文参考书目作为附录。

本书第1章为绪论。作者围绕“发展外语教育，迎接21世纪”这个专题，谈了外语教育面临的种种挑战，介绍了国外外语教学论的成就，区分了外语教学法中的五个层次：methodology，approach，strategy，method和technique，指出在我国改革开放的形势下，英语教育已属于人的素质培养的一部分，它的任务是培养学生学会用英语进行交际，提出要建立有我们自己的特色的外语教学法体系。

第2章讨论交际理论与英语教学。作者多年来一直教授交际论与英语教学法两门硕士研究生课程，现在利用本章有限的篇幅着意介绍了交际论的基本知识，从交际的定义、功能、分类与模式，到交际理论的哲学内涵，指出他为全书选取了一些有关交际的基本理论，联系外语教学予以运用，务求探索出外语教学的有效途径。作者在本章论及英语教学法时，更着意于运用交际理论来观察英语教学，确认英语教学的实质是交际，是传递信息和接收信息的过程，从而将交际论与英语教学法有机地结合起来。可以说，本章是全书的理论依据，很有指导意义。

第3章论英语教学二主体。这里强调教学中教师和学生都是主体。作者说道，在“英语教学”中有两个主体，即教师和学生；有两种活动方式，即教和学；有一个共同的对象，即英语。当学生作为主体时，作为“对象”的英语，指英语符号系统及其功能；但当教师作为主体时，作为“对象”的英语不再是英语这个符号系统本身，而是与英语本身有联系的“如何学好英语”的规律，即教师所要认识的客体既非学生，亦非英语，而是“学生学英语”的规律。本章观点独到，颇令人寻味。

第4章讨论英语工具论。工具从形态上分物质工具和精神工具；从功能上则分为实践工具、认识工具、交际工具和生活工具。作者认为，语言是其中的认识工具和交际工具。“当着人的主体通过一定的物质中介直接作用于客体，直接从客体‘摄取’信息时，这时语言是认识工具；当着人的主体通过语言这个中介吸取前人或别人已得到的认识间接地获取客体的信息时……语言是交际工具。”（105 页）作为认识工具的语言是内部语言，即精神形态的工具；而作为交际工具的语言是外部语言，用以间接接收、储存、加工和传递信息。作为直接认识客体工具的语言，一般指母语；而作为间接认识工具的语言则是外语，外语必须作为交际工具来掌握。因此，培养交际能力是英语教学的出发点和归宿。这些见解颇有见地。

第 5 章谈英语信息的输入与输出。在这一章里作者介绍信息加工理论，即认知心理学的内容。认知心理学认为，认知就是信息加工。尽管认知心理学未有谈及外语教学中的信息加工问题，但作者指出，外语作为语言是一种信息，英语学习过程实际上是一个信息加工过程。本章从信息与信息加工理论谈到英语作为信息的输入和输出，生动地说明英语教师是英语信息输入的 facilitator（化难为易的人）。

在谈到英语作为外语输出的客观标准时，作者主张准确与流利并重，认为英语教学要重视正确与流利之间的平衡，指出不同的教学要求有不同的正确与流利标准，不同的教学阶段的侧重点也应有不同，不能照搬国外的观点和做法。这些体会很深刻，是王才仁教授的经验之谈。

第 6 章讨论外语教学中有关活动（activities）的目的和任务，以及活动的内容和方式。此外还介绍了国外外语教学中各种以活动为中心的教学法。作者认为，外语教学的实质是交际，而交际又是通过活动表现的，例如，前述的师生二主体作用的发挥，英语物质操作和观念操作二重性，以及英语作为外语信息的输入和输出等，都是通过活动来实现的。外语教学中活动的目的是培养听说读写的技能，其任务是使这些技能具体化。作者说，所谓“活”，包括将文字活化为话语，把教材内容活化为实际生活，把教学活化为交际（188 – 190 页）。本章总结了课堂内外英语教学活动的各种各样行之有效的外语训练方法，很有启发和借鉴的地方。此外，本章还从理论到实践评介了国外各种与活动有关的外语教学法，资料翔实，很有参考价值。

第 7 章和第 8 章是本书的最后两章，集中讨论综合英语课的教学。从综合英语课的性质到如何通过具体的综合英语教学培养学生的英语交际能力。综合英语课是一门新课程，它由我们过去称之为“讲读课”、“分析性阅读课”和“精读课”的课程演进而来，但又不完全等同于这些课程。作者指出，综合英语课的特点在于：所使用的语言材料是系统的、精选的，技能训练是综合的、分阶段的，不同阶段的训练侧重点又有所不同。这里值得注意的是，作者将英语的听说读写综合训练看做学生运用英语的交际能力的训练。交际能力包括产出能力和接收能力，作者认为，产出能力指说、写能力，它与听、读接收能力相对。为培养英语产出能力，要有英语信息输入，要开展活动进行练习，要经过交际活动的检验，即经历一个“呈现（presentation）→练习（practice）→产出（production）”，简称P. P. P的过程（257页）。接收能力作为技能，本身就是进行交际，而培养接收能力又离不开产出训练所打下的语言基础（288页）。作者深信，按听—读、说—写的不同要求进行综合训练，最终将使学生用于交际的“英语运用能力”获得整体的提高。他在本书结束时指出：综合是一个大趋势，国外已形成了综合教学法（integrated approach），现代教育也进入了讨论综合发展的战略阶段，而整个科学技术的综合开发浪潮更是势不可挡。这番论述表明作者颇具远见卓识。

总之，这本论述中国英语教学的languistics——《英语教学交际论》，是难得的一本英语学科教学专论。它不但是我国中小学英语教师进修提高的好教材，也是我国大专院校英语教师和研究人员、英语教学论专业研究生的有益读物。本书作者王才仁教授长期从事师范教育，对英语教学论的研究素有心得，是我国外语教育界的知名学者。这本数十万字专著他在不幸染疾前就开始苦心构思，而在医生宣告“情况稳定”的额手称庆的日子里终于完成了，可喜可贺！特此推荐。

（本文为《英语教学交际论》序言，原载《外语教学与研究》1997年第1期。）

外语教学中的语用路向探索

我国目前的外语教学，无论是教学规模、人们的学习热情，还是教育部门在这方面的投入都达到了前所未有的程度。其根本原因当然是强国兴民的需要。任何一个国家在现代文明的进程中都离不开与其他国家的交流和合作。我国作为 WTO 的一员，外语无疑将成为我国积极参与国际交流、提升国际竞争力的重要手段。外语在我国现代化建设中所发挥的作用举足轻重，重视外语教学、提高外语教学质量也就成为必然。

多年来，令我国外语界感到困惑的是，我国学生学习外语的热情高涨，为学习外语而付出的时间也很长，但最终能够流畅自如、恰如其分、准确无误地运用外语进行交际的人却不占多数。外语学习的最终目的是要学会运用所学外语进行有效的、成功的交际。我国的大多数外语学习者做不到这一点，原因涉及主客观多种因素。就客观因素来说，我国汉文化源远流长，汉语的地位稳固、使用者众，加上过去在计划经济体制下，我国能占据的国际舞台狭小，与他国交流和合作受到限制，因而缺乏使用外语的环境和空间；在主观因素方面，长期以来，我国外语教学界对学生必须学会运用外语进行交际的认识不足，不少教师本身的外语交际能力就不济，外语教学只能满足于语言知识的传授。于是这些教师将教学重心放在语言形式和结构上，他们向学生灌输语法知识，要求学生记忆大量词汇，纠正学生的外语发音。结果，学生的语言基础倒十分扎实，但在真实的跨文化交际环境中，他们的牢固的语言知识并不能被有效地激活和调用，学生的交际能力无法与他们的语言知识相匹配。这一问题的长期存在无疑给我国外语教学带来许多负面影响，如不予以纠正，势必降低我国外语教学的质量，影响到强国兴民的长远大计。我们认为，我国外语教学必须在语言学及语言教学理论的指导下进行改革和创新。我们设想我们的外语教学可以尝试一改过去的从语言内部结构入手，转为根据语言外部表达需要出发来培养学生的语言运用能力。为此，我们尝试将语用学理论运用于外语教学，探索外语教学中的语用路向。

一、语用能力和语法能力的关系

语用学研究语言的使用和理解，既研究说话人利用语言和外部语境来表达意义，也研究听话人对发话人说出的话语的解码和推理（张新红、何自然，2001）。语用能力就指上述的语言使用和语言理解的能力。但语用能力并不等同于语法能力，掌握语法知识不一定就有了使用语言和理解语言的能力；另一方面，语用能力也不等同于交际能力。交际能力还包括利用语言外因素也能完成交际的能力。语用能力是交际能力的一个重要组成部分，它指人们在言语交际活动中能够适宜、得体和有效地使用和理解语言，实现话语效能并达到交际目的的能力。因此，语用能力包括有以下基本特征：①在语用语言层面上遵守语言规则；②在社交语用层面上注重文化差异；③在心理认知层面上了解态度和行为的制约，在时空情境层面上讲究语境的限制。语用能力不是抽象、孤立和空泛的，在语言的具体运用中，它是人们有效地使用和理解语言的保障和手段。

语法能力，顾名思义，是学习者掌握的有关语言内部结构系统的能力，严格地说，它属于语言结构理论的问题（Chomsky,1977：40）；但语法能力也可以宽泛地指与语言内部结构系统相关的诸如语音、词法、句法和抽象语义等内化知识的总合。因语用能力论属于语言使用和理解的理论，语法能力论则应当是语言学习的基础。没有语法能力，语用能力就不能有效地、全面地实现。不过，语法能力是不能取代语用能力的，只有两者有效结合才能确保人们成功地使用和理解语言。在日常语言运用中，我们注意到一些语法或逻辑正确的话语在语用上未必行得通，因为语用不在乎话语是否合乎语法或逻辑，而只在乎在特定的场合下语言用得是否适宜、得体。至于不合乎语法或逻辑的话语，只要语用上是适宜、得体的，人们就会不怎么讲究话语的结构和逻辑是否正确而予以接受了。例如：

（1）*Hamburger* just left without paying.（汉堡包不给钱就跑了。）

（2）**五号床**明早出院。

（3）Golf plays John.

例中的（1）和（2）逻辑不通，但语用上很正常。例（1）的“hamburger”（汉堡包）实指吃汉堡包的人，说他“跑单”了；同样，例（2）的“五号床”实指住五号床的病人，说他明早要出院了。至于例（3），句子的语法无懈可击，但逻辑不通，违反了选择限制（selectional restrictions），但是，同（1）、（2）两个例子一样，语用上完全可以理解，说的是 John 的高尔夫球打得实在糟糕。

由此可见，语法能力和语用能力既有区别又密不可分，相辅相成。在语言学习中掌握语法能力和语用能力都是十分重要的。不过，有研究表明，语法能力和语用能力的培养和内化是相互独立的，有高水平的语法能力并不意味着语用能力也很高。Bardovi – Harlig 和 Dörnyei 的研究（1998）

就为这一论断提供了有力的证明。他们对英语作为第二语言（ESL）和英语作为外语（EFL）的两组学习者进行对比实验调查，发现两组受试对语言错误和语用错误的敏感度和评价各不相同。Niezgoda 和 Rover（Kasper，2001）也效法 Bardovi－Harlig 和 Dörnyei 进行了类似的研究，进一步证实了上述结论。关于语法能力和语用能力在语言学习中孰先孰后的问题，目前有两种观点：①Salsbury 和 Bardovi－Harlig（Kasper，2001）认为，语法能力的学习先于语用能力；②Schmidt（Kasper，2001）通过对受试的研究得出的结论却是语用能力先于语法能力。我们认为，探讨语用能力和语法能力之间的关系是可以的，但没有必要去区分谁先谁后，重要的是具体情况具体分析。母语习得者生活在第一语言环境中，无需经过语法知识的内化过程就能习得母语，于是，本应结合在一起的语法和语用能力，其中的语用能力占了言语交际中的主导地位。然而，从外语习得者的情况来看，表现就不一样了。外语习得者通常还要内化自己要习得的外语知识。于是，在外语的习得过程中，母语的语法和语用能力和正在学习的外语语法和语用能力有异、有同，会出现相互重叠或互为影响的情况。就外语教学来说，我们要关注的，当然是如何让已习得母语（或称母语经已内化）的学生在操用外语时能有效地“连接”语用和语法两个层面，即着眼于外语的语用，再将外语的语法知识转化为语用能力（何自然、张巨文，2002）。

二、外语教学中的语用路向

所谓“路向”，指的是 approach，外语教学中的语用路向，说的是外语教学中的语用学方法论。我们主张学习外语先从语用入手，然后再考虑外语语法知识的逐步内化问题。我们说过，语用能力和语法能力是相辅相成的，强调先从培养语用能力入手学外语，并不意味着否定语法知识的传授和语法能力的培养。下面，我们结合语用学理论，对外语教学中的语用路向作一些探索。

1. 语用行事说（pragma－performative notion）

日常语言学派的分析哲学家 Austin（1962）对言语行为理论作了详尽的讲述，后经 Searle（1965）继承和发扬，该理论日臻系统、严密和完善。语用学中的言语行为理论指出，语言的使用就是以言行事，用言语的表述来实施某种行为，达到某种交际意图。言语行为理论的重要性在于它强化和突出了语言的功能，促使语言研究由语言内部系统的形式化定位向着语言外部作用下的功能性研究转化。例如：

（4）I promise I'll help you when you are in trouble.

（5）Waiter! There is a fly in my soup.

从言语行为角度来看，例（4）和例（5）的语言形式落实到交际实践就发挥着某种语言功能，表达了说话人的某种意图。例（4）可以假定为两个朋友或熟人之间对话时的一句话，说话人通过语言形式许诺听话人在他遇到麻烦时向他提供帮助。静态的语句意义在说话人的口中动态地实施着一个“承诺”的行为，从而使听话人感到安心或宽慰。就语法而论，例（5）是一个陈述性语句，但在语用层面上，它是通过陈述“汤中有苍蝇”这一事实向饭店的服务员实施了一种表示“不满”或要求对方另换一碗汤的行为。

据此，外语教学中的语用行事说提倡在教学实践中实施语法与语用的连接和过渡，由静态形式向动态功能转化。教师在外语教学课堂上既是语言知识的传授者，又充当功能活动的组织者和参与者。将语言形式放到语言功能之中传授，以掌握语言功能作为教学的主要目的，功能、形式相辅相成，浑然一体。

2. 语用推理说（pragma – inferential notion）

语用推理作为语用学概念，指的是推断出话语含义，它出自 Grice 的会话含意学说（1967）。Grice 之后，Sperber 和 Wilson（1986，1995）创建了关联论，详述了交际中的认知，从而使语用推理学说获得进一步发展。自此，关联与认知引起了人们的极大兴趣，研究涉及交际中人们如何理解语言的问题，也就是理解的认知机制方面的研究应运而生，在语用学领域，它成了认知语用学的重要内容。关联理论的语用推理一经推出，对过去言语交际中的单纯的“语码模式”（code model）作了重大的补充，随之建立了交际中为达到相互理解而必行的“推理模式”（inferential model）。该模式对于人类交际行为隶属于认知行为的论断具有一定说服力，并逐步将人类语言运用的认知机理研究引向深入。

言语交际中，话语具有含义源于人们“明话暗说”。所谓“明话暗说”，是指说话人故意将话语说得含蓄，间接或旁敲侧击。听话人通过对说话人说出来的话进行语用推理，得出说话人的真实意图。例如：

（6）A：Is Mike engaged?

B：He's bought a ring.

（7）My name is XXX. I'm 28，unmarried.

上述的两例中，只理解（6）B 和（7）的“明话”还不足以取得交际效果，听话人必须识别说话人的“暗说”才能掌握其真实的交际意图，使交际获得成功。详细地说，在例（6）中，B 的真实意图是通过“他已买了戒指”这一“明说”向对方暗示“他已订婚”这个事实，进而实施了某个特定的言语行为，如奉劝听话人放弃对 Mike 存有打算等。例（7）是

20世纪80年代我国的一个著名小品段子的英译。说话人通过明说自己的名字、年龄和未婚这一事实，向对方暗示“我还未结婚”这个含义，从而向对方传出爱慕之意，让听话人心领神会。

语用推理作为人类认知过程的机制，在交际行为中起着不可或缺的作用。就外语教学而言，对学生提供相关的训练，培养学生的语用推理能力就很有必要了。作为外语教学语用路向设想的重要组成部分，语用推理说旨在推动和强化外语学习者的语用认知能力，在话语中寻求关联，在关联中建立语用推理的依据。为此，从教学实践活动来看，很有必要配合语用推理的训练，编写一些与之相关的教材项目。

3. 语用文化说（pragma－cultural notion）

文化作为一个社会范畴与人们的生活和言语交际行为息息相关。作为一个群体，人们相互维系在一起靠的是他们的文化，即他们所共同具有的观念和准则。文化本身有广义和狭义之分，但我们可以将它归纳为三个方面：实物文化、通俗文化和精神文化（何自然，1996）。所有这三个方面都是与人类社会同步形成、发展和变化的。文化会因其所处的社会、历史和民族不同而各异，但从认知的角度来看，建立在人类经验知识基础上的文化，尽管经历不同的社会、历史和与不同的民族相处，都有一些像基因那样一脉相承的现象，这就是当前引起我们注意的“模因”（meme）现象（何自然、何雪林，2003）。言语交际在传递信息的同时，也连带进行着各类文化的交流与传播，人们在识别它们之间差异的同时，又会不断地将文化中共同的基因进行复制和模仿。

汉语中特有的词汇，如“馒头”、“饺子”等，带有汉饮食文化的特征，交际中用英语的“steamed bread”和“dumpling”来处理，显然是不妥的：前者不好理解，后者则是另外的一种食物。如果在跨文化交际中那是一种不得已而为之的“翻译”，倒不如在实物面前直呼其为“mantou”、“jiaozi”，突出它们是独一无二的中国“名吃”，效果会更好。

人们在交际中，语言作为文化的载体，会折射出其特有的文化内涵，外语教学要特别注意这类文化内涵的差异之处。下面例子中的“apple of discord”是属于西方文化特有的，我们的学生如不具备相关知识，必然会产生理解上的困难：

（8）A：Annie is a very nice girl in our class.

B：You think so. She is really an apple of discord wherever she appears.

例（8）中A认为Annie是个不错的女孩，而B却不以为然。说Annie是个“apple of discord”。这里的“apple of discord”来自希腊神话，讲海神之女 Thetis 和希腊英雄 Peleus 结婚，未请掌管争执的女神 Eris 参加，Eris 因而大怒，决意不邀自来，在婚礼上制造不快。她送出金苹果，说是送给 the fairest（最美丽者）的，从而引起众神争夺，产生不和。据此，“apple of discord”意指“祸根”或“纷争之源”。例（8）中 B 实际上是说 Annie 并非“a nice girl”，而是每到一处都成为那里不和的祸根。

语用文化说的另一重要内容是注意“模因”现象。它指文化基因的广泛传播和复制，指人们通过模仿和复制的方式传播思想、行为、格调或习惯。模因现象在语言交际中的表现是多样的，当一种说法出现，人们都会争相模仿，例如，英语里有“I am dying to know”这个说法，意为“I am anxious to know”，但人们，特别是妇女喜欢用前一种方式表达自己的迫切心情。于是这个模因就在西方的妇女中传播开来，被模仿、复制。我们学习英语的学生，见到一种新的表达法，也总想效法、模仿，可是他们不一定知道那仅是在妇女中流行的所谓“女子英语”，男人们是不会用这个表达方式的，他们常用的是“I am anxious to know”。模因的复制和传播在社会化过程中有其自身的生存和竞争机制（Blackmore,1999），这就解释了为什么会有女子英语，为什么有同样意思的表达方式在不同使用者中出现不同的偏爱。下面我们再看看汉语模因被复制传播的例子：

我们从地质学中也许听到过关于“板块”的说法，那是指 20 世纪取代了地质演化理论的地质板块理论，它本来是一个学术上的术语，但它如今却像“病毒”一样到处传播：炒股票的人热衷于选择某种“板块”。例如各种商业股就算作是“商业板块”，科网股合称为“科网板块”，其实那只是指股票的类别罢了；房地产的促销商也凑热闹，让“板块”模因走进了他们的行业，他们到处宣传自己经营的商住楼如何好，是属于这个“板块”的楼盘，属于那个“板块”的楼盘。在广州，沿着高速路“华南快速干线”一带的商住楼宇，就被称作“华南板块”，在天河区的商品房叫“天河板块”，在南湖风景区一带的叫“南湖板块”，沿珠江两岸矗立的商品楼宇则被美其名曰“望江板块”。“板块”模因正在不断地被复制，最近甚至看到 IT（信息技术，information technology）行业也喜欢用上“板块”了。

词语的模因如此，日常话语的模因也常常被复制和传播。例如，那些曾经风靡一时的“文革”用语，如“走资派”、“修正主义”、“砸烂狗头”等是一些模因复合体，由于模因集合的重组，这些当年流行的怪说法早已消失了，今天代之而起的模因，如“与时俱进”、“三个代表”等宣传当代中国人民新的精神面貌的说法，却正在得到广泛的模仿、复制和传播。

好的模因得以广泛传播，过时的、不好的会因模因复合体的重组而消失。在外语教学中，如果我们在使用和理解外语的过程中，注意到文化对语言产生影响的同时，更注意“模因”作用下语言会被“引用”、“移植”和“嫁接”，注意到语言复制和模因组合变异（何自然、何雪林，2003），那么我们的外语教学将会出现一个崭新的局面。

语用文化说突出和强化语言和文化两位一体的重要意义，在教学环节中，语言层面和语用层面上的文化教学都要重视，做到两者结合，并驾齐行。

4. 语用语境说（pragma - contextual notion）

这方面的内容包括语用和语境、语用和语域的问题。语用学领域对语境的探讨和研究由来已久，大家也比较熟悉（西槙光正，1992）。语用学甚至可以看成是语境学，研究语言在不同语境条件下的合适性和得体性。语用学关于语境的观点，从静态到动态，认识不断加深。随着语用学研究的深入和延伸，语境在言语交际中的动态属性已日益得到共识。我们认同“制约和影响言语交际行为的语境是动态的”这个说法。关联理论在论述话语的交际和认知时，强调语境的动态性，在不同的语境假设中，通过推理、思辨，寻找最佳关联，取得语境效果（Sperber & Wilson，1986，1995）。Verschueren（1999）将语境构成划分为交际语境和语言语境两种。交际语境包括语言使用者、心理世界、社交世界和物理世界等诸多因素。在交际语境中，语言使用者是核心，其他如心理世界、社交世界和物理世界均依靠语言使用者来激活，在交际中发挥各自的功能。

在语言语境中，我们通常指话前语后或篇章的上下文。语言语境由篇内衔接、篇际制约和线性序列等组成。语言语境会影响到言语交际中的不同使用语域，即不同的话语风格。所以，我们在谈论语用语境的时候，要注意语言语境中的语用风格问题。同一言语事件在表达中用了不一致的话语风格，即所谓“乱码”，是不适宜的。因此，“上什么山唱什么歌”这一原则应予遵守。请看下例：

（9）I, James Smith, of 22 East Street, Sai Ying Pun, Hong kong, hereby revoke all former Wills, Codicils and Testamentary Instruments made by me and declare this to be my last will…

这是法律文本中有关“遗嘱”的写法，它不可能用于口头交际，就是在书面语篇中，这样的风格也很特殊的。如果我们用相应的文体风格翻为汉语，大体上是：“立遗嘱人 James Smith，住香港西营盘东边街 22 号，现声明撤销此前所立之一切遗嘱、遗嘱之附件及遗嘱之证词，并声明以本件作为本人最后之遗嘱……”

至于不那么呆板的语言，如用于书面，也同我们日常交际的口头语言不尽一致。这同样有语言语境中语用风格的问题。例如：

（10） I'm very happy that my book finally came out, and here I want to thank my family for their love and support through all this adventure. My thanks are also due to the professors in this university for their constant help and advice.

这是一部即将付梓的书稿的作者前言。写书人在完成研究、发表成果之际向家人和提供帮助者表示谢意，这种语言用于比较正式的场合。因此，整个语段使用的都是一些比较正式的词语和比较稳妥的结构形式。

如果你在国外访学，对一位你所在大学语言学系办公室秘书说出下面那样的你认为有礼、得体的话，但实际上是迂腐的：

（11） My office will be moving to Room 235, Concord Building, on the 10th of this month and I should be obliged if you would take note that as from that date, any letters addressed to my old address should be delivered to me at the new office.

这段话的语言尽管正确，但那位秘书会感到奇怪：为什么这个访问学者说话说成这个样子！

关于外语教学中的语用语境说，我们还应注意下面的社会语境差异：

在提倡“语言美”的那段日子，不少人对部分城市公园里的醒示牌的表达法（如在草地上标示的“我是娇嫩的小草，青葱可爱，请脚下留情”等）颇感新奇，以为那是讲文明、讲礼貌的美的语言典范，对此，舆论也纷纷赞许，有关部门还要求将这些牌子的内容译成英语，好让外国朋友感受一下我们的现代文明。由于在相同场合下的英语不会出现这样“奇特”的表达方式，翻译人员因而颇感为难：如果照译不误，外国人见了会感到困惑或觉得可笑，从而产生相反的效果。后来，翻译人员在他们的译文里还是放弃了原文的那些“文明”语言，只用简单的英语取代了上面小草的抒情自白：“Don't tread on the grass”。其实，公园里的草地应该是专供人们在上面休憩的，但我们的公园草地却不准游人碰踏，这也许是最令外国人感到困惑的原因。

外语教学语用路径中的语用语境说旨在揭示制约和影响与言语交际相关的语境因素，引导学生在特定的时间、地点，以特定的交际意图、对特定的对象、用特定的语用风格实施特定的言语行为。正所谓“说无定话，话无定法”，一切均应以不同的语境因素为转移。

5. 语用效能说（pragma – efficient notion）

言语交际在于成功地实现话语效能，取得交际效果，真正做到言之有效、言之必果。言语交际的实质是意图的传递与接收，通过言语行为实现说话人的交际目的，其过程中的一切活动都是为了取得有效的交际效果。为此，语用效能首要关心的是各种场合下为实现交际目的而使用的语用策略。真话假说、假话真说，直截了当、旁敲侧击，明话暗说、暗话明说，长话短说、短话长说等手段，均可视为策略而适当加以利用。下面的例子显然是“吹嘘奉承”，甚至是“言不由衷”，但在特定的语境下，它也可以起到说话人期望的效果的：

（12）A：Why did you apply for a job at this university？

B：I can't imagine a better place to work. It's got a great reputation，and it's a friendly place in a beautiful environment.

例（12）是发生在求职者与面试人员之间的一段对话。在该话轮中，面试人员通过提问想了解应试求职者对该大学的了解程度。B 的应答尽管有“吹捧”之嫌，但就求职面试而言，它所取得的语用效能和达到的交际效果却是显而易见的，应试人或许会因而得到这份工作。

语用效能说目的在于培养和提高外语学习者实现话语意图、取得交际效果的能力，通过相关的话语效能训练，引导学生在言语交际中做到有的放矢，按照自己的意愿，达到言有所为、言蕴所含、含则能解、文化相知、言必达效。

三、结束语

我们在上面讨论了我国外语教学中存在的问题，比较了语法能力和语用能力的界定，并重点论述了外语教学中语用路向的构成要素。语用路向的设想以培养和提高我国外语学习者运用外语进行交际的能力作为最终目标，其构建将有利于调动和激发学生学习外语的主动性，认识言语交际中语法系统知识与运用能力之间的关系，提高他们运用和理解外语话语的能力。语用路向仅是一种设想，它还有待于在实践中得到运用和检验。需要说明的是，倡导语用路向并不意味着否定和取代外语教学中的其他路向，每一种方法的形成和发展都有其特定的背景和需要，不能武断地认为某一种路径必然优于另一种路径（Ellis，1990）。我们相信，语用学对外语教学的启示作用和应用价值不容低估，我们似乎已经感受到语用学和当前外语习得理论与实践之间的关系越来越密切了（Rose & Kasper,2001）。

（与张巨文合作，原载《山东外语教学》2003 年第 4 期。）

论外语教学的逆向思维

传统的外语教学大多遵循着这样的路向：必须打好“基础”或练好“基本功”。所谓“基础”或“基本功”，说的是：学外语要从音素、音标、字母开始，接着是强记单词、词组，然后是按语法规则造句，最后是靠单词表或词典的释义来理解和翻译短文、篇章。这样学习的结果使学习过程枯燥无味，学生迟迟不能开口说话，越练越提不起兴趣。正因为兴趣提不起来，先前的学习热情顿失，枯燥的“基本功”越训练越觉得枯燥，也就越不想学外语，从而形成一种外语学习过程的“恶性循环”。

初学外语，不敢大胆实践（上述的学习路子也抑制了实践的冲动，无从实践）。尽管教师不断鼓励学生在实际中使用外语，但他在学生面前却往往扮演着“判官”或“警察”的角色，对学生说的和写的外语处处进行“纠错”，甚至横加指责。结果，对用外语表达思想已经有几分胆怯的学生，因怕指责而越发不敢开口和动笔，各种各样错了怕丢面子、错了怕受责备的心理造成学生在外语学习过程中的重重障碍。

可见，强调纠错其实是外语教学中的一个误区，对学生的外语实践要求过严，误以为纠错才是对学生负责，才是为学生练好“基本功”而提出的严格要求。一方面，教师强调纠错而导致学习积极性受到压抑；另一方面，他在学生学习外语的过程中又会对他们要求过宽：学外语发音，只要求学生发出的音与汉语（母语）相近、类似；学习词语，也只要求学生满足于记忆与汉语看似对应而实非对应的外语词语，于是，教师满足于学生能做到“一语多说”，即让他们学会用外语的多种结构来表达同一个汉语的意思，但不去引导他们区分不同表达方式的不同使用场合和可能产生的不同效果。这样训练出来的学生说起外语来，要么语惊四座，让人瞠目结舌，要么失去体面和礼貌，让人、让己感到尴尬难堪。

针对上述现象，我们思考着这样的一些问题：为什么学外语一定要遵循一个所谓先“打基础”后“学交际”这样的从下而上的路向？为什么外语教学必须要先从音素发音和国际音标的认写开始？为什么学外语要先学发音，后学单词、语句，然后再学语段、篇章？为什么我们不能改用从上而下的路向，首先学会交际，然后才回过头来学语段篇章的理解，再来分析语句结构、确认单词在语句中的意义，最后再在交际中练习和纠正发音？这些反传统或者反习惯的想法，就是我们在这篇短文里要讨论的关于外语教学中的逆向思维问题。

一、什么是逆向思维

逆向思维是人们的另类思维方式。我们如果受某种习惯势力或心理定式的影响，往往会因循守旧地按某种思维定式办事。当这种习惯性思路和实践不能带来预期的成果时，我们就应尝试改变思路，另觅蹊径，而不应只顾搬用过去的不成功或不够理想的做法。这就是逆向思维，即摒弃习惯性思路，“反其道而为之”。

逆向思维作为一种思维方法，可以说是“另类”的。也就是说，它与正向思维、常规思维不同，它的思维方式往往是人们意想不到的，思路中充满对立性、风险性、新颖性、反常规性和矛盾的统一性。

逆向思维的对立性，指朝着与常规思维对立的方向去思考。例如，先有原因后有结果，先提问题后有答案，先有假设后有结论，先有开始后有结束等都是一些所谓正向的、常规的思路。与之对立的思路如先假定结果后追溯原因，先得出答案后寻找与该答案对应的提问，先有一个结论再逆推结论前的假设，先预期结果再着手如何开始行动等就是一些对立的逆向思路。

逆向思维的风险性在于它是一种试验性思维，是否能成功实践还有待证实。当我们采取另类的逆向思维行事时，就意味着我们思考着那些不易为人所觉察的事物内在特性，意味着我们正以足够勇气去大胆设想。那种“逆水行舟”式的思路，前人从未实践过，其失败的几率自然就高，所以说逆向思维具有较高的风险性。

逆向思维的新颖性是显而易见的。当我们的思维冲破陈规陋习的束缚而另辟蹊径时，其思路自然令人耳目一新。当然逆向思维的新颖并非提倡“异想天开”、“无中生有”，而是提倡看问题和处理事物要有新的切入点，有新意和创意，有新的认识、新的心得和新的体会。

逆向思维的反常规性指的是大胆提出超越常规的、与事实或观念相反的问题和假设。所以我们说逆向思维是一种另类思维。当我们按常规行事成效不显著，正发愁找寻不到出路的时候，如果能够从行事的另一端突发奇想，开列一些过去没有人试图想象的但又发人深省的背逆问题，我们就能开辟一条新的思路，出现“山穷水复疑无路，柳暗花明又一村”的境界，引导事业走向成功。

逆向思维的矛盾统一，指我们以反常规的出发点去思考那些看似矛盾、看似不合逻辑的思维，将反常的、不合乎逻辑的想象纳入严格的逻辑思考中；以“快刀砍乱麻”的方式从苦思冥想的顿悟中找出答案；从凌乱的思绪中直觉地找出一条万全的、合乎逻辑的路子等。这里所说的矛盾统一的逆向思维，是那些反常规的非逻辑的想象、顿悟或直觉的思维变成合乎逻辑的思维，即所谓“逻辑性与非逻辑性的统一”（赵建军，1988）。

二、逆向思维与外语教学方法论

如果说正向思维是从已有的理论和默认的方式按“问题—组合—确立—验证”等步骤行事，逆向思维则是从已有理论和默认方式的反面，按“反常规—重组—确立—验证”等步骤行事。这里关键的区别是提出问题和分析问题的角度。我们认为，为了使我们的外语教学和外语学习取得更大的成就，为了找出长期以来未能找到普遍认为卓有成效的外语教学路向，我们不妨尝试采用逆向思维。例如下面提到的外语教学方法论，有一些已有大量的实践，并取得了一定的成绩，另一些则仍处于试验阶段，我们在这里姑且将我们设想的逆向思路介绍出来，有待大家在实际教学工作中去验证。

1. 以写促学的“写长法”

以写促学是广东外语外贸大学外国语言学及应用语言学研究中心王初明教授倡议的一种外语教学方法。以写促学作为教学理念是20世纪我国外语教学界提出的，其中的有关论据和实践报告已有多篇见诸外语教学的学术刊物（王初明等，2000；王初明，2002）。为了推广这种外语教学方法，该校外国语言学及应用语言学研究中心召开了全国首届“以写促学”英语写作教学改革研讨会（2003）。笔者个人认为，以“以写促学”的写长法来学外语，是外语教学或外语学习方法论中逆向思维的表现之一。过去我们对学生正确运用英语的要求十分“严格”，不允许学生在口语、笔语实践中出错，教师的责任是指出学生的错误，并一一予以纠正。纠正了的错误不允许学生重犯，否则就会受到更加严厉的惩罚：在学习成绩上扣分，直到不及格。教师这样的教学思路和做法被认为是外语教学上的正向思维，是我们的一贯做法。这样做的结果是，学生长期存在一种不利于学习的心理障碍：学外语千万不能出错，出错了要扣分，扣分多了就不及格，不及格就要补考，甚至毕不了业。于是，他们不敢放开去学，不敢大胆运用外语，对外语实践产生一种畏惧。现在，实施写长法来指导学生的外语学习，教师采取的教学态度截然不同，写长法鼓励学生多写，多练习，宣告多写多得分；鼓励学生写正确的语句，多写对句多得分。学生消除了学习出错要扣分的心理障碍，运用外语的积极性就大大加强，渴望实践、勇于实践使学生学得轻松。可见，写长法、以写促学这样的外语教学和学习的逆向思维的确是值得我们提倡和尝试的了。

2. 以写促听的“听写法”

从逆向思维出发，外语学习的许多路向都可以有别于传统。以写促听是模仿以写促学的提法命名的，不过以写促听的做法还没有得到大力提倡和普及。所谓以写促听，即通过大量听写来加强听力训练。这其实是笔者本人过去学习外语的部分经验。笔者是学俄语后改行学英语的，那时笔者的英语拼写能力和听力都很差。记得笔者当时在上海外国语学院进修的时候，因适应不了听写练习的速度，一篇总字数只有200词左右的听写笔者竟错了40～50个印刷符号。那时候，上海外国语学院的听力训练是听说训练，要求我们泛听北京电台英文台的新闻报道之后立即口头复述新闻内容。此外，听力训练还与语音、语调训练结合起来，要求我们课外精听灵格风唱片500遍，模仿唱片的语音、语调。笔者为了有效地提高自己的听力和听写技能，设想用听写法来以写促听。这个训练是艰苦的，遇到语速快、录音质量差的片断，不知要听多少次才能将它记录下来。这种方法一反听力只练听的传统，也应该算是逆向思维的结果。笔者的以写促听法，既练听、又练写，是否听懂取决于是否写得出来，靠着这样的“另类”训练，笔者当时的听力取得了前所未有的进步，并在听力得到增强的同时，拼写能力也相应得到了提高，语音语调也同时得到了改进。

3. 轻同重异的“比较法”

外语学习会涉及汉外两种语言的比较。这时，逆向思维也会在这方面给我们一些新的感受。如果我们打开一些学习语音音素发音的课本或者面授学生发音，我们往往强调英语的某个音素与汉语某个音相近或相似，好让学生容易掌握。于是学生被课本的“相近”、“相似”说法误导了，他们理直气壮地按汉语的发音来读英语。因为按常规，两物相似或相近，意味着无需细分了。结果，我们学生的英语发音带上了浓厚的汉语口音。同样，当学生学习英语词汇时，也会因这种误导而随便将英、汉语词等同起来使用；学习英语语句时，这种习惯又使学生仅满足于学会“一语多说”，而不去认真区分意思相近或相似语句的不同使用场合，造成语用失误。外语学习过程中追求与母语相近或相似的传统学习法容易出现误导，所以要打破这种传统认识，提倡外语学习中的轻“同”重“异”。这就是说，学习中不要满足于两种不同语言的“同”，而要重视两者之间的“异”。吕叔湘先生（1977）就曾说过，英语和汉语的比较，“有不同的地方，也有相同的地方，相同的地方用不着特别去注意，因为不会引起问题，要注意的是不相同的地方”。他还说：“拿一种语言跟另一种语言比较，就会发现有三种情况：一种情况是彼此不同，第二种情况是此少彼多或者此多彼少，还有一种情况是此有彼无或者此无彼有。”可见，比较两种语言，不能以只了解两者相近或相似之处而满足，正如吕先生说的，比较要轻“同”重“异”。如果比较两种语言以求同为目的是一种正向思维的话，那么，以求异为目的的思维就是逆向思维了。

4. 从上而下的“逆学法”

人们常说学外语要从“基础”开始。这里的所谓“基础”就是“从下而上”地学习，在学好外语基础知识的前提下进行外语实践，这是外语学习的一贯主张。于是，教师的教学重心放在语言形式和结构的讲解上，向学生灌输语法知识，要求记忆大量词汇，纠正外语发音。结果，学生的语言“基础”倒十分扎实，但在真实的跨文化交际环境中，他们的牢固的语言知识并不能被有效地激活和调用，学生的交际能力无法与他们的语言知识相匹配。这种现状给我国外语教学带来许多负面影响。我们设想，我们的外语教学可否一改过去的从语言内部结构入手，运用逆向思维，将注意力放在语言外部表达，着重培养学生运用语言交际的能力上？这正是逆向思维，即放弃按部就班、从下而上地学习，不以“打基础”后再“学交际”的方式学外语，而是从一开始就学语言交际，然后再慢慢地消化所学，用从上而下的“逆学法”来学外语。从上而下地“逆学”外语其实就是外语教学的语用路向，是反传统的逆向思维。

所谓外语教学的语用路向，就是学外语先学语用，然后再考虑外语知识。孩童时代的母语习得就不是先学母语拼音，而是直接从表意开始的。孩童学话时说出的语句可能不完整，但那不完整的语句其实表达着一个完整的意思，这个意思对接近孩童的亲人就能完全意会出来。成年人的外语学习与母语习得可能不尽一致，但一开始就学说话而不学音标、不记发音规则、不背语法规则，这对学外语的传统路向而言是悖逆，但对获得外语能力的过程而言，从上而下的路向是很值得在未来的教学实践中加以验证的。

5. 教学主体“转移法”

这里说的“主体转移”，说的是要将“重教”转移为“重学”。我们不怀疑外语教学实践中教师的作用。过去，我们甚至强调过外语教学要发挥教师的主导作用，组织好课堂教学，使学生掌握外语。我们今天提出的是“教”与“学”主体的转移的问题：人们是怎样掌握外语的呢？外语到底是教会的，还是学会的？

我国的外语教学法专家王才仁教授在他所著的《英语教学交际论》中提倡英语教学二主体论（1996：72－100）。他强调教学中教师和学生都是主体，但他的分析十分独到。他认为，两个主体就是教师和学生，两种活动方式就是教和学；当学生作为主体时，学生要学会英语，而当教师作为主体时，教师则要教学生“如何学好英语”的规律，即要教学生如何学会英语。王教授这个见解无疑是说，无论从学生还是从教师的角度看，作为外语的英语教学的最终目的都是要“学会英语”，因而说明外语是学会的。

既然外语是学会的，教学归根到底还是以学为主了。从“外语是教会的”这个传统观念到“外语是学会的”这个以学为主的认识，正是逆向思维在外语教学中的体现。以教为主的“教会”转到以学为主的“学会”是基于下面的思考：到底是教师教会学生使用英语呢，还是学生从教师那里学会使用英语呢？答案是后者。教师可以让学生“领会”外语的某些规律，但他不能取代学生按规律去“复用”这门语言。

从“外语是教会的”这个“重教”的目标出发，教师只会因循守旧地、按部就班地给学生“打基础”：教英语就先教英语的音素、音标，后教词语、句子结构，再来语段、篇章分析；要教听力就让学生为听而听，要教口语就要学生为讲而讲；只求硬记单词但不过问使用得是否合适、得体，学生讲英语、写英语不许出错，“有错必纠”等。如果我们一反这个传统认识，运用逆向思维将目标从“重教”转移为“重学”，认定“外语是学会的”，那么我们就等于多长了“心眼”，看到一些平常看不见的东西，提出一些平常不会提到的设想：学习外语与习得母语的过程一样，应以学会表达意思为目的，要强调交际中用词语表达出来的并不局限于词语本身的意义，可以允许初学者用不完整的语句表达出交际的意图，鼓励学生运用有限的外语能力来让交际对象领会自己表达的意思。这样一来，学英语的过程完全可以不再是先学会音素发音和音标，后学词语、句子，再学语段、篇章的过程；要提高听力不再为听而听，而是结合语境学听，训练方法上可以多读再听，边听边写；学口语也不一定只为讲而讲，而是结合语境学讲，训练方法上可以写中练讲，讲后加写，写后再讲；一向只鼓励强记单词的做法就会改变为为表达而记，为使用而记，为运用得合适、得体而记；记的不只限于孤立的单词，而是配合语境和联想，记忆短语、句子、语段甚至完整的篇章。学生可能会在那曾被否定的“背诵”中看到其中不可取代的优越性。

在外语教学中引进逆向思维的方法值得注意。今天我们推行“写长法”，正是逆向思维实践的一个良好开端。经过近年的实践，这种外语训练方法已收到预期的效果。正如本文所说的那样，“写长法”只是外语教学方法论中的做法之一，它给我们的启示是，一旦掌握逆向思维这个武器，我们会不断创造出更多与“写长法”理念相同或相近的其他方法。在逆向思维的指导下，我们将一反因循守旧的习惯和认识，多视角地给外语教学提供新的理念，鼓励新的尝试，为我国外语教学改革作出新的贡献。

（原载《外语界》2004年第6期。）

语用学对学语言的启示

语用学如何应用于语言学习？语用学有哪些内容在学语言时必须注意掌握？在语言学习中为什么要将语用学放在一个重要的位置上？本文想就语用学对语言学习，特别是对外语学习的启示谈几点想法。

在学语言的过程中与语用学有关的有以下这些问题：

（1）如何完整地理解话语的意思？这里涉及语用语言学中讨论的如何在语境中解歧的问题；

（2）如何理解特定场合下的语句意义？学生们要在交际中理解语句意义，必先明白在特定场合下意义的转换过程以及对言语行为的辨认；

（3）如何说要说的话？学生要学会在交际中运用语用策略和遵守礼貌问题；如使用外语，则还要注意跨文化交际双方语用策略的差异。

前两个问题讲语言的理解，后一个问题讲语言的使用。语言的理解和使用都是学语言中必须注意的，语用学刚好在这两方面对我们学语言有启示作用，可见它在语言学习中的重要性。下面我们依次谈谈这几个问题。

一、完整地理解话语的意思

（一）在语境中解歧

离开语境的许多词语都会是歧义的（ambiguous）。从听话人的角度看，有些词语即使在语境中也会产生歧义。歧义现象是语义学的研究对象，但解歧就要靠语用学的分析了。就以英语中的“bank”为例，它可以表示银行，也可以表示堤岸。当这个具有两个不同意义的词在同一语句中出现时，要正确加以理解，就需要有明确的语境了。例如：BBC电台报道一个“飞车”（joy - rider）少年向记者讲述他偷车被警察追捕，酿成车毁人伤严重后果的情况：

（1）At the end of the road was a bank…a steep mud bank.

听少年说前半句话时，由于“the road”的导引，听话人肯定会认为他说的“a bank”是指银行，但是随着情节的展开，当听到后半句关于“steep mud”的描述，听话人就会明确这里讲的不是银行，而是一道堤岸了。

在外语学习中，在分析课文情节时，学生就应学会通过连贯语篇提供的语境来解歧，从而确定词语的在篇章中的准确意义。

（二）理解的困惑与倾向

第一，在跨文化交际中，有一些词语的歧义本来不是歧义，但因受不同的思维方式、不同的文化差异或不同的地域等因素影响而形成了歧义。结果，人们对词语可能作出别解，甚至产生误解，引起交际上的困惑或不快。例如，报章上说的“充电”，常常有人们再学习、充实自己的知识的意思。如报章报道：

（2）广州拨款720万建立转岗培训体系，政府资助八千失业者充电。（《广州日报》97/11/17，第一版）

（3）广州人国庆到图书馆“充电”。（《广州日报》98/10/02，A1）

但是，在香港的报章里（我们从网络版中看到），“充电”一词的用法却是这样的：

（4）《洛神》快将拍竣，Ada话（说）已相约洪欣等一班好友到北京旅行充电（香港《星岛日报》01/08/24）

（5）现时正身在外地旅游充电的范太（指香港立法会现任主席），在外游前已积极拉票，亲自致电议员问好……（香港《苹果日报》98/06/15）

这两个例子里的“充电”显然是指“旅游、娱乐，恢复疲劳”了。要是不知道两地用词差异，“充电”会因地区差异而造成歧义，在语用中极可能招致误解。

下面这两个笑话的幽默之处正是解歧出现困惑所导致的：

（6）The professor rapped on his desk and shouted：“Gentlemen, order!”

The entire class yelled：“Beer!”

学生课堂不守规矩，教授生气，大声叫“order”，要大家守秩序；但学生听到“order”，脑袋里想到的却是订购饮料，于是齐声喊出要喝啤酒。

（7）Prof.：You missed my class yesterday, didn't you?

Stud.：Not in the least, sir, not in the least!

学生旷课，老师质问学生是否没来上课（miss one's class）；顽皮的学生故意将“miss”理解为“想念”，解歧出现困惑，让人忍俊不禁。

第二，心理语言学告诉我们，解歧往往会带倾向性（bias），即听话人听到存在歧解的话语时，一开始只倾向于某一种理解，只是后来取得更多的依据或得到说话人的修正，即听话人从语境中找到了更多的关联才使原先的理解倾向纠正过来。例如下面的两个相声片段：

（8）甲：老金同志，你什么时候**出来**的？

乙：从哪儿**出来**啊？

甲：出来重新参加工作呀。

乙：吓我一跳！七七年。

(9) 乙：那你们站长呢？

甲：别提了，逼得没办法**上调**了。

乙：哎呀，就这样**上吊**，死得可太冤了！

甲：什么呀，上边来个人把他调走了。

乙：啊，调工作了！

例（8）的"出来"有歧义，甲说的"出来"显然不同于乙理解的"出来"，可能乙在"文革"期间受过迫害，故倾向于以为甲问他什么时候从监狱或劳改营里"出来"，其实甲并无此意，幽默也因此而生。到了下一话轮，甲的解释对话语作出修正之后，乙的理解倾向才得以纠正过来。例（9）的"上调"和"上吊"是语音层次的歧义。这一对同音异义词让乙听到时故意理解为"上吊"，这个倾向性的理解表明乙的误解，从而出现相声的幽默，最后同样是经过了甲对话语作出修正之后，乙的误解才得以消除。

在跨文化交际中，话语解歧的倾向性还会出现在因语言技巧拙劣而形成的"假歧义"场合。多年前，在一个涉外社交场合，有关人员通知出席有当地省领导出席的招待晚宴，这时笔者听到一位初级口译人员对其中一句话"（出席宴会者）衣着随便"的翻译，不假思索地当场译为"No dress"，引起满堂外国朋友一片哗然。很明显，这个"No dress"成了"假歧义"：一方面它被口译人员错误地作为"衣着随便"的等同语，另一方面又被听话人朝"不许穿衣"这个倾向去理解。当时的一位主译及时发觉该口译人员的错误，马上插话，将这个"衣着随便"改译为"Dress informal"，代口译员解了围，从而避免尴尬的局面继续出现。

（三）同音异义与一词多义现象

(10) 他们的"小变"已经使那个地方跟过去不一样了，可以想像他们的"大变"会使那里变成什么样子。

(11) ——我刚"答辩"完了，你要到什么时候才"答辩"呢？

——唉，别提了，还等着呢，真急死了！

第一，上面例（9）出现的同音歧义就是同音异义现象。语言在语音层次上导致歧义是十分普遍的。同一种语言中有语音完全相同的异义现象，但也有因地区差异（如受方言影响等）而形成的假同音异义（其实是异音异义）。前者如表示抽调到上级单位工作的"上调"［例（9）］，或表示环境面貌变化的"大变"［例（10）］，它们都可能被分别误解为同音异义的“上吊”和“大便”；至于后者所说的假同音异义，则如分不出“答辩”与“大便”的音异，听了令人捧腹［例（11）］。“答”和“大”在标准汉语中的声调并不相同，意义自然也不一样：

这些例子可能是故意设计，诱导听话人产生某些联想，或误导其解歧倾向。类似的情况在日常交际中也许会偶尔出现，但更多则见于相声或幽默文体的作品中。

第二，一种语言里因一词多义而导致的歧义现象比较普遍。英语的arm是胳膊，指人的上肢，但它也可以指机器的曲柄、起重机的吊臂等。不管一个词如何多义，它们都与这个词的根义（core / root meaning）有关。在不同的语言中，根义相同的词语会有不同的习惯说法和搭配，以英语的wing和汉语的“翼”为例，它们的根义相同，但它们在各自的语言里，既有表达雷同的地方，也有说法各异的搭配：

（12）a. 表达雷同：

鸡翼	*wings* of a chicken
机翼	*wings* of an airplane
（作战部队）左/右翼	left/right *wing* of an army
（大厦）新翼	new *wing* of a building

b. 说法各异

left/right *wing* of a political party （政党的）左/右派（人士）

left/right *wing* in football or hockey （足球或曲棍球门游戏的）左/右边锋

wings of a stage （观众视线之外的）舞台两侧

学习语言一定要注意一词多义的现象。为此，首要的是明白词语的根义，再通过词义引申，学会在不同语境中掌握词语的搭配范围和用法特点。换句话说，就是要提高我们的语用认知能力。

二、特定场合下的语句意义

同音异义或一词多义现象都要求学生提高语用认知能力，学会在语境中解歧；同样，为完整地理解话语的意思，也要求同样的认知过程。在很多情况下，词语意义都不可能十分肯定，如there，then，this，that等指示词语所指的意义只能在语境中才能得以最终确定。为了对话语的意思有一个完整的理解，我们要进行语用推理，这时不但要注意话语中的指示词语，而且要注意那些只具语法意义的词语（如and，for等）。例如：

（13）a. The naughty boy were punished *for* playing truant（= because they…）

b. I gave her a cake *for* her lunch. (= to eat for lunch…)

c. I gave him 2 yuan *for* bus fares. (= so that he could…)

d. She was given three years *for* burglary. (= as a punishment for…)

e. That remote control is *for* the video, not the TV. (= belongs to…)

f. She was awarded the first prize *for* her services to education. (= in recognition of…)

指示词语和具有语法作用的词语大多是一些连词和介词。不过，一般的词语也有类似的情形。以“大学”一词为例：

（14）a. **大学**有一个肉菜市场，但供应的品种不多。（指地点）

b. **大学**与邻村的关系还不错。（指人群）

c. **大学**曾因学生的意外事故打过官司。（作为法人单位）

d. **大学**近年扩招，在校各类学生共一万多人。（指大学）

e. **大学**关心在岗老教授的健康，组织他们参加健康营的活动。（指大学行政部门）

f. 我在**大学**时参加过多项文体活动，算是这方面的活跃分子呢。（指人生生活阶段）

上述话语如用英语说出来，“university”完全可以取代“大学”而不必刻意表达括号内表示的确切意思。可见汉英两种语言在具体的语境中其意义是一致的。当然，如果（13）f 用英语说成“When I was at university…”时，汉语除了直译为“我在大学时”，也可以改说成“我当学生时……”

（一）意义转换过程

这里提请注意的是语言使用过程中出现的“换喻”（metonymy）现象。语用推理是要听话人在理解话语的过程中按语境的要求补足词语未有明说的意义，并推断出词语意义的转换过程。下面是换喻的几个典型例子：

（15）（机场快餐店服务员向领班报告有顾客“跑单”）：The *hamburger* just left without paying.

（16）（护士向查病房的值班医生报告）：**五号床**今早血压为 150/90，心律 58 次/分，大便正常，病人称清晨醒来自觉剑突下疼痛……

例（15）的“hamburger”换喻吃汉堡包的顾客；例（16）的“五号床”说的是“住五号床的病人”。换喻在报章中更是俯拾皆是。例如，《广州日报》连续报道广东东莞的发展，其中有如下的大标题：

（17）一小时跑遍东莞——东莞斥资 40 多亿完善交通，高速路辅以城

市干道，营造“1小时生活圈”（《广州日报》02/03/19，A16）

在这个例子中，没有说“人”还是“汽车”跑遍东莞，凭常识可以想象，是汽车只费一小时就可以跑遍东莞，汽车是人驾驶的这一点也是读报人在理解过程中自行补足的意义。这个例子还有一个十分常见的换喻，那就是以地点取代当地行政当局，具体是以东莞取代了“东莞市人民政府的城建规划局”。

从换喻的喻体看，它可以以全体代换局部或以局部代换全体。例(17)副题中的“东莞”正是以整个城市代换该市的行政当局，而该市行政当局又需具体理解为其属下的某部门，该部门可能更具体地理解为其属下的某些执行机构和人员。其他例子如：

(18) I bought a *LaserJet* from *Tianhe*.

Tianhe（天河）是广州市的一个城区，那里是电脑产品的集散地，它的喻体是某个具体的电脑配件销商；而LaserJet则换喻美国著名的惠普(Hewlett – Packard)公司生产的激光打印机系列产品之一。

至于以局部代换全体，即以某一具体事物取代整体事物。如：

(19)（学生们坐在一起开会，但班长还没有来，另一位班干说）

咱们等一下，**头儿**有点事还没来。

例子中的“头儿”代表人，指主持会议的班长。这是以身体的部分喻作身体的全部。

话语歧义、词语意义的扩展、换喻等现象是语义问题，而解歧、词语意义的扩展和引申以及语句换喻过程的分析等则是语用问题。语义学告诉我们词语本身（可能）是什么意思，而语用学则告诉我们词语在具体语境中到底是什么意思。

（二）言语行为——以言行事

说出来的词语本身所表明的事件是所谓的以言指事（locution），而说话人通过说出某些词语而意图表明的事件则称作以言行事（illocution）(Austin,1962)。

Searle（1965）将以言行事行为称作言语行为（speech acts）。不同的词语和不同的表达方式可以表达相同的言语行为。例如请求把门关上这个言语行为就可以根据不同的场合使用不同的词语和不同的表达方式(Levinson,1983：264 – 265)：

(20) Shut the door!

Could you shut the door?

Did you forget the door?

Put the wood in the hole!

Were you born in a barn?

What do big boys do when they come into a room, Johnny?

上述话语都可以表达“请求”听话人把门关上这个言语行为，但是那并不是说它们可以随便互换。使用哪种方式来表达言语行为是语用策略，它取决于说话人在语用语言学和社交语用学方面的考虑。

（三）句子意义和说话人意义

Leech（1983：6）在差不多20年前就提出这个问题并且作了清楚的阐述。意义有两方面：语义的和语用的。语义意义（semantic meaning）就是这里说的句子意义（sentence meaning）指词语本身的意义，表示一种二元关系：X means Y。

例如：

（21）A：You are a fool!

B：*What* does a “*fool*” mean?

语用意义（pragmatic meaning）表示的是一种三元关系：S means Y by X。它关心的不是词语本身的意义，而是说话人用这些词语表达一些什么样的意义。因此它也称为说话人意义（speaker meaning）。例如（21）中的B也可以这样质问：*What* do *you* mean by a “*fool*”？这里是质问对方这样说是什么意思。再如：

（22）A：It was good of you to come.

B：What do you mean（by this）?

这里B想知道A的意图：他是（因B来出席会议）表示感谢呢，还是（对B前来作讲演）表示欢迎，还是（因B来晚了）而反言相讥或提出批评？

三、说要说的话

（一）语用策略分析：语用的商讨性和细致性

第一，言语交际过程是语言选择的过程，而语用的商讨正是语言选择的过程中常见的现象。例如：

（23）A：你买了超星读书卡了吗？

B：嗯。

A：一个卡号可以在20台电脑里注册，是吗？

B：嗯。

A：你没有在20台电脑里都注了册吧？

B：没有。我的卡总共才在我的两台电脑里注了册。

A：那太好了！告诉我卡号行吗？我想用你的卡号在我的电脑里

借书看。

这段对话展示了B想省点钱，说服A借给他读书卡，好让他在自己的电脑上注册以便阅读数码图书。因他不知道A是否愿意借卡给他，于是用商讨的办法步步追问，直到A再没有什么理由或借口可以拒绝的情况下最终借给他读书卡。

（24）Student A：Dr. Galloway?

Dr. Galloway：Steven.

Student A：Steven.

在西方，称呼上级、长辈可以用他们的名字，而不用尊称对方姓氏和头衔，这在汉语文化中是难以接受的。例（29）表明，学生A很有礼貌地称呼自己的老师为Galloway博士，但对方却主动提出让对方称呼他的名字。只是在这个时候学生A才顺从地以对方名字来称呼。根据Thomas（1996），用名字称呼对方的习惯英、美都有所不同，英国人以事件轻重、大小来决定应尊称对方姓氏，还是直呼其名；而美国人则侧重社会距离，他们并不看重权力关系和事态轻重，一心只想直接称呼对方的名字，从而拉近两人之间的距离，使相互间的关系显得平等、亲切和融洽。

第二，语用的细致性指语用的细微差异。就以价值观念中的权力关系为例，就可以细分为以下各种不同的权威（Spencer - Oatey,1996）：

a. 奖赏权威：说话人有权给对方以奖励、表扬等。如教师对学生、上级肯定下级等）。

b. 惩罚权威：说话人有权给对方以惩罚、警戒等。如长辈惩罚后辈、警察训诫犯人等）。

c. 专家权威：说话人具备专业知识特长，足以满足听话人对专业意见的要求。

d. 法定权威：说话人有法定的权力（如年龄、地位、作用等方面）向对方提出某种要求。如某项工作的负责人、长官对士兵等。

e. 偶像权威：说话人是对方崇拜或仿效的对象。如说话人是受歌迷崇拜的歌星、体育明星或国家英雄、模范等。

上述这些细致的语用操作会因说话人的文化背景不同而各异。例如Thomas（1996）就说过英国文化使那里的人看重专家权威和偶像权威，而对法定权威却有所淡化；相反，中、日民族的东方文化却相当看重法定权威。

（二）语用策略分析：礼貌语言及其语用尺度

关于语言礼貌问题的文献十分丰富，早期有Lakoff（1973）提出的“给对方选择余地”的礼貌概念，接着有Brown和Levinson（1978）的

“面子论”，后来又有 Leech（1983）仿照 Grice 的合作原则提出的“礼貌原则”，他的学生顾曰国（1990，1992）又就汉语的文化特征总结了汉语的礼貌准则，此外，Spencer - Oatey（1992）还提出衡量礼貌语言的语用尺度，认为语言的礼貌有一个带普遍性的语用尺度，它根据不同的文化在三方面来处理语言的礼貌问题：

第一，关照尺度：自主关照 ⟷ 强行关照。

西方文化强调自主，给对方较多选择余地才算是有礼貌；但中国文化表现为对对方给予强烈的关心，不惜将热情“强加”到对方身上，认为这才是礼貌。

第二，评价尺度：关心、满意 ⟷ 批评、讨厌。

表示出关心和满意时，语言可以直接，不拘礼数；当批评别人或讨厌对方时，语言反而要尽量间接，表面上显得礼貌。

第三，认同尺度：包容 ⟷ 见外。

包容的语气直接，见外的语言间接、客气。

认同尺度还有：　平等 ⟷ 上下级。

说话双方相互平等对待，语言较为直接，亲切；但上下级之间则因法定权威而要求使用礼貌语言。

（三）跨文化语用策略差异

在相同的语境下，用不同的言语进行交际会因文化差异而导致语用策略的差异。例如：对于公共场合的禁烟告示，汉语倾向于使用较客气、较婉转的说法：“请勿吸烟”，“吸烟请到吸烟区”等；但英语表达禁烟则倾向于开门见山，语气直接，用“No smoking”表达严格禁止，或用警告来劝止吸烟：“Smoking is hazardous to your health!”至于吸烟区，英语国家只习惯标示该区范围，而无需请烟民到那里去吸烟。多年前，笔者曾见过汉语表达禁止在公共场所吸烟的更温和的策略：“为了您和他人的健康，吸烟请到吸烟区”。严格说，这句带“劝止”功能的话，后半句要用否定才能表达清楚（如：为了……请不要……）。但不管怎样，对汉语是本族语的人说来，他们当然意识到这句话指不准在该区范围内吸烟，要吸烟只能到该区以外的指定地点。可是，如果将这句话直译为英语，人们怎样也不会发现那是一个表示“禁止做某事”的言语行为，相反，人们会认为那是一种邀请。笔者当时见到这句话的英译：For your and others, health, the passengers who smoke please go to the smoking area。这里的语法有问题暂且不说，整个意思更像邀请，说要请大家到非吸烟区去吸烟，并可能暗示那里有有益于大家健康的高级香烟招待！

1. 语用语言方面的跨文化语用差异

当非英语地区的本族人用英语表达语用用意时，他们的英语往往会出现语用语言方面的失误：用一些本族语才有的语句结构来说英语，而不是或根本不知如何表达地道的英语。Mey（1994：300）曾举例说明日本人在语用语言方面与操英语本族人的语用差异：

（25）A：Would you like a piece of apple cake?

B：Have you got some?

这是两个日本秘书在办公室过道里的对话的英译。这段对话涉及预设（presupposition）和语用用意问题。B 的问话在日本人看来很正常，然而 Mey 认为英美人或丹麦人却会认为 B 的问话是多余的。在他们看来，A 的问话已经预设了"我有苹果馅饼"这个命题。可见，说话人的文化背景不同会出现语用差异，这在跨文化交际中要特别注意。人们总以为汉语的一些说法同英语完全等同，这当然是不对的。例如，汉语的疑问句常用肯定形式，而英语的疑问句则无论用肯定式还是用否定式都很常见："Have / Haven't you got anything to eat? "但用肯定式较有礼貌。汉语的情况似乎不在乎礼貌，它的否定疑问句往往用来强调提问人对事件存疑，因而提出质问，或表明对事件的不同看法："难道不（没有）……吗?"同样，汉语在问答里常用"当然"表示肯定，但英语的"of course"虽然也表示肯定，但欠礼貌，或显得过于自信，只在熟人、朋友间使用。下面几个例子在答话中都用了"of course"，其实，如果分别改用"sure"或"great"［例（26）］，"yes, indeed"［例（27）］，"sure, no problem"［例（28）］可能更为得体：

（26）A：Would you like something to drink?

B：*Of course.*

（27）A：Is there a postal collection on Sunday?

B：*Of course.*

（28）A：Can you finish your work in one hour?

B：*Of course.*

同一个言语行为可以用不同的话语来实施，但正如前面指出的那样，这些话语不是随便可以互换的，而且一种语言里常用的话语表达方式在另一种语言里可能并不适用。英语课堂上老师要让学生回答问题或复述课文时会用到一些礼貌的表达方式："Will you answer my question?""Would you like to tell us what the story is about?"但是，这丝毫没有影响到教师在课堂上的权威性：学生通常都会听从教师的指示。不过，在同样的场合下，用汉语就不会那么客气了。最多也只是在提出要求时多加一个"请"字：

“请回答我的问题”，“请讲一下课文的内容”，等等。如果用这样的汉语表达方式来说英语，那就会显得不够礼貌，不像课堂用语了。

人们对言语行为的理解，会因表达该行为的语言不同，其覆盖范围也不一定完全一样。例如“道歉”（apologize）这个言语行为，英语的“apology”包括两个内容：

a. 说话人为某事表示遗憾（be sorry）和感到后悔（regret）；

b. 说话人要为某事承担责任（responsibility）。

可见，英语的“apology”、“be sorry”和“regret”表达的道歉程度有明显的不同；汉语中只要有英语的“regret”甚至只有“be sorry”的意思，即表示遗憾或后悔就似乎可以算是道歉了，并没有把道歉按承担错误的程度再加以细分。在中美撞机事件中，美国坚持只用“regret”和“be sorry”，不肯用“apologize”，是何原因，很值得我们从语用学的角度去思考一下。

2. 社交语用方面的跨文化语用差异

跨文化社交语用方面的失误主要表现在交际双方持不同的社会价值观念。不同的社会价值观念在语言表达的间接性中可以表现出来，而语言表达的间接性则往往在下面几方面看得最清楚：

a. 权力关系：说话对方的权力大小决定说话人语用的间接程度。对方权力地位高于自己，说话人的语言就越间接，相反就越直接（试比较对领导和对家里孩子说话时的不同口吻）。

b. 社会距离：这是指说话人对对方的了解程度。同越是不熟悉的人说话，语言就越间接。相反，同越是亲近的人说话，语言就越直率、随便。

c. 事态轻重：如果是请求，语言是否间接，要看请求事件的大小。如请求借阅一本书和请求借用对方的汽车，前者语气较直接，后者则要使用间接的表达方式。事态轻重不单纯指物品贵贱，还指因文化或价值观念差异而对事态作出的轻重衡量。如询问时间和打听对方工资这两件事，前者的语言简单、直接，后者的语言间接、委婉。

d. 权利和义务：说话双方的权利和义务指说话人提出的要求是他的权利，例如向出租车司机提出到机场去，他就可以用直接的口吻来表示；但如果请求朋友开车送自己到机场，说话的语气就间接得多了。

五、小 结

上述涉及的是语用学的研究课题，它对我们的语言学习有一定的启示作用。学语言不仅要懂得正确发音，掌握词汇，熟悉句子结构，更重要的是对语用语言学和社交语用学中的一些重要课题给予注意，如：解歧及解歧倾向，同音异义现象，一词多义现象，完整理解话语用意，意义的转换过程，言语行为的选择，语言的间接性以及礼貌语言等。

学生单纯有语言方面的错误只说明他语言没有学好，但在语用语言方面，特别是社交语用方面出现错误，那就不仅是他的语言水平问题，而是被看成是他的人品和行为的问题了。不过，我们不能像规定语法那样，先给语言使用者一些条条框框，规定在什么场合语言应该如何做；相反，我们主张放开我们容忍的尺度，允许更多的语言变体在语言接触中出现。

（原载《四川外语学院学报》2002 年第 6 期。）

汉语教学的模因论探讨

一、引 言

模因论（memetics）是一种基于新达尔文进化论的观点解释文化进化规律的新理论。台湾学者戴浩一（2002）在论述语言的本质问题时曾提及新达尔文主义。他指出王士元先生认同新达尔文主义的语言演化观，主张语言演化要注重模因（memes）的传承，即注重文化、社会及历史的语言基础 。模因这个术语是在 Richard Dawkins（2006）的 *The Selfish Gene* 中首次出现的，它指文化领域内人与人之间相互模仿、散播开来的思想或主意，并一代一代地相传下来。

戴、王两位是在语言学界首先提到语言模因的海外华裔学者。我们大陆学者，首先提到模因研究的是桂诗春教授。他说，Richard Dawkins 根据基因（gene）创造了模因（meme）；基因和模因不同：基因有遗传性，而模因没有遗传性，但它通过模仿而传播…… 模因虽然不是遗传的，但可以纵向和横向传播，其作用不容忽视。桂先生还指出，模因论的重要创始人 Susan Blackmore 说过，语言在模因传播中起了重要的作用。谈话促进了模因，所以大脑、语言和模因结成了一种三角关系，促使了模因和基因的共同进化（coevolution）。（顾嘉祖，2002）

任何一个信息，只要它能够通过模仿而得以复制、传播，它就可以称为模因了。由于模因的进化手段之一是借助语言，语言承传的机制则是语言模因。人们交际要说话，而话语中的意思和表达方式都是通过语言模仿而生成的，语言的交际过程就是语言模因的复制和传播过程。语言模因靠语言而演化，语言借语言模因的传播方式而发展。

Francis Heylighen（1998）认为，模因（包括语言模因）的成功复制和传播有四个阶段：

第一，同化（assimilation），指成功模因“感染”宿主、进入宿主的记忆这一过程。如果宿主不接受某个说法，那就说明这个说法存在的证据不足，该语言模因就难以被同化，难以进入宿主的大脑。

第二，记忆（retention），指模因在宿主的大脑中保留的时长，亦即 Dawkins（2006）提到的模因长久性问题。模因必须在记忆中停留一段时间，它在记忆里停留的时间越久，就越有机会通过宿主而得到传播。和同化一样，模因对记忆的依存是有选择性的，记忆保留时间的长短要看内容的重要性、必要性和重复频率。模因这个阶段的特性给我们的启发是：重复可以加强记忆。

第三，表达（expression），模因被传递前需由记忆模式转化为宿主能够感知的有形体，这个过程称作“表达”。语言模因最明显的表达方式是演说，其他的模因表达方式包括图片以及行为举止。有时，模因宿主认为某种表达别人可能不感兴趣，于是就不表达出来，或者不知如何表达，甚或只想使之成为秘密；另一方面，由于模因宿主可能深信某个模因相当重要，便广为表达，逢人必说。

第四，传播（transmission），主要指模因的传播方式。它需要凭借一定稳定性的物质载体或媒介，以确保表达的内容得以成功传递。语言本身是模因，也是模因的载体。语言模因载体多种多样，传播过程中信息可能被复制，也可能被删除。如手稿可能被废弃，也可能被反复不断翻印；信号可能会因干扰而间断，也可能成功发送，让接收者普遍知晓。大众传媒出现之后，选择传播方式就成为模因特别是语言模因成功传播的关键。

基于模因成功复制传播四阶段的特性，我们认为，语言的教学过程可以看做语言模因复制传播的过程。老师教给学生的成语、俗语、名段、名篇等都是复制过来的，它们又在日常交往中不断复制和传播（何自然，2005）。语言模因复制过程中的非机械性为语言的创新留出了余地，而新词语在使用过程中的复制和传播又能衍生出新的模因变体。语言模因论能为语言教育教学问题提供思路，本文将以汉语教学为例来对此进行探讨。

二、模因论视角下的教学法

语言教学其实是传播语言模因的过程。教师帮助学生将要求掌握的模因进行同化、记忆、表达和传播，促使它们向长久性、多产性和复制忠实性的方向发展。为此，我们主张在语言教学中运用背诵、模仿、复习等教学方法，能提高同化和记忆的比值，再运用现代化的教学手段，如录音机、PPT、影音课件、网络、复印、flash 图片等教学手段和途径，从而增加语言模因被表达的次数和它们载体的数目。何自然（2005）就曾呼吁过语言教育界要重新审视和评价背诵、模仿和联想等传统教学方法；杜鹃（2006）用外语教学中的实例证实了这些教学法的作用。类似的研究还有很多，这里我们希望从“模因适者生存”的视角再进一步探讨语言教学的方法。

1. 背诵教学法

“书读而记，记而解，解而通，通而作”等古训为我们实施背诵教学提供了很好的依据。但在素质教学兴起的今天，中国教育界几千年来所提倡的背诵式教学模式往往被贴上“死记硬背”的标签而被抛弃，似乎背诵与创新水火不相容。抛弃背诵法，确实是教育界的一大遗憾：不习诵，基本的词汇、公式、句式、分子式都不记得，何来创新？创新不能片面地理解为“无中生有”，创新多半是在原有的基础上推论而发展的。从模因论来看，我们大力提倡背诵：学习者要被语言模因成功同化，背诵是很重要的途径；熟诵的内容既可以以完全保真的模因基因型方式直接搬用，也可以以表现型的方式加以改装，熟诵有很强的使用辐射面积，能让学习者触类旁通，以点成片。经验证明，学生，尤其是外族语学生，通过背诵，的确掌握了很多只靠分析而无法获得的语言技巧。因此，运用背诵教学法可以很明显地提高上文提到的同化和记忆量，起到事半功倍的教学效果。

具体而言，教师可以把范文、经典句型、妙词妙语等圈点出来，进行内容、文化背景知识、使用语境等方面的讲解后，再指导学生结合使用语境背诵，这样才能将背诵的知识得体地运用。背诵教学不是让学生死记硬背，而是要促进思辨和创新能力的发展。学生通过背诵可以更忠实地复制传播源语篇的信息，也可以通过重组成分构成新的模因，这一过程也能培养学生观察比较、分析思考、启发运用的能力，能帮助他们将学到手的各种语言表达手段成功地复制到交际中，提高他们的语言熟巧度。

2. 语境教学法

背诵的东西必须最终得到运用，而语言的使用又离不开语境。这是说，语言模因的复制传播需要有合适的语境条件。语境教学法指根据教学内容和任务提供恰当的语境来加速语言模因在学生认知系统中的同化、记忆进程，并诱导他们将新仿造的模因表达出来，达到传播的效果。因此，语境教学法既可以用来指导语言知识的传授，也可以用来引导学生仿造新的“表达”。换言之，在语境教学法要求教师提供某种便于模因复制传播情景的同时，还要鼓励学生勇于结合情景将所学得的知识以仿造复制的方式“表达”出来，从而使他们具备将死知识盘成活知识的交际能力。“表达”本质上也是在复制传播模因，只不过它有独特的“技巧”：既可以直接引用，也可以根据语境要求提取记忆中的模因成分仿造组装成新的模因。

语境教学法的长处是它能引导学生将可仿造传递的模因信息赋予新的内容并展现出来，提高了模因在复制、传播阶段的存活率，保证了源语篇的信息尽可能多地存活下来，进而感染学生，让学生掌握新的表达。语境教学法的长处是能将要教授的模因信息较全面地展现出来，提高了表达和传播的手段和机会，也有利于同化和记忆效果的提高，保证了原版信息能尽可能多地存活下来，进而感染学生。

3. *模仿教学法*

模因的模仿、复制不总是原版的复印，它允许我们以相同形式去套用不同的内容或在不同的语境中使用同一结构而表示不同的语用意义。模仿教学法就是要学生依据范例或范文的格式、篇章结构、写作手法甚至情节等来仿写或仿说。在仿制的过程中，有些模因保留了形式，内容被替换；而另外一些模因则保存着内容，但以不同形式出现。例如学生在学完一种应用文体之后，要求他们保持范文的整体框架，替换部分可仿造复制的内容另成新文；也可以在他们读完一个故事后，要求他们模仿结构但需改变内容，或者要求以其他的形式来改写故事情节、内容。模仿法能迅速和高效率地传达教学内容，能提高模因在仿造复制阶段的模因存活率，从而增强教学效果。模仿法能迅速和高效率地传达教学内容，能提高 E 系数值，从而增强教学效果。

模仿教学有利于培养学生的写作能力。我们教师都会有这样的经历：每教授一种写作技巧或给学生布置写作任务时，都会给学生念范文；在批改学生的作文之后，又会把其中写得好的文章拿出来在全班甚至全年级学生中传阅。这其实就是在鼓励学生模仿，而学生也乐意模仿。可以说，模仿是人类的天性，我们从婴幼儿时期似乎就具有这种本能了。在教学中引入模仿，就是要因势利导，引导学生恰当地仿造、复制和传播优良模因，避免闹笑话。下面的例子出自一名语文教师的教学日志：

（1）有一天，我在班里表扬了一位同学，说他这个“青翠欲滴”用得好。下一次交上来的作文，几乎每个人都用了“青翠欲滴”：“教室的一角里，有盆青翠欲滴的花”，“爸爸拿起青翠欲滴的玉酒杯”，“她穿上一件绿色的裙子，真是青翠欲滴”……有一个男生居然还写：“我的鼻涕青翠欲滴”……

这个例子说明：一方面，教师的模仿教学法很有成效——在他的引导下，全班学生对“青翠欲滴”这个成语疯狂模仿；但另一方面，在采用模仿教学法时，要提醒学生注意用于适宜的语境，不要盲目模仿，否则会使语言表达得不伦不类。

此外，我们在语言教育中也可以拓宽语言教学的表达手段的范围，譬如，除了规范的文字，我们也可以引导学生适当使用时兴的网络语言，更新语言模因，吸引学生的学习兴趣。关于这点，有的地区、城市已经在语文教材的编写中有所体现。据报道：北京 9 区县的高中语文课本最近收编了北师大岑运强教授的《新鲜的网络语言》一文，对“ :-)”和“ :-(”等网络符号进行了介绍。编者们还更新了过时的语篇：用金庸的武侠小说《雪山飞狐》取代了《阿Q正传》，用余华的小说《许三观卖血记》取代了《陈焕生进城》，用海子的诗歌《面朝大海，春暖花开》取代了《孔雀东南飞》，等等。这也正体现语言模因生命周期在传播时效方面的激烈竞争：优胜劣汰，适者生存。

三、模因论与汉语教学

提高学生的听、说、读、写、译等五大基本技能是语言教学的基本目标，汉语教学也不例外。这五大技能与词汇、句段、篇章以及修辞等层面发生着紧密联系，而这些层面都可能出现语言模因现象（何自然，2005）。据此，语言教学大致可以分以下三个步骤进行（下称“模因教学三步法”）：

第一步：从模因的复制传播方式中考察教学内容，找出它们在结构和内容上的特征，整理集结成一个模因链，串起来教；

第二步：采用相应教学手段和方法促进模因的同化、记忆、表达和传播；

第三步：推进它们向具有长久性、多产性和高保真性的成功模因的方面发展。

1. 语言模因与听读技能

听、读是输入性技能，是要求学生掌握的基本功，当然也是汉语教学的基本内容。从模因论的观点来看，听、读是大面积同化、记忆模因，有助于加速语言模因的同化和记忆过程。听、读技能的教授也有一定讲究，否则学生容易听时“稀里糊涂，没法入心”，读时“和尚念经，有口无心”，导致说时“词不达意，力不从心”。俗语所说的“耳熟能详”、“书读百遍，其义自见”、“熟读唐诗三百首，不会作诗也会吟”等都反映了听读技能在语言学习中的重要作用。我们在这里结合例子加以说明。例如带多音字“乐”的一组词语的不同读音：

（2）快乐　音乐　欢乐　交响乐　俱乐部　乐团　娱乐　乐队　乐观　乐器　乐园　乐曲　乐趣　声乐　乐于　民乐　游乐　乐章　乐意　乐坛　享乐　乐谱　以……为乐　乐师　乐此不疲　乐手

多音字是汉语教学中的一大难点，但我们不妨采用上述的模因教学三步法，先引导学生观察一下这组词语在结构上的内容或构造。他们会发现这两种读音尽管不存在结构差异，但依据他们比较熟悉的“快乐（lè）”和“音乐（yuè）”，让他们按词义进行整理、归类：

（2）a. 快乐（lè）　欢乐　俱乐部　娱乐　乐观　乐园　乐趣　乐于

游乐　乐意　享乐　以……为乐　乐此不疲

b. 音乐（yuè）　交响乐　乐团　乐队　乐器　乐曲　声乐　民乐　乐章　乐坛　乐谱　乐师　乐手

根据李如龙、吴茗（2005）的发现——“lè”音统率下的“快乐”、“欢乐”、“娱乐”、“乐观”等使用频率较高，词义都与“快乐”有关；“yuè”音统率下的“音乐”、“交响乐”、“乐团”、“乐队”、“乐器”、“乐曲”等使用频率较高，词义都和“音乐”有关。我们可以将“快乐”和“音乐”组的其他词语中的“乐”看做分别对这两个词中“乐”的复制。根据这一归纳，我们可以将它们反复大声朗读，加深记忆；在听的时候留意它们出现的语境以及同现的词语等；经常在合适的语境准确说出来，延长它们在脑海中保留的时间。

2. 语言模因与写作技能

尽管不屑“天下文章一大抄”的说法，但是对“移花接木法”、“旧瓶新酒法”等写作方法大家并不陌生，也不得不承认一个事实：写作中用到的词汇、句式甚至篇章结构都存在模因复制的迹象，学生们常用的《写作佳句集锦》或类似书籍无非是收集众多语言模因的模因库。况且，恰当引用名篇名句来增添文采也是写作的基本要求。模因基因型传播方式说明在写作时要善于引用成语、典故、熟语、俗语、谚语、惯用语、名言、名句等语言精华要素。例如：

（3）我不知道，当我面临巨大困难或者生存危机时，我能不能表现出小狮子那样的勇敢与坚韧。当有人令我身陷困境无法自拔时，我能不能表现出小狮子那样的大度和宽宏。当有一项崇高的事业需要我奉献一切时，我能不能像小狮子那样义无反顾。

……

那年、那月、那狗，是我心中永远的情结。

（张蕾《那年那月那狗》）

上例选自一本对外汉语综合教程教材，其中的“当……时，能不能……”、“那……那……那……”从修辞手法来看是运用了排比法，但同时也是一个语言模因，以此为源结构，学生可以在基本形式不变的框架内根据写作任务随时改用适当词语，按照不同语境和交际意图复制出成千上万的变体，使语言表达更加生动，如：

（4）当被人误解时，我们能不能保持心平气和？当别人身处困境时，我们能不能伸出自己的手？当去苛求别人时，我们能不能先检讨一下自己？……

（某学生《宽容》）

(5) 那山、那水、那人，是我一辈子的惦念……

（某学生《乡情》）

在传播、表达这些模因前，学生应完成它们的同化、记忆过程。这项任务对本族语学生而言并不是太难。但对于外族语学生来说，教师还需讲解使用的语境和相关文化背景知识，以便使用得体。写作过程其实就是模因以基因型和表现型复制传播的过程，也是将成功模因同化、记忆、表达并传播的过程。

3. 语言模因与翻译技能

将模因引入翻译理论的研究者首推 Chesterman（1996，1997）。据何自然（2005）和马萧（2005）的介绍，Chesterman 所提出的“翻译模因论”将翻译理论进化（即理论的更迭和演变）过程看做“翻译模因”（translation memes）不断复制和传播的结果，翻译模因库中的成功“翻译模因”既是对以前模因的复制和继承，也有所创新以永葆生命力。“翻译模因”指与翻译实践和理论相关的模式、规范、策略和价值观念等。这里试举两例：

(6) 月光如流水一般，静静地泻在这一片叶子和花上。薄薄的青雾浮起在荷塘里。叶子和花仿佛在牛乳中洗过一样；又像笼着轻纱的梦。(朱自清《荷塘月色》)

译文：Moonlight cascaded like water over the lotus leaves and flowers. Light white mist floating up from the pool, making the leaves and flowers seem washed in milk or caught in a gauzy dream.

(7) Gray peace pervaded the wilderness – ringed Argentia Bay in Newfoundland, where the American ships anchored to wait the arrival of Winston Churchill. Haze and mist blended all into gray: gray water, gray sky, gray air, gray hills with a tint if green. （Herman Wouk，*The Winds of War*）

译文：灰色的宁静笼罩着四周一片荒凉的纽芬兰阿根夏湾。美国的舰只停泊在这里等候着温斯特·丘吉尔的到来。薄雾和霭霾把一切都融合成了灰色：灰色的海水，灰色的天空，灰色的空气，还有带着一抹淡绿的灰色的山冈。

从模因论的翻译观来看，这两例都是较为成功的译文：不仅表达了原文的意思，还较好地传播了原文的意境，很能感染受众。模因论的翻译观认为翻译过程是将源语模因以译文为表达方式向目标语模因传播的过程。原文是承载原作者思想和文化背景的模因综合体，译者要将它们翻译出来，首先必须解读源语模因并被其感染，成为这些模因的宿主，再用目标语对源语模因进行重新编码，以另一种载体传播源语模因。而这两个例子都较好地兼顾了这几个方面，因而是较为成功的。

因此，成功的翻译过程应是：模因的新载体能使新的宿主通过转换过的语言，成功解码这些模因，使源语模因由此得到传播（尹丕安，2006）。这对提高翻译技能很有帮助，例如翻译诗歌可以根据创作的年代、内容来选择合适的表现形式，翻译小说则可以联想目标语语言大师所用的语言结构；在翻译日常和科技语篇时也可以借鉴目的语的用法。

四、结束语

模因论的生存发展阶段和成功模因的特点为我们教授语言提供了新的方法、策略和路线。汉语教学中五种技能的教授和训练都是帮助学生同化、记忆、表达和传播语言模因的过程。语言模因经过学生们以口语、笔语的方式表达出来后，通过他们之间的相互交流，又可以起到仿造复制的作用，使更多个体获得接受、同化、记忆、表达和传播的机会。这个过程既能强化模因的长久性、多产性，提高保真度，又能促进模因的分化，产生新的模因复合体。随着模因理论研究的深入，它将给语言学习、语言教学和语言使用带来更多的启发和帮助。

（与李捷合作，原载《语言教学与研究》2010年第5期。）

外语是学会的

我是1959年西安外语学院俄语系毕业的，留校教俄语的日子才过了5年，我又成了当时第一批“俄转英”的一分子，改行教英语。此后便一边学、一边教，而且同大家一样，研习英语，发表论文，不断积累从事外语学习和教学的经验。现在看来，我之所以能成功地“改行”而不被学生“嫌弃”，其实涉及外语如何教、如何学的问题。

一、我的“改行”

我的“改行”命运，算起来并非始于20世纪60年代的“俄转英”。20世纪50年代，在我学习俄语之前就有过“改行”的经历了。那时我靠政府的助学金免除了失学之命运而就读于当时的广州立信高级会计职业学校，我成绩不错，但偏偏不想与数字、算盘打一辈子交道。我当时靠课余代贴招生广告，认识了两位家庭教师，一位是教授音乐的郎进之先生，而另一位是教授俄语的甘巨光先生。也许因为家道不景，我的求知欲让我甘愿没有酬金而换取那两位先生给我一顿工作晚餐和准予自由听课的待遇。经过一年的勤学苦练，在音乐上我学会了演奏长号，练就了较好的乐音听辨能力和音符视唱能力。1955年高考时，我报考当时提前招生的中南音专，初试就顺利地被录取到器乐专业。可是我那保守的父亲不赞同我以音乐作为一生的职业，于是我放弃了复试而最后通过统考入读当时称作西北俄专的西安外国语学院俄语系。这段经历两度出现“改行”：一是学会计的不读财经专业，差点儿入了音乐这一行；二是尽管音乐没学成，但又受到俄语的吸引，终于摆脱会计这一行，远离故土，北上西安学俄语去了。

广东人学俄语有重重困难，发音一关就不易过。但我因为经历过相当长的一段时间严格的乐音听辨训练，同时又通过旁听甘先生的课，初步接触过俄语，这使我很快就适应了俄语的发音和语调，学会了比较流利的俄语口语。我的“会计→音乐→俄语”的改行历程使我感到：正是这些非本行科目的基本功（从学音乐中获得了听辨、模仿和表现的能力，而从学会计中又掌握了严谨、细心和逻辑思辨的能力等）才使我得以以各门考试连续4年全优的成绩完成了在西外的学业。毕业时我被母校选留，在俄语系三年级当助教，一年之后成了该年级专业课的主讲教师。这可以算是我第一次尝到的“改行”甜头。

1963年，我成功主讲了一次校级公开课，在教研室老师辈的同事帮助下，在科研、教学方面都取得了较为优异的成绩，于是我被破格晋升为讲师了。可就是当我的事业蒸蒸日上、“春风得意”的时候，我却被告知“改行”教英语。如果说第一次“改行”是我自己做主的话，这次可完全不是出自我的意愿。

为了克服那“不情愿”的“改行”带来的不快，我不断鼓励自己要对新学科产生兴趣，树立起学好的信心。我在中学时代学过一些皮毛英语，会讲一些语法不大通，但外籍人氏能勉强明白的英语，写过一些拼写不准、文法有误，但内容尚算清楚的文章。我要感谢“改行”后悉心指导我学习的老师，他们是：从小在美国生活、后来回国任教的梁居峰教授；曾在美籍保姆伴随下成长的祁佩仙教授和复旦大学出身、语言基本功深厚的杨伟均教授。我在他们的督促和指导下，天天同他们用英语对话，这使我纠正了很多讲英语时的坏习惯。同时，我每天都主动地给他们交一份英语作文或课文的书面复述，我的英语正是通过大量讲、写的训练而取得了意想不到的进步。

老师的督促指导固然重要，但外语学习者本身的因素更重要，我总觉得外语一定要实实在在自己掌握，我从我的“俄转英”过程中体会到，也许正因为我的“改行”而促使我重视外语基本功训练和进行大量的语言实践，从而总结出一套我自己认为行之有效的学习方法。

我在大学学习俄语期间，政治运动一个接着一个，那时有谁要是只顾用心学习专业，往往会被看成是“只专不红”，入不了团，进不了党。于是，为了多抽些时间用于学习专业，我只好“偷着干”，搞“地下”。我学习俄语的方法是很传统的，凡学过的课文我都要求自己背诵下来，到要说或写的时候，我就根据表达的需要将背得出来的语句和篇章引进来，糅进话语里，为我所用。由于我的话里有一些是我早已熟读的成分，我那时的口语自然就流利，我写的东西错误的地方也就不多了。我这种语言实践方式，不但用于课内，而且用于课外。记得那时在农村劳动或者搞些什么社会活动，我常常“触景生情”地联系已学过、读过的俄语材料，多方面加以综合，选择适用的内容串在一起，对着一同劳动的老师和同学，用俄语表达出现实的环境和事物。这种方法使我很容易就掌握了学过的东西，而且不易遗忘。期末考试时我对所学稍加总结、归纳，几乎不用复习就能轻松地取得高分，因为那些考试内容我在平时已练得烂熟了。到了假期，我会总结自己所学，将平日阅读和老师讲解中收集起来的精彩篇章片段或有用的语言现象分别加以整理，写成文章，或者翻译其中一些短文，投到当时在北京出版的《中华俄语》、《俄语学习》杂志，以及在哈尔滨出版的俄语小报《卫星》上发表。这些小文章的刊出，给了我很大的鼓舞。从此，我养成了观察语言现象的习惯，这为我后来从事语言研究打下了基础。大学毕业时，我用俄文撰写了一篇关于中国学生要学习俄语实践修辞的论文，获得导师的肯定，并受到当时苏联伊尔库茨克外语师范学院一位教授的来信嘉许。论文讲的实践修辞，用现在的眼光看，正好涉及语用学，是对中国学生使用俄语的动态研究。

四年的外语专业学习，我体会最深的是要打好外语基本功和进行大量的语言实践。有了扎实的基本功，就能敏锐地觉察到语言的使用规律，注意语言的用法和它在不同使用场合中的变化，提高语言学习的成效。1963年我从俄语专业转到英语专业时就下决心从头来学习，先后接受严格的英语语音、语调训练，口语训练和写作训练。语言之间是有很多共通的地方的：掌握了俄语严格的语法规则，在学习英语语法时就会发现它们之间有很多相类似的地方，从而无需付出太多的工夫就能掌握英语遣词造句的技能。“俄转英”后，我的主要任务只是“向缺乏方面发展”。1965—1966年我有机会在上海外国语学院英语系作有选择的旁听进修，师从李观仪、顾绍熹、钱维藩、温征德、许天福教授，学有所成的速度加快了。我用了不到两年的时间完成了英语本科学业。

“文革”期间蹲了几个月“牛棚”，无休止地从事体力劳动，最后在1970—1972年当上了“窑洞大学”（当时西安外国语学院设在陕北的一所“五七干校”）的首届学员，在陕北高原过了一段“克隆”20世纪30年代延安革命时期艰苦生活的日子：开荒、打窑洞、放牛、牧羊。那时偶尔也同那些来“窑洞大学”锻炼的学生们在一起，一面劳动，一面开展所谓“上山一句话，下山一句话”的英语口语活动。可惜那时教的和学的英语尽是结合体力劳动和政治思想教育方面的词语，十分局限。在当时的环境下要认真搞专业，也只能是偷偷摸摸搞“地下”活动。我为了让自己刚入门的英语不至于生疏起来，总是抢着承担上山放牛、牧羊的任务，因为这样一来我可以以山地、草丛作为屏障，“安全地”、专心致志地独自继续我的英语基本功训练。我以报刊中的一些小故事作为原始资料，面对山地、草丛用英语作口头、笔头的复述翻译训练。“窑洞大学”两年，我不知不觉地完成了十多万字的英语习作。在只讲体力劳动改造思想的氛围下竟然出了这样的成果，那是我始料不及的。

1973年我调往广州外国语学院工作时，曾向王宗炎先生展示我那些“劳动成果”，并请他为我批改。王先生一心扶掖后学，很乐意地接受了。他花了数月时间，用红笔写的英文字密密麻麻地遍布我的原稿。在评语中，他一方面肯定了我的刻苦治学精神，赞扬了我比较扎实的基本功；另一方面又语重心长地给我指出，汉、英不同文字的转译必须着重文意，避免呆板的硬译，要以符合英语的习惯表达为归宿。我捧着这厚厚的一沓稿纸，又惭愧，又感动。我无缘受业于王先生，但我却从此自认为王先生门下之弟子。从那时起，我写的文章、书稿，只要有机会，都诚惶诚恐地送给王先生批改，我编写的教材也经过他修改、润色，从中获得了很多教益。我认识到，能否向名师学习到一些东西，关键还在于自己是否勤奋、是否有所领悟。王先生的指导使我对英语的使用增强了信心，也对我后来从事语言使用的研究起了促进作用。

在广州外国语学院，除日常教学工作之外，我在桂诗春先生的影响下，对现代语言学理论产生了兴趣。就读大学期间我学过语言学，曾随最后一批"苏联专家"学过语音学、语法学、词汇学等语言理论，但当时对这些学科的认识不深，收效甚微。这次我确实感到语言学知识有助于深化我对语言的认识，有助于我从事的英语教学。我开始大量阅读当时可以弄到的语言学方面的书籍。根据我的爱好和需要，我从英语语法流派开始，接触到 Chomsky 的转换生成语法，后来又结合教学，阅读了 1973 年出版的 Quirk 等人编著的《当代英语语法》，并将读书笔记编成语法讲义，先后给学生开设了"英语实践语法"和"英语理论语法"两门课程。从 1978 年起，我一面读书，一面在外语学术刊物上发表关于英语语法、修辞及语用问题的论文。用今天的尺度看，它们大多是语用语言学领域中与英语用法有关的课题。

二、外语是学会的

我很幸运遇到了不少外语界的"名师"。人们都说"名师出高徒"，但我从我的经历里认识到，这里强调的不是"名师"，"名师"们之知名归因于他们本身的成就，"高徒"之高才是重要的。"名师出高徒"这句话的真谛在于学徒因勤奋而从名师那里获得的悟性。在名师指点下而获得的这种悟性一旦充分发展，就会取得成就，成为出自"名师"的"高徒"。同理，"外语是学会的"这句话并没有否定教师的功劳，而是强调外语是在教师的指导下，学生自己把它学会的。只强调教师"教"的一面，而忽视学生"学"的一面是不全面的。忽视学生本身悟性的培养，外语就学不会。说"外语是学会的"，不是否认教师的作用，相反，没有教师的点拨，要学会外语也难，但我说要"学会"，不说"教会"，是强调学习者学外语要培养悟性，悟出学习规律，要按照自己的具体条件，悟出学习的路子。

我从自己并非一帆风顺的学习外语的经历，特别是从"俄转英"后的自学经历，总结过我学习外语的三步骤：重复、联想、归纳。所谓重复，不外是多做口语、笔语的反复练习，“温故而知新”。所谓联想，要求脑子要勤，对周围事物随时用外语作联想；学过的要联想新学的，新学的要联想学过的，联想其实也是一种重复。最后是归纳，定期回顾学过的东西，进行系统的整理、分析和总结。那最后的一招，其实为培养科研能力打下了基础。下面就让我从我的经验中总结出来的这三样东西，谈谈我是怎样学外语的。

第一，先谈“重复”。重复是为了加强记忆，而记忆是学好语言，特别是学好外语的重要条件。但学外语要记什么，如何记，每人都有自己的一套，问题是自己那一套顶用不顶用罢了。

我的那套重复，不是背单词，也不是从词典那里找些我认为会“用得着”的东西，抄在小本本里，然后走路时翻一翻，坐公共汽车时也翻一翻，强行去重复那些孤立的东西。我的重复是指反复的“输入”，反复的“储存”，反复的“输出”。

对语言材料的输入，不能作被动的输入，如被动地听一些难以听懂的材料，逼自己硬着头皮去读那些读不懂的书籍、文章等。被动输入的结果只能得到短暂的、不牢固的储存，有时甚至根本无法储存。我是采取主动输入的方式，要求听或者阅读一些适合自己程度的材料，以便容易地在大脑里储存。为了确保有效储存，输入的东西要经过多次的重复，这就是反复的“输入”。外语学习的反复输入不是重复输入孤立的单词，而是反复输入有意义的话语。为使完整的、有连贯意义的语言材料都能进入大脑储存起来，唯一的办法就是靠主动的反复输入（这里的“主动”意指积极的重复，目的明确的重复）。在外语学习上，多重复或作反复输入，意味着多加复习。

反复的“储存”指通过不同的使用场合将语言材料反复地输入到大脑的记忆库中，使有限度的短时储存因为得到不断重复而从短期记忆进入长期记忆。长期记忆的“长期”是靠不断重复来保持的。另外，长期记忆记住的是材料的意思和内容，不只是它的声音或形态。故此，正确的背诵在外语学习中是有作用的。我是主张背诵的。我觉得，能将语言材料背诵出来正是主动重复这些语言材料的结果，但要将背诵下来的东西作长期的保留，则仍需不断地重复语言材料的内容（不只是重复语言材料的声音）。为背书而背书，不求甚解，对外语学习当然没有用处。

反复的“输出”指的是“辨认”和“回想”，遇到新的材料不但要输入大脑，还要印证储存在大脑记忆库中的材料，这就是辨认；在印证的过程中对新、旧材料的不同使用场合作比较，这就是回想的主要内容。“辨认”和“回想”，两者加起来就是联想。“联想”实际上是学习外语的第二条规律了，所以我放到下面去谈。

第二，“联想”。这是我学习外语总结出来的第二条规律。前面说过，联想就是辨认和回想。要在接触新的语言材料时辨认出已输入的材料，要在表达时回想起储存的材料。

“辨认”比“回想”容易。学习外语时，在接触到的口头或书面材料中，我首先辨认出自己曾经学过的东西，同时通过输入使新材料进入短期记忆，再通过重复使新材料内容得到较长期的储存。

至于“回想”，那是我看过或听过的材料的复现或重现。根据不同的材料，我可能复现刚进入短期记忆的新材料，也可以复现已牢固储存在长期记忆里的内容。

要作有效的联想，就要利用三种外部信息：①利用自己的语言知识来检查和操纵自己输出的语句结构，保证其正确；②利用自己的普通常识来检查操纵输出的内容，使之合乎现实，能够达到交际的目的；③利用自己使用语言的熟巧，务做到使输出的话语得体、正确。

下面是我昔日在语言实践中进行联想的方法。学习一个外语单词、一句话，都设法联系现实中的具体事物、具体情景。只有这样才能加深印象，记得牢。我们每个人都有联想的能力，这是我们从自己的记忆库里输出的能力。当我们读一本小说，听一个故事，靠的是眼睛和耳朵去领会那些印刷或声音的符号，这些符号输入大脑就变成映像，构成一个个的情景。不同的人在大脑中的情景不尽相同，如果叫大家听同样的一个故事，然后要大家把自己脑子里构成的情景画出来，十个人会画出十个样子，无一相同，但内容倒基本上是一样的。这与个人的丰富的想象力、知识经验以及对输入材料的理解程度有直接的关系。联想力强的，构成的画面就比较丰富多彩，印象就深，不易遗忘。所以我觉得，学习外语就要充分利用这种联想力。为什么学习故事性强的语言材料，比学习政论、科技的文章记得牢，较容易复述呢？那是因为故事性文章有情节，可以引起丰富的联想，容易储存。至于政治性、科技性文章，写的人有他特定的思路，学的人硬要按着文章表现的思路输入大脑，不能随意作出改变，这样，联想范围就窄了，记忆储存或复现输出也就比较困难了。

学习外语的人在接受材料时就可以运用联想，即在输入时就与现实挂钩；运用材料时也可以运用联想，这就是说，要把学来的、储存在大脑中的材料尽可能地与客观现实的事物或情景联系起来，并且设法用外语复现、表达出来。我记得，当学生时学了有关各种蔬菜的外文单词和表达法之后，遇到机会看见田间长着的蔬菜，我会联想起它们的外文说法；看了一场电影，我会想想银幕上有哪些情节我可以用外语说出来或写出来；学了一篇政论性的文章，听着每天广播的新闻和报纸摘要节目，我会联想一下我能否用外语把大意说出来或写下来；看一个贴在通告栏上的通知，我也要想想我能用外语表达多少通知里的内容。

总之，我的所谓联想，就是当我在现实中看到或听到关于某件事物时，我就想到自己如何才能用学过的外语变通地（不是绝对准确地）说出来；现实中读到某段新闻或故事，我也要想到怎样用学过的外语将大意表达出来。

要养成联想的习惯，我体会到要勤想、要多思。一个人，特别在长知识的青年时代，思想上是绝对不能懒的。学外语时要是思想上懒，就不可能处处要求自己运用联想，这就很难把外语学得快、学得好。

我前面讲过重复要主动，只有主动重复才可以避免记忆疲劳。一定要防止被动的重复（即无目的的重复），因为那样是不能加强记忆，也无法将输入的材料妥善储存的。“联想”是检查记忆的重要途径，同时它又像“重复”一样，可以加强记忆。因此，联想也是一种主动重复。学外语一定要随时联想，时刻设法将所学的东西通过联想加以输出，即从记忆库里检索出来，加以复现。

第三，“归纳”。这是我学习外语时遵循的第三条规律。保存在记忆库里的材料如能定期进行归纳，就可以扩大记忆的容量，并能迅速达到长期记忆的效果。

归纳是学习外语的一个十分重要的方法。我们不能只求学一句，记一句，用一句，而是要举一反三，按语言规律来创造自己的句子，最后达到比较自由地用外语表达自己的思想。

我从自己的学习经验中觉得学外语是要时常对所学的内容作归纳：学语音时可以归纳，学句子时可以归纳，学文章时也可以归纳。归纳起来的东西可以变得条理化，便于长期记忆。

归纳能力是我们成年人的一个法宝，学习、工作都得靠它。如果有较强的归纳能力，事情就会做得合情合理，学习就会学得头头是道。小孩子的归纳能力差，所以，尽管他们的记忆力很好，但都只能停留在短期记忆中，记得快，忘得也快。成年人归纳能力强，再加上重复、联想等手段，就可以大大增强长期记忆。小孩记忆靠机械记忆，往往记住前面，忘了后面，或者只记住他们熟悉的部分，记不住不熟悉的部分；他们不会分清记忆的主次与轻重缓急，因而他们的记忆库里的材料是不系统的，不全面的。成年人由于会归纳，记的东西有条理，既有梗概，也有详情，归纳能力越强，学习成效就越大。

从我改行学英语的经历中我感到，成年人学习外语一定要充分发挥归纳的能力。听了一堂课，学了一课书，都要归纳出几条老师讲的内容，或者归纳出同一个意思在不同的情境下用外语作出的不同表达。如果对课文内容能归纳出几个要点，就很容易记住课文的大意。学了一些语法现象，就要定期总结归纳出一些带规律性的东西。例如，见到同一词汇在不同材料中的不同含义和不同用法，就要定期归纳出这个词汇的各种含义和它与别的词语搭配、连用的习惯，以及它与汉语的异同。

归纳的过程不是一次完成的。它随着学习材料的增加、知识的增多而需要不断地进行补充。因此，归纳要经常化。要将某些语法现象、某些词语的用法、为表达某些情景而使用的各种句型等不断补充和充实到原来归纳过的内容中去。要学多少，归纳多少，未学过的不要归纳进来，因为没有经过重复、联想的东西，归纳了也是徒劳的、掌握不了的。有人喜欢用一个小笔记本抄词典中的一大堆他认为“有用”的东西，其实他是在浪费时间，因为孤立的东西是很难记得住的。结果只会是从词典里抄到笔记本里，再把笔记本放到口袋里，但偏偏没有把抄来的东西放进脑子里。学过的东西只有经过多次重复、联想，并积累到一定程度的时候进行归纳，才会在脑子里较长期地停留。

养成归纳的习惯不但可以帮助我们将所学的东西条理化，从而增加我们对学习外语的兴趣和信心，而且也可以提高我们的思维能力和办事能力，对毕业后从事工作也有很大帮助。

以上是我几次“改行”最后落实到学外语和学会外语的经历和经验。这里要强调一点的是，外语是学会的，而学会外语的方法和经验却因人而异。别人的经验固然可以借鉴，但千万不要生搬硬套，重要的是自己悟出适合自己的、行之有效的方法来。

[原载《外国语》2003 年第 2 期，后收入束定芳主编：《外语教育往事谈（第二辑）——外语名家与外语学习》，上海外语教育出版社 2005 年版，入选本文集时作了适当的增删。]

语用学学术讲座

有趣的语言现象

一、英汉两种语言常见的矛盾现象
（一）词汇意义矛盾
（二）形态和词的组合矛盾
（三）句子结构矛盾
二、词义、词的变化和词与词结合的有趣现象
（一）带种族歧视、性别歧视词语的废用和取代
（二）缩略词语的大量出现
（三）称谓的变化
（四）词类混用现象
（五）修饰词语的有趣现象
（六）英语动词的时和体使用的新现象
三、结构方面的有趣现象
（一）类似句辨异
（二）不定式的常用结构
（三）句型结构的简化：单词代替词组，词组代替分句

我今天讲的不是一个学术论题，而是一些我觉得有趣的语言现象。我们这些从事语言研究的学者对我们平日所学、所用的语言都十分敏感。一般人在使用或接触语言时，不会过于注意语言本身的表现，结果有一些很有趣的现象就感觉不到，轻易地放过了。语用学中有一个分支，它研究语言本身的语用化和语用过程的语法化，叫做语用语言学。语用语言学研究人们使用语言时语言本身的要求，也就是语言到底有些什么特点要我们照顾，它在使用中到底有些什么值得我们要注意的事情。所谓语言现象，正是语言的特点、语言使用的规律及其习惯表达方式。我们在学习英语时，除了英语规律之外，也要注意我们天天使用和接触的汉语。所以我今天讲的也就包括了英语和汉语中有趣的语言现象。在需要的场合我还对某些汉英不同的语言现象作一些对比。

一、汉英两种语言常见的矛盾现象

（一）词汇意义矛盾

汉语的表兄弟姐妹男女有别，英语统称为“cousin”；

汉语长幼有序，“兄”和“弟”、“姐”和“妹”分得很清，英语统称为“brother”和“sister”；

英语的“pupil”和“student”在汉语中都可以称为“学生”；

英语的“laborer”专指体力劳动者，而“worker”则兼指体力劳动者和脑力劳动者，但汉语里“劳动者”和“工人”并没有差别；

汉语的“黄昏”指日落起至天黑，英语的“evening”指日落起至睡觉；

汉语的“上星期三”指上周的星期三，英语的“last Wednesday”指最近过去的星期三，可能在上周，也可能在本周；

汉语把书桌、饭桌统归桌子一类，但英语没有桌子这个笼统的类别概念，要么是“desk”，要么是“table”；

汉语的“笔”是毛笔、钢笔、铅笔的总称，英语要么是“brush”，要么是“pen”，要么是“pencil”；

汉语的“午餐”、“晚餐”不容混淆，英语虽有“lunch”和“supper”之分，但一天中最主要的一顿饭，不论是午餐或晚餐都叫“dinner”。

（二）形态和词的组合矛盾

英语语法中有冠词，汉语没有，这使我们观察语言现象时感到它不易捉摸；

英语名词有可数与不可数，汉语的“饼”、“面包”，英语说成“a cake”和“bread”；

汉语说“许多沙”、“许多水”，英语不说“many sands”，“many waters”，汉语说“沙漠里的沙”，“湖里的水”，英语这时偏偏要说“the sands of the desert”，“the waters of the lake”；

汉语动词本身不表时间，只表动作进行方式，如：走着，走了。动作的时间要靠副词表示，如：今天走着，昨天走着，今天走了，昨天走了。英语动词既表时间又表进行方式（即动词的时和体），如：go，went，is going，was going，has gone，had gone；

汉语及物和不及物动词与英语不尽相同。汉语的“听、看、谈”是及物动词，英语却是不及物动词，如：listen to，look at，talk about。另一方面，“serve”是及物动词，如：serve the people，汉语却是不及物动词，说成“为人民服务”；

汉语形容词可以直接作谓语，如“门庭依旧，人面已非”，英语不能只说“the courtyard the same，but the faces different”，而必须加系词“be”；

汉语的“虽然……但是”，“因为…所以”等关联词语，英语里找不到类似的合作关系，要么“although（though）”，要么“but”，要么“because”，要么“so”或“therefore”。

（三）句子结构矛盾

汉语有复指成分，英语不能照套：

我们的隔壁邻居，她是我朋友的妻子，进来闲谈了一会儿。（* Our next - door neighbor, she is my friend's wife, dropped in for a chat.）

你说的那个人，他已经死了。（* The man you have just mentioned, he already died.）

英语的部分否定结构，在词序排列上同汉语的全体否定相似：

All teachers of English are *not* experienced teachers.（不是所有英语教师都是有经验的教师。）

Both children are *not* clever.（不是两个孩子都聪明。）

Everyone can*not* do that well.（不是每个人都能做好这件事。）

反过来，汉语的全体否定结构，英语不用“all”，要用“none”或“no one”，不用“both”，要用“neither”：

大家不会干得一个样子的。（No one can do the same.）

大家都不是这样自私的。（None are so selfish.）

他们俩都不聪明。（Neither is clever.）

英汉两种语言从词的意义变化、词与词的关系，直到结构方面都有自己的特点，这些就是两种语言表现出来的不同的语言现象，值得我们平时在学习时多加注意。

二、词义、词的变化和词与词结合的有趣现象

（一）带种族歧视、性别歧视词语的废用和取代

“Negro”废用，改用“black”，甚至可以说：“I am black”表示“我同情黑人”，“我与黑人同一观点”。

一些认为带有男性主义的词语被废弃：forefathers→ancestors，manpower→human power/ work force，man - made→artificial/ manufactured，congressman→member of congress；某些新词则与原来习用的词语并存：chairman—chairperson，salesman—salesperson，newsmen—news people 等。

（二）缩略词语的大量出现

随着社会发展的需要，语言的缩写词、简略词大量出现。lab—laboratory；pol—politician；mod—modern；mini—miniskirt；cell—cell phone（cellular phone）。

汉语的缩略语早就存在，但很难译成英语。如直译，不知道背景知识的人会不知所云：三个代表——representatives in three aspects，五讲、四美、三热爱——five stresses，four points of beauty，and three ardent loves。前者如译为“three representatives”会以为是三个开会的代表，后者如译成“five stresses，four beauties，and three lovers”，结果会误解为是“……四个美人、三个情人”了。

（三）称谓的变化

在西方国家，人们的称谓越来越平等化，一位教授喜欢别人称呼他的名，而不是他的头衔加姓。Professor John Smith 喜欢别人称他为 John，而不是 Professor Smith。中国的文化传统是不认同这种平等的。所以，尽管“文革”时期人与人的称呼也出现过平等化：党内称同志，平时互称不分男女，一律是“老×”、“小×”。有趣的是，改革开放以来，这种平等化作为一种“文革”现象而消失，恢复了中国传统的重称谓文化，而且还出现了一些新的叫法，其中甚至出现一些让人啼笑皆非的奇怪称谓：

人际交往中流行的“姓氏＋职务”恢复了，如“王处长”、“李科长”、“陈书记”；对专业人氏，用“姓氏＋职称”，如“张教授”等。

但不知谁带的头，对领导称呼竟然流行着只用职务的第一个字来表示。于是出现“×处（长）”、“×科（长）”、“×工（程师）”、“×总（经理）”、“×博（士）”。这种叫法听多了也许不在意，但仔细想想，就会觉得碍耳，比如：“蓝厅（长）”、“巫校（长）”、“殷部（长）”、“何处（长）”、“黄总（经理）”、“洪总（工程师）、“胡导（师）”、“吴工（程师）”，等等。

称谓还有另一种现象，这就是以“专家”二字作为称谓。我们通常会说“××教授是某方面的专家”，“××医生是某个领域方面的专家”，但从没有在“专家”这个词前冠以姓氏来当做称谓使用的。现在，这种现象竟然出现在报章广告里了（《广州日报》03/09/04，A18）：

这个广告的有关部分现放大如下：

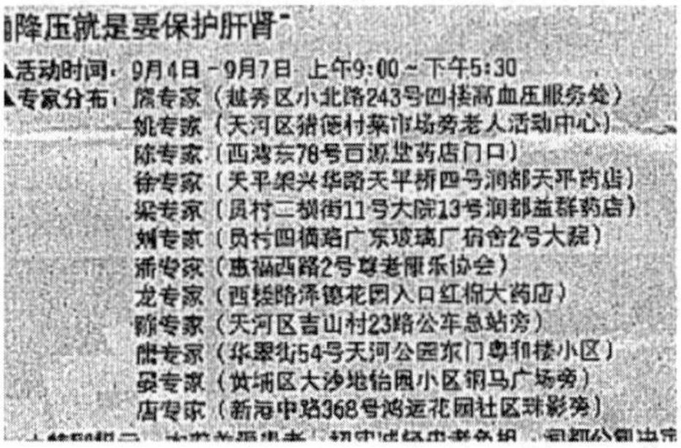

大家看到了：有“熊专家”、“龙专家”，当然也会有“牛专家”、“马专家”。如此济济一堂，难道这是一个兽医站，有治牛病、治马病、治熊病，甚至治“龙”病的专家吗？或者，那是一个饲养场、动物园，那里有看管和照料这些动物的专家。就算是不会令人产生职业联想的“陈专家”、“李专家”等，听起来也觉得别扭。

什么原因导致出现这样的现象？当然是社会因素在起作用：

其一，我们通常称作专家的，大多是具有高级职称的专门人才。他们会被称为“×教授”。当某人还没有获得高级职称，但在某方面可能是个专门人才时，人们总不能也称他为“教授”吧？于是“×专家”的说法也就应运而生了！

其二，按照我们现时的文化，被人尊称为“×教授”，人们是乐意接受的，但与教授同等地位的“×研究员”、“×编审”、“×译审”、“×研究馆员”很多人听了并不舒服，不想听到别人这样称呼自己，至于被称为“×先生”、“×女士”就更不是他们所愿的了，因“先生”、“女士”并不足以表明某人的专业身份；如果说成“××方面的专家——××先生/女士”又嫌啰嗦。这一来，不知道谁发明了“×专家”这样的称谓，这也许让他们心安理得了吧。

（四）词类混用现象

英语的名词向动词转化（N→V），名词向形容词（N→Adj.）转化等现象。如：

He *legged* it off to London. （N→V）

They have *womaned* the picket. （N→V）

Don't *sir* me so much!（N→V）

Freddy *trousered* the money. （N→V）

He *bicycled* off to the country. （N→V）

The streets were *flagged*. （N→V）

The drapers' shop would not only *dress* you; *post-office* you; *linoleum* you; *rug* and *wall-paper* you; *ink*, *pencil* and *note-paper* you; but would also bury you and *tombstone* you. （N→V）

The garage is *brick*. （N→Adj.）

This furniture is *reproduction*. （N→Adj.）

His accent is very *Oxbridge*. （N→Adj.）

试比较：

a1. The boy protected his book with paper.

b1. The boy *jacketed* his book. （N→V）

a2. He reproduced the story on a film.

b2. He *filmed* the story. （N→V）

这种现象在汉语中也很常见：

①我们学校很郊区。

②张艺谋的心态和性格很老百姓。

③我明天电话你。

④昨晚你到哪儿K去啦？

⑤有很长一段时间房价高企（粤方言：高高站着，意即居高不下），降不下来，苦了老百姓。

⑥——老杨这个人苏州得很哪。在外边几十年了，生活习惯一点都没变。

——他算什么，吴先生才是呢！他比哪个苏州的都“苏”。

（五）修饰词语的有趣现象

英语形容词、副词的比较级和最高级的形式越来越不靠后缀-er 和-est

来构成了：

John is *more mad* than Bob is.

He is *more healthy* than I thought.

It would be difficult to find a man *more brave* than he is.

They found it *more easy* to remember picturesque details than important facts.

前置修饰语取代后置修饰语：

The Central Committee of the Communist Party of China→ The Chinese Communist Party Central Committee

汉语是没有后置修饰语的，这种现象好像当代英语向汉语靠拢了。因此广东外语外贸大学大可说成 Guangdong Foreign Studies University，或者按传统的英语习惯，说成 the Foreign Studies University of Guangdong（用 of + 地名作为后置修饰语，修饰整个词组）。现在的译法，尽管不算错，但常常被外国人误解为 Guangdong University，而其后面的“Foreign Studies”是该校的一个系或学院了。(《外语教学》2005 年第 3 期)

（六）英语动词的时和体使用的新现象

a. 现在进行体代替一般现在时：

I *am going* to the theatre more often（in）these days.

I *am reading The Guardian*（in）these days for a change.

I *am understanding* the difficulties better now.

I *am hoping* to spend a few days in the mountains.

b. 一般过去时代替现在完成体：

①I *saw* it already（cf. I'*ve seen* it already.）

②*Did* you *sell* your computer yet?（cf. *Have you sold*...）

③——Anybody using this chair?

——No. I *saved* it for you.

——Why don't you shave?

——I *did*. （*cf. I* have.）

c. 最常见的将来表达法：包括 be going to 在内的现在和将来进行体：

I *am going to call* a plumber to come this afternoon.

What *are* you *going to wear* today?

I'*m taking* Mary out for a meal.

This time next week I'*ll be working in my office.*

When *will you be moving* to your new house?

I'*ll be driving* into London next week.

Will you *be putting on* another play soon?

三、结构方面的有趣现象

(一) 类似句辨异

(1) a. He *naturally* replied. (speaker's attitude: He replied, as seems to me perfectly natural.) 他回答得很自然。

b. He replied *naturally*. (He replied in a natural way.) 他泰然自若地回答。

(2) a. Shut the door *after* you. 随手关门(动态)。

b. Shut the door *behind* you. 把你背后的门关上。

(3) a. What do you want *from* me? 你想向我要什么?

b. What do you want *with* me? 你想跟我接洽什么?

(4) a. She *sat up for* her son all night. 她一夜未睡,等他儿子回来。

b. She *sat up with* her son all night. 她一夜未睡来看护她的儿子。

(5) a. He always *interferes in* my business. 他总是干涉我的事。

b. He always *interferes with* my business. 他总是妨碍我的事。

(6) a. He *sticks to* nothing. 他对任何事都无恒心。

b. He *sticks at* nothing. 他毫不犹疑(没有什么顾虑)。

(7) a. I'*m anxious about* the result. 我为结果而担忧。

b. I'*m anxious to* know the result. 我迫切想知道结果。

(8) a. They *inquired about* the matter. 他们曾问到这事。

b. They *inquired into* the matter. 他们调查此事。

(9) a. They *inquired after* me. 他们向我问好。

b. They *inquired for* me. 他们来找我(问我在不在)。

(10) a. They are *at play* in the garden. (他们正在花园玩耍。)

b. They said so only *in play*. 他们开玩笑罢了。

(11) a. I'm quite *at fault*. (at a loss, puzzled) 我不知所措。

b. You are much *in fault*. (= guilty, to blame) 是你的过错。

c. He is said to be kind *to a fault*. (= excessively) 人们说他太(过分)好心了。

(12) a. My mother used to *keep house* for us. (= to take care of the household affairs of the home) 我母亲常为我们看家。

b. My mother used to *keep the house*. (= not to go outdoors) 我母亲常在家。

(13) a. They are all *of age*. 他们已成年。

b. They are all *of an age*. （=of the same age）他们同岁。

（14）a. He *kept smoking* all the while. 他不停地抽烟（表示动作不断）。

b. He *kept on smoking* still. 他仍未戒烟（表示保持某种状态）。

（15）a. He said she is mad, and *so she is*. （=yes）他说她疯了，而她确实疯了。

b. She said he is mad, and *so is she*. （=also）她说他疯了，而她自己也疯了。

（16）a. I *don't care to go* with him. （=not be willing to do）我不想和他一起去。

b. I *don't mind going* with him. （=not object to doing sth.）我不反对和他一起去。

（17）a. He *had trouble* on my account. 他为我而受累了。

b. He *took trouble* on my account. 他为我不怕麻烦，不辞劳苦。

（18）a. I *didn't notice* him. 我没注意到他（无意）。

b. I *took no notice* of him. 我没把他放在眼里（有意）。

（二）不定式的常用结构

All I did was （*to*） *turn* off the gas.

What he's done is （*to*） *spoil* the whole thing.

An outstanding example of this is *to compare* the welfare facilities provided for Chinese and New Zealand workers.

只有当不定式结构是为了扩展句中主语中的 do 的意义，即它是主语中的 do 的具体内容时，这个不定式结构的 to 才可有可无。但要注意以下两点：

a. *Turn off* the tap was all I did. （不定式结构在句首，to 必须省略）

b. What I'm doing is *teaching*/* *teach* him a lesson. （主语中的 do 是进行体时，表语只能用-ing 式，不能用不定式）

c. What he's done is *spoilt*/ * *spoil* the whole thing. （主语中的 do 是完成体时，表语只能用-ed 分词，不能用不定式）

（三）句型结构的简化：单词代替词组，词组代替分句

Three cups later, he visibly warmed up. 三杯下肚，他明显地激动起来。（=after drinking three cups… 类例：two children later = 生了两个孩子以后）

After Hong Kong——noisy, pushy and crowded——the busy streets of Kwang chow seemed gentle by comparison. （=after staying in / after leaving…)

Good or bad, television programs on any country can still ruin home life. (= whether it is good or bad…)

Nationwide, the energy situation continues to be serious. (= speaking from nationwide point of view…) 从全国范围看，能源形势仍然严重。

Nervous/ Nervously, the man opened the letter.

Strange/ Strangely, it was she who did it.

Predrug, he used to be a nice kid. (= before he became a drug addict…) 在没有染上毒瘾之前，他是一个很好的小伙子

（本讲座原文曾由刘小珊教授译为日文“面白い言語現象”，联名载《言外と言内の交流分野——小泉保博士傘寿記念論文集》，大学书林2006年版。）

“另类”翻译的困惑

引言
一、地区语言差异的困惑
二、语用歧义的困惑
三、俚俗词语对译的困惑
四、“伪成语”翻译的困惑
五、专名翻译的困惑
（一）地名、路名等公共设施对译的困惑
（二）商品楼宇汉、英命名的困惑
（三）“英—汉—英”回译的困惑
六、涉外广告说明文字翻译的困惑
结束语

引言

跨语言交际中翻译的作用无疑是非常重要的。作为翻译工作者，我们常常会接触到一些无法按一般理解而译得准确、妥帖的情况。在这种情况下，我们通常会来个简单的“音译”，或者来个“意译，有时甚至会别出心裁地来个“创译”。这都是为了让对方明白，达到交际的目的。这类在翻译中需要作特殊处理的 hard nuts 不妨称之为“另类”翻译。“另类”翻译要求我们有广博的知识、深邃的文化修养、灵活的应变能力和熟练的语言活用能力。我们在这里只列举一些“另类”的例子，就如何才能处理好这些词语翻译问题，向大家请教。

一、地区语言差异的困惑

要处理好“另类”翻译，就要尽可能地了解源语的地区语言（方言）与标准语间的差异。

请看下面的例子：

（1）电池卸下后放在凉爽干燥的地方，按规定充电。

（2）广州人国庆到图书馆充电（《广州日报》98/10/02，A1）。

(3)《洛神》快将拍竣，Ada话（说）已相约洪欣等一班好友到北京旅行充电。(香港《星岛日报》01/08/24)

例（1）中的“（按规定）充电”是标准语义，译为 charge（as required）。例（2）的“充电”是通俗汉语的形象说法，指人们再学习，充实自己的知识。但例（3）的“充电”显然带有香港“另类”的地方色彩，它指“身心放松”，所谓“恢复疲劳”，常通过旅游、娱乐等活动来达到目的。例（2）可译为“pursue in（further）studies”；而例（3）就要用“（go to Beijing and）take a holiday”来处理。

要是不知道地区性方言的差异，“充电”一词会造成误解，翻译时就会导致误译。

(4) 他走进超市看见墙上贴着一条警示语：“**高买**罚十”。

(5) 树仁女生**高买**如搬货，亲向官求情，罚千元了事。(香港《新报》00/12/08)

如要翻译，这两例的“另类”是“高买”这个地区性方言。例（5）是一条新闻标题，说的是香港树仁学院一年级的一位女生在超市偷东西被抓。两个例子中都有一个一般人摸不清来历的怪词：“高买”。原来它是从英语的“shoplifting”（冒充顾客进商店行窃）讹译过来的：“shop”指商店，“shopping”是“到商店买东西”；而“lift”则有“抬高”、“举高”之意，香港人将这个英语单词拆开翻译，但又合起来使用，从而形成了一个意指“偷窃”的当地特有的委婉语“高买”。这个香港地区独有的方言词汇，如今生活在大陆珠江三角洲地区的人也“时髦”起来，学着使用这个词。当我们遇到像“高买”这样的“另类”词语时，千万不要按字面以为它是“高价买进”的缩略。不过，“高买罚十”指“偷一罚十”却正好有“高价买进”的意思（偷来的东西要加倍赔偿，结果正相当于高价买进），这不能不算是一种巧合。现在要将这个原本从英语译过来的“另类”汉语词回译为英语，没有具备上述这些“另类”知识就会产生困惑。

除了这些外来演化词语会导致困惑之外，具有地方文化渊源的词语对译也是一种“另类”：

(6) 若×××真是“一呼百应，**坐定粒六**”，便无需发动这么多人为他“抬轿”。(香港《东方日报》01/12/13)

“坐定粒六”原为赌博用语，指掷骰子掷得最大的六点。它在粤方言中指胜算在握，英语亦可意译为“to be sure of success”。“坐定粒六”作为“另类隐喻”，翻译时首先要懂得它的意思，然后再考虑转译中要不要保留形象的问题。直译难度大，恐怕只有传意了。

二、语用歧义的困惑

下面的幽默语出相关，是语用歧义导致的，翻译成汉语的难度大，似又属于“另类”：

（7）The professor rapped on his desk and shouted：“Gentlemen, *order*!”

The entire class yelled：“Beer!”

学生课堂不守规矩，教授生气，大声叫“order”，要大家守秩序；但学生听到“order”，脑袋里想到的却是叫饮料，于是齐声喊出要啤酒。

（8）Prof.：You *missed* my class yesterday, didn't you?

Stud.：Not in the least, sir, not in the least!

学生旷课，老师质问学生是否没来上课（miss one's class）；顽皮的学生故意将“miss”理解为“想念”，解歧出现困惑让人忍俊不禁。

（9）Pam：Hasn't Harvey ever married?

Beryl：No, and I don't think he intends to, because he's studying for a *bachelor's* degree.

这里的问题出在“bachelor”，它可以指学士学位，也可以指单身汉。Beryl 的回应正好利用了这个词在话语中的相关意义从而达到幽默的效果。

因为汉语里没有相同的双关表达，所以有人会认为那类话语是“不可译”的，唯一的办法就只能加注。可是，加注的翻译不正是“另类”翻译了吗？能不能不加注而将这类语用歧义句作出妥善的处理呢？最近欧阳利锋（2002）在谈论翻译幽默时介绍了他的一次成功经验：

（10）A：How do you like *Kipling*?

B：I don't know. I've never *kipled*.

（*Reader's Digest*, 1986）

欧阳的处理是力求使“译文读者对译文的反应与原文读者的反应基本一致”，于是例（10）译为：

甲：你喜欢**拿破仑**吗？

乙：不知道，我从来没有**拿过破轮**。

无论如何，这个处理是费了工夫的，可是，这个例子“过关”了，遇到类似的例子［如上面的例（7），（8），（9）］也能照样过关吗？恐怕连欧阳自己也说不准吧？

三、俚俗词语对译的困惑

有一些俚俗词语不属于汉语的规范用法，词典里没有它们的义项，可是在日常交际中这类词语却用得十分普遍，作为翻译工作者就要懂得这些词语的意思。例如“感冒”指“感兴趣”，在一般的词典里是找不到的，但汉语为母语的人都知道这个不在词典的词所表达的意思：

（11）如今，这位牛先生已经对名人出书不再**感冒**，他说，“名人出书越来越多，越来越滥，它们已不能带给我任何阅读的乐趣了。”（《中华读书报》99/03/10，第一版）

只要懂得这个词的俚俗意思，翻译时当然译为“not be interested in”，而不是“no longer catch a cold”了。

广东大众化的茶楼酒肆对女服务员的称呼近年有了很大变化，她们现在被称呼为“靓女”。这可难倒了一部分顾客：他们不习惯这样的称呼，仍然有礼貌地称他们为“小姐”。这类方言的称呼，遇到要用普通话或英语转译时，用一个“服务员”或“waiter/waitress”都难以反映当今广东地区的语言文化。

四、“伪成语”翻译的困惑

“伪成语”见诸报端，充斥于广告，可以认为那是一种“另类”的语言现象，如果要将它们译成英语，那就犯难了。例如：

（12）在剪彩仪式上，民建联就别出心裁，让各嘉宾从箱内每人抽取一个字，结果八个字合成一个颇具含意的挥春：**“虎（苦）尽甘来”，“兔（吐）气扬眉”**。这一创意行动，引来市民的热烈欢呼。（香港《大公报》99/02/14）

粤方言中“虎”和“苦”、“兔”和“吐”同音。例（12）那两个四字词组要译成英语该怎么办？如果按正当的成语“苦尽甘来”和“吐气扬眉”来理解，翻译倒不难，可以分别译为“luck turns after hardship”，“feeling proud and elated”。但是这一来，虎年的“虎”、兔年的“兔”就无法表现出来，原文的双关意味也就无法表达。这类词语的翻译又要看成是另一种“另类”翻译了。“虎”和“苦”也许还能以兼顾的方式处理一下，为译语多添一点信息：Luck turns after hardship in the Year of Tiger，可是原文的谐音双关是无法处理的。至于“兔”和“吐”，两者风马牛不相及，更成了一个真正的hard nut了！

五、专名翻译的困惑

恐怕没有人怀疑“名从主人”这个专名翻译原则。我们的“名从主人”翻译原则在汉语专名英译时往往落实为“名从汉语标准发音”。例如中国特有的主食“馒头”译为“mantou”，不译为西方人难以想象的“蒸面包”（steamed bread）。但是，“名从主人”这个专名翻译原则时刻都在受到挑战。因为意译专名的情况十分常见，以致人们有时认为专名应意译而不宜按“主人”的说法予以音译。这一来，“名从主人”的原则似乎没有了，就连我国有关语言、文字的法规也忽略了。下面我们举三个方面的例子作一些分析。

（一）地名、路名等公共设施对译的困惑

北京南路，要译为“Beijing Road（S）”，还是译为“Beijing nan lu”？这里的关键是不只是将“北京”认定为专名，而是有没有将“北京南路”认定为专名。广东外语外贸大学应当译成“The Guangdong University of Foreign Languages and Trade”呢，还是译成“Guangdong Waiyu Waimou Daxue”呢？因为广东外语外贸大学有自己另取的名字：“The Guangdong University of Foreign Studies”，前面意译的名字当然不可取。至于那个按“名从主人”原则拼读而成的“Guangdong waiyu waimou daxue”，人们却以为很糟糕，说那不是外文，谈不上翻译。

只按译音的原则来处理跨语言的专名翻译有时的确会觉得别扭。早些日子广州公共汽车的报站就曾经使人啼笑皆非。在分别用了普通话、粤方言报站之后，还播出一串类似英语而不全是英语的声音：This is/ The next station is（这里用 station 显然不妥）Guangdong waiyu waimou daxue（广东外语外贸大学）。如果这是在用英语报站，那么广东外语外贸大学有自己的英文校名，为什么不说？如果按“名从主人”原则报站，念出一串罗马字母拼音，则实在没有必要。因为坐公共汽车的外国人不会多，如果有也是那些在中国生活，甚至已经融入了中国社会的非华裔人氏。因此，我们不禁要问，在公共汽车上对着几乎清一色的中国人，或对着已经起码听懂一点汉语的外国人，用这样的英语 + 罗马字母拼音来报站，到底有多少实际意义？

不过，话又得说回来。最近我们收到一封来自国外的信件，信封上将我们广东外语外贸大学称作“Guangdong University of Foreign Languages and Trade”，结果它被投到广州大学去了。后来信件费了很多时日，经过了反复试投才终于到了我们学校。看来，在这种情况下将广东外语外贸大学按“名从主人”的原则音译为“Guangdong waiyu waimou daxue”又是可取的了。

在广州，专名的翻译十分混乱，令人困惑。请大家注意悬挂在马路中央的蓝色的交通标示牌：同是广州的路名，但在同一块路牌上就同时存在罗马字母音译（汉语拼音）和音意混译：“广园路”音译为“Guangyuan lu”，同一块牌上的“广从公路”，又音意混译为“Guang（zhou）cong (hua) Highway”；在一个路牌上将“白云大道”意译为 Baiyun Avenue，但在附近的另一个路牌上又将“白云大道”音译为“Baiyun Dadao”，莫衷一是，真使人不得要领。

其实，跨语言的专名对译有时根本就不是“译”！最近有一个报道，香港前新华社大楼售出，计划发展成一四星级酒店，取英语名为“Cosmopolitan Hotel，但如何将它译成汉语呢？传媒报道说可以译为“大都会酒店”，但“大都会”听上去像个“夜总会”，不妥。如何译？这得听从大楼主人的意向，这个与英文名字对应的中文名字就有可能不纯是直译、意译的问题，而是取名问题！因此，同一事物因跨语言而分别有两个互不对应的命名，就像广东外语外贸大学有另一个不与本名对应的英文名字一样，是否也可以归入跨语言的“另类”翻译呢？

（二）商品楼宇汉、英命名的困惑

专名是由普通词汇组成的，人们接触专名的时候，总是会想一想构成这个专名的普通词汇表达的意思，所以在经济开放的社会里给予商品住宅一个漂亮的名字是无可非议的。但奇怪的是与这些漂亮的商品住宅名相应的英译往往不是音译。尽管有时会用意译，但更多的是用另外一种语言取另外的一个名字，就像前面提到的，一件事物分别有两个互不对应的命名。广东著名商品住宅群“碧桂园”的英文名字是一个与“碧桂园”毫无关系的“Country Garden”（乡下花园）。最近，发展商要借“碧桂园”的名气来发展另一个称为“凤凰城”的商品住宅区，宣传那是“碧桂园”属下的一座“凤凰城”。这里“凤凰城”的英文名字倒是按意思译为“Phoenix City”，这样等于说，花园（garden）里有城市（city）！这显然是不可想象的、不通的。这样命名和翻译处理实在太随意了，只能归入“另类”来研究。

前面提到，广州的商品楼宇除了有一个中文名字之外，很多都同时取一个英文名字。这不应算是翻译，而是开发商的营销手段。他们给在中国出售的楼宇取个英文名字，在广告上写上一串英语语句，让人感到这是一幢高尚住宅。

广外大附近有一座叫“广州白云高尔夫花园”的楼宇群，尽管人们看不到那里有玩高尔夫球的场地，但它的英语名字倒是按音译 + 意译而成：“Guangzhou Baiyun Golf Garden”。不过附近另一个叫“盈翠华庭”的商品住宅好像没有取什么英文名字，只按汉语拼音标示为“Ying cui hua ting”。

这些例子让我们产生困惑：商品住宅要不要英译？要音译还是意译，要不要另取一个英文名字？这些问题似乎还没有一个统一的答案，更没有谁对此加以评说。

这里的困惑恐怕仍然是这样的一个问题：在我们的土地兴建的商品住宅，有没有必要非挂个英语译名不可？如果遇到外国人问路，要到白云高尔夫花园去找我们广东外语外贸大学的同事，他说出“Guangzhou Baiyun Golf Garden”准会找到，但要是他问路，要去“Country Garden”那里找朋友，那他肯定会找不到地方的，因为就算这位外国人遇到一位懂英语的广州市民，后者也不一定知道所谓“Country Garden”是指什么地方。因此，倒不如像“盈翠华庭”译成“Ying cui hua ting”那样，将“碧桂园”译为“Biguiyuan”。这样，无论老外问路，或者当地人指路都不至于遇到太大困难。

（三）“英—汉—英”回译的困惑

如果用英语回译原来就是英语的汉译名，不懂背景和缺少常识是无法妥译的。如“Clifford Estates”（克里福特产业）这个英语命名，实指位于广东珠三角地区的“祈福新村”。如要将这个来自英语名字的汉译名“祈福新村”回译为英语，不知底细的翻译恐怕只会按“名从主人”的原则音译为“Qifu Xincun”了。这里的困惑是，人们怎样才能将“Clifford Estates”同“Qifu Xincun”联系起来呢？

从事翻译工作的同行也许很清楚，用“当用汉字”表示的日本人名，在译为英语时都用音译，这就要求译者懂得这些“当用汉字”的发音；可是，当这些人名要译成汉语时，习惯上就不用音译，而用原汉字，并按现代汉语的发音读出。汉译日本专名的方法显然是一种“另类”翻译，而将“Clifford Estates”（祈福新村）回译为“Qifu Xincun”是否妥当，恐怕也要作为“另类”翻译来研究了。

外国一间著名的时装公司 Theme 早些年为打进中国市场，在报章上刊登有奖征名广告，要求将这个牌子译为汉语。广告刊登后好一段时间，最后揭晓，公司选中的译名竟是一个单音“掂”字。原名为 Theme 时装公司在中国成了“掂”公司，看见“掂”时会联想到 Theme 吗？“掂”在标准汉语中指“用手托着东西上下晃动来估量轻重”，所谓“掂量”，与 Theme 的意义毫无关系，发音上也相差较远；但从粤方言看，“掂”的发音倒同 Theme 相近，“掂”在广州方言中有“顺利”、“成功”的意思。可见，“掂”字的译者是个广东人，也许是因为这样处理可以配合公司在广东地区推广其品牌而被接受。不过多年过去了，“掂”这个招牌并没打响，Theme 公司的时装始终称为 Theme 时装，似乎还没有听说过有人到“掂”公司去买了一套“掂”时装的，这个付出代价的征名活动只能说是徒劳的了。“掂”的不成功在于它是一个单音汉字。用英语原名倒无所谓，反正那是外语，但用汉语念出单音命名的公司，肯定别扭，更难以倒译回来。

到底如何处置这种“另类”翻译才能成功地音译成类似“佐丹奴”时装，或者成功地意译成类似“苹果”牌牛仔裤、“鳄鱼”牌衬衫那样，为广大消费者所乐于接受呢？

六、涉外广告说明文字翻译的困惑

这方面翻译的困惑就更多了。下面是几个典型的例子。

广东外语外贸大学附近有一所过去只接待党和国家领导人和国宾的叫“鸣泉居度假村”的所谓“六星级”酒店，如今敞开营业。如果老百姓到那里喝早茶、用餐找不到座位，就得在外面等候。这时服务员给顾客发一张“餐厅候位咭”，上面中英对照写着：

(13) “阁下光临、适逢满座、敬请稍候；不周之处、至希原谅、谨致歉意”

We apologize to our Restraurant. We apologize that we are full house at the moment. Table will be arranged as possible.

如果将这段拙劣的文字再回译为汉语，那就是：

我们要向我们的餐厅道歉。因为我们眼下是（挤）满（人）的房子。桌子将尽可能给予安排。

我们要特别注意，这段英译文可是出自一所至今仍经常接待党和国家领导人和国宾的宾馆啊！

另一个例子是多年前在广东省改革开放成就展览会上见到的一种远销国外的广东名牌食品：称作“高级异型威化饼”的饼干。此食品是广东的一家饼业公司生产的，食品包装上除了印有“高级异型威化饼”外，还在显眼的地方用英语印制下面的字样：

(14) ? SENIOR WAFERS DIFFERENCE

这间华威饼业公司也许还不知道，这里的英语所表达的完全不是它所希望的：

? 年长的威化饼差异！

当这类优质商品带着这样蹩脚的英语译名“逍遥”国外时，有关人员也许丝毫不察，反而为该食品得以出口而沾沾自喜！作为广东人，真为这样拙劣的译文而感到羞愧。

下面还有一个例子是一段商品说明：

(14) 泰佛牌冰糖燕窝是采用泰国金丝燕窝传统精心调制，能保持燕窝纯正天然美味精华，绝无防腐剂及香料，清洁卫生，美味可口……

? “Thailand Bird’s Nest” is made with the top-quality Golden

Thread bird's nests from Thailand. Meticulously prepared in the traditional methods, it preserves the natural taste and essence of bird's nest while contains absolutely no flavorings, preservatives and artificial colorings. It's highly nourishing, nutritious and hygienic.

如果我们将英译文再回译为中文，我们会发现很多问题。现试回译如下：

？泰国燕窝用高质泰国金丝鸟巢制成，用传统方法精心炮制。本品保留了鸟巢的天然味道和成分，绝对没有香料、防腐剂、色素等添加物。此为高营养、卫生的食品。

鸟巢是草和泥巴混杂而成的。人们会相信那是“高营养”的“卫生食品”吗？

结束语

要研究日常社会生活中常常遇到的双语、双方言的对译。日常生活中的语言翻译不同于文学翻译或各类专业文献翻译，它很接近口语翻译但又不全是口语翻译，它会遇到很多我们看做“另类”翻译的情况。

要研究这些“另类”事物或相关场合中哪些应该用英语标示而无需使用汉语，哪些应该有汉英对照，哪些不应使用方言，哪些只应用汉语标示而无需使用双语。要研究如何处置跨语言交际中一种事物在不同语言中有不同命名的现象。

本文只是想将问题提出来，看是否可以归为“另类”翻译，是否值得对这类翻译认真加以研究。不只是研究其翻译技巧，而是寻找出一条语用翻译的理论红线，指导我们从事这方面的翻译实践。

（本讲座原文载《中国翻译》2003 年第 3 期。）

中国高等院校英文校名问题刍议

一、中国高校英文校名存在的问题
二、产生歧义的原因
三、一些改进的办法
办法（1）“专业名称 + University + of + 地区名”
办法（2）“地区名 + 专业名称 + University”
办法（3）“特殊名称 + University”
四、一些值得进一步思考的问题

随着改革开放的深入和中国经济的不断发展，中国高校跟外界交流的机会越来越多。因此，很多高校就在其中文校名的基础上，增加了英文校名，以便于对外交流。但是，由于我国的法规没有就高校或其他机构的英文名字作出任何的指引，所以高校英文校名就由学校当局自行命名或按中文校名自行翻译，无需监管。在这种情况下，当然就谈不上相应的命名标准问题。结果，我国高校的英文校名五花八门，同一类型学校其英文校名的命名方式都有不同，让外国人士不得要领；有时英文校名本身就存在歧义，致使在对外交流中遭到误解，或产生不必要的误会和尴尬。

本文就中国高校英文校名所存在的问题进行分析，并提出一些修改的建议。

一、中国高校英文校名存在的问题

新中国成立以后，中国高等教育经历了两次较大的变革：一是 20 世纪 50 年代的高校院系调整；二是 20 世纪 90 年代的高校合并。经过了这两次变革，现在中国的高等院校，就其性质而言，大致可以分为两大类——综合性大学和多科性专业院校。

综合性大学，其英文校名的命名结构基本都是“地区名/纪念名 + University”，如北京大学的“Peking University”，清华大学的“Tsinghua University”，中山大学的“Sun Yat - sen University”，暨南大学的“Jinan University”等。综合性院校的这种英文校名命名结构，尽管有一些沿用下来的地区名或人名拼写与现在的写法不尽相同，但都很少会引起误解。

现在引起误解的问题就出在多科性专业院校的英文校名上。

20世纪50年代，我国高校仿效苏联的做法，实施高校院系调整，出现了大量的专科性院校。那时的专科性高校对外常用俄文校名，它们大多是按俄文的习惯，以前、后修饰语兼用的方式从中文校名翻译过来。如上海外国语大学的前身——上海俄文专科学校的俄译名是：ШАНХАЙСКИЙ ИНСТИТУТ РУССКОГО ЯЗЫКА。现在我国的专科性高校一改过去的单一性专业而成了多科性专业，校名也从过去的“学院/专科学校”改为“大学”，它们现在对外常用的是英文校名。按现代英文通行的结构，它们的英文校名一般只需用前置修饰语的表达方式。如上海外国语大学的英文校名就可以直接说成“Shanghai International Studies University”。可是，还有不少高校的英文校名，仍然沿袭兼用前、后修饰语，以“地区名+学院+专业名称”的方式表达。如广东外语外贸大学的英文校名是：Guangdong University of Foreign Studies。实践证明，英文校名采用前、后修饰语兼用的表达方式很容易引起误解。就拿“广东外语外贸大学”和“广东工业大学”这两所大学的英文校名为例吧：

（1）广东外语外贸大学—Guangdong University of Foreign Studies

（2）广东工业大学—Guangdong University of Technology

我们曾经拿着这两所学校的现行英文校名咨询过外籍教师，又咨询过很多居住在广州的外国友人，更通过电子邮件委托在英美留学的朋友就这个问题咨询当地大学的老师和学生。得出的结论是：对中国高校情况比较熟悉的本校外籍教师，能够对这两个英文校名作出准确的判断，不会产生误解。然而，对中国高校情况不甚了解，又或者是根本毫无了解的外国朋友，他们对这两个英文校名就产生误解了——他们认为：这两个英文校名可能不是代表着两所不同的学校，而是代表着同一所大学（Guangdong University）及其属下的两个不同院系或部门：外国研究部/系（Department of Foreign Studies）和技术部/系（Department of Technology）。

如此看来，用这种结构来命名的高校英文校名，确实存在歧义，容易招致外国人的误解。这就是为什么很多国际上有影响的学术机构和外国院校，以及国际友人，经常把广东外语外贸大学的“Guangdong University of Foreign Studies”误解成“Guangdong University”或者是“Foreign Studies Department”，“Guangdong University”的原因了。（具体的例证请参见本文末尾的附件）

二、产生歧义的原因

为什么多科性专业大学的英文校名会产生歧义，使人误解呢？我们试从其“地区名 + University + of + 专业名称”的命名结构上进行分析。

章振邦（1997）主编的《新编英语语法》（修订本）对前置修饰语和后置修饰语的关系有如下的解释：“前置修饰语和后置修饰语就其所修饰的范围来看，往往有所不同：一个名词中心词如果既有前置修饰语又有后置修饰语，前者通常只修饰中心词，而后者则往往修饰除限定词以外的整个名词词组。”华东理工大学出版社出版的徐广联（2003）的《大学英语语法》一书也说：“前置定语形容词同中心词结构紧密，表示该中心词的较永久的特征，而后置定语形容词多表示暂时的特征。”

就拿广东外语外贸大学的英文校名 Guangdong University of Foreign Studies 为例。在这个词组里面，“University”是名词中心词，“Guangdong”是其前置修饰语，“Foreign Studies”是其后置修饰语，由介词“of”带出。如果根据上述两条规律，则在“Guangdong University of Foreign Studies”这个词组中，“Guangdong”一词作为“University”一词的前置修饰语，与其关系最为紧密，只对其进行修饰；而“Foreign Studies”作为“University”一词的后置修饰语，则修饰整个“Guangdong University”。按照这样分析，该英文校名的修饰成分是不通的，“外国研究”不应修饰“广东大学”。于是，人们将这样的校名首先理解为“Guangdong University”，然后将“Foreign Studies”猜想为广东大学属下的“外国研究部/系”了。从汉语的修饰关系看广东外语外贸大学，人们首先理解它是一所“外语外贸”大学，然后是属于“广东”地区的“外语外贸”专业的大学。这里汉、英校名的修饰关系并不一致，英文校名 Guangdong University of Foreign Studies 的修饰关系是与广东外语外贸大学的本义相违的，难怪外国人会对该校的英文校名产生误会。

三、一些改进的办法

针对以上出现的问题，我们提出一些多科性专业大学英文校名的改进办法。虽然这些办法不一定完美，但是至少避免了产生歧义和误解的尴尬。

办法（1）：建议结构采用“专业名称 + University + of + 地区名”的形式。

我们访问了很多国外大学的网站主页，收集了很多他们的英文校名，发现了这样的一个规律。英美国家的地区性大学的英文校名结构一般以“University + of + 地区名”的形式出现，如英国的牛津大学（the University of Oxford）、剑桥大学（the University of Cambridge）、曼彻斯特大学（the University of Manchester）、美国的芝加哥大学（the University of Chicago）、佛罗里达大学（University of Florida）、中国香港的香港大学（the University of Hong Kong）等；而英美国家的纪念性或表示专业属性的大学的英文校名结构一般以“纪念性专名/专业属性 + University”的形式出现，如英国的公开大学（the Open University）、美国的哈佛大学（Harvard University）、普林斯顿大学（Princeton University）、国防大学（National Defense University）等。如果我们综合这两种校名特征，便形成“专业名称 + University + of + 地区名”的形式。这样，我们就可以很合理地将广东外语外贸大学说成“the Foreign Studies University of Guangdong”。这里要特别指出，如果我们按“University + of + 地区名”的原则来处理英文校名，济南大学只能说成“the University of Jinan”，这样就可以将这所地区性大学与按“纪念性专名 + University”原则处理的暨南大学（Jinan University）在形式上清清楚楚地区别开来，避免了因为这两所大学的汉语拼音相同而不加区分地都称为“Jinan University”了。

办法（2）：建议结构改为“地区名 + 专业名称 + University”的形式。

《新编英语语法》说，现代英语明显的发展趋势之一就是前置修饰语用得越来越多，比如说原先是用介词词组作后置修饰语的，现在往往改用名词或者名词词组作前置修饰语（1997：1337）。章振邦先生主编的其他几部英语语法书籍都明确指出：在现代英语中有一个明显的倾向，就是前置修饰语用得越来越多、越来越长。如此看来，“地区名 + 专业名称 + University”的结构形式也是成立的。事实上，我国的北京外国语大学、上海外国语大学等兄弟学校的英文校名早已用这种方法处理，说成：“Beijing Foreign Studies University”，“Shanghai International Studies University”。用这种方法，广东外语外贸大学也同样可以合理地说成“Guangdong Foreign Studies University”。

办法（3）：建议结构改为“特殊名称 + University”的形式。

我们这里讨论的，是中国高校的英文校名，而并非英文译名。因此，如果高校的英文校名译起来比较复杂，干脆就创造一个名称（实际上是音译），作为一个标志。如北京航空航天大学的英文校名就用了“北航”的汉语拼音，称为“Beihang University”；无独有偶，西安电子科技大学的英文校名也比较特别，用了“西电”的汉语拼音，说成“Xidian University”。姑且勿论这些高校的英文校名是否为人们所接受，但起码在国际交流中，这类的英文校名简便，且不会引起外国人的歧解和误会。所以，如果广东外语外贸大学的英文校名翻译起来比较麻烦复杂，依我们的愚见，就干脆口语化地改叫做“Guangwai University”好了。事实上，该校很多在海外的校友在来信谈到母校时，都真的用“Guangwai”来称呼母校呢！

四、一些值得进一步思考的问题

在搜集资料的过程中，我们发现了一个问题：日本、韩国甚至中国香港的专业性大学的英文校名很多都是像我国内地一些专业性大学那样，以“地区名 + University + of + 专业名称”的结构形式出现的。如日本的东京外国语大学（Tokyo University of Foreign Studies），韩国的釜山外国语大学（Pusan University of Foreign Studies），中国香港的香港科技大学（the Hong Kong University of Science and Technology）等，难道这会是亚洲的特有的问题？按照我们的分析，在西方人心目中，这些日本、韩国和中国香港的大学英文校名也很有可能产生歧义因而导致误解。究竟是什么原因造成这种现象？这有待我们进一步思考。

此外，“university”一词是指综合性大学，“institute”才是带专业性的高等院校，多科性的专业大学如果不用“institute”而用“university”来命名，恐怕就要注意避免外界误解为那是综合性大学下面的部/系问题了。美国的麻省理工学院用的是“institute”：the Massachusetts Institute of Technology（MIT），我们过去使用的“地区名 + Institute + of + 专业名称”的表达方式也是正确的，如广东外语外贸大学的前身广州外国语学院和广州外贸学院，分别用了“the Guangzhou Institute of Foreign Languages”和“the Guangzhou Institute of Foreign Trade”。使用“Institute + of + 专业名称”而不致出现歧义也许是“institute”本身的含义所决定。根据新版的 *Longman Dictionary of Contemporary English*，“institute”指“an organization that has a PARTICULAR purpose such as scientific or educational work, or the building where this organization is based”（New Edition，2003：843，其中大写词为引者强调）。上述校名用“地区名 + Institute + of + 专业名称”，概因“institute”的专一性含义而不至于令人产生混淆。所以当年的“the Guangzhou Institute of Foreign Language”和“the Guangzhou Institute of Foreign Trade”，即便两校在字面上十分相近，人们也不会误解为一个单位的两个部门；相反，“university”的综合性和包容性含义，却使我们在应用“地区名 + University + of + 专业名称”来表达多科性专业大学的英文校名时，很容易就会误解了。

附件 1：

请注意英国著名 Routledge 出版公司作为发信人在信件开头写给收信人（本文作者之一）的地址。该信件曾被“试投”到广州大学，逾月后才到达收信人手中：

Routledge
Taylor & Francis Group plc

Prof. Ziran He
Foreign Studies Dept
Guangdong University
Guangdong 510420
China

25 September 2003

Dear Professor He

Re: The Bilingualism Reader edited by Li Wei

Please allow me to introduce myself as one of the editorial team at Routledge publishers.

We are considering the publication of a new edition of this book and, as I

附件2：

请注意信封上所写的收信人地址。其中的“GUANGDONG UNIVERSITY”（广东大学）令邮递员当作“无法投递信件”而“幸运地”投到广东外语外贸大学来。感谢赵一农教授为本文提供的这份材料：

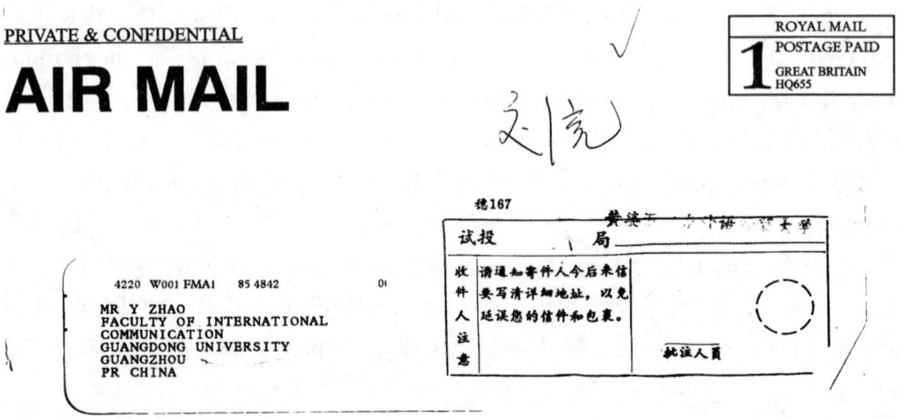

附件3：

美国出版的学术刊物*Intercultural Pragmatics*（《跨文化语用学》）编委会（advisory board）名单（有删节）中开列本文作者之一Ziran He的所属

学校竟然是不存在的 Guangdong University：

Editorial Information - Intercultural Pragmatics
Editor - in - Chief：
Istvan Kecskes
… … …
ADVISORY BOARD
… … …
Jenny Cook - Gumperz （University of California,Santa Barbara）
… … …
Susan Ervin - Tripp （University of California,Berkeley）
… … …
Raymond Gibbs （University of California,Santa Cruz）
Rachel Giora （University of Tel Aviv）
Peter Grundy （University of Northumbria）
John Gumperz （University of California,Santa Barbara）
Ziran He （Guangdong University）
Monica Heller （University of Toronto）
… … …
Ferenc Kiefer （Hungarian Academy of Sciences）
Jacob Mey （University of Southern Denmark）
… … …
Jan Nuyts （University of Antwerp）
… … …
Jef Verschueren （University of Antwerp）
… … …
Anna Wierzbicka （Australian National University）

（节录自 Walter de Gruyter GmbH & Co. KG）

（本讲座与麦胜文合作，原文载《外语教学》2005 年第 5 期，收入本文集时作了适当增删。）

翻译还是重命名

——语用翻译中的主体性

一、引言
二、重命名语用翻译的手段
（一）原文内容概括法
（二）译文功能凸显法
（三）类属移植法
（四）“汉拼”缩略转换法
三、重命名语用翻译中的主体性
（一）译者的文化背景
（二）译者的情感倾向
（三）译者的翻译意图
四、重命名语用翻译的功能
（一）有助于实现译事三元关系的平衡
（二）有助于实现译“意”
五、结束语

一、引　言

本讲座探讨的是翻译中一个常见、但又尚未深入研究的问题：在文艺作品、商品、机构等名称的翻译中，译者不直译、音译或意译原文名称，而是将其重新命名（作者按：翻译重命名过去都看成是意译。意译的英文对应词是“free translation”，似乎指凡不按读音译出而按意思自由译出的翻译都算是意译。但我们认为，意译固然不是音译，但也不同于将原文意思直译，更不同于与原文意思大相径庭的重命名。直译译出原句的字面意义；意译译出原句的隐含意义，而重命名则是由于种种不同原因导致译者采取与原语音、原意无关的另类说法。重命名作为翻译手段，常见于名称或标题翻译)，结果导致原文与译文名称大相径庭。例如，一部参加 2011 年戛纳国际电影节的影片英文名叫 *My Little Princess*，汉译名起初为《她妈的公主》，最终定为《她妈妈的公主》（《南方都市报》11/07/11，C16）。

这里的汉译就是一个重命名过程，且两个版本体现了译者不同的品味取向：初稿较为粗俗，终稿文雅得体，但它们都与原英语名称相差甚远，且产生的语用效果各不相同。由此看来，翻译中的重命名行为并不是随意的，而是与译者的意图、情感等主体性因素密切相关的。

重命名也见于汉语名称的英译，如戏剧片《王昭君》、《昭君出塞》的英译名将人或人的行动地点重命名为 Beyond the Great Wall，对不知故事情节的人说来，标题译名看不出与原名有何关系。名称翻译中的这种现象，显然不同于直译、意译、音译、编译或摘译，而是译者的一种重命名行为。因此，重命名应当看成是处理名称翻译的手段之一。过去这种现象也曾受到关注（何自然，2003：11－14；康志洪，2000：28－30）：何文曾提及香港的一家四星级酒店 Cosmopolitan Hotel 在翻译成汉语时，有人提议直译为“大都会酒店”，但很像夜总会的名字，不易令人接受，而解决此类问题的最好办法是遵循汉语文化内涵给予重新命名（后来该酒店果然另取名为“丽都酒店”，有赞扬香港的意味，如今营业多年了）；康文则研究了人名、地名翻译中的重命名现象，认为译者为取得一定的交际效果，在客观上可以对特定的人名或地名进行跨语言重新命名，但重命名翻译法一般通过哪些手段实现？依据是什么？会取得什么样的语用效果？本文拟对这些问题作进一步探讨。

二、重命名语用翻译的手段

（一）原文内容概括法

当原文名称直译后，若信息表达不足，译者一般会采用此法，常见于电影、小说等文艺作品名称的翻译。名称翻译不同于文本翻译，既要做到言简意赅，又要起到提纲挈领的作用。这就要求译文名称对读者而言具有一定的意义，而不是直译一个毫无意义的抽象名称。试看下例：

（1）a. 电影《济公》译名为 *The Mad Monk*，而不按“济世”含义意译，也不按读音译成 *Ji Gong*

b. 小说及电影 *Rebecca* 译名为《蝴蝶梦》，不采用音译称《丽贝卡》

c. 儿童读物《狐假虎威》译为 *The smart fox and the tiger*，而不是直译为 *the fox borrowing the awe of the tiger*，或意译为 *an ass in the lion's skin*，或 *to browbeat others by virtue of one's powerful connections.*

（1）a，（1）b 两例的原名如果按读音直译就会让译文读者感到莫名其妙，等于没有翻译。这时译者就应设法通过重命名的方式来填补读者文化背景上的空缺，实现译文的高效读解。另一种情况是，如果原文译名过于冗长繁杂，不符合标题的要求，译者也会在概括原名内容的基础上重行命名。(1)c 提到的是供 Ipad 小读者下载的中—英成语故事《狐假虎威》。针对读者对象是儿童，这个故事的英译不但文本文字简单，而且英译名称让小读者一目了然地知道故事讲什么，从而产生阅读的愿望。意译或直译该名称恐怕都提不起小读者们的注意和兴趣。

（二）译文功能凸显法

此重命名手段常用于商品名的翻译。出于对经济效益等因素的考虑，译者在翻译过于专业的商品名时，会依据商品的主要功能来对商品重新命名，使读者易于记忆和接受，便于商品的推广。

例如，药物名中的降血脂药 Simvastatin Tablets，通用译名是“辛伐他汀片”，但注册商标时重命名为易于记忆的“舒降之”；治糖尿病药物 Nateglinide Tablets 通用译名为“那格列奈片”，商品名改为“唐力”；治高血压病药 Irbesartan Tablets 通用译名是“厄贝沙坦片”，因生产厂商不同，分别重新命名为“康泰清”、“安博维”。

这些药品有易懂、易记的商品名，且该名字或多或少地给使用者提示那是治疗什么疾病的药物，这比起它们的化学学名来，更有助于满足译文对象（使用者）的需求。

遇到一个令人愉快或受益的商品译名，人们总会乐于受用，从而增加了该商品的经济效益。如果一个译文（文字或多媒体资料）通过重命名能够唤起译文对象（读者、观众、听众等）对事业、对社会、对国家的自豪和热爱，这个重命名还会增加译文的社会效益。

（三）类属移植法

不同国度或民族之间的文化总会存在一定的相似性，而不同语言的读者在文化背景上的差异又是导致重命名的一个重要因素。当直译或意译不能凸显出原文的内容时，译者会采用类属移植法来进行重命名，以取得与原文名称一致的效果。如：

(2) a. 电影 *Cashmere Mafia* 汉译名为《女人帮》
　　b. 电影 *Waterloo Bridge* 汉译名为《魂断蓝桥》
　　c. 电影 *The Bridges of Madison County* 汉译名为《廊桥遗梦》

(2)a 中的原名 *Cashmere Mafia* 不好懂：穿开斯米羊毛衫的黑手党？这与该剧内容相距甚远。该剧讲的是四个在纽约生活的职业女性所面临的升职、提薪、情感背叛等困惑，而相互间的迷惘、疏离、猜忌和嫉妒，使她们成了一伙 Cashmere Mafia。为了让读者明白，按类属移植法就将电影的译名改称为贴切、时尚的《女人帮》了。(2)b 中的汉译名《魂断蓝桥》，源于地地道道的汉语典故——“尾生抱柱”，讲一个叫尾生的书生和心爱的姑娘约会于蓝桥下，可姑娘迟迟不来，尾生苦等，水涨桥面仍不离去，直至抱柱而亡。后人便把情侣中一方失约、另一方殉情称“魂断蓝桥”。*Waterloo Bridge* 的故事情节与此典故相似，故译者重命名时就借用来翻译原文。(2)c 中的 *The Bridges of Madison County* 汉译为《廊桥遗梦》。“廊桥”指有顶的桥，在外国和我国江浙一带均常见。电影中男女主人公的爱情故事以有多座廊桥的郊外为背景，汉译将它重命名为“廊桥遗梦”，与原著故事具有文化上的相似性，是文化类属移植法的命名。

（四）“汉拼”缩略转换法

当原文名称意译或直译起来都无法达到作为标题的要求时，译者会采用汉语拼音缩略转写的方式重新命名。例如，北京航空航天大学、西安电子科技大学的英译繁琐，故以“北航”、“西电”的“汉拼”缩略转写，分别重命名为“Beihang University”和“Xidian University”。有趣的是，按原语拼音缩略转写还见于日本高校的英译：日本关西外国语大学，简称为“关西外大”（Kansai Gaidai），其正式的英译竟然也重命名为“Kansai Gaidai University”。

除上面提到的“汉拼”缩略转写重命名之外，中国高校还有不少英译名是完整的汉拼转写，如西安石油大学（Xi'an Shiyou University），西安翻译学院（Xi'an Fanyi University）。上海/西安交（通）大（学）的英译名不用汉拼缩略，而用完整汉拼转写：Shanghai/Xi'an Jiao Tong University。该校名意涵深邃，舍现译名实难有更适宜的英译，因据该校历史，“交通”二字实为“四通八达、交流融通”之意，与 traffic，transportation 等词无关（作者按：1921 年因交通部所属上海工业专门学校、唐山工业专门学校、北平铁路管理学校、北平邮电管理学校等四校散居各地，不便管理。为统一学制，统称交通大学。“交通”之意取自《易经·泰卦》：“天地交而万物通也，上下交而其志同也”，并非“交通运输”的意思）。

三、重命名语用翻译中的主体性

重命名翻译是典型的语用翻译，体现了语用翻译的等效翻译观。译者遵循的语用等效原则是：在准确理解原作内容的前提下，译者根据原文提供的语境，从读者的文化背景、价值观和社会习俗等因素考虑，力求译文取得与原文一样的语用效果。因此，语用翻译提倡按需处理译文。在翻译名称、标题时，译者不是只对原文名称或标题直译，而是解读原文全部内容，重新提炼，以求给出一个具有画龙点睛效果的标题。在此过程中，对原文名称或标题重命名就是常见的手段了。这也是我们将重命名看成是一种翻译手段的依据。

在重命名过程中，译者是意义重构的主体，影响着译文语言文字和结构的选择，是译者主体性在译文中的有力体现。主体性（或称主观性，subjectivity）是语言的基本属性，交际中产出的语言都带有主体性。Benveniste（1971：226）提到："语言的主体性通过'I'（我）来声明说话人自己是'主体'……语言允许每一个说话人通过使用'I'（我）来使自己在整个语言中取得合适的位置。"人们用主体性与言据性（evidentiality）相结合来诠释语言的语用现象：组建话语时说话人的视角；说话人对所说话语的情感倾向；说话人对情态的表达或对话语命题的认识（Finegan，1995：4）。我们认为，主体性表现为说话人对待所谈事物的态度和站位（stance），本质上涉及的是一系列的语用问题：在什么语境的氛围中说话？用什么态度说话？站在什么立场上说话？选择什么样的语言结构说话？说话要达到什么目的等。

同交际语言产出过程一样，翻译再创造的文本语言也存在主体性。在原文名称的翻译过程中，当译者决定使用重命名的方式来处理该原文名称时，主体性问题就更加突出了。因为重命名是一种比直译或意译要深刻得多的翻译行为，明显体现译者主体性的介入，整个处理过程都受到译者的情感倾向、对原文内容所持的态度、对文化背景的认识和决意重命名的意图等主体性因素的影响（李捷、周榕，2011：10－13）。

（一）译者的文化背景

翻译是一种跨文化交际活动，而跨文化交际的核心是价值观。"价值观是个人或群体主要通过文化交际构成的模式。"（Prosser，1978：174；胡文仲，1999：165）所有的人都具有价值观，译者也是具有价值观的个体，拥有自己的文化背景。不同文化背景的译者翻译同一条标题，会有不同的版本。例如，*Waterloo Bridge* 中译名为《魂断蓝桥》，日译名为『哀愁』。文化背景最能反映译者主体性在译文中的介入。再如：

（3）a. 电影 *The Matrix* 汉译名大陆为《黑客帝国》，台湾为《骇客任务》，香港译为《22 世纪杀人网络》

b. 电影《扁担，姑娘》英语译名为 *So Close to Paradise*

c. 电影《大话西游之大圣娶亲》英译名为 *A Chinese Odyssey* 2：*Cinderella*

（3）a 原文的意思是矩阵，数学用语，作为片名意义深奥、难懂，故汉译三个版本的译名都没有直译或意译，都选择了重新命名，其中内地版最为含蓄，台版居中，港版最为显露，这也反映了区域文化背景的不同。（3）b 是关于农民进城打工的，这里的"paradise"指农村人向往的、所谓美好的城市生活，译名符合西方人把 paradise 看做美好的去处的文化习惯；(3)c 中的“Cinderella”也是西方的童话人物形象，译名与原电影故事情节出入很大，但能传达一种神话色彩，体现出港片提倡的以票房收益为主要目标的“无厘头”文化。

（二）译者的情感倾向

Lyons（1982：102）曾把主体性定义为：“自然语言在其结构及正常运作中为说话人提供表达自己和表明自己态度与信念的方式。”可见，态度也是主体性的一个重要组成内容。在重命名翻译中，原文毫无情感倾向的、表中立的名称或标题，经过重命名后就可能具有某种情感倾向，如：

（4） a. 电影《东邪西毒》英译名为 *Ashes of Time*

b. 电影 *George Wallace* 汉译名为《风云传奇》

c. 电影 *The Shootist* 汉译名为《英雄本色》

这三部电影的原文名称都毫无感情色彩，但重命名后的译文都传达了某种感情倾向：(4)a 是说不论武功再怎么高强，最终都要被时间湮没，成为时间的灰烬，一种释然的遗憾之情油然而生；（4）b 和（4）c 分别是人名和职业名，没有任何感情色彩，但译文都是表示称赞和褒奖的正面情感。

沈家煊（2001：268－275）认为，对“情感”的研究在广义上还包括感情、情绪、意向、态度等。而语言中表达感情的对象和手法是多样的，限于篇幅，这里不再详述。

（三）译者的翻译意图

语用翻译提倡按需处理译文，译者翻译前通读理解原文之后会选择或节录原文中他认为需要的部分或意图译出的部分译出。这时，为了突出译出部分的内容，译者往往弃用原文名称，而对译文重新加以命名。这一过程就是译者意图介入的过程。例如，小说 *The Lord of the Rings* 按故事情节改译为《魔戒》；*Sister Act* 和 *Earthquake* 等电影译制时分别被改名为《修女也疯狂》和《夺命惊魂》，其重命名的理据正是译者认为影片原名没有给予影片应有的吸引眼球的效应，于是决定重命名以引起观众注意，从而达到提高票房收入这个主体性意图。又如药品除音译通用名之外又添加上注册商标名，明显是出自厂商的主体性意图，为了让药物使用者方便地记住药品名称和药效，从而提高药物的销量。

总之，译文重命名不是必须的，但译文名称在翻译时竟然放弃音译或意译，偏要来个重新命名，那都是主体性所使然。

四、重命名语用翻译的功能

（一）有助于实现译事三元关系的平衡

语用翻译除了根据原文译意之外，在翻译过程中还要考虑译事的三元关系，即原文、译文和译文对象（指读者、译文使用者等）三方面的相互配合（何自然，2000：221－241）。这要求译者考虑直译或意译原文名称是否能反映出原文内容，译文对象对译名能否理解，译名是否能反映译文的目的和是否需要实现译者的某种意图，从而取得译文的经济或社会效益等。译者正是依据译事的三元关系来确定译文名称是否有必要进行重命名的。

其实，能否妥善处置译事三元关系，也是译者的主体性在起决定作用。众所周知，翻译最简单的做法就是照译。名称也可以如此处理。但主体性的存在使译者在翻译时不能不考虑译文的不同对象，考虑译语的文化差异和考虑如何获得译文的经济意义或社会意义。如果原文名称不符合要求，译者就有理由放弃原文的名称，依据翻译过程的三元关系给予重命名。因此，翻译过程中的重命名是一种比一般直译或意译原文名称要深刻得多的翻译行为。翻译中的主体性也是翻译中妥善处理三元关系的保证。

（二）有助于实现译“意”

语用翻译提倡译“意”，这里的“意”是指原文作者的语用意图（何自然，2000：221－241）。为实现这一目标，在翻译时会考虑文化背景、社会认同、语言习惯等语用因素。与原文的最初命名不同，翻译中的重命名是译者力求译文达到他认定的最佳效果而作出的，是为了达到某种目的而采取的翻译手段。当原文和译文因文化差异而不能通达、不能取得预期语用效果时，重命名就很有必要；对原文名称只用直译或音译，原题的意图及深邃背景不能体现出来时，也只能起用重命名翻译法。因此，重命名应当看成是处理名称翻译的手段之一。

重命名翻译法有助于译者在正确认知原文作者意图的基础上，最大限度地呈现出原文所要传达的文化内涵和形象，取得异曲同工的效果。重命名翻译通常顺应译文读者的接受能力和文化习惯，将原文名称的精髓内容用译语文化中的形象等效译出。

五、结束语

如何从语用学的角度实现名称和标题的高效对等翻译是一个非常有意义的议题。限于篇幅，还有些问题有待解决，譬如，目前国内大学名、学科名、街道名、菜单名等名称的翻译可谓是五花八门、混乱一片，它们究竟是要重命名还是直译或意译都值得进一步探讨。从语用学的角度看，无论作什么样的处理，只要译文能传达原作的用意，实现语言交际的目的，就是一种可行的译法，而重命名正是这样的一种译法，故本文将它独立出来讨论以引起广大学者的注意。

（本讲座与李捷合作，原文载《中国翻译》2012 年第 1 期，收入本文集时作了适当增删。）

什么是语言顺应论

一、顺应论的基本思想
（一）语境关系顺应
（二）语言结构顺应
（三）顺应的动态性
（四）顺应过程的意识凸显程度
二、顺应论的启示和应用
三、结束语

语用学发展到今天，已不局限于当年 Morris 所说，是研究所谓“符号与符号解释者的关系”的理论了。它研究人们对语言的认知，研究说话人在交际中如何根据语境选择使用合适的语言和正确理解说话人用语言表达的意图。从 20 世纪 80 年代起，先后出现三种与语用学有关的新理论，即关联论、顺应论和模因论。虽然这三种理论的解释力不局限于语言的使用和理解，但它们对语言的使用和理解具有无可争议的启发和指导作用。关于关联论和模因论我们已有专文讨论，今天特意介绍一下语用学的综观论的顺应论。

一、顺应论的基本思想

在以往的语用学专著中，大多数语用学家都把语用学看做语言学的一个分相学科，与音位学、句法学和语义学处于平行的地位，有自己的基本分析单元，如指示语、前提、会话含意、言语行为、会话结构等，语用学的任务就是对这些话语成分作动态的研究。但是比利时国际语用学学会秘书长 Verschueren 在他的新著 *Understanding Pragmatics* 中提出语用学是对语言的一种综观（a perspective on language）的观点。此外，作者还提出一种“顺应论”（theory of adaptation），以全新的视角去理解语用学。

语言使用的过程就是语言选择的过程，这是顺应论的重要观点。不管选择是有意识的还是无意识的，也不管是出于语言内部的原因还是出于语言外部的原因，使用语言就是在不断地选择语言。

语言使用者之所以能够在使用语言的过程中作出种种恰当的选择，是因为语言具有变异性（variability）、商讨性（negotiability）和顺应性（adaptability）。

变异性指语言具有一系列可供选择的可能性。例如：

（23）His behaviour is（no doubt）*objectionable/plain unacceptable/ an outrage.*

我们设想，（23）指一位女职员受到某同事性骚扰后，向老板投诉时老板作出的反应。老板可以从公司的制度、从他与当事人或被投诉人的关系、从事件的后果等方面考虑，就语言表达的多样性（变异性）方面（从“令人讨厌”、“简直不可接受”到“令人痛恨”之间）作出选择。

商讨性指所有的选择都不是机械地或严格按照形式—功能关系作出的，而是在高度灵活的原则和策略的基础上完成的。例如：当我们要表达“我有理由说一声满意”时，我们不一定非说成（24）不可：

（24）I'm *reasonably satisfied.*

因为根据语境，改用一个双重否定（25）会更准确地表达“我”倾向于“还有点不太满意”的心思：

（25）I'm *not dissatisfied.*

其他看似不合逻辑的语句，由于语言的可商讨性而得到合情合理的理解。如：Golf plays John；Colourless green ideas sleep furiously 等。

下面是赵元任先生编写的故事：

Making Sense out of Nonsense：The Story of My Friend，Whose *Colorless Green Ideas Sleep **Furiously***

I have a friend who is always full of ideas，good ideas and bad ideas，fine ideas and crude ideas，old ideas and new ideas. Before putting his new ideas into practice，he usually sleeps over them to let them mature and ripen. However，when he is in a hurry，he sometimes puts his ideas into practice before they are quite ripe，in other words，while they are still green. Some of his green ideas are quite lively and colorful，but not always，some being quite plain and colorless. When he remembers that some of his colorless ideas are still too green to use，he will sleep over them，or let them sleep，as he puts it. But some of those ideas may be mutually conflicting and contradictory，and when they sleep together in the same night they get into furious fights and turn the sleep into a nightmare. Thus my friend often complains that his colorless green ideas sleep furiously.（Y. R. Chao，1971）

（参考译文）

废话不废：我的朋友的故事——他那些平淡而又不成熟的主意生气地躺着（据乔姆斯基的 *Colorless green ideas sleep furiously* 改编）

我有一位朋友，他脑子里常常塞满主意：有好的、有坏的；有周详的、有粗略的；有陈旧的、有新颖的。当他要把他的新主意付诸实践时，他总是先把它搁起来，让它更周密、成熟。但是他有时也会匆忙地在主意还没到深思熟虑时便付诸实践，也就是说那时的主意还很不成熟；在那些不成熟的主意中有一些生动有趣、多姿多彩。不过不总是如此，其中也有一些平平淡淡、毫无生气。当他记得那些平淡的主意仍不成熟而无法应用时，他就将它们搁置不理，或者像他说那样让它们睡大觉。可是在那些主意当中会出现相互对立和矛盾，因此在同一个晚上让这些主意放在一起，它们就会生气地相互打架，闹得噩梦一场。于是我的朋友经常埋怨说，他那些平淡而又不成熟的主意总是生气地躺着。（赵元任，1971）

顺应性指语言使用者从可供选择的语言项目中作灵活的变通，从而满足交际的需要。

根据语用综观说和顺应论，要从以下四个方面来描述和解释语言的使用：

——语境关系的顺应；

——语言结构的顺应；

——顺应的动态性；

——顺应过程的意识凸显程度。

这四个方面并不是一些互不相干的语用课题，而是讲究语言使用的语用学方法论中的一个统一体。语言学的语用学正以研究语用过程中所作的种种动态顺应作为自己的任务，所谓顺应论就是在这样的语用观指导下描述语用学。

（一）语境关系顺应

顺应论把语境分为交际语境和语言语境：

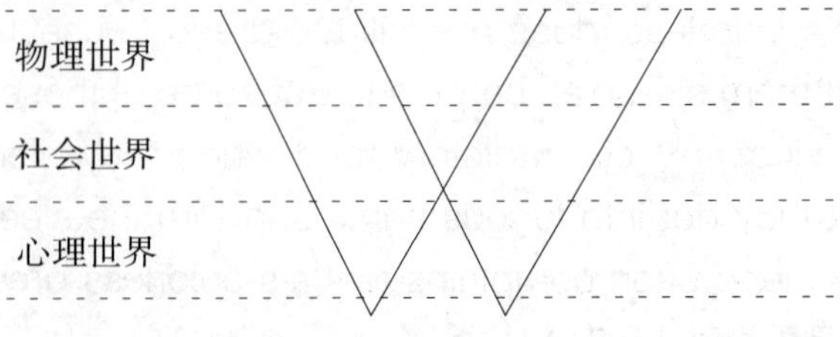

（图中两条斜线分别在说话人和听话人处会合，构成他们的视线。三个世界在视线之内的部分被激活或调用，构成当前语境因素。）

第一，交际语境由物理世界、社交世界和心理世界组成。物理世界中最重要的因素是时间和空间的指称关系；社交世界指社交场合、社会环境对交际者的言语行为所规范的原则和准则；心理世界包括交际双方的个性、情绪、愿望、意图等认知和情感方面的因素。

第二，语言语境也称语言信息通道，即信道（linguistic channel），指语言在使用过程中根据语境因素而选择的各种语言手段。说话人和听话人是整个语境的中心，因为语境构成成分都要靠他们去激活。

顺应论认为，语境不是静态的，而是由不断被激活的语境因素和一些客观存在的事物动态生成的。语境产生于交际双方使用语言的过程中，语境会顺着交际过程的发展而不断变化。

（二）语言结构顺应

指语言结构和结构构成原则的选择。它包括四个方面的选择：

1. 语言、语码和语体的选择

只要我们进行言语交际，就要对具体的语言、语码和语体作出选择，语言使用者不仅要考虑自己的语言能力、语言的方便和实用程度，而且要考虑到社会因素。语言的选择有时会涉及说话人的政治立场、意识形态、对不同说话人的态度以及语言策略等。我们用大家熟悉的一个例子来说明：

（25）A：Let's get the kids something.

B：Okay, but I veto C－H－O－C－O－L－A－T－E.

这里选择“veto”（＝be against）和用字母来串读“chocolate”当然是不无原因的。

2. 话语构建成分的选择

这个过程具体体现在语法的各个层次上，包括语音结构、词素和词汇、分句和句子、命题和超句结构等的选择。如句子结构选择：

（26）a. You won't get more money.

b. More *money* you won't get (——only more *work*).

这里的 a 是正常的 SVO 结构：不会给你更多的钱。如果改为 b 的 OSV 结构，意思很不一样：这里强调的是 money，从而暗示：更多的钱就不会给你的了，只有更多的活让你干。

再如命题选择：

（27） a. Jack's behaviour is not acceptable.

b. Jack's behaviour is atrocious.

否定的 not acceptable（不可接受）语义上与肯定的 atrocious（恶劣的）近乎等值，两者互换无妨；但是这并不等于互换了这两个命题的结构后，其意义仍会等值：Jack's behaviour is **not atrocious** 就绝对不会等同于 Jack's behaviour is **acceptable**。不能说不恶劣就是可以接受的。

3. 话语和语段的选择

这类选择包括言语行为和语篇类型的选择。我们先看例子：A、B 赴宴，被安排在同席的相邻座位，A 出于礼貌，会从 B 的角度选择说一句得体的话：

（28） What a bit of luck that I'm placed next to you.

这里表示他被安排在 B 旁是一种荣幸，有抬举 B 之意。如果 A 把话说成：What a bit of luck that you're placed next to me，就会使 B 觉得 A 说话趾高气扬，俨然以长者自居，似乎在说："你能坐在我的身边，你应感到荣幸。"

同样一个命题，如果能选择恰当的话语或语段，其表达的言语行为及口气就大不一样。

4. 话语构建原则的选择

这里既包括句子的组织，也包括语篇的衔接和连贯，以及其他诸如信息结构、句子顺序和主题结构等的选择。我们举一个简单的例子：

（29） a. He *naturally* replied. （speaker's attitude：He replied，*as seems to me* perfectly natural.）

b. He replied *naturally*. （He replied in a natural way.）

上述的语境关系顺应和语言结构顺应规定了顺应的范围，即言语交际中既要对语言因素作出顺应，也要对非语言因素作出顺应。它们之间动态地互为影响。

（三）顺应的动态性

语言选择过程是语境和语言结构之间进行的动态顺应。动态顺应从三个方面得到体现：

第一，时间顺应。语言的产出和理解会因时间差异而出现变化。交际者的记忆力，交际过程中的内容和计划都会受时间变动的影响。这里的例子涉及跨文化的时间顺应差异：

（30） 对美国人道别时的"约会"或"邀请"不必过于认真。如果没有明确提到具体的安排，那只是应酬、敷衍的客套话：

Let's have lunch sometime.

Wolfson 曾纪录了上百个美国人发出的这类“邀请”，发现只有 1/3 是真诚的。这可能是美国人道别时作出的时间顺应——说点客套话。听话的人不要期待对方所说的“热情邀请”真会发生。

第二，不同语境对语言选择的制约。语境是动态的，如何根据动态的语境去选择语言和作出顺应，这与交际双方所处的社会关系和他们的认知心理有关，也与他们的信念、对所谈话题是否感兴趣等有关。例如求职者面试时的两种应对：

（31） Interviewer：Why did you apply for a job at this particular college？

Interviewee（a）：I've already made 50 applications. This is my third interview. I just need a job.

（b）：I can't imagine a better place to work. It's got a great reputation, and it's a friendly place in a beautiful environment.

应答（a）讲的是老实话，（b）则“好话说尽”，令人肉麻；但在求职的场合，（a）近乎埋怨或发牢骚，令人反感，但（b）的吹捧却令面试人乐意接受。可见语境对语言选择的制约是多么重要。

第三，话语结构的灵活变化。话语结构方面的动态顺应主要体现在语言结构的变动上。尽管话语结构制约着句子的词序和传递信息的先后，但它并不能决定语言使用的形式。Verschueren 举了一个他亲身经历的例子：

（32） 多年前，Jef 和妻子在布达佩斯听歌剧，因为迟到了，他俩静静地坐下，旁边是一对中年夫妇。幕间休息时 Jef 夫妇用荷语交谈，坐在 Jef 旁边的中年妇女对他发话：

Woman：［一边做手势］Pause…pause. ［指着手表］How long？

Jef：［慢慢地、一板一眼地］Ten minutes. ［伸出双手，张开指头］Ten.

对话双方的这种“手势 + 散装英语”解决了交流，皆大欢喜。但紧接着出乎 Jef 意料之外的是，那位妇女竟然转身同丈夫用地道的得克萨斯美语交谈起来。于是 Jef 带着惊讶的语气对这对夫妇说：

Jef：Oh，you're American！

言下之意是：早知大家都讲英语，开始时那种笨拙的“手势 + 散装英语”就是多余的了！可见，人们根据不同的交际目的，对传达信息的话语结构进行灵活的安排，也可以根据不同的交际场合和对象选择不同的话语和语段类型。

顺应论认为，意义生成过程是话语选择和语境因素的互动过程。语境因素可以改变话语的选择，相反，不同的话语选择也会对语境产生不同的影响。

（四）顺应过程的意识凸显程度

顺应过程涉及的认知心理因素称为顺应的意识凸显（salience）。不是所有的语言选择都是有意识、有目的的。有一些选择是不自觉的，而另一些则可能有强烈的意图。顺应过程中不同的社会心理会导致使用不同的语言手段。明说交际表达的意义与暗含信息两者是不同的，但它们之间存在着某种特定的关联。在心理方面，言语交际涉及感知和表述、计划和记忆。在社会方面，社会规范影响着交际双方的语言顺应。导致交际双方作出不同顺应和选择的社会心理因素就是顺应的意识凸显，或称元语用意识（matapragmatic awareness），即交际者在选择语言、作出顺应时表现出来的不同的自我意识反应。例如：

（33）［美国加州大学伯克利分校的一个咖啡厅］

Customer［进入咖啡厅］：Is this non - smoking?

Waitress：You can use it as non - smoking.

Customer［坐下］：Thanks.

如果女服务员告诉顾客，那不是非吸烟区，或者说非吸烟区满座，顾客就不来了。正因为女服务员有较好的语言顺应意识，她让顾客坐在没有人坐的吸烟区，从而多做了一笔生意。

顺应论认为，用语言表达意义的过程会因人们语言顺应的意识凸显程度不同而影响着语境、语言结构和交际双方关系的变化。

二、顺应论的启示和应用

以语言顺应论、语言综观论为核心的语用学从微观和宏观两方面给我们以启示并指导我们选择使用语言。微观层面上的语言使用现象往往受语用因素的制约，它与说话人的心理状态、交际双方在社交语境中的地位、话语发生的时空信息、不同的施为用意等有关。因此，顺应论可以具体到指导语句中的小品词的排序、行为动词的施为性等问题。我们先看看下面例子中的小品词“OK”：

（34）a. Student：Could I talk to you for a minute?

b. Professor：I was just about to leave. Can you come back tomorrow?

c. Student：It's about the paper, which is due tomorrow.

d. Professor：OK，do sit down then.

这里的“OK”并非表示同意那么简单，它反映说话人的勉强态度，里面充满了不愿、不满和无奈。如果教授的最后一句话（4）紧接着出现在学生提出请求（1）之后，OK 的含义就没有那么复杂，学生也不用提到教授要求“明天交论文”这件事（3），也不会出现教授因自己提过“明天交论文”而不得不留下来同学生讨论他的论文了。

至于行为动词的施为性，不是所有行为动语都是施为动词。只有 saying is doing 的行为动词才具有施为能力：

（35）a. I *promise* I will come tomorrow.（promise 是施为动词，说出来就意味着要履行）

b. I *lie* myself into her confidence.（我用谎言骗取她的信任，lie 不具施为性，不是施为动词）

语用学理论除了可以在微观层面上指导并启发我们如何使用语言外，更重要的是可以在宏观层面上对语言使用现象作出分析：

1. 不同语言变体的选择

“上什么山唱什么歌”是顺应论处理宏观层面选择语言变体的规律。当我们在言语交际中遇到操家乡话的人，我们会不自觉地改用家乡话来应对，出现语码转换或语码混用的现象；从事教学的父亲对家里孩子说话的口气和用词都有别于他在课堂上的语言；据 Gumperz 的观察，非洲裔美国人传教士面对教育程度较高的信众，可以讲得温文尔雅，但当他回到自己的家乡布道时，他那标准的美国英语就会立刻转换为黑人英语，以博取听众的认同和好感，显出传教士的“民间风格”。

2. 话语与思想模式

宏观层面上话语交际的思想模式指交际者的信念和思想方式。汉语称之为“政客”的人，绝不会看成“政治家”，前者带贬义，后者带褒义；但“politician”在英语中是投身政事之人，可褒、可贬。我们称为“政客”的人，英语也会用上“statesman”的，因为英语的“statesman”不过是 an experienced and famous senior politician，从事政事的身份并没有变化。又如“John is poor, but honest”，这句断言其实反映了说话人的世界观：“穷人都是不诚实的。”于是他对 John 的评价是：John 虽贫穷，但还诚实。

三、结束语

宏观层面的语用学就是以综观的广阔视野看待语言的使用。这就是语言学的综观论。综观的研究方法可以帮助我们理解个体与社会、认知与文化之间的关系以及语言形式和意义在这两种关系形成过程中的作用。

当代语用学的研究有两个路向，一是认为语用学是语言学的一个分支学科，它像句法学、语义学一样，有自己的研究单位，如指示语、含意、前提、言语行为等；但另一路向则认为语用学是对语言各个层面的功能性综观，语用学具有跨学科性，它不是一门受研究范围限制的学科，而是一门与社会、文化、心理、认知等领域都有联系的学问。近年来，后面的路向被越来越多的语用学家所认同，是今后发展的大趋势，这也是为什么我们要了解宏观语用学、了解顺应论的原因。

话语标记语与语用照应

一、话语标记语
二、语用照应
三、话语标记语与语用照应的互补作用
四、话语标记语与语用照应的关系

话语标记语与语用照应这两种语言现象既相互联系，又相互区别；既相互补充，又相互制约。由于人们研究这两种语言现象的侧重点不同，它们从名称到定义至今都未获得一致的见解（Jucker & Ziv，1998；何自然、冉永平，1999；Matsui，2000）。本文试图用关联理论来解释这两种语言现象，使之有助于言语交际中正确地理解话语。为此我们先对话语标记语和语用照应这两种语言现象作一简述，然后从语义和语用的角度来阐明它们之间的交互作用，并在此基础上为更好地研究和理解话语提供一个新的途径。

一、话语标记语

由于人们对话语标记语的研究方法以及侧重点不同，话语标记语又称话语联系语、逻辑联系语、话语操作语等。尽管如此，我们赞同 Hölker（Jucker & Ziv，1998：3）提出的关于话语标记语的特征：①话语标记语不会影响话语的真值条件。②话语标记语不对话语的命题内容增加任何新信息。③话语标记语与说话当时的情况有关，但与被论及的事物本身无关。④话语标记语具有表情功能，但没有指称、外延、或认知功能。在这四大特征之中①和②具有语义的性质；③具有语用的性质；④具有功能的性质。下述话语中的斜体部分均可表明这些特征：

（1）Yes, I'll buy you a mink coat. *But* I must first ask my boss for a promotion.

（2）Could you lend me a hundred guilders? *Or*, are you short of cash yourself right now?

（3）Don't go to the park at night. *Unless* you want to get mugged.

（4）A：I am busy.

B：*So*, you are not coming tonight?

A：I'm sorry.

例（1）中的第一句话表示一个允诺，用了一个标记语以后，就为该话语的实现条件打下了埋伏；在例（2）中，说话人提出了一个请求，但恐怕对方不能满足自己的要求，便使用话语标记语“Or”来引导一个可能给听话人找到适当借口的话语。这样，说话人就在一定程度上制约了听话人的认知范围；例（3）中的第一句话，既可以理解为一个警告，又可以理解为一个建议、劝告等。说话人到底要表达哪种用意呢？如在说下一句话时加上话语标记语“Unless”，就可以在不改变该话语的真值条件下，为听话人指明一定的方向，使听话人无需付出太大的努力就能理解该句是一个建议或劝告。例（4）中的“So”引导一个对前述话语作出结论的话语。说话人想通过这一标记语，表明他正好从听话人那里证实了自己的观点。

上述例子表明：话语标记语对理解话语结构和用意很有帮助。它可以使各句表达的命题或由这些命题引起的言语行为更明晰化，且不改变各句表达的意义。

由此可见，话语标记语是一些对话语的构建与理解有制约作用的词语。它具有表情、表义等功能，在话语中不影响命题的真值条件。话语标记语对听话人在辨认两个话语构成部分之间的连贯关系时，起着重要的作用。它们所表达的不是结构上的或者概念上的意义，而只是为人们理解话语指出一定的方向，制约着人们对话语的理解。Grice（1989）认为说话人使用话语标记语是因为交际要遵守真实、充分、相关等准则。但 Blakemore（1990）则认为话语标记语对理解话语的语境具有制约功能。不管学者们的见解如何，但有一点共识，即话语标记语能给听话人在理解话语时指明一定的方向。它作为一种标记，使话语表达的命题更明晰化，使话语中的各个命题之间变得更连贯、更能表达一定的言语行为。

二、语用照应

与话语标记语的研究一样，语用照应的研究路子也不统一，而且，各种思路都不同程度地具有局限性。

语用照应（bridging reference），即人们在理解过程中通过语用推理而寻找出来的照应关系，具体指话语中的待释名词词组（bridging NPs）与前述话语（proceeding discourse）中的指称对象（referent）的照应关系（何自然、冉永平，2001：361）。如下述话语中的画线部分与斜体部分之间的关系：

（5）I met <u>two interesting people</u> last night at a party. *The woman* was a member of Clinton's Cabinet.

(6) John went walking at noon. *The park* was beautiful.

例（5）中第二句的待释名词词组“the woman”预设着前述话语至少有一位女性，这就是“the woman”的指称对象。听话人更可以根据“the woman”的类指意义推导出说话人昨晚见到的两个人中有一个是女的。从话语的表面结构看，前后句缺乏连贯性；听话人要对话语作出含意推理，明确“the woman”是前述话语“two interesting people”的其中一人才能正确理解该话语的意义。同理，对例（6）也要作出推理，前句的“went walking”与后句的“The park”之间表面上也没有直接的联系。只有在常识“公园是人们散步的好地方”的支持下，话语才可以得到正确的理解。

此外，语用照应关系还可以通过其他方面表现出来，例如：

（7）巡警：（写完了）谢谢您。（藏好了簿子，又转向男客）您是来这边租房的，是不是？

男客：不是！我是来这边*住宿*的，这房子我老早就租好了。

（8）周朴园：（慢）倒了？哦？（向四凤）药还有么？

四　凤：药罐里还有一点。

周朴园：倒了来。

蘩　漪：（反抗地）我不愿意喝这苦东西。

周朴园：（向四凤）倒了来。

（四凤走到左面倒药）

周　冲：爸，妈不愿意，您何必这样强迫呢？

周朴园：你同你母亲都不知道自己的*病*在哪儿。（向蘩漪低声）你喝了，就会完全好的。（见四凤犹豫，指药）送到太太那里去。

通常，人们说要租房时，我们就会理解为说话人为自己或为别人要找一个地方住。所以，当例（7）中的“男客”回答说“不是！我是来这边住宿的”时，听话人（巡警）不需他继续说下面的话，就可以通过自己掌握的常识和所处的场景来推断出这位“男客”已经租了这里一个房子。至于例（8），话语中的“病”与前述话语中的“药”，其照应关系是经过了几个话轮之后才出现。尽管两者之间的距离较远，但是它们出现在意思连贯的上下文中，因而是可以预测的。

根据上面所作的分析，我们可以对语用照应作如下的描述：语用照应是成功的言语交际中必须互明的话语现象，它指话语中待释成分（如例（5）中的名词词组“the woman”或例（7）中的待释动词词组“住宿”）与前述话语中没有明确表述出的指称或照应对象［如例（5）的“two interesting people”和例（7）的“租房”］之间的照应关系。

三、话语标记语与语用照应的互补作用

Blakemore（1987，1990，1992）强调，话语标记语对语言的产出和理解具有制约性。Rouchota（1996）则认为，话语标记语在话语中所起的作用就是使话语或语篇中的意思连贯关系明晰化；而 Blakemore 指出，话语标记语提供的是无实际意义的说话过程的信息，而不是表达概念的信息。它在话语中的作用是指明语境特征和促使获得语境效果，从而引导听话人正确理解话语。话语理解的成败在于该话语是否意思连贯。因此，有学者（Hovey & Maier，1990）从不同的角度对此进行过探讨。他们大多认为：如果一句话与其前述话语或前述话语的某一部分之间存在某种意义关系的话，这句话就被认为是前后意思连贯的。例如：

（9）One morning, I read in a newspaper that Aurélie was ill. *I wrote to her* from the mountains of Salzbourg. <u>The letter</u> was so heavy with German mysticism, that I couldn't expect it to be well received, …（刘礼进，2001）

例（9）中，第二句的“her”与第一句的“Aurélie”互指，但这种照应不属于本文的研究范围。我们感兴趣的是该例第三句的“the letter”与第二句的“wrote to her”之间的语用照应关系。这时的“the letter”作为待释成分在前述话语寻找到与之相关的语用照应成分“wrote to her”，从而明白这里所指的信就是“I wrote to her”的那封信了。这例子说明，话语先后序列的意义关系对理解意思连贯有很大的帮助。但是，话语中有没有话语标记语，其意思的连贯程度及理解的正确性是不一样的。例如：

（10）Yes, I'll buy you a mink coat. I must first ask my boss for a promotion.

这个例子的两层意思是各自独立、互不连贯的：第一句表示“我将给你买一件貂皮大衣”，而第二句则表示“我必须请求老板给我升职”。显然，如能确立意思互不连贯的两句之间的关联性就能对整个例子有一个正确的理解。为了正确理解没有提供话语标记的例（10），听话人必然付出较大的努力来寻找前后话语的关联，但是，如果说话人用一个 but 作为话语联系标记，将例（10）改成前面的例（1），效果就不一样了：

（1）Yes, I'll buy you a mink coat. ***But*** I must first ask my boss for a promotion.

这时句（1）的意思比句（10）的意思明了得多了。句（1）中的“but”表示转折，引导出实现前述话语的前提或条件，从而表达了说话人

的不确定意向，即“买不买貂皮大衣还是个未知数，要看老板是不是让我升职、加薪”。上述例子表明，话语标记语对语用照应具有较明显的制约作用。

Matsui（2000：172）对意思连贯是这样认识的：听话人根据常识来辨认话语的连贯关系（即求得话语内容的前后一致和意思连贯），但理解各种连贯关系之间的顺序会因话语内容的不同而有差异；可通过检测一些认知方面的因素来辨认连贯关系；理解意思连贯关系会有程度上的区别，一般说来，意思越连贯就越容易理解、越容易找到话语的关联。例如：

（11）a. 母亲从武汉迁到厦门，她喜欢那里冬天暖和。
b. 母亲从广州迁到厦门，她喜欢那里冬天暖和。
c. ? 母亲从厦门迁到武汉，她喜欢那里冬天暖和。
d. 母亲从厦门迁到广州，她喜欢那里冬天暖和。

句（11）各句都由两个部分组成。(11)a 的前后话语意思连贯，听话人根据常识就能知道说话人说厦门的冬天暖和；（11)b 的前后话语的意思也连贯，听话人也许凭话语的先后序列关系就确认说话人说她喜欢厦门的冬天了。但是常识会令她怀疑自己的判断，因为无论广州或者厦门的冬天都暖和。再看（11)c，这时听话人无法理解说话人说的话：从先后序列关系和意思连贯判断，话语指母亲喜欢武汉的冬天，可是常识却告诉听话人，比起厦门，武汉的冬天根本就不暖和！至于（11)d，它同（11)b 类似，根据常识，说话人既可能指母亲喜欢广州，也可能指喜欢厦门，因为两地的冬天都暖和；但从先后序列关系和意思连贯的角度判断，听话人会倾向于认为说话人指母亲喜欢广州的冬天。

如果我们使用话语标记语，上面不清楚、不确切的话语都可以变得清楚、确切。这就是我们说的话语标记语的制约功能。试比较（11）和下面的（12）各句：

（12）a. 母亲从武汉迁到厦门，因为她喜欢那里冬天暖和。（指厦门）
b. 母亲从广州迁到厦门，因为她喜欢那里冬天暖和。（指厦门）
母亲从广州迁到厦门，虽然她喜欢那里冬天暖和。（指广州）
c. 母亲从厦门迁到武汉，虽然她喜欢那里冬天暖和。（指厦门）
d. 母亲从厦门迁到广州，因为她喜欢那里冬天暖和。（指广州）
母亲从厦门迁到广州，虽然她喜欢那里冬天暖和。（指厦门）

Hovey 和 Maier（1990）曾经列举话语的各种关系，如“因果关系”、“让步关系”、“先后序列关系”等。“先后序列关系”是无需话语标记语就可以表明连贯关系的。我们看到，(12)a 按先后序列关系来理解，说话人无需使用话语标记语，听话人就会理解为母亲喜欢的是厦门的暖和的冬天；如按“因果关系”（这里是先讲结果，再说原因）判断，结果是一样的。不过这时要加上表示原因的话语标记语，以保证话语得到正确的理解。(12)b 通过话语标记语可以解决原来话语第二部分的意义两可的问题（广州、厦门两个地方的冬天都暖和）：如果说话人想表明母亲喜欢的是厦门的冬天，就要使用表示因果关系话语标记语；如果他想表明喜欢的是广州的冬天，则可以借助让步关系的话语标记语。(12)c 表明，只要加上表示让步的话语标记语就可以克服原先话语（11)c 中意思连贯与常识之间出现的矛盾，使听话人获得正确的理解。至于（12)d，如按先后序列关系理解或加用因果关系的话语标记，可以表明母亲喜欢的是广州；如用让步关系的话语标记，则只能表明母亲喜欢的是厦门了。

根据 Sperber 和 Wilson（1986，1995）的关联理论的框架，话语标记语被认为是寻找关联的向导，它可以制约语境和认知效果的选择。例如，按 Blakemore（1987）的说法，话语标记语“但是”可以看作是一个“否定期待”，上述例（11)c 加上“但是”这个话语标记，就会像（12)c 加上了“虽然”一样，表示母亲喜欢的是厦门的冬天。当第二部分的待释成分与其前述话语中的常识或意义相矛盾时，加了“但是”就会表明那是一种相反的认识。Blakemore 强调，话语标记语的作用就是指明语境特征和语境效果，从而促使听话人为取得这种效果而努力作出必要的语境假设。Blakemore 的研究进一步表明了话语标记语存在的理据。

然而，如果我们比较一下英、汉不同语言的话语标记语，我们会发现，汉语（特别是汉语口语）使用标记语的频率远不如英语。这可能与汉语具有较含蓄、较精练的特点有关。用汉语来表达话语之间各种关系的方式中，更多依靠先后序列关系，从而无需加上话语标记语。如例（12）中各例，除非有必要，一般只要语句意思连贯，又合乎常识，话语标记语就是可有可无的。俞光中、植田均（1999：385）指出，像“可是”、“然而”等话语标记语，在话语中不是必需的。汉语口语中经常出现本应带有话语标记而实际上却无需带有这些标记的语句；或根本不出现有关联作用的任何联系语。因此，说话人为了表明语用的照应关系或听话人为了确认话语的语用照应，他们首先依靠的是话语先后序列、话语的意思连贯，然后才是话语标记语。但无论依靠什么，表明或确认语用照应关系的主要标准应当是寻找到待释成分和前述话语之间的最佳关联。

四、话语标记语与语用照应的关系

弄清话语标记语和语用照应这两者之间的关系有助于更好地进行交际。关联理论指出，语境的选择和语境的作用是帮助我们理解话语的前提。一方面，理解话语过程中获得的语境效果越大，话语的关联性就越大；另一方面，理解话语过程中为取得语境效果而付出的努力越少，也表明话语的关联性越大。话语标记语和语用照应在理解话语的过程中具有互补作用，它们之间存在着某种交互关系，即在理解话语时，一种现象可以作为另一种现象的补充和说明。这种互补作用直接制约着人们的言语交际。

van Dijk（1979）认为，话语标记语既可以从语义上分析，又可以从语用上分析，因而可以将它分为语义标记语（semantic marker）和语用标记语（pragmatic marker）。作为语义意义上的话语标记语，既可表达话语命题之间的关系，又可表达这些命题所指事实之间的关系（如条件连接的可能性、或然性、必然性等）。但是，这种对话语标记语的语义解释是不够完备的，还需从语用的角度对其作出补充说明。从语用的角度看，话语标记语可以用来表达言语行为之间的关系。尽管这时的话语标记语还会保留其语义意义，但它在实际运用中只是作为语用意义的条件。不过，语义意义上的话语标记语也有某些“语用”特征。这些特征是以常识及说话人和听话人之间的某种期待作为基础的。

对话语标记语作这样的分类是否妥当？这似乎仍有讨论的余地。首先，它作为一种标记，其本身具有的意义不是主要的，有一些标记似乎没有什么实在的意义；其次，即使这种标记具有一定的意义，但它只是为人们理解话语指出一定的方向，制约人们对话语的理解。它作为一种纽带（故它又可以称为话语联系语），话语标记语能使话语所表达的命题更明晰化，并使话语中的各个命题变得意思更连贯、更能表达某些言语行为。从这个意义来讲，它对话语理解中必须确认的照应关系具有制约的功能。

从语义的角度看，照应主要指话语中的待释成分与前述话语之间的照应关系，或它们作为互指成分之间的关系（这里不涉及依赖语境进行推理，只涉及语义层面即字面意义的研究）。当前后话语中各自表达的命题在意义上有某种联系时，它们之间就形成了一种语义照应关系，整个话语的意义受到逻辑的制约，形成一种先后序列的意思连贯。不过，这种连贯很可能是经不起推敲的：当前述话语中出现两个或多个指称对象时，所谓的连贯，就可能是多重意思上的连贯，整个话语也就有可能出现歧义。

从语用的角度来研究照应关系可以帮助我们克服语义层面不能解决的问题。我们可以通过关联理论来分析话语理解过程的特征，从而有助于对话语的内容、语境和语境效果作出判断。请看例（13）：

（13）Don't go to the park at night. You will get mugged.

通常，听话人理解这一话语时，如果他不熟悉这样一个背景：晚上去公园有可能被抢劫，那么他的认知效果就可能与说话人的期待不一样。他充其量只会把说话人话语中所提到的事当作一种可能会发生的事。例（13）中的“go to the park（at night）”和“get mugged”之间形成一种照应关系，蕴涵“抢劫”是和“在晚上去公园”相互关联的。说话人在说这一句话时，对这一背景是熟悉的。因他假定听话人不熟悉或有可能忘记这样的事实，所以说出这样的话以示劝告。如果听话人只是把它当作一种可能发生的事件，说话人的意图就不可能完全被理解。因此，如果在这两句话之间加上话语标记语“unless”，变成前面的例（3），效果就完全不同：

（3）Don't go to the park at night. ***Unless*** you want to get mugged.

说话人靠这个话语标记语使语气得到加强，让听话人理解他的意图，从而作出是否听从说话人劝告的决定。又如：

（14）赵妻：（向客堂方面听了一下，低声）**可是**听说姓林的跟她妈结婚，她还很小呐。

桂芬：**照理说**，姓林的待她也很不错，我正在说呐，这样的晚爷，总算很少啦。

赵妻：（抢着）**可不是**，我们搬到这儿来快一年啦，从来也没有听见打过骂过她，有时候，姓林的跟她妈寻事，发脾气，可是一看见她，就会什么事也没啦。

桂芬：**唔**，这是天性吧，不是自己生的，总有点儿两样。**况且**，她的同伴们又爱跟她开玩笑，什么拖油瓶……（笑）小孩儿总是好胜的。

例（14）中，两位女性在谈论一个小女孩家里的事。小女孩的母亲为了生活，在丈夫入狱后久无音讯的情况下，只好改嫁给丈夫的好友。后来，丈夫突然出狱归来，因而三人都面临着尴尬的局面，极难处理矛盾纠葛，精神陷于痛苦之中。上述对话就是那终日愁穷叫苦、唠唠叨叨的赵妻和大学毕业后失业的桂芬在弄堂楼下对此事的谈论。话语中充满了话语标记语，如“可是”、“照理说”、“可不是”、“唔”、“况且”等。这些标记语可以帮助听话人更好地理解说话人要在话语中表达的命题，以及由这些命题所引起的话语行为。话语中的“结婚”、“晚爷”、“拖油瓶”等词语的语用照应关系通过话语标记语得以突出。“晚爷”是当时上海人对再次结婚男性的俗称；再婚的女方若有需要照顾、抚养的未成年人又被称为“拖油瓶”。因此，对“晚爷”、“拖油瓶”等词语的解释和指称就需要与前述话语中的“结婚”联系起来，并形成语用照应关系。说话人通过使用话语标记语，表达了自己对“再婚”以及可能导致“再婚”的各种原因所持的态度、看法，从而对听话人的认知语境产生影响。

话语标记语有助于人们寻找话语中的语用照应关系。当语用照应对象需要话语标记语加以制约时，它们之间就会产生互补作用。话语标记语在不影响话语的真值条件下，对听话人在辨认前述话语和后述话语之间的意思连贯关系方面起着重要的作用。一般说来，前述话语和后述话语分别由各自的命题组成，而且表达一定的话语行为；前述话语的命题（1）和后述话语的命题（2）所表达的话语行为 I 和话语行为 II 相互作用，并通过后述话语中待释成分与前述话语中照应成分之间形成的语用照应关系来将话语的意思连贯起来。话语标记语在整个话语中操控着与语用照应之间的互补作用。

上面我们对话语标记语和语用照应现象作了初步的界定，并讨论了两者之间的互补作用。话语标记语可以提示话语中的语用照应对象，使人们在言语交际中能借助标记提示而正确理解话语。分析话语标记语和语用照应的关系可以为研究和理解话语提供一条新的途径。

（本讲座与莫爱屏合作，原文载《广东外语外贸大学学报》2002 年第 1 期。）

模因论与修辞

一、模因论的基本思想
二、模因与语言
三、模因与修辞

一、模因论的基本思想

模因论（memetics）是一种基于达尔文进化论的观点解释文化进化规律的新理论。模因（meme）一词最早是由牛津大学动物学家 Dawkins 在 1976 年出版的 *The Selfish Gene*（《自私的基因》）一书中提出来的。在这本书中，Dawkins 使当时就有很大影响的一个观点进一步走向普及化：进化的过程最好从基因之间互相竞争的角度来理解。在过去，生物学家总是认为生物的竞争是物种的竞争：一个物种或群体同另一个物种或群体相比，其灭绝的可能性的大小，取决于他们之中的个体的自我牺牲精神的大小，这个世界是由那些具有自我牺牲精神的群体所占据。到了 20 世纪 60 年代人们开始产生疑问，并提出从“基因的观点”来看待进化过程。Dawkins 认为，基因是生物进化的基本单位，复制基因（replicator）是生命的祖先，复制基因之间通过竞争而获得生存，而生物体（人）只不过是基因传承和繁衍自身的“生存机器”——这就是颇具刺激性的“自私基因论”（selfish - gene theory）。在《自私的基因》一书的末尾，Dawkins 提问道：在文化领域是否存在着类似基因在生物进化中起作用的东西呢？他的回答是“有”的。他认为，除了 DNA 以外，已经产生了另外一种复制因子，这就是“模因”。它指一些思想或主意通过人类文化加以散播，并一代一代地相传下来。因此可以说，模因（meme）这个臆造出来的单词用了与基因（gene）相近的发音，表示“出自相同基因而导致相似”的意思，故模因指文化基因。

在《牛津英语词典》中，模因的定义是“文化的基本单位，通过非遗传的方式，特别是模仿而得到传播”；《韦氏词典》则将之释义为“在文化领域内人与人之间相互散播开来的思想、行为、格调或语用习惯”。也有学者把模因定义为个人记忆中的信息单位，它能从一个人的记忆中复制到另外一个人的记忆中去。

Dawkins 认为，作为文化传播单位，模因的种类很多，如旋律、观念、宣传口号、服装时尚、制罐或建造房子的方式等。如同基因库中繁殖的基因，借助精子或卵子，由一个身体跳到另一个身体以进行传播；模因库中的模因，其繁衍方式是通过模仿的过程发生的，它将自己从一个头脑传到另一个头脑。具有繁殖力的模因一旦传入一个人的大脑，就把此人的大脑变成了传播模因的工具（宿主），就像滤过性病毒寄生在寄生细胞的基因机制一样。

成功的模因如同成功的复制基因一样，具有长寿性（longevity）、多产性（fecundity）、复制的忠实性（copying - fidelity）的特点。所谓长寿性是指模因在模因库内存留很久，也就是指模因能在纸上或人们的头脑中流传的时间很长，如宗教律法可能连续流传数千年。所谓多产性是指模因的传播速度快和传播范围广，如流行的旋律人们传唱的次数多、人数多。模因的多产性决定于人们对它的接受程度，决定于它的存活价值。两相比较，模因的多产性比长寿性要重要一些，因为只有模因首先具有多产性，然后才能谈得上长寿性。所谓复制的忠实性是指模因在复制过程中往往会保留原有模因的精要，而不是丝毫不发生变化。如一种科学观念，从一个人的头脑再传到另一个人的头脑时，多少会发生一些变化，但仍然会保留原有科学观念的精髓，如果变得面目全非了，彼此就不会认为是同一种科学观念了。

模因可分为简单模因和模因复合体。在传播过程中，相似模因之间会相互支持，形成较大的模因复合体，发挥着比简单模因更大的影响。

模因论作为一种科学假说，对社会文化中的许多现象具有很强的解释力，在许多领域这种理论能给人们以新的视角和新的启示。我们完全可以借用这种理论来解释和研究许多人文社会科学领域的问题。模因论在语言研究方面也具有广阔的前景。

二、模因与语言

语言既是传递模因的工具，其本身也可能成为模因。对模因与语言的关系的探讨，国外已出现了许多文章。其中比较突出的是 Blackmore 在 *The Meme Machine*（《模因机器》）一书中，对模因与语言关系的探讨。在该书中，她从多方面探讨了模因对语言的影响。她有几个主要的观点：

（1）我们是被模因驱动着而说话的。

第一，说话是宣传模因的一个有效途径。那些能被说出来的模因比那些不能被说出来的模因更容易、更经常地得到人们的复制。因此，这些模因就会在整个模因库中不断得到扩大，从而导致我们说个不停。

第二，从有关说话的规则和社会实践来看，鼓励人们多说话的指令（如避免群体沉默的尴尬、与人交谈以示礼貌等），比要求人们保持沉默的指令（如认为闲谈是没有意义的、保持礼节性的安静或是对沉默价值的精神信仰等）更有效。持有前一种模因的人将会说更多的话，因此由他们说出来的东西将更有可能被更多的人听到，并因而更有可能被别人所持有。

第三，支配说话的模因，或那些能够与支配说话的模因和谐共处的模因，将在整个模因库中不断地传播、扩展，而那些支配沉默的模因将逐步地被淘汰。

（2）人类的语言能力是受到模因的驱动而产生并发展起来的，而且，语言的功能在于传播模因。Blackmore 认为，当模仿开始进化之后（大约开始于250 万年至300 万年之前），除基因之外的另一种新的复制因子便诞生了。而模因的出现改变了基因在其中接收选择的环境，迫使基因产生出越来越好的、用以传播模因的器官结构。

具体来说，早期人类发现模仿他人的新发现可以获得益处，于是便将使他们成为模仿者的那些基因传递给下一代，直到模仿变成一种普遍的生活方式。于是一种新的复制因子便应运而生，并开始利用大脑这架复制机器进行复制。由于最初被复制的各种技能具有生物学意义上的有用性，所以成功的模因便开始决定基因的成功。只有那些能够促进成功模因之传播的基因，才有更多的机会得到复制，才是最成功的基因。所谓成功的模因，即在复制的忠实性、多产性、长寿性等维度上表现值最高的模因。由于模因的进化速度比基因的速度快得多，这就造成大脑容量的不断增加，大脑进化的结果必然使得大脑越来越善于传播那些最成功的模因。而正是为了更好地传播模因，人类选择了语言作为传播工具。这是因为：

首先，语言能够增强模因的多产性。人类通过口语化的语言传播信息，比通过手势语、身体姿态、面部表情以及其他任何可以利用的符号手段来传播信息，能够产生更多的复制品。

其次，口语语言的数字化保证和加强了口语化的复制的忠实性。语言通过利用离散的单词而构成，而不是利用连续的声音来构成，这就使得语言的复制过程变得更精确。

最后，语法通过给单词的不同组合方式赋予其不同的意义，可以增加彼此有区别、不仅能够被说出而且能够被复制的句子的数量。就是说，语法是增进语言传递过程的复制的忠实性和多产性的更加精致的一种手段。

（3）文字的产生是以语言为基础的模因获得长寿性的进化过程中的一个重大的步骤。不同的语言文字体系之间相互竞争。在有多种文字符号体系共存的情况下，假若其中某一个体系能够产生更多、更好、生存时间更长的复制品，那么，这个体系就会在各种体系中脱颖而出，并由此充满或占领整个世界，而包含于这种文字体系中的观念，也便借此得以传播、扩散开来。这一竞争过程的结果，必将产生巨大的压力，致使其中某一个复制系统最终获得完全的支配权，而其他的体系则趋于消亡。

Blackmore 的这些关于语言与模因的关系的观点，非常新颖独到，尽管涉及的面还不是很广，但足以构成我们研究模因与语言关系的基本理论。她为我们研究模因对语言的影响提供了很好的理论指导。我们可以利用这些理论更加深入具体地解释和分析一些语言现象，探讨语言的理论和应用问题。

Blackmore 在阐述模因对语言的起源和语言进化的影响时，实际上揭示了语言产生和发展的一些重要规律。语言的产生和发展是受到模因驱动的，语言总是按照保证模因复制的忠实性、多产性、长寿性三个标准来发展自己。这对我们解释和研究语言的发展变化是很有启发的。世界上现存的语言的发展具有许多共同特点，即词汇量不断在扩大，语法日趋严密化，语音体系不断在简化。语言发展的这些特点可以用模因论来解释，它们是模因驱动的结果。首先，自模因产生以后，它在复制过程中会通过合并、变形、分裂、传播中的误差等变异形式不断产生新的模因。为了快速而准确地传播这些新产生的模因，语言所采用的最便捷的办法就是增加新的单词。因为离散的单词能保证语言复制的精确性，同时语言中已有的音位、语素和构成规则又能提供强大的构词能力。因此，词汇量的增加也就非常自然了。从历史上看，凡是社会处于急剧变化、各种思想和文化处于非常活跃的时期，也就是模因大量产生和传播的时期，会产生大量的新词语。如我国的“五四”时期，外国的新思想、新文化不断传入我国，各种新旧思想和文化相互竞争、相互碰撞，结果产生了大量的新词语。其次，语法本来就是为了提高模因复制的精确性和多产性而出现的，它可以使有限的单词经过语法的组合以后生成无数的、彼此有区别的句子。语法的严密化同样是适应提高模因复制的精确性、多产性要求的结果。譬如汉语，从古到今，语法就日趋严密化，如增加了“着”、“了”、“过”等动词“体”的语法形式，出现了处置式（“把”字句），产生了名词代词词尾（“们”），丰富了量词等。这使汉语的表达更丰富、更精确。第三，语音系统的简化，也是适应成功模因多产性要求的结果。语音体系通过合并、分化、减少等方法趋于简化，降低了发音的难度，便于更多的人模仿，相应地也提高了模因的多产性。例如古代汉语在向现代汉语发展过程中，出现了声母的浊音清化、双唇鼻音韵尾 m 的消失（合并到 n）、调类的减少（由平上去入 4 类减少到平上去 3 类）。这样就相应减少了发音部位和发音方法，从而降低了发音难度，便于人们学习和掌握。相应的，通过这种语音简化了的现代汉语来传播模因速度更快、范围更广、数量更多。

模因论还可以用于解释各地域方言之间的竞争。各种方言并存，方言之间的竞争不可避免。强势方言一定是在复制的忠实性、多产性和长寿性方面的表现值很高的方言。具体来说，强势方言必须具有比弱势方言更简化的语音体系，以利于人们模仿学习；应拥有更丰富的词汇量，能非常准确而快速地复制不断产生的新的模因；还应有不断完善的语法体系，能够使该方言具有强大的生成词语和句子的能力，使表意能力更趋丰富和细致。例如粤方言在我国改革开放初期，曾一度成为一种影响很大的强势方言，大有粤语北上之势。其原因除了粤语方言区的经济实力相对较强以外，还在于处于改革开放前沿的广东和经济、社会相对发达的香港和澳门，接受外国先进生产技术和管理经验相对比较早、比较多，因此粤方言吸收和创造了比其他方言更多的反映新事物的词汇，具有较强的传播复制新模因的能力。粤方言中有很多词语进入了其他方言，甚至进入了普通话，如“的士”、“巴士”、“炒鱿鱼”、“T 恤”、“发烧友”等。但粤方言毕竟是一种发展速度相对较慢的方言，其语音方面更多地保留了古汉语语音的特征，如保留了入声、塞音韵尾、双唇鼻音韵尾，拥有十分复杂的韵母和声调调类，与现代汉语共同语相比，粤方言的韵母和声调均超出共同语的三分之一以上，光声调调类就多达九个甚至十个。粤方言的语音方面的特征无疑会增加学习者学习的难度，不利于粤方言的传播，最终还是会影响到对模因的传播和复制。正因为此，使得曾经一度“强盛”的粤方言，始终无法与北方方言抗衡。而现代汉语共同语之所以以北方方言为基础方言，以北京语音为标准音，除了北方方言区的政治、经济、文化处于主导地位等原因外，还有一个原因是北京语音具有更简化的语音体系，北方方言具有更丰富的词汇量，建立在北方方言基础上的现代白话文具有更完善的语法体系，因此这样建立起来的共同语既便于人们学习，又具有很强的生成能力和丰富的表现力。

三、模因与修辞

模因不仅影响着语言的产生和发展，而且影响着语言运用。修辞是一种为了提高语言交际效果的积极的言语活动，其目的就是为了成功地传播模因。而成功的模因也必然是修辞成功的模因。因此，模因对修辞具有重要的影响。这种影响表现在以下几个方面：

第一，模因是驱动修辞的原动力。各种模因在相互竞争中，为了获得更多的具有一定保真度的复制品，为了保留更长的时间，可以采取两种策略。一是可以通过寻求相似模因构成模因复合体以扩大其影响，提高人们对它的接受程度和自身的存活价值。例如一种外来模因要为人们所接受，它必然要与本族人们头脑中的已有的相似模因相结合，形成更有影响力的模因复合体，这样才能为更多的人所接受和传播。否则就有可能被视为异端，而遭到本土模因的抵制。二是可以通过利用语言传播来提高其复制的忠实性、多产性、长寿性。修辞作为提高语言交际效果的一种积极的言语活动，正是模因驱动的结果。在语言保持相对稳定的情况下，以语言为基础的模因主要是通过提高每一次的言语活动的交际效果来达到上述目的。例如一种模因的产生，总是希望在不失去其原意的情况下，传播的速度更快、范围更广、距离更远，流传的时间更长。而要达到此目的，就要求每一次的传播都必须是成功的，于是修辞就不可或缺了。一切修辞的目的都可以看做提高模因在复制的真实性、多产性、长寿性等维度的表现值。从模因论看，修辞的标准，如准确性、形象性、生动性等，就是成功模因对语言表达所提出的要求。修辞的准确性可以保证复制的忠实性，而修辞的形象性、生动性的标准，是为了提高模因的可接受程度，从而有助于模因的多产性和长寿性。《左传·襄公廿五年》说：“志有之，言以足志，文以足言。不言，谁知其志？言之无文，行而不远。”这段话中所讲的“文”，即文采，就是良好的修辞效果；“远”既指传播距离之远，也指流传时间之久远；“言之无文，行而不远”说明良好的修辞效果是保证模因多产性和长寿性不可缺少的因素。

第二，模因的复制特点影响辞格的形成。模因主要是通过模仿而得到传播的。成功的模因连同它的成功的表达方式都会得到大量的复制。由于语言是传播模因的工具，成功的模因所借助的成功的表达方式自然也会为其他模因所利用。再者，成功的表达模式本身也会构成模因，于是同一种表达方式就会在不同的模因复制中反复出现，这些反复出现的成功的表达方式最终可能成为特征明显的辞格。根据 Blackmore（1999）的观点，模因在传递过程中的模式既包括“复制产出成果”（copy – the – product）的表现型，也包括“复制指令信息（copy – the – instruction）”的基因型。模因的这两种传递模式均对辞格的形成产生影响。

首先，模因“复制产出成果”的传递模式影响辞格的形成。这在挪用（或称移植）和仿拟格（仿词、仿句、仿体）中体现得最直接。挪用和仿拟格正是在模仿现成的语言表达形式的基础上形成的，被模仿的一般是正在流行的词语和佳句名篇。也就是说，这些词语句篇或者是因为传播了成功的模因而流行，或者是因其本身成为成功的模因而具有流行性，或者二者兼而有之。挪用就是把用于彼场合的名言佳句，有意巧妙地信手拈来用于此场合。例如，随着通俗歌曲《跟着感觉走》的流行，一时间，“跟着感觉走”也成了一句流行语，这个本来用于描写情感的句子，被广泛用于各种场合。出现了“市场‘跟着感觉走’”、“企业经营‘跟着感觉走’”、“购肥别‘跟着感觉走’”、“健身，不能‘跟着感觉走’”、“金融生活莫要‘跟着感觉走’”、“春节天气忽冷忽热，穿衣‘跟着感觉走’”、“青光眼病人不能‘跟着感觉走’”等多种说法。

仿拟是故意模仿现成的词语句篇而仿造一个新的词语句篇。例如“军嫂”一词出现后，由于其传播了成功的模因——对军人妻子的默默奉献精神的肯定和赞美，而使该词得到了迅速的传播，同时由于“嫂”是对年纪不大的已婚妇女或中年女性的称呼，用“表示职业特征的语素＋嫂”这样的表达方式既新颖又具有很强的构词能力，所以先后出现了模仿“军嫂”的“警嫂”（人民警察的妻子）、“空嫂”（在航空公司的客机上从事空中服务的中年女性）、“呼嫂”（在寻呼台工作的中年女性）、“地嫂”（在地铁公司从事服务工作的中年女性）、“护嫂”（在医院协助护士从事护理工作的中年女性）、“巴嫂”（在公共汽车上售票的中年女性）、“月嫂”（从事侍候月子、护育婴儿等家政服务的中年女性）、“面嫂”（开面馆的中年女性）、“织嫂”（为人提供缝补、编织等服务的中年女性）、“水饺嫂”（卖水饺的中年女性）等多种仿拟用法。上述这些说法多数已进入词汇层次。又如，伴随着电视连续剧《爱你没商量》的成功播出，“爱你没商量”这一表达形式很快流行起来，出现在各种场合。不仅这样，还因为“爱你没商量”这种表达方式本身具有高度浓缩性、独特性，所以继“爱你没商量”后，又有“宰你没商量”、“骗你没商量”、“用你没商量”、“网你没商量”、“赚你没商量”、“罚你没商量”、“套你没商量”、“吃你没商量”、“逗你没商量”、“迷你没商量”、“炒你没商量”、“离你没商量”等多种仿拟说法。再如，伴随着叶倩文演唱的通俗歌曲《潇洒走一回》的流行，“潇洒走一回”这一表达方式也很快流行起来，于是便有了“潇洒游一回”、“潇洒漂一回”、“潇洒玩一回”（游乐）、“潇洒吃一回”、“潇洒活一回”（指进取的人生态度）、“潇洒老一回”（老有所为）、“潇洒逛一回”（逛街购物）、“潇洒飞一回”（坐飞机或太空旅行）、“潇洒潜一回”（潜水）、“潇洒试一回”、“潇洒踢一回”（踢足球）、“潇洒显一回”（液晶显示）、“潇洒炒一回”（炒股）、“潇洒涨一回”（股票上涨）、“潇洒涮一回”（骗婚）、“潇洒赌一回”等难以计数的仿拟说法。

除仿拟辞格外，通过“复制产出成果”的传递模式，也即通过对现有语言的表达形式的模仿和变通而形成的辞格还有断取、引用、降用、借语、借用、飞白、摹拟、拟误、拈连、换义、别解、反译、返射等。这些辞格的共同特点就是其模仿要依托于现成的词语句篇的结构形式。

其次，模因“复制指令信息”的传递模式也影响辞格的形成。模因除了驱动修辞通过直接模仿已有的言语表达形式形成辞格外，还驱动修辞通过模仿已有的成功的语言表达方式的内在机制形成辞格。通过后一种方式形成的辞格包括比喻、借代、夸张、比拟、排比、对偶、层递、顶真、反复、回环、双关、反语、婉曲、错综、对比、映衬、通感、警策等大部分辞格。这些辞格的形成有一个共同特征，就是它们不是对现有言语表达结构形式的直接模仿，而是对这一类表达方式的内在机制（即指令信息）的模仿。例如比喻的指令信息就是“用别的不同的事物的相似点来说明所要说明的事物”。它在模仿过程中除了复制指令信息和运用必要的喻词（如“像、如、犹如”、“是、变成、等于”等）外，可以不移植原有比喻表达形式中任何现成的语句。例如，同样是运用比喻描写女子的容貌美，《诗经》中是这样描写齐庄公的女儿庄姜的：“手如柔荑，肤如凝脂，领如蝤蛴，齿如瓠犀，螓首蛾眉，巧笑倩兮，美目盼兮。”（《卫风·硕人》）而《红楼梦》是这样描写林黛玉的：“泪光点点，娇喘微微。娴静似娇花照水，行动如若柳扶风。”前后所用比喻除了指令信息（用彼事物的相似点说明此事物）和喻词“如”相同外，其余语句都不相同。

第三，模因驱动着修辞的创新与变异。各种模因之间相互竞争，为了使自身得到更快速、更广泛的传播，除了借助已有的表达方式以外，还必然在修辞上力求创新与变异。通过创新和变异的表达方式可以吸引更多的接受者。不论是强势模因还是弱势模因无不在语言表达上力求让人耳目一新。于是，突破固有表达模式的新鲜表达方式便层出不穷：褒词贬用、大词小用、小词大用、古词今用、今词古用、俗词雅用、雅词俗用、此词彼用、反词正用、正反合用、矛盾合用、抑扬合用等都是词语的创新与变异组合模式；同音替代、近音模仿、近音替代、误音正用、同音借用等是语音的创新与变异用法；偶句相连、整句铺排、同句反复、句句递进、句式倒装、成分省略、半截子话等是句式的创新与变异用法。这些创新与变异用法，有的已发展成为辞格，有的还在继续发展。例如“美眉”、“油墨”（幽默）、“稀饭”（喜欢）、“酱紫”（这样子）、“果酱”（过奖）、“斑竹”（版主）、“木油”（没有）、“爱老虎油”（I love you，我爱你）、“886”（拜拜了）、“995”（救救我）、“1314”（一生一世）、“25184”（爱我一辈子）、“019425”（你依旧是爱我）、“03456”（你相思无用）、“0451392”

（你是我一生最爱）这一类用法，属于语音创新与变异中的近音替代。它依托于电脑键盘和文字输入方式，新颖而独特。这些创新用法吸引人的目光，目的是引人关注，以提高所传递的模因的多产性。

以上我们只是探讨了模因对修辞影响的有限的几个方面，实际上模因对修辞的影响远不止这些。我们期待有更多的学者对这个课题有更深入的研究。

（本讲座与戴仲平合作，为中国修辞学会第十二届年会宣读的论文，载夏中华主编：《修辞学论文集》第九集，北京大学出版社2007年版。）

语用学方法论

一、语用学的研究面
二、数据来源
(1) 内省法
(2) 商议法
(3) 假拟自然法
(4) 自然对话法
三、数据收集
四、数据分析

最近，桂诗春、宁春岩教授合著的《语言学方法论》(外语教学与研究出版社 1997 年版) 全面地介绍了语言学的研究方法，它对我国从事语言学各学科研究与教学的人员都有很大的启发和帮助。正如该书序言中提到的那样，"凡称为学，必有学术上的方法……" 经验证明，无论从事哪个学科研究，没有正确的方法就得不出正确的结论。但是，研究方法很多，我们要结合自己所从事的学科特点，选择合适有效的研究方法。语言学中不同的研究门类，其方法自然不一样。研究语言形式和研究语言功能的学者所采用的方法各异，因此，我们不宜只强调自己研究领域中熟悉的方法，而贬低另一研究领域的人所熟悉的方法。

语用学研究语言使用者理解话语的潜在能力，它关心的是人们如何使用语言来相互交际。语用学的研究方法很广。由于它涉及的是动态的语言，人们普遍遇到的难题是无法对语言事实作出全面的认识，因此，我们只能对语言事实的某一局部进行观察，就某一局部作出结论。由于这些研究对自然语言的使用具有指导性，所以很有用处；所得的结论还可以给语言使用者以启发，具有很大的实践意义。

根据《语言学方法论》(序言) 的划分，语言学的研究领域大体上分成三类：①应用语言学；②与语言学相关的学科；③理论语言学。语用学在这里被归入与语言学相关的学科领域，再加上这门学科本身也有自己的研究面，故其领域相当广阔，与之相应的研究方法也就多种多样。本文结合我们从事语用学教学与研究的经验，根据 Fraser (1998) 的专论，先从语用学涉及的某些具体课题，从微观的角度谈一谈语用学的研究面，再从数据的来源、收集与分析，介绍语用学研究的具体方法。

语用学的研究面是语用学方法论首要明确的问题。笔者在《语用·认知·社会文化·外语教学》（何自然，1998）一文中已从宏观的角度介绍过国外语用学界开展研究的四大方向：①研究语言本身语用问题的语用语言学；②研究语言和心理认知的认知语言学；③研究语言和社会、文化的社会语言学；④研究如何习得或获得语用能力的发展语用学、语际语用学或跨文化语用学。本文则试图从微观的角度再就语用学的具体研究面谈几点意见。

一、语用学的研究面

语用学的第一个研究面研究一般的句子意义（sentence meaning），它属于语用学和语义学之间的跨面研究。这个研究面着重研究句子意义的语用表现，研究直接与语言形式有关的意义，所以它属于语用—语言学的研究领域，其内容包括一些与特定的言语行为有关而在遣词达意时可能出现的词汇变异；一些如 so，well 等在语用上称为话语标记语（discourse markers）而在语法上又分别称为从属连词和副词的词语在意义和功能上的差异；一些如 manage，forget 等含蓄动词，criticize，charge 等评价动词，以及 even，just 等集中副词（focusing adverbs）所表明的语用前提和逻辑—语义前提（预设）的差异；一些如 some，but 以及不定冠词 a 等一类词语所表示的标准含意等，总之，这些研究是无需结合语言本身之外的语境来进行的。

语用学的第二个研究面则研究语境条件下的句子意义（contextualized sentence meaning），即在特定的话语环境下的句子使用意义或操作意义（operational meaning）。为此，要考察诸如话语环境、参与谈话的角色以及对话的类型等语境条件，考察诸如说话人的语气、声调、着重或强调方式，方言的使用、语码混用等语用因素，从而确定参与谈话的人所担当的角色。这个研究面的内容包括对诸如 in front of，then，there 等指示词语形式的不同理解及导致这些理解差异的因素；一些语用含糊现象的观察和分析，例如什么才算说谎？“Peter is bald”是不是说 Peter 一根头发也没有呢？“France is hexagonal”应该怎样理解？“Could you tell me *when* we get to Birmingham，please?”一类句子的歧义如何排除，以及母亲对儿子说的“You are a *piglet*”又应如何根据形象获得准确的理解等。这个研究面也包括研究其他一些足以影响话语内容和意义理解的种种因素。

语用学的第三个研究面研究说话人意义（speaker meaning）。说话人通过特定的话语表达其意图表达的信息，而这个研究面的重点则放在影响理解这种信息的语言、语境和语用因素。这个研究面的内容包括确定诸如请求、建议、拒绝、道歉等直接或间接表达的言语行为；为实施某特定言语行为所使用的策略；说话人的多余信息和信息减省的利和弊；对说话人表达的信息作出的感情回应；礼貌策略及其运用的条件等。

语用学的第四个研究面是研究听话人意义（hearer meaning），即听话人对听来的话语所作的理解。这个研究面的重点放在研究说话人的话语特征上，听话人利用语境因素理解说话人所表达的信息意图，导致听话人对说话人所说话语产生误解的因素和这些话语对听话人所产生的不同程度的影响。这方面的课题往往涉及言语交际中的认知，当前关联理论的研究和实践正是听话人意义这个研究面的重要内容。

语用学的第五个研究面研究话语意义（discourse meaning），研究如何正确理解听来的话语，从而作出适当的应对。这个研究面的研究大多是动态研究，内容包括话题变换标记的研究；参与谈话的人如何对话语的观点进行论辩和阐述；对特定的言语行为如何表达其顺序和层次，研究它们是否在听话人意料之内；如何认定说话人的态度是真诚还是讨好，以及他使用何种手段来取得说话的机会。这个研究面的热点是会话分析（conversation analysis，简称 CA）。

语用学的研究并不局限于上述的五个研究面，每一个研究面还有许多研究领域。因此可以认为，语用学本身不可能有自己固定的研究方法，语用数据的收集和分析也就没有一个固定的路子了。根据我们的观察，语用学的研究方法种类繁多，微观上要看人们从事语用学的哪个研究面的研究，宏观上又要看他们朝哪个方向探讨语用问题，以及应用什么样的理论来指导和分析。不过，从前面提到的《语言学方法论》划分的领域，以及宏观语用学所展示的研究方向看，语用学的研究往往同语言学相关的学科结合在一起。因此，它的研究方法也就相应地同其他一些学科（如社会语言学、人类学等）的研究方法一致了。下面我们从语用数据的来源、数据的收集和数据的分析等三方面来具体地谈谈语用学的研究方法。

二、数据来源

为了将问题谈得具体一些，我们先设想一个语用学的研究课题：例如观察“请求”、“道歉”一类言语行为的表现。为此，我们可以从四个方面着手收集材料：

（1）内省法（introspective approach）：内省法是生成语言学家们认可并乐意采用的数据收集法，但它也广泛适用于社会语言学数据的收集，在语用学数据收集上当然也用到这种方法。结合有关“请求”这个言语行为的研究，我们用内省法，就是根据自己的体验，确定在什么情况下要运用“请求”这个策略以及对什么人要运用这种策略。内省法收效比较快捷，但有关数据的收集，其数量和范围都只限于研究人员自己的内省能力。因此，尽管不排除有真知灼见的地方，但总的说来，其结果必然是主观的，不全面的，甚至有时是做作的。

（2）商议法（consultative approach）：采用这种方法收集的数据要比用内省法收集的少带一些主观成分。我们会积极地请求操本族语的商议对象配合，观察和征询他们个人对数据的直觉感受。这种方法收效也比较快捷，而且有一些问题可以直接同商议对象作较深入的讨论，从而使收集到的数据具广泛的代表性。不过，这种商议法也会产生一些困难：为了向征询对象收集数据，我们在同他们商议时，他们提供的答案往往受我们与之对话目的的影响，其准确性和客观性都大大打了折扣。此外，如果我们要调查和收集的数据是我们不太熟悉的语言，征询对象心目中又认定自己是调查对象，那么，他们就很难按照商议的内容同我们作平等的、无拘束的探讨，这样一来，收集来的数据的可靠性就要打折扣了。

（3）假拟自然法（pseudo - natural approach）：采用这种方法获取数据靠的是角色表演（role - playing）。这种角色表演又可以分为几种情况：

第一，通过书面或口头发言。要求受试者想象自己当时的处境，作出合适的讲话。我们在以“道歉”为例。假如我们正在朋友家作客，我们的一位同事不慎掀倒了一只盛满鲜花的花瓶，瓶中的水流了满地，弄脏了地板。这时他应说什么呢？又如“请求”，假如我写信给我在上海的朋友，请他在那里为我选购一辆大众汽车公司生产的轿车。这时，我又应该怎样开口？

第二，两个或两个以上受试者想象自己处于某现场作假拟表演。例如，模拟解决社交上某种争议，双方各扮演一定的角色，就像处于真实的环境中一样展开对话。对这样的假拟表演我们很难知道受试者会如何争论下去，也没有机会对情境作深入的考察；受试者对语境的理解也可能与我们不同。如果我们认为在某特定的语境下无需道歉，我们也可以改作请求，甚至我们认为当时的环境没有可能假拟提出请求，那么我们也可以让受试扮演另外的角色，改为实现“道歉”或“请求”等言语行为。

第三，其他一些通过角色表演而获取数据的假拟自然法还有讲故事、上电视节目和演话剧等。这时，编故事、写剧本或设计表演情节的人要有意识地安排一些情景，让角色参与者有实施“请求”或“道歉”等言语行为的机会。

第四，自然对话法（natural interactive approach）：这个方法获得的数据来自真实的对话。尽管参与者只代表个人，而不属于某一特定社会文化集团的成员，但是话语的语境对话语的理解却起着决定性的作用。例如，语境有助于人们理解对方为什么提出“请求”或采用“道歉”的策略，但它不会对理解某个动词的语用前提起什么作用。这种数据收集法涉及面广，而且数据有多种变体。运用摄录手段，我们可以作为自然对话的旁观者，观察别人的真实对话；也可以全身投入，作为这种对话的一个实际参与者。不过，这种“自然对话”因有局外人在场，必然会影响到对话的自然、流畅，但这又不是我们所能控制的。另一方面，如果我们就是对话的实际参与者，我们可能会有意无意地导演这场对话，使谈话符合我们预期的要求，这也会影响到数据的真实性。

如果只为观察一种数据而采用自然对话法，那就会花费大量的时间，而且使收集来的数据在多样化方面受到局限。例如，如果我们在对话中只求收集表达“道歉”的“Oops”或“I hereby apologize”，那么，我们就会不顾其他，而且要花大量的时间去观察，才能在对话中有所发现。

三、数据收集

语用学研究方法的第二个具体问题是如何记录和保存收集到的数据。很明显，用摄录的方式记录数据，对那些采用内省法的人来说是没有什么帮助的。但是，这种数据记录方式却能对那些用自然对话法收集数据的人提供大量的语境信息。摄录方式记录的数据可以反复放录像观察，声音、画面并存，对话所处情景清楚，甚至还有一些非语言的行为可供数据记录的参考。从录像到录音，从录音到速记、笔记，到单凭记忆等数据记录、收集的方式，在受试者语言的信度以及语境信息的广度方面，都依次减低。不过，在摄像机下、录音机前，这也会影响到受试者的行为，他们会显得腼腆、不自然，影响到数据的可靠性。为避免这种尴尬情况的发生，我们可以在正式作数据记录之前先让受试者熟悉我们的摄像和录音设备，从而使他们及早适应新的环境。

四、数据分析

我们应当如何去分析收集回来的数据呢？办法之一是定性（qualitative）分析。这种分析以开放的思路对待数据，即我们没有事先确定的具体分析范围，而只有一般的分析重点（如“道歉”或“请求”行为），分析数据的本身就包括寻找受试者因受语境因素影响而出现的言语行为的一般类型。

另一种数据分析的办法是改进型的定性（modified qualitative）分析。用这种方法分析数据，需要对重点数据部分的细节作出种种假想（assumptions）。例如对“道歉”或“请求”行为想出一些特定策略（前者如通过表示后悔、请求原谅等发出一个道歉行为，后者如通过说明理由、讲出利害关系等促使对方行动），要寻找出运用这些假想或策略的语境条件。

上述两种数据分析法的结果都可能需要最后归纳成总结性的表格，并展示出来，但这并不算是定量的方法。数据分析中是要用到定量（quantitative）分析法的，这种方法要求我们对数据有一个特定的假设（hypothesis）。例如，假设出现非常严重的冒犯行为，这时，人们不予道歉，反而责备对方。为证明这个假设，就要通过细心收集有足够代表性的数据，由合理的推理、统计技术提出来。再如，提出请求的语用策略设想有三个环节：打招呼、讲理由和使役。如果我们通过描述或推理统计，表明某种模式在一定的语境范围内可以应用“道歉”或“请求”策略，那么，这样的特殊模式的描述与统计过程也应该算是定量分析。

总之，语用学的方法论不是单一的。结合我们的研究面，我们还可以以某一理论作为依据提出问题，并找出各种各样的措施来解决问题。至于语用数据的来源、收集与分析，如果无法获得第一手资料，则只好依靠第二手资料了。例如利用媒体提供的现成报道、谈话录音、录像、文学作品、报刊、杂志、街头文字、广告、产品说明等作为原始数据，再按研究项目的需要，在原始数据的基础上进行筛选、加工、采用，最后作出定性和定量的分析。

（原题为“语用学方法论刍议”，载《解放军外国语学院学报》1999年第4期。）

参考文献

[1] Ariel, M. 2008. *Pragmatics and grammar*. Cambridge: CUP.

[2] Bach, K. 2004. Pragmatics and the philosophy of language. In *The Handbook of Pragmatics*.

[3] Baker, W. J. 1976. "An 'Information Structure' View of Language", *The Canadian Journal of Lingtfistics*, 21.

[4] Bakhtin, M. M. 1981. *The dialogic imagination*. Austin: UTP.

[5] Bakhtin, M. M. 1986. *Speech Genres & Other Late Essays*. Austin: UTP.

[6] Bardovi-Harlig, K. & Z. Dörnyei. 1998. "Do language learners recognize pragmatic violations? Pragmatic vs. grammatical awareness in instructed L2 learning". *TESOL Quarterly*, 32: 233 – 59.

[7] Bar-Hillel, Y. 1971. Out of the pragmatic waste – basket. *Lln*, 2 (3): 401 – 407.

[8] Barnes, J. 1994. *A pack of lies*. Cambridge: CUP.

[9] Benveniste, E. 1971. Subjectivity in language. In Coral. Gables (eds.). *Problems in General Linguistics*. FL: University of Miami Press.

[10] Bell, R. 1991. *Translation and Translating*. London: Longman.

[11] Bishop, D. V. M. 1996. A Gene for Grammar. *The Semiotic Review of Books*, Volume 7 (2).

[12] Blakemore, D. 1987 *Semantic constraints on relevance*. Oxford: Blackwell.

[13] Blakemore, D. 1990. Constraints on interpretations. In Berkeley Linguistics Society (ed.). *Proceedings of the Sixteenth Annual Meetings of the Berkeley Linguistics Society*. Berkeley.

[14] Blakemore, D. 1992. *Understanding Utterances: An Introduction to Pragmatics*. Oxford: Blackwell.

[15] Blackmore, S. 1998. Imitation and the definition of a meme. *Journal of Memetics – Evolutionary Models of Information*. http: //jom – emit. cfpm. org/ 1998/ vol2/balckmore_ s. htmlTransmission, 2.

[16] Blackmore, S. 1999. *The Meme Machine*, Oxford: OUP.

[17] Blakemore, D. 1987. *Semantic constraints on relevance*. Oxford: Blackwell.

[18] Blakemore, D. 1990. "Constraints on interpretations". In Berkeley Linguistics Society (ed.). *Proceedings of the Sixteenth Annual Meetings of the Berkeley Linguistics Society*. Berkeley.

[19] Blakemore, D. 1992. *Understanding Utterances: An Introduction to Pragmatics*. Oxford: Blackwell.

[20] Blum - Kulka, S. & Olshtain, E. (1986). "Too many words: Length of utterance and pragmatic failure". *Studies in Second Language Acquisition*, 8: 47 - 61.

[21] Blum-Kulka, S., J. House & G. Kasper (eds.) 1989. *Cross-Cultural Pragmatics: Request and Apologies*. NJ.: Ablex, Norwood.

[22] Blum-Kulka, S. 1991. Interlanguage pragmatics: The case of requests. In R. Phillipson, E. Kellerman, L. Selinker, M. Sharwood Smith & M. Swain (eds.), *Foreign/Second Language Pedagogy Research*, 255 - 272. Clevedon and Philadelphia: Multilingual Matters.

[23] Blute, M. 2002. The Evolutionary Ecology of Science. *Journal of Memetics-Evolutionary Models of Information Transmission*, 7, http://jom - emit.cfpm.org/2003/vol7/blute_ m.html.

[24] Bok, S. 1979. *Lying: Moral choice in public and private life*. New York: Vintage Books.

[25] Bolinger, D. 1975. *Aspects of Language*, 2nd ed.

[26] Bolinger, D. 1977. *Meaning and Form*. London: Longman.

[27] Bouton, L. 1988. A cross-cultural study of ability to interpret implicatures in English. *World Englishes*, 17: 183 - 196.

[28] Brazil, D. 1975: Discourse intonation, Discourse Analysis Monographs I. *Birmingham University English Language Research*.

[29] Brazil, D., Coulthard, M. & C. Johns. 1980. *Discourse Intonation and Language Teaching*, London: Longman.

[30] Brisard, F., J-O. Östman & J. Verschueren. 2009. *Grammar, Meaning and Pragmatics (Handbook of Pragmatics Highlights 5)*, JB.

[31] Brodie, R. 1996. *Viruses of the Mind: The New Science of the Meme*. Seattle: Integral Press.

[32] Brooks, N. 1964. *Language and Language Learning: Theory and*

Practice, 2nd ed. ,NY. : Harcourt Brace and World.

[33] Brown P. & Levinson S. 1978. Universals in language usage: Politeness phenomena. In Goody N. (ed.). *Questions and politeness*. Cambridge: CUP.

[34] Brown, G. & G. Yule. 1983. *Discourse analysis*, Cambridge Textbooks in Linguistics, Cambrige: CUP.

[35] Brown, P. & Levinson, S. C. 1978. "Universals in language usage: Politeness phenomena". in Goody, N. (ed.). *Questions and Politeness—Strategies in social interaction*, Cambridge: CUP.

[36] Buller D. B. & Burgoon J. K. 1994. Deception: Strategic and non-strategic communication. In J. A. Daly & J. M. Wiemann (eds.). *Strategic interpersonal communication*, 191 – 223. Hillsdale, NJ: Lawrence Erlbaum.

[37] Cacciari, C. & S. Glucksberg. 1994. Understanding figurative language. In H, Gernsbacher (ed.). *Handbook of Psycholinguistics*, 447 – 477. New York: Academic Press.

[38] Carlson, G. N. 1977. *Reference to Kinds in English.* reproduced by the IU Linguistics Club, Bloomington, Indiana.

[39] Carlson, G. N. 1979. Generics and Atemporal WHEN, in *Linguistics and Philosophy*, 3 (1980), Boston: Reidel.

[40] Carston, R. & S. Uchida 1998 (eds.). *Relevance Theory: Applications and implications*, Amsterdam: Benjamins.

[41] Carston, R. 2002. *Thoughts and utterances: The pragmatics of explicit communication.* Oxford: Blackwell.

[42] Chafe, W. 1970. *Meaning and the Structure of Language*, Chicago: University of Chicago Press.

[43] Chafe, W. 1972. Discourse structure and human knowledge. In Carroll, J. B. and Freedle, R. O. (eds.). *Language Comprehension and the Acquisition of Knowledge*, 415. Washington: Winston.

[44] Chesterman, A. 1996. Teaching translation theory: the significance of memes. In Cay Dollerup and Vibeke Appel (ed.). *Teaching Translation and Interpreting*, 308 – 345. Amsterdam: John Benjamins.

[45] Chesterman, A. 1997. *Memes of Translation.* Amsterdam: Benjamins.

[46] Chomsky, N. 1977. *Essays on Form and Interpretation.* Amsterdam: North Holland.

[47] Clark, H. & E. Clark. 1977. *Psychology and Language: An Introduc-*

tion to Psycholinguistics. New York: Harcourt Brace Jovanovich.

[48] Clark, H. 1977. "Bridging". In Johnson-Laird, P. N. & P. C. Wason (eds.). *Thinking-Readings in Cognitive Science*. Cambridge: CUP.

[49] Clark, H. H. & E. V. Clark. 1977. *Psychology and Language*, New York: HarcourtBrace, Jovanovich.

[50] Clark, H. H. & Haviland, S. E. 1977. Comprehension and the Given—New Contract. In Freedle R. (ed.) *Discourse Comprehension and Production*, 1-40. Norwood, N. J.: Ablex.

[51] Cloak, F. T. 1975. Is a cultural ethology possible?. *Human Ecology*, 3: 161-82.

[52] Close, R. A. 1974. *English as a Foreign Language*. London: George Allen & Unwin.

[53] Close, R. A. 1977. *A Reference Grammar for Students of English*. London: Longman.

[54] Cody, M. J., Marston, P. J. & Foster, M. 1984. Deception: Paralinguistic and verbal leakage. In R. N. Bostrom (Ed.), *Communication yearbook* 8, 464-490. Beverly Hills, CA: Sage.

[55] Cole, P. & Morgan, J. (eds.). 1975. *Syntax and semantics* 3: *Speech acts*. New York: Academic Press.

[56] Coleman, L. & Kay, P. 1981. "Prototype semantics: the English word Lie". *Language*, 57 (1): 26-44.

[57] Cripper C. & Widdowson, H. G. 1975. Sociolinguistics & Teaching in Allen, J. P. B. & Corder, S. P. (eds.). *Papers in Applied Linguistics*, Volume. 2, Oxford: OUP.

[58] Croft, W & Cruse, D. 2004. *Cognitive Linguistics*. Cambridge: CUP.

[59] Curme, C. O. 1931. *Syntax*. Boston: D. C. Heath and Co.

[60] Davis, S. 1991. (ed.). *Pragmatics: A Reader*. Oxford: OUP.

[61] Dawkins, R. 1976. *The Extended Phenotype*. Oxford: OUP.

[62] Dawkins, R. 1976. *The Selfish Gene*. New York: OUP.

[63] Dawkins, R. 1982. *The Extended Phenotype*. Oxford: OUP.

[64] Dawkins, R. 1986. *The Blind Watchmaker*. Harlow, Essex: Longman.

[65] Dawkins, R. 2006. *The Selfish Gene: 30th Anniversary Edition*. Oxford: OUP.

[66] Deacon, T. W. 1999. Memes as Signs. *The Semiotic Review of Books*, Volume 10 (3).

[67] Dennett, D. 1995. *Darwin's Dangerous Idea: Evolution and the Meanings of Life*, London: Allen Lane Press.

[68] Dennett, D. C. 1990. "Memes and the exploitation of the imagination". *Journal of Aesthetics and Art Criticism* 48. http://www.tufts.edu/as/cogstud/papers/memeimag.htm.

[69] Dennett, D. 1995. *Darwin's Dangerous Idea: Evolution and the Meanings of Life*, London: Allen Lane Press,

[70] Distin, K. 2005. *The Selfish Meme*. Cambridge: CUP.

[71] Du Boulay, J. 1976. Lies, mockery and family integrity. In Peristiany, Jean George (ed). *Mediterranean family structures*, 389 - 406. Cambridge: CUP.

[72] Edmonson, W. 1981. *Spoken Discourse: A Model for Analysis*. New York: Longman Group Limited.

[73] Ekman, P. 1988. Lying and non-verbal behaviour. Theoretical issues and new findings. *Journal of Non-Verbal Behaviour*, Volume 12: 163 - 176.

[74] Ellis, R. 1990. *Instructed Second Language Acquisition*. Oxford: Blackwell.

[75] Escandell-Vidal, Victoria. 1996. Towards a cognitive approach to politeness. *Language Sciences*, Volume 18: 629 - 650.

[76] Faerch, C. & Kasper, G. 1989. *Internal and external modification in interlanguage request realization*. In S. Blum-Kulka, et. al. (eds.), 1989.

[77] Farkas, D. F. 1983. Restrictive IF/WHEN Clauses, *Linguistics and Philogophy* 6, Boston: Reidel.

[78] Fasold, R. 1993. *Sociolinguistics of Language*. Oxford: Blackwell.

[79] Fass, D. 1997. *Processing Metonymy and Metaphor*. London: Ablex Publishing Corporation.

[80] Finegan, E. 1995. Subjectivity and subjectivisation: An introduction. In D. Stein & S. Wright (eds.). *Subjectivity and Subjectivisation: Linguistic Perspectives*, 1 - 15. Cambridge: CUP.

[81] Firbas, I. 1974. Some aspects of the Czechoslovak approach to the problems of functional sentence perspective. In F. Daneš (ed.). *Papers on Functional Sentence Perspective*, Prague: Academia.

[82] Firth, J. R. 1957. *Papers in Linguistics*, Oxford: OUP.

[83] Fishman, J. A. 1965. Who speaks what to whom and when?. *Linguistique* 2: 67 - 88.

[84] Fiske, J. 1996. *Introduction to Communication Studies*. 2nd ed. London: Routledge.

[85] Fodor, J. 1983. *The Modularity of Mind*. Cambridge, MA: MIT Press.

[86] Fodor, Jerry. 1983. *Modularity of mind*. Cambridge, MA: MIT Press.

[87] Fraser, B. 1998. Pragmatic Research: Methodological Issues. In Jacob L. Mey (ed.). *Concise Encyclopedia of Pragmatics*, Amsterdam: Pergamon.

[88] Gabora, L. 1997a. The origin and evolution of culture and creativity. *Journal of Memetics-Evolutionaty Models of Information Transmission*, 1. http://jom-emit.cfpm.org/1997/vol1/gabora_l.html.

[89] Gabora, L 1997b. Taking Memes Seriously. *The Semiotic Review of Books*, Volume 8 (2).

[90] Galasinski, D. 2000. *The Language of Deception: A discourse analytical study*. California: Sage Publications, Inc.

[91] Garfinkel, H. 1967: *Studies in ethnomethodology*. Englewood Cliffs, NJ: Prentice-Hall.

[92] Gatherer, D. 1998. Why the Thought Contagion Metaphor is Retarding the Progress of Memetics. *Journal of Memetics-Evolutionary Models of Information Transmission*, 2. http://jom-emit.cfpm.org/1998/vol2/gatherer_d.html.

[93] Gatherer, D. 2001. Modelling the effects of memetic taboos on genetic homosexuality. *Journal of Memetics-Evolutionary Models of Information Transmission*, 4. http://jom-emit.cfpm.org/2001/vol4/gatherer_d.html.

[94] Gibbs, R. W. 1983. Do people always process the literal meaning of indirect requests?. *Journal of Experimental Psychology: Learning, Memory, and Cognition*, 9: 524-533.

[95] Gibbs, R. W. 1994. *The Poetics of Mind: Figurative Thought, Language and Understanding*. Cambridge: CUP.

[96] Gibbs. R. W. 1996. Why many concepts are metaphorical. *Cognition* 61: 309-319.

[97] Gibbs, R. W. 2006. *Embodiment and Cognitive Science*. New York: CUP.

[98] Gilsenan, Michael. 1976. Lying, honor and contradiction. In Kapferer, Bruce (ed.). *Transaction and meaning: directions in the anthropology of exchange and symbolic behavior*, 191-219. Philadelphia: Institute for the Study of Human Issues.

[99] Giora, R. 1997. Understanding figurative and literal language: the

graded salience hypothesis. *Cognitive Linguistics* 8: 183 – 206.

[100] Giora, Rachel. 1997. Discourse Coherence and Theory of Relevance: Stumbling Blocks in Search of a Unified Theory. *Journal of Pragmatics* 27: 17 – 34.

[101] Giora, Rachel. 1998. Discourse Coherence Is an Independent Notion: A Reply to Deirdre Wilson. *Journal of Pragmatics* 29: 75 – 86.

[102] Goatly, Andrew. 1994. Register and the Redemption of Relevance Theory: The Case of Metaphor. *Pragmatics* 4: 139 – 181.

[103] Goody, E. N. (ed.). 1978. *Questions and Politeness: Strategies in Social Interaction*, Cambridge: CUP.

[104] Gopnik, M. 1990. Language and Genes. *The Semiotic Review of Books*, Volume 1 (2).

[105] Graver, B. D. 1977. *Advanced English Practice* (2nd ed.)

[106] Green, G. 1989, 1996. *Pragmatics and Natural Language Understanding*, Hillsdale, NJ: LEA Publishers.

[107] Grice, H. P. 1975. Logic and conversation. In P. Cole & J. L. Morgan (eds.). *Syntax and Semantics*, Volume 3: Speech Acts: 41 – 58. New York: Academic Press.

[108] Grice, H. P. 1989. *Studies in the Way of Words*. Cambridge, MA: HUP.

[109] Grice, H. P. 1957. Meaning. In Grice (1989): *Studies in the Way of Words*, Cambridge, Mass.: HUP.

[110] Grice, H. P. 1989. *Study in the way of words*. Cambridge, MA: HUP.

[111] Grice, P. 1975. Logic and conversation. In P. Cole and J. Morgan (eds.). *Sytax and Semantics*. Volume 3: Speech acts. New York: Academic Press.

[112] Grundy, P. 2008. *Doing Pragmatics* (3rd ed.), London: Hodder Education.

[113] Gu Yueguo. 1990. Politeness phenomena in modern Chinese. *Journal of Pragmatics*, 14: 237 – 257.

[114] Gumperz, J. J. 1982. *Discourse Strategies*. Cambridge: CUP.

[115] Gumperz, J. J. & Hymes, D. H. (eds.). 1972: *Directions in sociolinguistics: the ethnography of communication*. New York: Holt, Rinehart & Winston.

[116] Gutt, E. – A. 1991. *Translation and relevance: Cognition and con-*

text. Oxford: Blackwell.

[117] Habermas, J. 1979. *Communication and the evolution of society*. London: Heinemann.

[118] Halliday, M. A. K. 1967. *Intonation and Grammar in British English*, Mouton: the Hague.

[119] Halliday, M. A. K. 1970. *A course in Spoken English: Intonation*, Oxford: OUP.

[120] Halliday, M. A. K. 1973. *Explorations in the Functions of Language*, London: Arnold.

[121] Halliday, M. A. K. 1978. *Language as Docial Semiotic: The social Interpretation of Language and Meaning*. London: Adward Arnold; 外语教学与研究出版社 2001 年版.

[122] Halliday, M. A. K. and Hasan, R. 1976. Cohesion in Enslish. London: Longman; 北京：外语教学与研究出版社,2001.

[123] Hammerly, H. 1982. *Synthesis in Second Language Teaching——An Introduction to Languistics*, Burnaby: SLP.

[124] Have, Paul ten. 2004. *Understanding Qualitative Research and Ethno-methodology*. Thousand Oaks: Sage.

[125] Hawkins, J. 1978. *Definiteness and indefiniteness: A study in reference and grammaticality prediction*. London: Croom Helm.

[126] Heylighen, Francis. 1998. What makes a meme successful? Selection criteria for cultural evolution. In R. Jean (ed.). *Proceedings* 15*th International Congress on Cybernetics*, 423 – 418. de Cybernétique, Namur.

[127] Higashimori, Isao & D. Wilson. 1996. Questions on relevance. *UCL Working Papers in Linguistics* 8.

[128] Hill, A. A. 1958. *Introduction to Linguistic Structures: from Sound to Sentence in English*. New York: H. B & World.

[129] Hobbs, J. R., et al. 1993. Interpretation as abduction. *Artificial Intelligence* 63: 69 – 142.

[130] Horn, L. R. and G. Ward (eds.) 2004. *Pragmatics*, 463 – 487. Oxford: Blackwell.

[131] Horn, L.. 1996. Presupposition and implication. In S. Lappin (ed.). *The Handbook of Contemporary Semantic Theory*. Oxford: Blackwell.

[132] Hovey, Edward H. & Maier. Elisabeth. 1990. Parsimonious or profligate: How many and which discourse structure relations?. *In Proceedings of the*

5th *International Workshop on Natural Language Generation*, 128 – 136.

[133] Hu Wenzhong（胡文仲）(ed.). 1988: *Intercultural Communication——What It Means to Chinese Learners of English*, Shanghai: Shanghai Translation Publishing House.

[134] Hu Wenzhong（胡文仲）(ed.). 1990: *Selected Readings in Intercultural Communication*, Changsha: Hunan Education Publishing House.

[135] Huang, Yan. 2000. *Anaphora: A Cross – linguistic Study*. Oxford: OUP.

[136] Huang, Yan. 2001. Reflections on theoretical pragmatics.《外国语》(1): 2 – 14.

[137] Huang, Yan. 1994. *The Syntax and Pragmatics of Anaphora: A Study with Special Reference to Chinese*. Cambridge: CUP

[138] Hymes, D. H. 1964. Toward Ethnographies of Communication: The Analysis of Communicative Events, in Pier Paolo Giglioli (ed.). *Language and Social Context*, Harmondsworth: Penguin Education.

[139] Hymes, D. H. 1964. *Language in Cultures and Society: A Reader in Lingusitics and Anthropology*. New York: Harper & Row.

[140] Jary, Mark. 1998. Is relevance theory asocial. *Revista Alicantina de Estudios Ingleses*. In Mateo Martinez, J. & Yus, F. (ed.). *Revista Alicantina de Estudios Ingleses*, No. 11: 157 – 169.

[141] Johnson, K. 1978. *Communicative Syllabus Design and Methodology*, Oxford: Pergamon.

[142] Jucker, A. H. & Ziv, Yael. 1998. *Discourse markers: descriptions and theory*. Armsterdam/Philadelphia: John Benjamins Publishing Company.

[143] Jucker, Andreas H. 1997. A review of Relevance: Communication and Cognition. *Journal of Pragmatics*, 27: 107 – 119.

[144] Kang Zhihong（康志洪）. 2001. A grey area of translation – on the treatment of human names across languages. In Lucile Desblache (ed.).: *Aspects of Specialised Translation*. Paris: La Maison Du Dictionnaire.

[145] Karttunen, L. 1971. Implicative Verbs, *Language*, 47: 340 – 358.

[146] Karttunen, L. 1971. Some Observations on Factivity. *Papers in Linguistics*, 4: 55 – 69.

[147] Kasper, G. & Blum – Kulka, S. (eds.). 1993. *Interlanguage Pragmatics*. Oxford: OUP.

[148] Kasper, G. 1989a. *Variation in interlanguage speech act realization*. In

S. Gass, C. Preston, D., and Selinker, L. (eds). *Variation in second laguage acquisition: discoure and pragmatics*, 27 – 58. Clevedon: Multilingual Matters.

[149] Kasper, G. 1989b. Interactive procedures in interlanguage discourse. In W. Oleksy (ed.). *Contrastive Pragmatics*, 189 – 229. Amssterdam: Benjamins.

[150] Kasper, G. 2001. Four Perspectives on L2 Pragmatic Development. *Applied Linguistics*, 22 (4): 502 – 503.

[151] Kempson, R. 1975. *Presupposition and the Delimitation of Semantics*, Cambridge: CUP.

[152] Kempson, R. M. 1975. *Presupposition and the Delimitation of Semantics*. Cambridge: CUP.

[153] Kendal, J. R. & Laland, K. N. 2000. Mathematical Models for Memetics. *Journal of Memetics – Evolutionary Models of Information Transmission*, 4. http://jom – emit. cfpm. org/2000/vol4/kendal_ jr&laland_ kn. html.

[154] Knapp, M. L., Hart, R. P. & Dennis, H. S. 1974. An exploration of deception as a communication construct. *Human Communication Research*, 1: 15 – 29.

[155] Kraut, R. 1978. Verbal and nonverbal cues in the perception of lying. *Journal of Personality and Social Psychology*, 36: 380 – 391.

[156] Labov, William. 1972. *Sociolinguistic Patterns*, 183 – 259. Philadelphia: University of Pennsylvania Press.

[157] Lakoff, G & M. Johnson. 1980. *Metaphors We Live By*. Chicago: UCP.

[158] Lakoff, G. 1971. The role of deduction in grammar. In Fillmore, C. J. & Langendoen, D. T. (eds.). *Studies in Linguistics Semantics*, 419. New York: Holt, Rinehart, and Winston.

[159] Lakoff, George. 1972. Hedges: a study in meaning criteria and the logic of fuzzy concepts. *Logic and Philosophy logic*.

[160] Lakoff, R. 1972. The Pragmatics of Modality. Papers from the 8th Regional Meeting of the Chicago Linguistic Society.

[161] Lakoff, R. 1973. *The Logic of Politeness; or minding your p's and q's*. Chicago: Chicago Linguistic Society.

[162] Langacker, R. 1987. *Foundations of Cognitive Grammar*. Volume 1: *Theoretical Prerequisites*. Stanford: Stanford University Press.

[163] LaPolla, Randy J. 1997. Grammaticalization as the Fossilization of

Constraints on Interpretation: Towards a Single Theory of Cognition, Communication, and the Development of Language. (UNPUBLISHED). *City University of Hong Kong Seminar in Linguistics*, 11 (6).

[164] Levinson, S. 1983. *Pragmatics.* Cambridge: CUP.

[165] Levinson, S. 1987. Pragmatics and the grammar of anaphora: a partial pragmatic reduction of binding and control phenomena. *Journal of Linguistics* 23: 379 – 431.

[166] Levinson, S. C. 1983. *Pragmatics*, Cambridge: CUP.

[167] Levinson, S. C. 1989. A review of Relevance. *Journal of Linguistics*, Volume 25 (2): 455 – 472.

[168] Levinson, S. C. 2004. Deixis. In L. R. Horn and G. Ward (Eds.). *The Handbook of Pragmatics*, 97 – 121. Oxford: Blackwell.

[169] Levinson, S. C. 1983. *Pragmatics*, Cambridge: CUP.

[170] Levinson, S. 1989. A Review of Relevance. *Journal of Linguistics*, 25: 455 – 472.

[171] Lewis, D. 1983. Scorekeeping in a language game. In D. Lewis (ed.). *Philosophical papers*, Volume 1. Oxford: OUP.

[172] Lynch, A. 1991. Thought Contagion as Abstract Evolution. *Journal of Ideas* 2: 3 – 10. Republished with revisions at http://www.mcs.net/~aaron/mememath.html. Scanned unrevised reprint at http://www.mcs.net/~aaron/Lynch1991.htm.

[173] Lynch, A. 1998. "Units, events and dynamics in memetic evolution". *Journal of Memetics – Evolutionary Models of Information Transmission* 2 http://jom-emit.cfpm.org/1998/vol2/lynch_a.html

[174] Lyons, J. et. al. (eds.). 1971. *New horizons in lingutstics*, Volume 2: 152 – 178, Lodon: Penguin.

[175] Lyons, J. 1977. *Semantics.* Volume. I – 2, Cambridge: CUP.

[176] Lyons, J. 1982. "Deixis and subjectivity: Loquor, ergo sum?" In R. J. Jarvella & W. Klein (eds.). *Speech, Place, and Action: Studies in Deixis and Related topics*, 101 – 224. Chichester and New York: John Wiley.

[177] Madden, D. Preston & L. Selinker (eds.). *Variation in Second Languagte Acquisition: Discourse and Pragmatics*, 37 – 58. Clevedon and Philadelphia: Multilingual Matters.

[178] Malinowski, B. 1923. The problem of meaning in primitive languages. In C. K. Ogden & I. A. Richards (eds.). *The meaning of meaning*, 146 –

152. London: Routledge & Kegan Paul.

[179] Malmstrom, J. 1968. *An Introduction to Modern English Grammar*, New York: Hayden Book Co.

[180] Marsden, P. 2001. Is Suicide Contagious? A Case Study in Applied Memetics. *Journal of Memetics – Evolutionary Models of Information Transmission*, 5. http://www.cpm.mmu.ac.uk/jom-emit/2001/vol5/marsden_p.html.

[181] Maslow, Abraham H. 1999. *Motivation and personality*. Beijing: Chinese Social Sciences Publishing House.

[182] Mateo Martinez, J. & F. Yus (ed.). 1998. *Special issue devoted to Relevance Theory. Revista Alicantina de Estudios Ingleses*, No. 11, Universidad de Alicante: Departamento de Filología Inglesa.

[183] Matsui, T. 2000. *Bridging and Inference*. Amsterdam / Philadelphia: John Benjamins.

[184] McCarthy, M. 1991. *Discourse Analysis for Language Teachers*. Cambridge: CUP.

[185] McCornack, S. A. 1992. Information manipulation theory. *Communication Monographs*, 59: 1-16.

[186] Mey, J. 1993. *Pragmatics: An Introduction*. Oxford: Blackwell.

[187] Mey, J. L. & M. Talbot. 1988. A review of Relevance: Communication and Cognition. *Journal of Pragmatics*, 12: 743-789.

[188] Miller, G. & Stiff, J. B. 1993. *Deceptive communication*. Newbury Park, CA: Sage.

[189] Milligton - Ward, J. 1957: *The Use of Tenses in English*, London: Longman.

[190] Morris, C. W. 1946. *Signs, Language and Behavior*. Nork York: Englewood Cliffs: Prentice Hall.

[191] Nemo, Francois. 1988. A review of Relevance: Communication and Cognition. *Journal of Pragmatics*, 12: 791-795.

[192] Newmark, P. 1988. *A Textbook of Translation*, New Jersey: Prentice Hall.

[193] Ng, S. H. & Bradac, J. J. 1993. *Power in language*. Newbury Park, CA: Sage.

[194] Nida, E. A. 1964. *Toward a Science of Translating*, Leiden: Leiden, E. J. Brill

[195] Nunberg, G. 1978. *The pragmatics of Reference*. Bloomington: Indi-

ana University Linguistics Club.

[196] Nyberg D. 1993. *The varnished truth: Truth telling and deceiving in ordinary life*. Chicago: UCP.

[197] O' Neill, John. 1988 - 1989. Relevance and pragmatic inference. *Theoretical Linguistics*, 15: 241 - 261.

[198] Palmer, F. 1976. *The English Verb*. London: Longman.

[199] Panther, K - U & L. Thornburg. 1998. A Cognitive approach to inferencing in conversation. *Journal of Pragmatics*, 30: 755 - 769.

[200] Panther, K - U & L. Thornburg. 2003. On the nature of conceptual metonymy. In K-U. Panther & G. Radden (eds.). *Metonymy and Pragmatic Inferencing*, 1 - 22. Amsterdam / Philadelphia: John Benjamins.

[201] Panther, K - U & L. Thornburg. 2004. The Role of Conceptual Metonymy in Meaning Construction. *Metaphorik. de* 6: 91 - 116.

[202] Papafragou, A. 1996. On metonymy. *Lingua*, 99: 169 - 195. 438.

[203] Peccei, J. S. 1999. *Pragmatics*, London: Taylor and Francis (外语教学与研究出版社 2000 年重印出版,蓝纯导读)

[204] Pinker, S. 1994. *The Language Instinct*. New York: Morrow.

[205] Horn & G. Ward (Eds.). Pragmatics, L. R. 2004. 463 - 487. Oxford: Blackwell.

[206] Prosser. M. 1978. *The Cultural Dialogue: An Introduction to Intercultural Communication*. Houghton Mifflin Co. P.

[207] Preti, A. & Miotto, P. 1997. Creativity, Evolution and Mental Illnesses. *Journal of Memetics - Evolutionary Models of Information Transmission*, 1. http: //jom - emit. cfpm. org/1997/vol1/preti_ a&miotto_ p. html.

[208] Prince, Ellen F. , J. Frader, & C. Bosk. 1982. On hedging in physician - physician discourse. In Robert J. Di Pietro (ed.). *Linguistics and the Professions*, 83 - 97. Norwood, New Jersey: Ablex Publishing Corporation.

[209] Pustejovsk, J. 1991. The generative lexicon. *Computational Linguistics*, 17: 409 - 441.

[210] Quirk, R. et al. 1973. *A Grammar of Contemporary English*. London: Longman.

[211] Quirk, R. , Greenbaum, Leech & Svartvik. 1985. *A Comprehensive Grammar of the English Language*, London: Longman.

[212] Radden, G. & Z. Kövecses. 1999. Toward a theory of metonymy. In

K－U. Panther & G. Radden （eds.）. *Metonymy in Language and Thought*, 17－60. Amsterdam/Philadelphia：John Benjamins.

[213] Reboul, A. 1993. The description of lies in speech act theory. In H. Parret （Ed.）, *Pretending to communicate*, 292－298. Berlin, Germany：Walter de Gruyter.

[214] Recanati, F. 2004. Pragmatics & semantics. In Horn, L. R. & Ward, G. （eds.）. *The Handbook of Pragmatics*, 442－462. Oxford：Blackwell.

[215] Reed, A. 1982. *Contextual reference*. Reproduced by the Indiana University Lingluistics Club. Bloomington, Indiana.

[216] Richards, J. C. , J. Platt & H. Weber. 1985. *Longman Dictionary of Applied Linguistics*. London：Longman.

[217] Robinson, M. A. 1992. Introspective methodology in interlanguage pragmatics research. In G. Kasper （ed.）. *Pragmatics of Japanese as a Native and Foreign Language*. Technical Report No. 3：27－82. Second Language Teaching & Curriculum Center, University of Hawaii at Manoa.

[218] Rose, K. R. & G. Kasper. 2001. *Pragmaatics in Language Teaching*. Cambridge：CUP.

[219] Ross, J. R. 1970. On declarative sentences. In Jacobs, R. A. & P. S. Rosenbaum （eds.）. *Readings in English Transformational Grammar*, Waltham, Mass.：Blaisdell.

[220] Rouchota, V. 1996. Discourse connectives：what do they link? UCL *Working Papers in Linguistics*. No. 8.

[221] Ruiz de Mendoza Ibáñez, F. J. & J. L. Otal Campo. 2002. *Metonymy, Grammar, and Communication*. Granada, Spain：Editorial Comares.

[222] Ruiz de Mendoza Ibáñez, F. J. 1998. *Implicatures, explicatures, and conceptual mappings*：489. LAUD.

[223] Ruiz de Mendoza Ibáñez, F. J. 2000. The role of mappings and domains in understanding metonymy. In Barcelona, A. （ed.）. *Metaphor and Metonymy at the Crossroads：A Cognitive Perspective*, 109－132. Berlin / New York：Mouton de Gruyter.

[224] Russell, B. 1940. An Inquiry into Meaning and truth, 280－281, Nottingham：Spokeman books.

[225] Salingaros, N. A. & Mikiten, T. M. 2002. Darwinian Processes and Memes in Architecture：A Memetic Theory of Modernism. *Journal of Memetics Evolutionary Models of Information Transmission*, 6. http：//jom－emit. cfpm.

org/2002/vol6/salingaros_ na&mikiten_ tm. html.

[226] Sanford, A. & Garrod, S. 1981. *Understanding written language.* Chichester: John Wiley.

[227] Sapir, E. 1921. *Language: an introduction to the study of speech.* New York: Harcourt Brace Jovanovich.

[228] Schibsbye, Knud. 1970. *A Modern English Grammar*, (2nd ed.).

[229] Schulz, Ralph. 1999. Relevance theory and Grice's Ideas. Paper presented at the seminar "Relevance Theory", University of Wales Bangor, Dozent.

[230] Searle, J. 1965. What is a speech act? In S. Davis. 1991. (ed.). *Pragmatics: A Reader*, 254 – 264. New York: Oxford.

[231] Searle, J. 1969. *Speech Acts*, Cambridge: CUP.

[232] Searle, J. 1975. Indirect speech acts. In Cole & Morgan (eds.). 1975.

[233] Searle, J. R. 1965. What is a speech act? In S. Davis. 1991. (ed.). *Pragmatics: A Reader*, 254 – 264. New York: Oxford.

[234] Searle, John R. 1979. *Expression and Meaning: Studies in the Theory of Speech Acts.* Cambridge: CUP.

[235] Sidner, C. 1983. Focusing in the comprehension of definite anaphora. In M. Brady & R. Berwick (eds.). *Computational models of discourse.* Cambridge, MA: MIT.

[236] Spencer Oatey, H. D. M. 1992. *Crosscultural politeness: British and Chinese conceptions of the tutor student relationship.* (Unpublished Ph. D. Thesis). Lancaster University. (See Thomas, J. 1996.).

[237] Sperber, D. 2000. An objection to the memetic approach to culture. In Robert Aunger (ed.). *Darwinizing Culture: The Status of Memetics as a Science.* Oxford: OUP. http://www. dan. sperber. com.

[238] Sperber, D. & D. Wilson. 1981. On Grice's theory of conversation. In Paul Werth (ed.). *Conversation and discourse*, 155 – 178. London: Croom Helm.

[239] Sperber, D & Wilson, D. 1986/1995. *Relevance: Communication and cognition.* Oxford: Blackwell.

[240] Sperber, D. & Wilson, D. 1998. The mapping between the mental and the public lexicon. In P. Carruthers & J. Boucher (eds.). *Thought and language.* Cambridge: CUP.

[241] Sperber, D. & Wilson, D. 2002. Truthfulness and Relevance. In

Mind. http：//www. dan. sperber. com.

[242] Sperber, D. 2000. An objection to the memetic approach to culture. In Robert Aunger (ed.). *Darwinizing Culture*: *The Status of Memetics as a Science*, Oxford: OUP. http: //www. dan. sperber. com.

[243] Stern, H. H. 1983. *Fundamental Concepts of Language Teaching.* Oxford: OUP.

[244] Stiff, J. B. & Miller, G. R. 1986. Come to think of it... Interrogative probes, deceptive communication, and deception detection. *Human Communication Research*, 12: 339 – 357.

[245] Talbot, Mary. 1993. Relevance theory. In R. E. Asher (ed.) *The Encyclopedia of Language and Linguistics.* Oxford: Pergamon Press.

[246] Talbot, Mary. 1997. Relevance. In P. V. Lamarque & R. E. Asher (eds.). *Concise Encyclopedia of Philosophy of Language.* New York: Pergamon.

[247] Tanaka, Keiko. 1994. *Advertising language.* London: Routledge.

[248] Taylor, J. R. 1995. *Linguistic Categorization*: *Prototypes in Linguistic Theory.* Oxford: OUP.

[249] Thomas, J. 1983. Cross – cultural Pragmatic Failure. *Applied Linguistics.* Volume 4.

[250] Thomas, J. 1984. Cross – cultural Discourse as "Unequal Encounter": Towards a Pragmatic Analysis. *Applied Linguistics*, Volume 5 (3), Oxford: OUP.

[251] Thomas, J. 1995. *Meaning in Interaction*: *An Introduction to Pragmatics.* London: Longman.

[252] Thomas, J. 1996. Pragmatics and English Language Teaching. *Update on... Pragmatics.* Kent: IATEFL Reseach SIG.

[253] Thomas, J. 1983. Cross-Cultural Pragmatic Failure. *Applied Linguistics*, Volome. 4 (2), Oxford: OUP.

[254] Tracy, K. & Coupland, N. (eds.). 1990. *Multiple Goals in Discourse.* Multilingual Matters Ltd.

[255] Traugott, E. C. & R. B. Dasher. 2002. *Regularity in semantic change.* Cambridge: CUP.

[256] Tulving, E. 1983. *Elements of Episodic Memory.* Oxford: OUP.

[257] Tzanne, A. 2000. *Talking at crosspurposes*: *the dynamics of miscommunication.* Amsterdam: John Benjamins Publishing Company.

[258] Van Dijk, T. A. 1977. *Text and context. Explorations in the semantics and pragmatics of discourse*. London: Longman.

[259] Van Dijk. 1979. The analysis of speech act verbs: theoretical preliminaries, *Journal of Pragmatics*, 3: 457 – 460.

[260] Van Dijk, T. A. 1977. Text and context. *Explorations in the semantics and pragmatics of discourse.* London: Longman.

[261] Van Dijk, T. A. 2008a. Context theory and the foundation of pragmatics. *Studies in Pragmatics* No. 10, The Pragmatics society of Japan, Kaitakusha.

[262] Van Dijk, T. A. 2008b. *Discourse and Context: A Sociocognitive APProach.* Cambridge: CUP.

[263] Vaneechoutte, M. & Skoyles, J. R. 1998. The memetic origin of language: modern humans as musical primates. *Journal of Memetics – Evolutionary Models of Information Transmission*, 2. http://jom – emit. cfpm. org/1998/vol2/vaneechoutte_ m&skoyles_ jr. html.

[264] Verderber, R. F. 1978. *Communicate*! 2nd ed. California: Wadsworth Publishing Company.

[265] Verschueren, J. 1987. *Pragmatics as a Theory of Linguistic Adaptation.* IPrA Working Document 1.

[266] Verschueren, J. 1995. The pragmatic perspective. In J. Verschueren et al. *Handbook of Pragmatics: Manual.* Amsterdam: Benjamins.

[267] Verschueren, J. 1999. *Understanding Pragmatics*, London: Arnold.

[268] Verschueren, J. 2008. Context and structure in a theory of pragmatics. *Studies in Pragmatics* No. 10. The Pragmatics society of Japan, Kaitakusha.

[269] Verschueren, J., Östman, J. O. H., Blommaert, J. & Bullcaen, C. (eds.). 1995. *Handbook of Pragmatics.* Amsterdam/Philadelphia: John Benjamins.

[270] Wang William S. Y. （王士元）. 1991. *Explorations in Language*. Taipei: Pyramid Press.

[271] Wilson, D. 1972. Presuppositions on Factives. *Linguistic Inquire*, 3: 405 – 410.

[272] Wilson, D. 1998. Discourse, coherence and relevance. *Journal of Pragmatics*, 29: 57 – 74.

[273] Wilson, D. 2000. 关联与交际，现代外语（2）：210 – 217.

[274] Wilson, R. A & Keil, F. C. 2000. *the MIT Encyclopedia of the Cognitive Sciences*. 上海：上海外语教育出版社.

[275] Wilson, D. & Matsui, T. 1998. Recent approaches to bridging: Truth, coherence, relevance. In *UCL Working Papers in Linguistics* 10.

[276] Wilson, D. & Smith, N. (eds.). 1992, 1993. Relevance Theory. In *Lingua – International Review of General Linguistics*, Special Issues, Volume. 87.

[277] Wilson, D. & Sperber, D. 1993. Linguistic form and relevance. *Lingua*, 90: 1 –25.

[278] Wilson, D. & Sperber, D. 2004. Relevance theory. In L. R. Horn & G. Ward (eds.). *The Handbook of Pragmatics*, 607 –632. Oxford: Blackwell.

[279] Wilson, D. 1972. Presuppositions on Factives. In *Linguistic Inquire*, 3: 405 –410.

[280] Wilson, D. 1998. Discourse, coherence and relevance. *Journal of Pragmatics*, 29: 57 –74.

[281] Wittgenstein, L. 1958. *Philosophical Investigations.* Oxford: Blackwell.

[282] Wolfson, N. 1981. Compliments in Crosscultural Perspective. In Hu (ed.). 1990.

[283] Wolfson, N. 1989. *Perspectives: Sociolinguistics and TESOL.* New York: Newbury House.

[284] Wren, P. C. 1961. *High School English Grammar*, Bombay.

[285] Yule, G. 1996. *Pragmatics.* Oxford: OUP.

[286] Yus, F. 1998. A decade of relevance theory. *Journal of Pragmatics*, 30: 305 –345.

[287] Yus, F. 1998. The "what do you mean syndrome". A taxonomy of misunderstandings in Harold Pinter's plays. *Estudios Ingleses de la Universidad Complutense*, 6: 81 –100.

[288] Zagorin P. 1990. *Ways of lying.* Cambridge MA: Harvard University Press.

[289] Zuo Huanqi（左焕琪）. 1988. Verbal Interactions of Compliment in American English and Chinese, In 胡文仲编：《跨文化交际与英语学习》，上海译文出版社 1988 年版.

[290] 陈炯．修辞学要研究接受效果吗［J］．修辞学习，1997（2）．

[291] 陈锋．A Study of Linguistic Deviation by Chinese Speakers of English in Inter Cultural Communication．广州外国语学院硕士论文，1992.

[292] 陈琳霞，何自然．语言模因现象探析［J］．外语教学与研究，

2006（2）.

［293］陈望道. 修辞学发凡［M］. 上海：上海教育出版社，1979.

［294］陈新仁，余维. 语用学研究需要更宽广的视野——日本语用论学会第十届年会报道［J］. 中国外语，2008（2）.

［295］程琪龙. 转喻种种［J］. 外语教学，2010（3）.

［296］戴浩一. 概念结构与非自主性语法：汉语语法概念系统初探［J］. 当代语言学，2002（1）.

［297］邓德华、吕菊林. 被动语态结构中 By phrase 的使用问题［J］. 现代英语研究，1982（1）.

［298］邓炎昌. Language and Culture［J］. 英语学习，1981（4）.

［299］杜鹃. 模因论——唤醒传统的外语教学模式［J］. 黑龙江高教研究，2006（4）.

［300］杜承南，文军. 中国当代翻译百论［M］. 重庆：重庆大学出版社，1994.

［301］范晓. 三个平面的语法观［M］. 北京：北京语言学院出版社，1996.

［302］冯广艺. 语境适应论［M］. 武汉：湖北教育出版社，1999.

［303］冯寿忠. "误解"初探［J］. 山东师范大学学报，1983（6）.

［304］高一虹. 我国英语教师的文化依附矛盾［J］. 北京大学学报（英语语言文学专刊），1991（1）.

［305］顾嘉祖. 语言与文化［M］. 上海：上海外语教育出版社，2002.

［306］顾嘉祖、陆昇主编. 语言与文化［M］. 上海：上海外语教育出版社，2002.

［307］管延圻等译. 史蒂夫·乔布斯传［M］. 北京：中信出版社，2011.

［308］桂诗春，宁春岩. 语言学方法论［M］. 北京：外语教学与研究出版社，1997.

［309］海中. 网络语言知多少［J］. 瞭望新闻周刊，2001（1）.

［310］韩江洪. 切斯特曼翻译规范论介绍［J］. 外语研究，2004（2）.

［311］何自然. 句型转换与"同义"句型辨异［J］. 外国语，1981（3）.

［312］何自然. 英语被动结构的修辞特征［J］. 外语教学，1983（1）.

［313］何自然. 语用学与英语学习［M］. 上海：上海外语教育出版社，1997.

［314］何自然. 语用学探索［M］. 广州：世界图书出版公司，2000.

[315] 何自然. 语言中的模因 [J]. 语言科学，2005 (6).

[316] 何自然. 信息传递和英语结构的选择 [J]. 外语学刊，1981 (2).

[317] 何自然. 语用学的研究及其在外语教学上的意义 [J]. 现代外语，1984 (2).

[318] 何自然. 语用学概论 [M]. 长沙：湖南教育出版社，1988.

[319] 何自然. 中西文化、文化差异与文化交流 [J]. 耿龙明，何寅主编. 中国文化与世界（第四辑）. 上海：上海外语教育出版社，1996.

[320] 何自然. Pragmatics and Chinese/English - English/Chinese Translation. 外语教学 1992 (1)，转载杨自俭，刘学云. 翻译新论（1983—1992）[M]. 武汉：湖北教育出版社，1994：785 - 799.

[321] 何自然. 另类翻译的困惑 [J]. 中国翻译，2003 (2)：11 - 14.

[322] 何自然，张巨文. 上而下：成人外语学习之路 [J]. 广东外语外贸大学学报，2002 (3).

[323] 何自然，陈新仁. 当代语用学 [M]. 北京：外语教学与研究出版社，2004.

[324] 何自然，何雪林. 模因论与社会语用 [J]. 现代外语，2003 (2).

[325] 何自然，冉永平. 话语联系语的语用制约性 [J]. 外语教学与研究，1999 (3).

[326] 何自然，冉永平. 语用与认知——关联理论研究 [M]. 北京：外语教学与研究出版社，2001

[327] 何自然，吴东英等. 内地与香港的语言变异发展 [J]. 语言文字应用，1999 (4).

[328] 何自然，吴东英等. 香港与内地社会媒体语用变异分析 [J]. 学术研究，1999 (3).

[329] 何自然，谢朝群. “模因·语言·交际”第九届全国语用学研讨会大会发言. 复旦大学，2005.

[330] 何自然，于国栋. 大众传媒中的文化内涵——广告语言背后的文化 [J]. 郑立华，徐真华主编. 企业与传播 [M]. 香港开益出版社，2001.

[331] 何自然，张巨文. 外语教学中的语用路向探索 [J]. 山东外语教学，2003 (4).

[332] 何自然，李捷. 翻译还是重命名——语用翻译中的主体性 [J]. 中国翻译，2012 (1).

[333] 何自然. 翻译要译什么？——翻译中的语用学 [J]. 外语与翻译，1996 (2).

[334] 何自然．社会语用问题［J］．学术研究，1997（6）．杨忠，张绍杰主编．语用、认知、交际［M］．长春：东北师范大学出版社，1998．

[335] 何自然．来自香港的时尚词语［J］．语文学习，2001（5）．

[336] 何自然．语用学与英语学习［M］．上海：上海外语教育出版社，1997．

[337] 何自然．限制性 when 从句特点初探［J］．英美语文教学，1985（3）．

[338] 何自然．语用·认知·社会文化·外语教学［J］．外语研究，1998（2）．

[339] 何自然．语言学的语用学．姜治文主编．外国语言文学研究［M］．重庆：重庆大学出版社，1999．

[340] 胡文仲．跨文化交际学概论［M］．北京：外语教学与研究出版社，1999．

[341] 胡曙中．英汉修辞比较研究［M］．上海：上海外语教育出版社，1993．

[342] 胡壮麟．语境研究的多元化［J］．外语教学与研究，2002（3）．

[343] 黄民裕．辞格汇编［M］．长沙：湖南出版社，1984．

[344] 黄忠廉．翻译变体研究［M］．北京：中国对外翻译出版公司，2000．

[345] 江晓红，周榕．语用学研究的多元视角——第十一届国际语用学研讨会述评［J］．现代外语，2009（4）．

[346] 江晓红．认知语用研究：词汇转喻的理解［M］．北京：中国社会科学出版社，2009．

[347] 康志洪．人、地名翻译——跨语种的重新命名．中国科技翻译，2000（4）：28－30．

[348] 康志洪．关于我国地名跨语言处理的几点思考［J］．语言文化教育研究，2001（5）．

[349] 李捷，周榕．转喻的主体性及语用移情．外语教学，2001（3）：10－13．

[350] 李军．对修辞研究视角的思考［J］．修辞学习，1996（4）．

[351] 李军．论修辞的本质［J］．云梦学刊，1998a．

[352] 李军．汉语使役性言语行为的取效研究［D］．广东外语外贸大学语言学与应用语言学博士点语用学方向博士论文，1998．

[353] 李军．浅谈网络语言对现代汉语的影响［J］．社会科学战线，2002（6）．

［354］李如龙等．略论对外汉语词汇教学的两个原则［J］．语言教学与研究，2005（2）．

［355］理查德·道金斯．自私的基因［M］．卢允中，张岱云译，http：//cnread.net/cnread1/kpzp/d/daojinsi/zsdj/．

［356］刘伯奎．中华文化与汉语语用［M］．广州：暨南大学出版社，2004．

［357］刘礼进．英语话语中的间接照应［J］．四川外语学院学报，2001（3）．

［358］刘绍忠．语境与语用能力［J］．外国语，1997（3）．

［359］卢卫中，陆云．转喻的语用性与语用理论的转喻基础［J］．载文旭，徐安泉编．认知语言学新视野［M］．北京：中国社会科学出版社，2006．

［360］罗鑫．名从主人：几种海外中国法学研究译著中的人名汉译指瑕．中国法律传统（第7卷）．北京：北京大学出版社，2009．

［361］吕叔湘．汉英语法比较举例［J］．外语教学与研究，1997（1）．（北京对外贸易学院试办季刊，1978年易名为《外国语教学》，1980年8月后停刊）

［362］马萧．翻译模因论与翻译教学［J］．山东外语教学，2005（3）．

［363］马庆株．修辞语用探索序——修辞语用探索［M］．天津：天津教育出版社，1998．

［364］毛利可信．英语の语用论［M］．东京：大修馆，1980．

［365］倪宝元．修辞手法与广告语言［M］．杭州：浙江教育出版社，2001．

［366］欧阳利锋．如何翻译幽默［J］．广东外语外贸大学学报，2002（3）．

［367］钱冠连．汉语文化语用学［M］．北京：清华大学出版社，2002．

［368］史定国．我国地名拼写国际标准化问题［J］．语言文字应用，1994（4）．

［369］沈家煊．语言的“主观性”和“主观化”［J］．外语教学与研究，2001（4）：268－275．

［370］束定芳．隐喻学研究［M］．上海：上海外语教育出版社，2000．

［371］谭载喜，奈达．论翻译学的途径［J］．外语教学与研究，1987（1）．

［372］汪化云，刘正国．关于“名从主人”的再讨论［J］．黄冈师范学院学报，2001（6）：54－56．

[373] 汪榕培. 中国英语是客观存在 [J]. 解放军外语学院学报, 1991 (1).

[374] 王斌. 密母与翻译 [J]. 外语研究, 2004 (3).

[375] 王才仁. 英语教学交际论 [M]. 南宁: 广西教育出版社, 1996.

[376] 王初明, 牛瑞英, 郑小湘. 以写促学 [M]. 外语教学与研究, 2000 (3).

[377] 王初明. 外语“写长法”的教学理念 [J]. 外国语言学及应用语言学研究 [C]. 北京: 中央编译出版社, 2002.

[378] 王德春. 修辞学探索 [M]. 北京: 北京出版社, 1983.

[379] 王冬竹. 语境与话语 [M]. 哈尔滨: 黑龙江人民出版社, 2004.

[380] 王建华. 语境歧义分析 [J]. 中国语文, 1987 (1).

[381] 王建平. 语言交际中的艺术——语境的逻辑功能 [M]. 北京: 求实出版社, 1989.

[382] 王建平. 语言交际中的艺术(修订本)[M]. 北京: 中共中央党校出版社, 1992.

[383] 王力. 汉语语音史 [M]. 北京: 中国社会科学出版社, 1985.

[384] 王力. 汉语语法史 [M]. 北京: 商务印书馆, 1989.

[385] 王文斌, 熊学亮. 认知突显与隐喻相似性 [J]. 外国语, 2008 (3).

[386] 王希杰. 修辞学新论 [M]. 北京: 北京语言学院出版社, 1983.

[387] 王希杰. 汉语修辞学 [M]. 北京: 北京出版社, 1993.

[388] 王希杰. 汉语修辞学(修订本)[M]. 北京: 商务印书馆, 2005.

[389] 王宗炎. 英汉应用语言学词典 [M]. 长沙: 湖南教育出版社, 1988.

[390] 西槙光正. 语境研究论文集 [M]. 北京: 北京语言学院出版社, 1992.

[391] 夏家驷, 时汶. 模因论与人文社会科学——生物基因理论在语言上的应用 [J]. 科技进步与对策, 2003 (9).

[392] 谢朝群, 何自然. 语言模因说略 [J]. 现代外语, 2007.

[393] 熊学亮. 认知语用学概论 [M]. 上海: 上海外语教育出版社, 1999.

[394] 徐盛桓. 语法离我们有多远——从语义、语用看语法 [J]. 外

语与外语教学，1999（10）.

［395］徐盛桓. 转喻与分类逻辑［J］. 外语教学与研究，2008（2）.

［396］徐思益. 在一定语境中产生的歧义现象［J］. 中国语文，1985（5）.

［397］杨自俭、刘学云编. 翻译新论［M］. 武汉：湖北教育出版社，1994.

［398］尹丕安. 模因论与翻译的归化和异化［M］. 西安外国语学院学报，2006（1）.

［399］俞光中，植田均. 近代［M］. 北京：学林出版社，1999.

［400］张道真. 实用英语语法［M］. 北京：外语教学与研究出版社，2004.

［401］张克定. 英语句式的多维研究［M］. 北京：中国社会科学出版社，2008.

［402］张廷琛. 谈“名从主人”［J］. 翻译通讯，1981（2）：40－42.

［403］张新红，何自然. 语用翻译：语用学理论在翻译中的应用［J］. 现代外语，2001（3）.

［404］张志公. 现代汉语［M］. 北京：人民教育出版社，1982.

［405］章振邦. 新编英语语法［M］. 上海：上海译文出版社，1981.

［406］赵毅. 区分言语交际中的三种效果［J］. 修辞学习，1996（4）.

［407］赵建军. 逆向思维及其意义［J］. 安庆师范学院学报，1988（3）.

［408］赵艳芳. 认知语言学概论［M］. 上海：上海外语教育出版社，2001.

［409］赵艳芳. 语境效果的特性与最佳关联［J］. 解放军外语学院学报，1998（2）.

［410］郑庆君. 互文型手机短信及其语篇特征探析，在广东外语外贸大学的讲演稿，2006.

［411］朱永生. 语境动态研究［M］. 北京：北京大学出版社，2005.

［412］宗世海. 汉语话语中的误解的类型及其因由［D］. 广东外语外贸大学博士学位论文，2000.

［413］宗廷虎. 中国现代修辞学史［M］. 杭州：浙江教育出版社，1997.

作者简介

何自然（1937— ），男，广东中山人，教授，中国语用学研究会会长。1959年毕业于西安外国语学院，留校任教；1973年调往广州外国语学院（现广东外语外贸大学）；1983—1984年在加拿大西蒙·弗雷泽大学（Simon Fraser University）攻读语言学，师从著名学者S. Davis教授，专攻语用学；1993年被国务院学位委员会遴选为语言学与应用语言学博士研究生导师；1994年作为高级访问学者在英国杜伦大学（University of Durham）从事认知语用学研究；1998年赴香港理工大学做有关社会语用学的合作研究。

何自然教授曾任广州外国语学院语言学与应用语言学研究所副所长，教务处副处长、处长，涉外秘书系主任。曾在全国高校人文社科重点研究基地、广东外语外贸大学外国语言学及应用语言学研究中心任语用学与社会语言学研究室主任，并任学术刊物《现代外语》编委副主任。曾任广东省高等学校教师高级职务评审委员会英语学科评议组组长，广东省翻译人员高级职务资格评审委员会副主任委员，国务院学位委员会第四届学科评议组成员以及国际著名学术刊物《语用学》（*Pragmatics*）、《语用学学刊》（*Journal of Pragmatics*）、《跨文化语用学》（*Intercultural Pragmatics*）的编委及特约审稿人。20世纪80年代参与创建语言学与应用语言学学科；1989年获国家和广东省首发的全国优秀教学成果奖；1992年起成为广州外国语学院首批享受政府特殊津贴的学者之一。

何自然教授曾开设英语、英语语法、语言学概论、翻译、语言与文化、英语写作及当代语言学、句法学、语用学等本科及研究生课程，为博士生开设语用学、语言哲学、语言逻辑、认知语用学等学位课程，指导语用学方向的硕士、博士研究生以及博士后研究人员从事语用学、模因论方面的研究。1991年起先后受聘为清华大学、浙江大学、南京师范大学、福建师范大学、湖南师范大学、重庆大学、长安大学等国内十多所高校的客座教授。

何自然教授自1978年以来在国内外发表学术著述及文章近二百项，

其中论文逾百篇，论著、译著及合著十多部，包括国内第一部《语用学概论》及其他有关英语语法及语用学的著述，如《语用学概论》（1988，2002）、《现代英语语法教程》（译著，1990）、《语用学与英语学习》（1997）、《语用学探索》（2000）、*Notes on Pragmatics*（《语用学讲稿》）（2002）、《当代语用学》（2004）、《英语语用语法》（2004）、《语用三论：关联论·顺应论·模因论》（2007）、《英语语用学》（译著，2009）、《新编语用学概论》（2009）、《语用学十二讲》（2011）等。据中文社会科学引文索引（CSSCI）统计，何自然教授的论著在各学科论文中被引用次数多年来都排在全国前列，具有较大的学术影响，何自然教授还连续入选为2008年（第二届）及2011年（第三届）中国杰出人文社会科学家名单。